Todos los libros de Linkgua Ediciones cuentan con modelos de Inteligencia Artificial entrenados por hispanistas. Pregúntale al chat de tu libro lo que desees acerca de la obra o su autor/a.

Para ebooks: Accede a nuestro modelo de IA a través de este enlace.

Para libros impresos: Escanea el código QR de la portada con tu dispositivo móvil.

Obtén análisis detallados de nuestros libros, resúmenes, respuestas a tus preguntas y accede a nuestras ediciones críticas generativas para una experiencia de lectura más enriquecedora.

La transparencia y el respeto hacia la autoría de las fuentes utilizadas son distintivos básicos de nuestro proyecto. Por ello, las respuestas ofrecen, mediante un sistema de citas, las fuentes con las que han sido elaboradas.

Marcelino Menéndez y Pelayo

Historia de los heterodoxos españoles

Libro I

Barcelona **2024**
Linkgua-ediciones.com

Créditos

Título original: *Historia de los heterodoxos españoles.*

© 2024, Red ediciones S.L.

e-mail: info@linkgua.com

Diseño de cubierta: Michel Mallard.

ISBN tapa dura: 978-84-9953-703-0.
ISBN ebook: 978-84-9897-094-4.

Sumario

Brevísima presentación

La vida

Marcelino Menéndez y Pelayo. (1856-1912). España.

Estudió en la Universidad de Barcelona (1871-1873) con Milá y Fontanals, en la de Madrid (1873), y en Valladolid (1874), donde hizo amistad con el ultraconservador Gurmesindo Laverde, que lo apartó de su liberalismo.

Trabajó en las bibliotecas de Portugal, Italia, Francia, Bélgica y Holanda (1876-1877) y ejerció de catedrático de la Universidad de Madrid (1878). En 1880 fue elegido miembro de la Real Academia española, diputado a Cortes entre 1884 y 1892 y fue director de la Real Academia de la Historia. Al final de su vida recuperó su liberalismo inicial.

La historia antigua de los heterodoxos

Sin la historia eclesiástica (ha dicho Hergenroether) no hay conocimiento completo de la ciencia cristiana, ni de la historia general, que tiene en el cristianismo su centro. Si el historiador debe ser teólogo, el teólogo debe ser también historiador para poder dar cuenta del pasado de su Iglesia a quien le interrogue sobre él o pretenda falsearlo. [...] Nada envejece tan pronto como un libro de historia. [...] El que sueñe con dar ilimitada permanencia a sus obras y guste de las noticias y juicios estereotipados para siempre, hará bien en dedicarse a cualquier otro género de literatura, y no a éste tan penoso, en que cada día trae una rectificación o un nuevo documento. La materia histórica es flotante y móvil de suyo, y el historiador debe resignarse a ser un estudiante perpetuo...

A pesar de que, como admitía Menéndez Pelayo en las «Advertencias preliminares» a la segunda edición de *La historia de los heterodoxos españoles* de 1910, «nada envejece tan pronto como un libro de historia», ésta sigue siendo una obra sumamente erudita y un documento de incomparable interés para entender el pensamiento conservador de un sector significativo de la sociedad española de principios del siglo XX.

Dictamen del censor eclesiástico...

La persistencia con que de todas partes se nos pide la pronta aparición de este ruidoso, afamado, apasionante y tal vez también algo apasionado libro de Menéndez Pelayo, nos obliga a dar un salto en el plan trazado para la publicación de sus *Obras completas*, y, dejando un hueco en la numeración correlativa de los volúmenes, que en su día se llenará con los dos de la Antología de Poetas Hispano Americanos y los seis de Estudios sobre el Teatro de Lope de Vega, anticipamos la tan anhelada *Historia de los heterodoxos españoles*.

Mayores apremios se hicieron a su autor para que, agotada la primera edición, que llegó a ser pronto una rareza bibliográfica, reimprimiera esta obra, la más solicitada de todas las suyas, aunque no ciertamente la que estimaba más; pero no pudo determinarse a ello sin someter los Heterodoxos a nueva revisión, «que iba haciéndose más difícil —añade— conforme pasaban los años y se acumulaban diariamente en mi biblioteca nuevos documentos de todo género, que hacían precisa la refundición de capítulos enteros».

A nadie, sin embargo, acuciaba tanto como a él esta revisión. Investigador serio y honrado que había alcanzado el equilibrio y templanza que da el estudio de la historia, quería aclarar o rectificar plenamente sus juicios cuando nuevas indagaciones le llevaban a otras conclusiones; y como alma noble y cristiana estaba inquieto y deseoso de suprimir o atenuar, al menos, la que ahora, en su serena madurez, le parece excesiva acrimonia e intemperancia de dicción «de un mozo de veintitrés años, apasionado e inexperto, contagiado por el ambiente de la polémica y no bastante dueño de su pensamiento ni de su palabra».

«La edición de mis *Obras completas*, decía en 26 de febrero de 1910 a un docto agustino con encantadora humildad que le enaltece, comenzará pronto con la *Historia de los Heterodoxos* enteramente refundida, añadiendo muchas cosas y corrigiendo muchas más, entre ellas los juicios sobre algunos agustinos de fines del siglo XVIII y principios del XIX, de quienes reconozco que hablé con alguna ligereza.» Y al final de las *Addendas* del volumen III de la primera edición, en las que ya muchos juicios, datos y frases se rectifican noblemente, hay una preciosa nota que dice: «Otras muchas cosas, quizá más graves, habrá que enmendar y añadir en mi libro, especialmente en la parte moderna. Válgame la disculpa horaciana: *Verum opere in longo fas est obrepere somnum*».

Este era el criterio con que los *Heterodoxos* iban a ser refundidos. Para tan abrumadora tarea, a más de numerosos registros con indicaciones que todavía se conservan en varios libros de su biblioteca, como la *Historia sagrada* del padre Flórez, el *Viaje literario* de Villanueva, biobibliografías, estudios monográficos, revistas científicas y otros verdaderos arsenales de erudición, tenía ya preparados Menéndez Pelayo dos ejemplares de su uso «que vinieron —dice él mismo— a quedar materialmente anegados en un piélago de notas y enmiendas».

De estos dos ejemplares solamente uno, y falto de hojas en el volumen tercero, es el que ha podido llegar a nuestras manos, el cual contiene notas en los márgenes y entre sus páginas abundantes embuchados de cuartillas, todo ello de letra del Maestro. Por diligentes que fueron nuestras pesquisas no hemos podido dar con el otro ejemplar, sin duda el más copiosamente acotado, puesto que en éste, si bien abundantes, no constituyen las notas y enmiendas el piélago a que antes se alude.

Pero aunque desgraciadamente no dispongamos de todo el acervo que Menéndez Pelayo acumuló para enriquecer su trabajo, esta edición de los *Heterodoxos*, basada en la primera, sale muy aumentada y en parte corregida por el autor. En el texto, cortos, pero nuevos datos complementarios, rectificaciones de fechas y erratas tipográficas y algunos retoques de estilo, pocos y ligeros, «por no privar al libro de la espontaneidad y frescura de los frutos primerizos, y porque el falsificar su propia obra me ha parecido siempre fútil tarea de puristas académicos, que no vale el trabajo que cuesta y arguye una desmedida satisfacción de sí propio».[1]

Las notas nuevas que, para distinguirlas de las de la primera edición, las numeramos en cada capítulo con letras mayúsculas encerradas entre corchetes, siguiendo la norma de Menéndez Pelayo al reimprimir el *Discurso preliminar*, constituyen una serie de noticias biobibliográficas, apuntes y resúmenes de libros, citas tomadas durante la lectura o al acaso, recordatorios y sugerencias no redactados aún para la imprenta, que al caer nuevamente bajo la pluma sabia de su autor habían de tener un desarrollo grandioso y para nosotros insospechado. Si de aquellas seis primeras páginas sobre ritos, creencias y supersti-

---

1   Por no afear el texto con llamadas, paréntesis y subrayados continuos se dejan sin resaltar estas correcciones.

ciones de los primitivos pobladores brotó al contacto del potente cerebro de Menéndez Pelayo un grueso tomo, resumen maravilloso del estado de nuestra prehistoria en su época, ¿quién prevee en lo que hubieran venido a parar todas estas y las muchísimas notas perdidas y las innumerables acotaciones hechas en los libros de su biblioteca?

Tal como están en el original de cuartillas desiguales, de recortes de papeles de todas clases y tamaños, presentan el encanto y curiosidad de verlas redactadas sobre la recién llegada citación de la Academia, al dorso del B. L. M. del Ministro, en la invitación para una recepción en Palacio, en la esquela de defunción de un personaje, en la carilla, desvaída ya, de una misiva de reducido cuadro que aún parece conservar fragancias y perfumes.

Solamente unas pocas de estas notas se recogieron en los tres primeros tomos de la segunda edición de los *Heterodoxos* que hizo la Casa Suárez, de Madrid. El señor Bonilla, que debió tener a su disposición aquellos dos ejemplares que don Marcelino había llenado de acotaciones, afirma, no sabemos con qué fundamento, que las adiciones hechas por Menéndez Pelayo para la nueva edición eran escasas.

Al encargarse de la publicación el señor Artigas desde el tomo IV de esta colección, recoge cuantas notas tiene a mano entonces, y que después, aunque en pequeña parte, hemos podido aumentar en esta Edición Nacional de *Los Heterodoxos Españoles*.

Incluímos también en el texto de la obra y en su lugar correspondiente los artículos que sobre «Opúsculos de Prisciliano y modernas publicaciones acerca de su doctrina», publicó Menéndez Pelayo en la *Revista de Archivos, Bibliotecas y Museos* el año 1899 y la «Noticia de algunos trabajos relativos a heterodoxos españoles y plan de una obra crítico bibliográfica sobre esta materia», trabajo que, a continuación del «Discurso Preliminar», apareció fechado en Santander, a 9 de septiembre de 1876, en la *Revista Europea*, y que hasta ahora no se ha reproducido.

En la tercera de las notas que al final de este Plan se insertan[2] se dice que don Fermín Caballero, que murió el 17 de junio de 1876, vivía aún cuando se

---

2   Véase la página 83 de este volumen.

redactaban aquellas cuartillas. Y es más, para entonces había escrito ya su autor los primeros capítulos de *Los Heterodoxos*, como él mismo afirma.[3]

He aquí el desconcertante acontecimiento, inexplicable e inexplicado, porque con el vulgo de entonces hay que creer en algo de milagrería y ciencia infusa, que llenó de asombro a sus contemporáneos e inmortalizó el nombre de Menéndez Pelayo. Un mozo casi imberbe, que doctor con éxitos resonantes en las aulas sostenía triunfadoras polémicas con los más eruditos contemporáneos, que había publicado varios trabajos de investigación seria y profunda, que comenzaba a resonar su nombre en la Europa culta, cuyas bibliotecas se preparaba a escudriñar para recoger datos en viejos manuscritos y libros raros, y que, finalmente, se lanza con una obra de los más elevados vuelos en la que se tratan graves problemas histórico-religiosos y para la que se requieren conocimientos nada corrientes sobre teología y filosofía, lenguas clásicas y modernas, toda clase de ciencias auxiliares de la historia y, sobre todo, una madurez de juicio que solo los años y casi las canas pueden dar.

Entonces comenzó el tejido de leyendas fabulosas, como las de los héroes de la antigüedad, y el hacerse todo el mundo lenguas de su saber: él leía dos páginas a un tiempo, una con cada ojo, retenía fielmente libros enteros y decía de memoria hasta el lugar en que se hallaban las cuestiones en ellos tratadas, sabía el lugar y signaturas de cualquier volumen de la Biblioteca Nacional y no había conocimiento humano sobre el que no podiera sentar cátedra. Su sabiduría se hizo proverbial y comenzó a estereotiparse la frase: «el inmortal autor de los Heterodoxos». Y hoy es el día en que Menéndez Pelayo continúa, y continuará siendo por mucho tiempo, principalmente, El Autor de los *Heterodoxos*.

De esta época de su epifanía como sabio ante el maravillado pueblo español, se conserva un retrato del que se ha tomado para esta obra el precioso grabado que adorna la anteportada.

Otras adiciones se han hecho a la presente obra: son algunos apéndices que el autor cita, como el llamado del falso Virgilio Cordobés, y que por dificultades de espacio o por no hallarlos a mano le fué imposible reproducir, a pesar de anunciarlos.

Con todo este material nuevo los *Heterodoxos* han adquirido tal extensión que nos hemos visto obligados a distribuirlos, no en los siete volúmenes que

---

3   Advertencias preliminares, página 19 de este volumen.

16

alcanzaron en la segunda edición, sino en ocho. Los dos últimos contienen el tomo sobre prehistoria que, como introducción para la edición nueva que proyectó, había escrito Menéndez Pelayo y los Apéndices e índices generales de la obra.

Por expresa voluntad de su autor todas las ediciones que se hagan de la *Historia de los heterodoxos españoles* deben someterse a la censura eclesiástica, y así se ha hecho con la presente.

Miguel Artigas Ferrando
Enrique Sánchez Reyes

Advertencias preliminares

La primera edición de la *Historia de los heterodoxos españoles* consta de tres volúmenes, publicados desde 1880 a 1882.[4] Con haber sido la tirada de cuatro mil ejemplares, cifra que rara vez alcanzan en España las obras de erudición, no tardó mucho en agotarse, y es hoy una rareza bibliográfica, lo cual, como bibliófilo que soy, no deja de envanecerme, aunque ninguna utilidad me proporcione. Los libreros se hacen pagar a alto precio los pocos ejemplares que caen en sus manos, y como hay aficionados para todo, hasta para las cosas raras, han llegado a venderse a 25 duros los tres tomos en papel ordinario y a 50 o más los pocos que se tiraron en papel de hilo.

En tanto tiempo, han sido frecuentes las instancias que de palabra y por escrito se me han hecho para que consintiese en la reproducción de esta obra, que era de todas las mías la más solicitada, aunque no sea ciertamente la que estimo más. Si solo a mi interés pecuniario hubiese atendido, hace mucho que estarían reimpresos los *Heterodoxos*; pero no pude determinarme a ello sin someterlos a escrupulosa revisión, que iba haciéndose más difícil conforme pasaban los años y se acumulaban diariamente en mi biblioteca nuevos documentos de todo género, que hacían precisa la refundición de capítulos enteros. Los dos ejemplares de mi uso vinieron a quedar materialmente anegados en un piélago de notas y enmiendas. Algún término había que poner a semejante trabajo, que mi conciencia de investigador ordenaba, pero que los límites probables de la vida no me permitían continuar indefinidamente. Aprovechando, pues, todos los materiales, que he recogido, doy a luz nuevamente la *Historia de los heterodoxos*, en forma que para mí habrá de ser definitiva, aunque no dejaré de consignar en notas o suplementos finales las noticias que durante el curso de la impresión vaya adquiriendo o las nuevas correcciones que se me ocurran. No faltará quien diga que con todo ello estropeo mi obra. ¡Como si se tratase de alguna novela o libro de pasatiempo! La Historia no se escribe para gente frívola y casquivana, y el primer deber de todo historiador honrado es ahondar en la investigación cuanto pueda, no desdeñar ningún documento y corregirse a sí

---

4   El plan, bastante detallado y dividido por capítulos, había aparecido en la *Revista Europea* (1876), tomo 8, páginas 459-485 y 522. Allí están también algunos párrafos del primitivo prólogo que refundí y amplié un año después. Para entonces había escrito ya los primeros capítulos. Téngase en cuenta esta indicación cronológica para juzgarlos con la indulgencia que necesitan.

mismo cuantas veces sea menester. La exactitud es una forma de la probidad literaria y debe extenderse a los más nimios pormenores, pues ¿cómo ha de tener autoridad en lo grande el que se muestra olvidadizo y negligente en lo pequeño? Nadie es responsable de las equivocaciones involuntarias; pero no merece nombre de escritor formal quien deja subsistir a sabiendas un yerro, por leve que parezca.

Bien conozco que es tarea capaz de arredrar al más intrépido la de refundir un libro de erudición escrito hace más de treinta años, que han sido de renovación casi total en muchas ramas de la *Historia eclesiástica*, y de progreso acelerado en todas. Los cinco primeros siglos de la Iglesia han sido estudiados con una profundidad que asombra. La predicación apostólica, la historia de los dogmas, los orígenes de la liturgia cristiana, la literatura patrística, las persecuciones, los concilios, las herejías, la constitución y disciplina de la primitiva Iglesia, parecen materia nueva cuando se leen en los historiadores más recientes. La Edad media, contemplada antes con ojos románticos, hoy con sereno y desinteresado espíritu, ofrece por sí sola riquísimo campo a una legión de operarios que rehace la historia de las instituciones a la luz de la crítica diplomática, cuyos instrumentos de trabajo han llegado a una precisión finísima. Colecciones ingentes de documentos y cartularios, de textos hagiográficos, de concilios, decretales y epístolas pontificias, de todas las fuentes de jurisprudencia canónica, han puesto en circulación una masa abrumadora de materiales, reproducidos con todo rigor paleográfico y sabiamente comentados. Apenas hay nación que no posea ya un Corpus de sus escritores medievales, unos *Monumenta historica*, una serie completa de sus crónicas, de sus leyes y costumbres; una o varias publicaciones de arqueología artística, en que el progreso de las artes gráficas contribuye cada día más a la fidelidad de la reproducción. Con tan magnífico aparato se ensanchan los horizontes de la historia social, comienzan a disiparse las nieblas que envolvían la cuna del mundo moderno, adquieren su verdadero sentido los que antes eran solo datos de árida cronología, y la legítima rehabilitación de la Edad media, que parecía comprometida por el entusiasmo prematuro, no es ya tópico vulgar de poetas y declamadores, sino obra sólida, racional y científica de grandes eruditos, libres de toda sospecha de apasionamiento.

No es tan fácil evitarle en la Historia moderna, puesto que los problemas que desde el Renacimiento y la Reforma comenzaron a plantearse son en el fondo idénticos a los que hoy agitan las conciencias, aunque éstos se formulen en muy diverso estilo y se desenvuelvan en más vasto escenario. Pero tiene la investigación histórica, en quien honradamente la profesa, cierto poder elevado y moderador que acalla el tumulto de las pasiones hasta cuando son generosas y de noble raíz, y, restableciendo en el alma la perturbada armonía, conduce por camino despejado y llano al triunfo de la verdad y de la justicia, único que debe proponerse el autor católico. No es necesario ni conveniente que su historia se llame apologética, porque el nombre la haría sospechosa. Las acciones humanas, cuando son rectas y ajustadas a la ley de Dios, no necesitan apología; cuando no lo son, sería temerario e inmoral empeño el defenderlas. La materia de la historia está fuera del historiador, a quien con ningún pretexto es lícito deformarla. No es tema de argumentación escolástica ni de sutileza capciosa y abogadil, sino de psicología individual y social. La apología, o más bien el reconocimiento de la misión alta y divina de la Iglesia en los destinos del género humano, brota de las entrañas de la historia misma; que cuanto más a fondo se conozca, más claro nos dejará columbrar el fin providencial. Flaca será la fe de quien la sienta vacilar leyendo el relato de las tribulaciones con que Dios ha querido robar a la comunidad cristiana en el curso de las edades, para depurarla y acrisolarla: *ut qui probati sunt manifesti fiant in vobis*.

Guiados por estos principios, grandes historiadores católicos de nuestros días han escrito con admirable imparcialidad la historia del Pontificado en los siglos XV y XVI y la de los orígenes de la Reforma; y no son pocos los eruditos protestantes que al tratar de estas épocas, y aun de otras más modernas, han rectificado noblemente algunas preocupaciones muy arraigadas en sus respectivas sectas. Aun la misma crítica racionalista, que lleva implícita la negación de lo sobrenatural y es incompatible con cualquiera teología positiva, ha sido factor de extraordinaria importancia en el estudio de las antigüedades eclesiásticas, ya por las nuevas cuestiones que examina, ya por los aciertos parciales que logra en la historia externa y documental, que no es patrimonio exclusivo de nadie.

Católicos, protestantes y racionalistas han trabajado simultáneamente en el grande edificio de la *Historia eclesiástica*. Hijo sumiso de la Iglesia, no desconozco la distinta calificación teológica que merecen y la prudente cautela que ha de emplearse en el manejo de las obras escritas con criterio heterodoxo. Pero no se las puede ignorar ni dejar de aprovecharlas en todo lo que contienen de ciencia positiva, y así la practican y profesan los historiadores católicos menos sospechosos de transacción con el error. Medítense, por ejemplo, estas palabras del cardenal Hergenroether en el prefacio de su *Historia de la Iglesia*, tan conocida y celebrada en las escuelas religiosas: «Debemos explotar y convertir en provecho propio todo lo que ha sido hecho por protestantes amigos de la verdad y familiarizado con el estudio de las fuentes. Sobre una multitud de cuestiones, en efecto, y a pesar del muy diverso punto de vista en que nos colocamos, no importa que el autor de un trabajo sea protestante o católico. Hemos visto sabios protestantes formular sobre puntos numerosos, y a veces de gran importancia, un juicio más exacto y mejor fundado que el de ciertos escritores católicos, que eran en su tiempo teólogos de gran nombradía».[5]

Gracias a este criterio amplio y hospitalario, vuelve a recobrar la erudición católica el puesto preeminente que en los siglos XVI y XVII tuvo, y que solo en apariencia pudo perder a fines del XVIII y principios del XIX. Hoy, como en tiempos antiguos, el trabajo de los disidentes sirve de estímulo eficaz a la ciencia ortodoxa. Sin los centuriadores de Magdeburgo, acaso no hubieran existido los *Anales* del cardenal Baronio, que los enterró para siempre a pesar de las *Exercitationes*, de Casaubon. Desde entonces, la superioridad de los católicos en este orden de estudios fue admirablemente mantenida por los grandes trabajos de la escuela francesa del siglo XVII (Tillemont, Fleury, Natal Alejandro, los benedictinos de san Mauro), por sus dignos émulos italianos de la centuria siguiente (Ughelli, Orsi, Mansi, Muratori, Zaccaria). Pero la decadencia de los estudios serios, combatidos por el superficial enciclopedismo, y aquella especie de languidez espiritual que había invadido a gran parte del clero y pueblo cristiano en los días próximos a la Revolución, trajeron un innegable retroceso en los estudios teológicos y canónicos, y cuando comenzaron a renacer, no fue el campo de la erudición el más asiduamente cultivado. La mayor parte de las historias eclesiásticas publicadas en la Europa meridional durante la primera mitad del siglo XIX, y aún más acá, no son más que compilaciones sin valor propio, cuya endeblez contrasta tristemente con los pilares macizos e inconmovibles de la ciencia antigua. La falta de comprensión del espíritu cristiano, que fue característica del filosofismo francés y del doctrinarismo liberal en todos sus grados

---

5   *Historie de l'Église par S. E. le Cardinal Hergenroether*. Trad. de P. Belet (París, edición, V. Palmé, 1880), tomo 1, página 8.

y matices, contagió a los mismos creyentes y redujo las polémicas religiosas a términos de extrema vulgaridad: grave dolencia de que no acaban de convalecer las naciones latinas.

En Alemania, donde la vida teológica nunca dejó de ser intensa y donde el movimiento de las escuelas protestantes había producido y seguía produciendo obras de tanta consideración como la del pietista Arnold (1705); las *Institutiones*, de Mosheim (1755), y la obra latísima de su discípulo Schroeckh (1768); la *Historia de las herejías*, de Walch (1762); la *Historia general de la religión cristiana*, de Neander (1825-1845), influido por la teología sentimental o pectoral de Schleiermacher; el *Manual*, de Gieseler (1823-1855), tan útil por las indicaciones y extractos de las fuentes; las publicaciones de Baur, corifeo de la escuela crítico-racionalista de Tubinga, y entre ellas, su *Historia eclesiástica* (1853-1863), no era posible que la ciencia ortodoxa quedase rezagada cuando el pueblo católico se despertó a nueva vida intelectual en los días de Stolberg y José de Goerres. La *Historia de la Iglesia*, del primero, obra de ferviente piedad, no menos que de literatura, anuncia desde 1806 el advenimiento de la nueva escuela, de la cual fueron o son glorias incontestables Moehler, el preclaro autor de la *Simbólica* y biógrafo de san Atanasio el Grande; Hefele, historiador de los concilios; Doellinger, en los escritos anteriores a su caída cismática, tales como *Paganismo y judaísmo, Iglesia e Iglesias, Cristianismo e Iglesia en el tiempo de su fundación, La Reforma: su desarrollo y efectos*, sin olvidar sus excelentes manuales; Jannsen, que con el título de *Historia del pueblo alemán*, nos ha dado el más profundo libro sobre el primer siglo de la Reforma; su discípulo y continuador insigne, Luis Pastor, a cuyos trabajos debe tan copiosa y nueva luz la historia de los papas del Renacimiento.

Aunque Alemania continúe siendo, en ésta como en casi todas las ramas de la erudición, maestra de Europa, sería grande injusticia callar la parte principal y gloriosa que a Italia corresponde en la creación de la arqueología cristiana, por obra de la escuela de Rossi; ni el concurso eficaz de la ciencia francesa, dignamente representada hoy por Duchesne, autor de los *Orígenes del culto cristiano* (1889), y de una Historia sintética y elegante de los primeros siglos de la Iglesia, de la cual van publicados tres volúmenes.

Hora es ya de que los españoles comencemos a incorporarnos en esta corriente, enlazándola con nuestra buena y sólida tradición del tiempo viejo, que no debemos apartar nunca de los ojos si queremos tener una cultura propia. No faltan teólogos nimiamente escolásticos que recelen algún peligro de este gran movimiento histórico que va invadiendo hasta la enseñanza de la teología dogmática. Pero el peligro, dado que lo fuera, no es de ahora; se remonta por lo menos a las obras clásicas de Dionisio Petavio y de Thomassino,[6] que tuvieron digno precursor en nuestro Diego Ruiz de Montoya.[7] De rudos e ignorantes calificaba Melchor Cano a los teólogos en cuyas lucubraciones no suena la voz de la Historia.[8] Sin la historia eclesiástica (ha dicho Hergenroether) no hay

---

6   Dion Petavii, S. I., *Opus de theologicis dogmatibus* (París 1644 y siguientes), 6 volúmenes en folio. Hay varias ediciones posteriores aumentadas y anotadas por católicos y protestantes. La más estimada es la de Venecia, 1757, en que el *Opus* aparece *in meliorem ordinem redactum et locupletatum* por el padre Zaccaria.

     Ludovici Tomassini (de la Congregación del Oratorio), *Dogmata theologica* (París 1684 y siguientes), 3 tomos en folio.

7   Véanse especialmente los tratados *De scientia, ideis, veritate ac vita Dei* (1629), *De voluntate Dei et propriis actibus eius* (1630), *De providentia Dei* (1631), *De praedestinatione et reprobatione hominum et angelorum* (1629), *De Trinitate* (1625) y varios otros de este insigne jesuita, que procuró unir la teología positiva con la escolástica más que ninguno de sus contemporáneos.

     De Montoya dijo Kleutgen (*Theologie der Vorzeit* vol. últ., n.º 44): «Ganz besonders aber zeichnete sich durch Verbindung der positiven Theologie mit der Scholastik im Anfange des 17 Jahrhunderts der Spanier don Ruiz von Montoya aus».

     Apud Hurter, *Nomenclator literarius recentioris Theologiae catholicae theologos exhibens qui inde a Concilio Tridentino floruerunt...* (Innsbruck [Oeniponti] 1871), tomo 1, página 520.

     A mediados del siglo XVIII, otro padre de la Compañía, el catalán Juan Bautista Gener, proyectó y en parte realizó el plan de una vastísima enciclopedia teológico-escolástica, dogmática, positiva y moral, incluyendo en ella concilios, herejías, escritores, monumentos sagrados y profanos, epigráficos y numismáticos, etc.

     Además del proyecto o *Prodromus* hay impresos seis volúmenes, que hoy yacen olvidados como tantos y tantos loables esfuerzos de aquella centuria.

8   «Etenim viri omnes consentiunt rudes omnino Theologos illos esse in quorum lucubrationibus historia muta est. Mihi quidem non Theologi solum, sed nulli satis eruditi videntur, quibus res olim gestae ignotae sint. Multa enim nobis e thesauris suis historia suppeditat, quibus si careamus, et in Theologia et in quacumque ferme alia facultate inopes saepenumero et indocti reperiemur... Quis est hic qui neget, interdum etiam in scholastica disputatione opus esse ex annalium monumentis testes excitare clarissimos veritatis?» (*De locis theologicis*, lib. 11, cap. 2).

conocimiento completo de la ciencia cristiana, ni de la historia general, que tiene en el cristianismo su centro. Si el historiador debe ser teólogo, el teólogo debe ser también historiador para poder dar cuenta del pasado de su Iglesia a quien le interrogue sobre él o pretenda falsearlo. La historia eclesiástica es una grande apología de la Iglesia y de sus dogmas, una prueba espléndida de su institución divina, de la belleza, siempre antigua y siempre nueva, de la Esposa de Cristo. Este estudio, cuando se profesa con gravedad y amor, transciende benéficamente a la ciencia y a la vida y la ilumina con sus resplandores.[9]

Nuestro florecimiento teológico del siglo XVI, no superado por ninguna nación católica, no fue obstáculo para que en esta tierra naciese aquel varón inmortal que, aplicando a las antigüedades eclesiásticas los procedimientos con que le había familiarizado la filología clásica, inauguró el período crítico en la ciencia del Derecho Canónico, con sus diálogos *De emendatione Gratiani*. De la escuela que formó o alentó don Antonio Agustín, salieron los primeros colectores de nuestros concilios, cuyos trabajos se concentran en la colección de Loaysa (1593), los que prepararon, bajo los auspicios de Felipe II, la edición de san Isidoro (1599), los que comenzaron a ilustrar los anales de nuestras iglesias.[10] Ni el método, ni la severidad crítica, ni la erudición firme y sólida se echan de menos en las notas y correcciones del obispo de Segorbe don Juan Bautista Pérez, y en el insigne tratado de don Fernando de Mendoza, *De confirmando concilio Illiberitano* (1594), que por su carácter en cierto modo enciclopédico, puesto que trata de la mayor parte de la primitiva disciplina, muestra el punto de madurez a que habían llegado esos estudios, aprovechando todas las luces que entonces podían comunicarles la erudición sagrada y la profana. La vasta obra de las vidas de los Pontífices (1601-1602) compuesta por el dominico Alfonso Chacón (que fue también uno de los primeros exploradores de la Roma subterránea), apareció simultáneamente con los *Anales* de Baronio, y aunque hoy no sea de tan frecuente manejo, representa una notable contribución de la

---

9   Hergenroether, Hist. Ecl. I, página 60.

10   Además de los nombres citados en el texto es imposible omitir, aunque no sea ésta ocasión de aquilatar sus méritos, los de Juan de Grial, Alvar Gómez de Castro, el insigne toledano Pedro Chacón, los dos hermanos don Diego y don Antonio de Covarrubias, Pedro de Fuentidueñas, Miguel Tomás Taxaquet, don Juan Bautista Cardona, el padre Cipriano Suárez y el mismo Mariana, menos conocido por sus trabajos de erudición que por su grande y popular *Historia*.

ciencia española a la historia eclesiástica general, como lo fueron también la *Crónica de la Orden de san Benito*, del padre Yepes (1609-1621), los *Annales Cistercienses*, de fray Ángel Manrique (1642-1659); la *Historia general de la Orden de santo Domingo*, de fray Hernando del Castillo (1584-1592) y fray Juan López (1613-1621), y la *Crónica de la Orden de san Francisco*, de fray Damián Cornejo, publicada en las postrimerías del siglo XVII (1682-1698) y continuada por fray Eusebio González de Torres, dentro del siglo XVIII.[11]

Pero, en general, el esfuerzo de nuestros eruditos, siguiendo la senda trazada por Morales y Sandoval, se ejercitó principalmente en el campo de la historia patria, que era el primero que debíamos cultivar. Por desgracia, en la primera mitad del siglo XVII llenó este campo de cizaña una legión de osados falsarios, secundados por la credulidad y ligereza de los historiadores de reinos y ciudades. Hubo entonces un grande y positivo retroceso, que fácilmente se advierte (aun sin llegar a las monstruosidades del *Martirologio*, de Tamayo de Salazar, y de la *Población eclesiástica* y *Soledad laureada*, de Argaiz), comparando las producciones del siglo anterior con los débiles, aunque bien intencionados conatos de Gil González Dávila en sus *Teatros eclesiásticos* de varias diócesis de España e Indias, que apenas pasan de la modesta categoría de episcopologios.

Pero el espíritu crítico del siglo XVI no había muerto aunque parecía aletargado, ni esperó, como algunos creen, a la invasión de las ideas del siglo XVIII para dar nuevas muestras de su vitalidad.[12] Precisamente, a los infaustos días de Carlos II corresponden con estricto rigor cronológico, algunas de las obras más insignes de la erudición nacional: las *Dissertationes ecclesiasticae* del benedictino Pérez (1688), las innumerables del marqués de Mondéjar, la colección

---

11   Hubo un ensayo de *Historia eclesiástica de España*, el de don Francisco de Padilla (Málaga 1605), que en dos tomos alcanza hasta el siglo VIII; pero es tan endeble que apenas puede prestar hoy utilidad alguna. No así la *Historia Pontifical y Católica* de Gonzalo de Illescas (1574), continuada sucesivamente por Luis de Bavia, don Juan Baños de Velasco y fray Marcos de Guadalajara; pues aunque en las biografías de los papas no es más que una compilación, en elegante estilo, de Platina y otros, y presenta mezcladas la historia eclesiástica y la civil, tiene verdadero interés para las cosas de su tiempo.

12   Algo de esta preocupación se trasluce todavía en el discurso de don José Caveda *Sobre el desarrollo de los estudios históricos en España desde el reinado de Felipe V hasta el de Fernando VII*, leído en la Academia de la Historia en 18 de abril de 1854.

conciliar de Aguirre (1693), que todavía espera quien dignamente la refunda, expurgue y complete; las dos *Bibliotecas* de don Nicolás Antonio y su *Censura de historias fabulosas*.

No hubo, pues, verdadero renacimiento de los estudios históricos en tiempo de Felipe V, sino continuación de una escuela formada en el reinado anterior, con pleno conocimiento de lo que en Italia y Francia se trabajaba. Nicolás Antonio y el cardenal Aguirre pasaron buena parte de su vida en Roma, el marqués de Mondéjar estaba en correspondencia con Esteban Baluze y otros eruditos franceses.

Al siglo XVII pertenecen todavía, por su nacimiento y educación, Berganza, Salazar y Castro, Ferreras, principales cultivadores, en el reinado del primer Borbón, de la historia monástica, de la genealógica y de la universal de España, que desde los tiempos de Mariana no había vuelto a ser escrita en un solo libro. Nacen las Academias de Madrid, Barcelona, Sevilla y Valencia, obedeciendo al impulso que crea instituciones análogas en toda Europa, pero se nutren de savia castiza, al mismo tiempo que de erudición forastera, doctamente asimilada, sin prevención ni servilismo, con un tino y parsimonia que puede servirnos de ejemplo. Las fábulas introducidas en nuestros anales y hasta en el rezo de nuestras iglesias van quedando relegadas a los incultos libros de los eruditos de campanario. Triunfa la crítica no escéptica y demoledora, sino prudente y sabia, en los tratados de metodología historial del dominico fray Jacinto Segura (*Norte crítico*, 1736) y del marqués de Llió y sus colegas de la Academia barcelonesa (*Observaciones sobre los principios de la Historia*, 1756), en los artículos del *Diario de los Literatos* (1737) y en la *Bibliographia critica sacra et prophana*, del trinitario fray Miguel de san José (1740), un grande erudito injustamente olvidado. El padre Feijoo, aunque no cultivase de propósito la historia, difunde en forma popular y amena útiles reflexiones sobre ella, que debieron de ser *fermenta cognitionis* para un público en quien despertaba la curiosidad científica; e impugna con su cándido desenfado buen número de tradiciones populares y *Milagros supuestos*.

La erudición es nota característica del siglo XVIII; el nervio de nuestra cultura allí está, no en los géneros literarios venidos a tanta postración en aquella centuria. Ningún tiempo presenta tal número de trabajadores desinteresados. Algunos de ellos sucumben bajo el peso de su obra, pero legan a su olvidadiza patria colecciones enormes de documentos, bibliotecas enteras de disertaciones y memorias, para que otros las exploten y logren, con mínima fatiga, crédito de historiadores. Sarmiento, Burriel, Velázquez, Floranes, Muñoz, Abad y La Sierra, Vargas Ponce y tantos otros, se resignan a ser escritores inéditos, sin que por eso se entibie su vocación en lo más mínimo. La documentación historial se recoge sobre el terreno, penetrando en los archivos más vírgenes y recónditos; los viajes de exploración científica se suceden desde el reinado de Fernando VI hasta el de Carlos IV; la Academia de la Historia centraliza el movimiento, y recoge y salva, con el concurso de todos, una gran parte de la riqueza diplomática y epigráfica de España.

Gracias a esta modesta y benemérita escuela, que no tenía brillantez de estilo ni miras sintéticas, pero sí cualidades que en historia valen mucho más, escrupulosa veracidad en el testimonio, sólido aparato de conocimientos previos, método práctico y seguro en las indagaciones, sensatez y cordura en los juicios, comenzaron a depurarse las fuentes narrativas y legales; fueron reimpresas con esmero algunas de nuestras crónicas; se formaron las primeras colecciones de fueros, cartas pueblas y cuadernos de Cortes, aunque por el momento permaneciesen manuscritas; avanzó el estudio de las instituciones hasta el punto de elaboración que revelan los libros de Martínez Marina; fundaron Capmany, Asso, Sempere, Larruga y fray Liciniano Sáez, nuestra historia industrial y económica; recorrieron Ponz y Llaguno, Jovellanos, Ceán y Bosarte, el campo de la arqueología artística; se constituyó científicamente la numismática en los trabajos de Velázquez, de Pérez Bayer y el maestre Flórez; la geografía antigua de España fue estudiada a la doble luz de los textos clásicos y de la epigrafía romana, dignamente representada por el conde de Lumiares; adivinó Hervás la filología comparada, adelantándose a Guillermo Humboldt, y Bastero la filología provenzal un siglo antes que Raynouard, y puso don Tomás Antonio Sánchez los cimientos de nuestra historia literaria, publicando por primera vez en Europa un cantar de gesta.[13]

---

13 Para no hacer interminable esta enumeración, omito otros aspectos de nuestra cultura histórica, dignos de ser considerados aparte, como los estudios sobre América (Barcia, Ulloa, Muñoz...), los de geografía física, viajes e historia de la náutica (Tofiño, Vargas Ponce, Navarrete, Antillón...); las descripciones e historias particulares de algunas regiones, ciudades y pueblos, como el gran libro del botánico Cavanilles sobre Valencia, el de Loperráez sobre el obispado de Osma, el de Viera y Clavijo sobre las Canarias, el de

La historia eclesiástica llevó, como era de suponer, la parte mejor en este gran movimiento histórico, porque en torno de la Iglesia había girado durante siglos la vida nacional. Si quisiéramos cifrar en una obra y en un autor la actividad erudita de España durante el siglo XVIII, la obra representativa sería la *España sagrada*, y el escritor fray Enrique Flórez, seguido a larga distancia por sus continuadores, sin exceptuar al que recibió su tradición más directamente. No ha producido la historiografía española monumento que pueda parangonearse con éste, salvo los *Anales* de Zurita, que, nacidos en otro siglo y en otras condiciones, son también admirable muestra de honrada y profunda investigación. Pero el carácter vasto y enciclopédico de la *España sagrada* la deja fuera de toda comparación posible, sean cuales fueren las imperfecciones de detalle que seguramente tiene y la falta de un plan claro y metódico. No es una historia eclesiástica de España, pero sin ella no podría escribirse. No es tampoco una mera colección de documentos, aunque en ninguna parte se haya recogido tanto caudal de ellos sobre la Edad media española: cronicones, vidas de santos, actas conciliares, diplomas, privilegios, escrituras, epitafios y antigüedades de todo género. Es también una serie de luminosas disertaciones que tocan los puntos más capitales y oscuros de nuestra liturgia, que resuelven arduas cuestiones geográficas, que fijan la fecha de importantes acontecimientos, que discuten la autenticidad de muchas fuentes y condenan otras al descrédito y al oprobio que debe acompañar a la obra de los falsarios. El mérito de estos discursos es tal, que centro de nuestra erudición peninsular no tienen más rival que las *Disertaciones* del portugués Juan Pedro Ribeiro. Y aun éstas se contraen casi siempre a la ciencia diplomática, en que era maestro.[14]

---

don Ignacio López de Ayala sobre Gibraltar; el desarrollo de la bibliografía general (Pérez Bayer, Rodríguez de Castro), y de la provincial (Ximeno, Latassa), y la empresa, temeraria sin duda, de los padres Mohedanos, que por lo menos ilustraron doctamente la literatura de la España romana.

14 *Disertaçoes Chronologicas e Criticas sobre a Historia e Jurisprudencia Ecclesiastica e Civil de Portugal por orden da Academia R. das Sciencias de Lisboa...* (Lisboa 1810-1836) 5 tomos.
La erudición portuguesa del siglo XVIII contribuyó dignamente a la ilustración de los anales hispánicos, primero con las voluminosas publicaciones de la *Academia Real da Historia*, fundada en 1720 (Antonio Caetano de Sousa, José Soares de Silva, el gran bibliógrafo Diego Barbosa Machado el historiador de los Templarios doctor Alejandro Ferreira...), después con las más críticas y elaboradas de la *Academia Real das Sciencias*, que comenzó

Para llevar a cabo su labor hercúlea, el padre Flórez, humilde religioso, que había pasado su juventud estudiando y enseñando teología escolástica hasta que descubrió su verdadera y definitiva vocación, tuvo que educarse a sí propio en todas las disciplinas históricas, improvisándose geógrafo, cronologista, epigrafista, numismático, paleógrafo, bibliógrafo, arqueólogo y hasta naturalista:

---

sus tareas en 1780. Las *Memorias de Litteratura* de esta Academia, que son históricas en su mayor parte, los Inéditos de historia portuguesa y otras varias publicaciones académicas honrarán siempre los preclaros nombres de Ribeiro, de Correia da Serra, de Antonio Caetano do Amaral, que comparte con Martínez Marina la gloria de haber estudiado por primera vez las instituciones sociales de los siglos medios; de José Anastasio de Figueiredo, del benemérito santo Rosa de Viterbo, autor del utilísimo *Elucidario*, en quien tuvieron los portugueses un pequeño Ducange que aquí no logramos, etc.

Estos eruditos vivían en frecuente comunicación con los nuestros. La Academia Valenciana, de que era alma don Gregorio Mayans, buscó a veces el amparo y sombra de la Academia Portuguesa del conde da Ericeira, especialmente en su lucha contra los falsos cronicones. Mayans dedicó en 1742 al rey don Juan V la *Censura de historias fabulosas* de don Nicolás Antonio, y en 1747 hizo imprimir en Lisboa, por medio del docto patriarca don Francisco de Almeida Mascareñas, las *Disertaciones eclesiásticas* del marqués de Mondéjar. Pérez Bayer, Cornide y el padre Sánchez Sobrino extendieron sus viajes literarios y arqueológicos a Portugal, y el portugués Ferreira Gordo trabajó en las bibliotecas y archivos de Madrid.

Aunque en Portugal se publicaron durante el siglo XVIII, especialmente en tiempo de Pombal, bastantes libros de cuestiones canónicas, casi todos tienen un carácter polémico, ultrarregalista y jansenista (Antonio Pereira, Seabra da Silva...). Las obras de historia eclesiástica no son muchas, y ninguna puede competir con la *España sagrada*, ni siquiera con el *Teatro de las iglesias de Aragón* del padre Huesca. Las más extensas y útiles para nosotros son las *Memorias para a historia ecclesiastica do Arcebispado de Braga*, de don Jerónimo Contador de Argote (1732-1744); la *Historia da Sancta Inquisiçao do reyno de Portugal*, de fray Pedro Monteiro (1749), que solo llega hasta principios del siglo XVI, y contiene muchas cosas impertinentes a su asunto; las obras impresas y manuscritas del sabio obispo de Beja fray Manuel do Cenaculo, que fue por sí solo una academia entera; las *Memorias* de Antonio Ribeiro dos Sanctos sobre la literatura sagrada de los judíos portugueses y sobre las traducciones de la Biblia; la de Juan Pedro Ribeiro sobre la época de la introducción del derecho de las Decretales en Portugal; la esmerada edición de los *Cánones y opúsculos de san Martín Bracarense*, publicada, bajo los auspicios del arzobispo Brandao, por A. C. de Amaral, con amplio y erudito comentario (1803); el *Catálogo de los códices de Alcobaza*, del cisterciense fray Fortunato de san Buenaventura (1827), y los tres tomos de *Inéditos portugueses* de los siglos XIV y XV que le sirven de complemento (1829).

Azara, fino estimador de letras y artes; en el cardenal Lorenzana, bajo cuyos auspicios se imprimieron con regia magnificencia las obras de los padres toledanos, el *Misal* y el *Breviario góticos* y la primera colección de concilios de América; y hasta en el príncipe de la Paz, que, a pesar de sus cortas letras y el tortuoso origen de su privanza, tuvo el buen instinto de apoyar muchas iniciativas útiles que deben atenuar el fallo severo de la Historia sobre sus actos.[18]

Una sombra hay en este cuadro: la expulsión de los jesuitas, que alejó de España a buen número de trabajadores formados en la escuela del padre Andrés Marcos Burriel, émulo de Flórez en la diligencia, superior en la amplitud de miras, coleccionista hercúleo y crítico sagaz, que se aplicó principalmente al estudio de nuestras fuentes canónicas y de nuestra legislación municipal. No alcanzó aquel grande e infortunado varón el extrañamiento de los suyos porque había sucumbido poco antes, víctima de la arbitrariedad oficial, que le arrancó el tesoro de sus papeles. Pero a Italia fueron y en Italia brillaron su hermano, el magistral biógrafo de Catalina Sforza; el padre Aymerich, elegante autor del episcopologio de Barcelona; los padres Maceda, Tolrá y Menchaca, autores de notables monografías; el padre Juan Andrés, que comprendió en el vasto cuadro de su enciclopedia literaria (*Dell'origine, progressi ed stato attuale d'ogni letteratura*) las ciencias eclesiásticas, que han tenido en él su único historiador español. Y para no citar otros muy conocidos, el padre Faustino Arévalo, que hizo ediciones verdaderamente clásicas de las obras de san Isidoro, de los poetas cristianos primitivos (Juvenco, Prudencio, Sedulio, Draconcio) y de la

---

18   Una de las principales tareas en que se empleó la actividad de nuestros eruditos de la decimoctava centuria fue la edición crítica de nuestra antigua colección canónica. Es cierto que no llegaron a ser del dominio público los gigantescos trabajos del padre Burriel, de los cuales puede uno formarse idea por la carta que desde Toledo dirigió al padre Rábago en 30 de diciembre de 1754 (*Cartas eruditas y críticas* del padre Andrés Marcos Burriel, publicadas por Valladares, sin año, páginas 229-278), y por el opúsculo de la Serna, Santander, *Praelatio historico-critica in veram et genuinam collectionem veterum Canonum Ecctesiae Hispaniae* (Bruselas 1800). Ni llegaron tampoco a realizarse en toda su amplitud los que anuncia la *Noticia de las antiguas y genuinas colecciones canónicas inéditas de la Iglesia española*, del bibliotecario don Pedro Luis Blanco (1798). Pero a la Real Biblioteca, hoy Nacional, y a su director don Francisco Antonio González se debió, por fin, la edición muy apreciable de 1808, que no entró en circulación hasta 1821. Del saber y fina crítica de nuestros canonistas del siglo XVIII son excelente muestra los tres tomos de don Vicente González Arnao sobre las *Colecciones de cánones griegos y latinos* (1739).

Himnodia hispanica, ilustrándolas con prolegómenos doctísimos que están al nivel de la mejor crítica de su tiempo y no desdicen del nuestro.

Gracias a estos proscritos y a algún otro español residente en Roma, comenzó a realizarse aquel plan de *Historia eclesiástica* que en 1747 trazaba en una elegante oración latina el auditor don Alfonso Clemente de Aróstegui, exhortando a sus compatriotas a la exploración de los archivos de la Ciudad Eterna.[19]

Tienen los buenos trabajos de la erudición española del siglo XVIII no solo esmero y conciencia, sino un carácter de continuidad en el esfuerzo, un impulso común y desinteresado, una imparcialidad u *objetividad*, como ahora se dice, que da firmeza a sus resultados y contrasta con el individualismo anárquico en que hemos caído después. Toda nuestra vida intelectual del siglo XIX adolece de esta confusión y desorden. El olvido o el frívolo menosprecio con que miramos nuestra antigua labor científica, es no solo una ingratitud y una injusticia, sino un triste síntoma de que el hilo de la tradición se ha roto y que los españoles han perdido la conciencia de sí mismos. No llevaré el pesimismo hasta creer que esto haya acontecido en todas las ciencias históricas, únicas a que en este discurso me refiero. En algunas no ha habido decadencia, sino renovación y progreso. La historia literaria, especialmente la de los tiempos medios: la arqueología artística y la historia del arte, la historia de la legislación y de las instituciones, la geografía antigua de España, la epigrafía romana, la numismática ibérica, el cultivo de la lengua árabe, la historia política de algunos reinados, la particular de algunos pueblos y comarcas, la bibliografía y la paleografía, han contado y cuentan representantes ilustres, en quienes la calidad aventaja al número. En las monografías que se les deben está lo más

---

19   *Ildephonsi Clementis de Arostegui de Historia Ecelesiae Hispaniensis excolenda exhortalio ad Hispanos, habita in palatio, cap. M. Reg. Hisp. Rom. XII Kal. Sept. MDCCXLVII.* Esta oración, ya rara, está reimpresa en los apéndices del tomo 1 de la *Historia Eclesiástica de España* de don Vicente de la Fuente, 2.ª edición, páginas 285-292.
Fue como la inaugural de una pequeña Academia de Historia Eclesiástica, que formaron los españoles residentes en Roma, y a la cual se debieron algunas buenas disertaciones, que ya se irán mencionando en el curso de esta obra. Es lástima que tuviese vida tan efímera esta institución, de la cual hubiera podido salir un trabajo que enmendase los graves errores del de Cayetano Cenni, *De antiquitatibus Ecclesiae Hispaniae dissertationes* (1741), en que la amanerada retórica del estilo encubre mal la aviesa parcialidad contra las tradiciones de nuestra Iglesia.

granado de nuestra erudición moderna, más bien que en las historias generales de España que con vario éxito se han emprendido.

Pero otras ramas del árbol histórico, que fueron las más frondosas en lo antiguo, parecen, durante la mayor parte del siglo XIX, mustias y secas. Ninguna tanto como la historia eclesiástica, cuya postración y abatimiento sería indicio suficiente, si tantos otros no tuviéramos, del triste punto a que ha llegado la conciencia religiosa de nuestro pueblo. Apenas puede citarse un libro de esta clase que en más de cincuenta años haya logrado traspasar los aledaños hispánicos y entrar en la corriente de la ciencia católica, a no ser la hermosa obra apologética de Balmes (*El Protestantismo*), que, más bien que a la historia propiamente dicha, pertenece a la filosofía de la historia. La guerra de la Independencia, dos o tres guerras civiles, varias revoluciones, una porción de reacciones, motines y pronunciamientos de menor cuantía, un desbarajuste político y económico que nos ha hecho irrisión de los extraños, el vandálico despojo y la dilapidación insensata de los bienes del clero, la ruina consiguiente de muchas fundaciones de enseñanza y beneficencia, la extinción de las Órdenes regulares al siniestro resplandor de las llamas que devoraban insignes monumentos artísticos, la destrucción o dispersión de archivos y bibliotecas enteras, el furor impío y suicida con que el liberalismo español se ha empeñado en hacer tabla rasa de la antigua España, bastan y sobran para explicar el fenómeno que lamentamos, sin que por eso dejemos de imputar a los tradicionalistas su parte de culpa.

De la enseñanza oficial poco hay que esperar en esta parte, porque su viciosa organización acaba por desalentar las vocaciones más fuertes. Al cuerpo universitario pertenecen o han pertenecido (dígase para gloria suya) la mayor parte de los investigadores de mérito que modernamente ha tenido España, pero casi todos se formaron solos y no sé si alguno ha llegado a crear escuela. Nuestros planes de estudio, comenzando por el de 1845, han sido copia servil de la legislación francesa, cuyo espíritu centralizador está ya abandonado por los franceses mismos. Entre nosotros semejante régimen, el más contrario a nuestra índole, resultó completamente estéril, y los males han ido agravándose de día en día y de remiendo en remiendo. El cultivo de las lenguas sabias, sin el cual no se concibe erudición sólida, está vergonzosamente abandonado, con pocas y por lo mismo más loables excepciones.

Limitándonos al caso presente, basta consignar escuetamente dos hechos. Ha desaparecido la única cátedra de Historia eclesiástica que en España existía; aunque poco más que nominalmente y agregada de mala manera al doctorado de la Facultad de Jurisprudencia. Poco se ha perdido en ello; pues ¿qué fruto podían sacar de tal enseñanza nuestros canonistas universitarios, que llegan a licenciados con un año de Instituciones y empiezan y acaban su carrera sin saber latín ni poder leer el más sencillo texto de las Decretales?

Mucho antes había desaparecido de nuestras universidades la Facultad de Teología, que gozaba de poco prestigio en los últimos tiempos, mirada con recelo por unos, con desdén por otros, con indiferencia por la mayor parte. Nadie la echó muy de menos, y nadie ha intentado seriamente su restauración, aun, que medios había para ello dentro del régimen concordado en que legalmente vivimos. De este modo nos hubiéramos evitado el oprobio de que España, la patria de Suárez y Melchor Cano, sea el único pueblo de Europa que ha expulsado la teología de sus universidades. Todos, católicos y protestantes, la conservan sin que este acatamiento rendido a la ciencia de las cosas divinas en centros de cultura abiertos a todo el mundo, se considere como signo de atraso en Alemania ni en Inglaterra ni en parte alguna.

Entre nosotros la teología y el derecho canónico tienen hoy su único refugio en los seminarios episcopales, que, según la mente del concilio Tridentino,[20] se establecieron más bien para la educación moral de los aspirantes al sacerdocio que para el cultivo de las letras sagradas, cuya verdadera palestra estaba entonces en las aulas universitarias y en los florecientes colegios de algunas Órdenes religiosas. La vida científica de los seminarios españoles puede decirse que no comienza hasta el reinado de Carlos III: algunos prelados doctos, celosos y espléndidos los organizaron como verdaderas casas de estudios en Barcelona, en Vich, en Murcia, en Córdoba, en Cuenca, en Osma, en Salamanca y en otras diócesis; los métodos y la disciplina pedagógica solían ser superiores a los de las decadentes universidades, pero por desgracia se infiltró en algunos de ellos cierto modernismo teológico como hoy diríamos, que los hizo sospechosos de tendencias galicanas, jansenistas y quizás más avanzadas. Todo aquello fue de efímera duración y corto influjo. En tiempos de Fernando

---

20 Ses. 23, cap. 23: *Cum adolescentium aetas, nisi recte instituatur, prona sit ad mundi voluptates sequendas...*

VII apenas quedaba vestigio de ello, y el plan de estudios de 1824 reorganizó la enseñanza teológica con sentido netamente tomista.

Pasada la horrible convulsión de la guerra civil de los siete años y ajustado después de larguísimas negociaciones el concordato de 1851, comenzaron a reorganizarse nuestros seminarios, y es ciertamente notable lo que en algunos de ellos ha conseguido el celo de los prelados, luchando con la mayor penuria económica. Es claro que los estudios de teología dogmática y moral han debido prevalecer sobre otros cualesquiera, y nunca han faltado en nuestros cabildos varones de sólida y profunda doctrina que den testimonio de que todavía quedan teólogos y canonistas en España. Los escriturarios son más raros, porque la exégesis bíblica requiere una enciclopedia de conocimientos especiales, que es casi imposible adquirir en nuestra nación, donde es tan pobre el material bibliográfico moderno. Así y todo, las cátedras de griego y hebreo se van aumentando, y no pueden menos de dar algún fruto en época no lejana. En otros seminarios se han establecido cátedras de ciencias naturales, desempeñadas seriamente, y en algunos ha penetrado la arqueología artística, para cuya enseñanza práctica y teórica existen ya importantes museos diocesanos y buenos manuales.

La restauración de las Órdenes religiosas, trabajosamente lograda en el último tercio del siglo XIX, y combatida a cada momento por la intolerancia sectaria, ha proporcionado a España excelentes educadores y escritores en varios ramos del saber humano. Algunas de, las mejores revistas que hoy tenemos están redactadas exclusivamente por religiosos, y no es pequeña la contribución que han aportado a los congresos científicos más recientes. En general, puede decirse, sin nota de exageración, que la cultura de nuestro clero secular y regular no es inferior a la que suelen tener los laicos más aventajados en sus respectivas profesiones.

Pero todavía falta andar mucho camino, y las ciencias eclesiásticas no pueden menos de sentir los efectos de la languidez propia de todas las cosas en nuestro abatido país. Las traducciones y compilaciones son mucho más numerosas que las obras originales. Todavía no tenemos una historia general de la Iglesia escrita por autor español.[21] La del arzobispo de Palmira don Félix Amat, ya de remota fecha (2.ª edición, 1807), apenas pasa de ser un compendio de Natal Alejandro y Fleury, de cuyas ideas galicanas participaba. Por entonces se tradujeron y continuaron los *Siglos cristianos* de Ducreux, canónigo de Auxerre (1790, 2.ª edición, 1805-1808) y más adelante la *Historia de la Iglesia* de Receveur (1842-1848), la de Béraut-Bercastel, con adiciones del barón de Henrion (1852-1855), obras extensas, pero de segundo orden. Mucho más útiles han sido los excelentes manuales alemanes de Alzog, Hergenroether y Funk, traducidos sucesivamente por Puig y Esteve (1852), García Ayuso (1895) y el padre Ruiz Amado (1908); y el compendio latino de Berti, adicionado hasta nuestros días por el venerable y modesto fray Tirso López, de la Orden de san Agustín (1889). También fue traducida, a lo menos en parte, la obra enciclopédica de Rohrbacher, no exenta de *tradicionalismo*, y que, según el plan adoptado por el autor, engloba toda la historia universal en la historia eclesiástica. Finalmente, en el momento en que escribo, sale a luz el primer tomo de la bella obra de Mons. Duchesne sobre los primeros siglos cristianos, esmeradamente vertida a nuestra lengua por el padre Pedro Rodríguez, agustiniano.

Tampoco la historia particular de nuestra Iglesia ha sido escrita con la extensión y la crítica que los tiempos presentes reclaman. Líbreme Dios de regatear los méritos de la única obra de este género que en nuestra lengua se ha publicado.[22] Su autor, cuyo nombre vive en la memoria de todos los católicos

---

21   La erudición española del siglo XVIII nada importante produjo en materia de historia eclesiástica general, salvo tal cual monografía de los jesuitas desterrados a Italia. La *Historia de la Iglesia y del Mundo* del bibliotecario don Gabriel Álvarez de Toledo, ni por semejas corresponde a su ambicioso título, puesto que el único tomo publicado (1713) no alcanza más que hasta el diluvio. Como libro filosófico y teológico no carece de interés aunque su composición es tan extravagante como su estilo.

22   Apenas merecen tomarse en cuenta las *Antigüedades eclesiásticas de España en los cuatro primeros siglos de la Iglesia*, de fray Pablo de san Nicolás (Madrid 1725), porque, atendida su fecha, tienen todavía menos importancia que la obra de Padilla.
Puede considerarse también como un conato de historia eclesiástica, puesto que pertenecen a ella la mayor parte de sus capítulos, el primer tomo (único publicado) de la *Historia de España vindicada*, de don Pedro Peralta Barnuevo (Lima 1730), polígrafo peruano de más erudición que crítica, pero notablemente instruido para su tiempo. La portada de este libro, raro en Europa como casi todos los impresos en Indias, anuncia que en él se «fijan las más ciertas épocas o raíces del nacimiento de Nuestro Salvador; se

españoles, y muy particularmente en la de los que fuimos discípulos o compañeros suyos, era un hombre de sincera piedad, de cristianas costumbres, que no impedían la franca expansión de su vigoroso gracejo y la libertad de sus opiniones en todo lo que lícitamente es opinable; de sólida ciencia canónica probada en la cátedra durante más de medio siglo; expositor claro y ameno; polemista agudo y temible, a veces intemperante y chocarrero por falta de gusto literario y hábitos de periodista no corregidos a tiempo, pero escritor sabroso y castizo en medio de su incorrecta precipitación; investigador constante y bien orientado, a quien solo faltaba cierto escrúpulo de precisión y atildamiento; trabajador de primera mano en muchas materias históricas, que ilustró con importantes hallazgos; ligero a veces en sus juicios, pero pronto a rectificar siempre sus errores; propenso al escepticismo en las cosas antiguas, y a la excesiva credulidad en las modernas. Tal fue don Vicente de la Fuente, tipo simpático y original de estudiante español de otros tiempos. Alcanzó las postrimerías de nuestras viejas universidades, conservó viva su tradición y la recogió en un libro tan curioso como destartalado. Los servicios que la erudición le debe son muchos y de varia índole. Colaboró en la continuación de la *España sagrada*. Fue casi el único español que en nuestros días sacó a luz un texto inédito de la Edad media no perteneciente a las cosas de España: el importante poema de Rangerio *Vita Anselmi Lucensis*, que tanta parte contiene de la historia de san Gregorio VII y de la condesa Matilde. Ilustró con crítica muy original varios puntos de la historia jurídica de Aragón y de los orígenes tan oscuros y controvertidos de la monarquía pirenaica. Dedicó gran parte de su vida a la depuración de texto de las obras de santa Teresa, haciendo ediciones muy superiores a todas las que antes se conocían e ilustrándolas con precisos documentos. Estos trabajos suyos, a pesar de los defectos que tienen, nacidos los más de una imperfecta o negligente paleografía y de haber dado demasiada importancia a las copias del siglo XVIII, marcan época en los estudios teresianos, hoy tan florecientes fuera de España.

---

defiende irrefragablemente la venida del apóstol Santiago, la aparición de Nuestra Señora al santo en el Pilar de Zaragoza y las translaciones de su sagrado cuerpo. Se vindica su historia primitiva eclesiástica, la de san Saturnino, san Fermín, Osio y otros sucesos. Se refieren las persecuciones, los mártires y demás santos, los concilios y progresos de la religión hasta el siglo VI».

La Fuente con más severa disciplina, con más surtido arsenal bibliográfico, con el conocimiento que le faltaba de la moderna erudición y con un poco más de gravedad y sosiego en el estilo, hubiera podido ser nuestro historiador eclesiástico. Tenía para ello notables condiciones, especialmente un amor puro y sincero a la verdad y un grande arrojo para proclamarla, aunque tropezase con preocupaciones arraigadas, aunque se granjease enemigos dentro de su propio campo. A semejanza de aquellos antiguos eruditos que fueron martillo y terror de los falsarios, embiste sin reparo alguno contra todo género de patrañas. La obra críticamente demoledora que comienza en Mondéjar y Nicolás Antonio, continúa en la *España sagrada*, y termina con cierto matiz volteriano en la deliciosa *Historia de los falsos cronicones*, de Godoy y Alcántara, tuvo en don Vicente un colaborador insigne, que por otra parte supo mantenerse dentro de los amplios límites que la Iglesia otorga a estas discusiones.

Si se prescinde del estilo, que muchas veces es vulgar e inadecuado a la materia, hay capítulos excelentes en la *Historia eclesiástica de España*, sobre todo en la parte consagrada a la Edad media. El autor acude casi siempre a las fuentes, se muestra familiarizado con los archivos, y a veces da a conocer documentos nuevos, cosa muy rara en los autores de compendios. Por lo demás, la *España sagrada* fue su principal guía, como lo será de todo trabajo futuro sobre la misma materia, pero no es pequeño mérito haber ordenado y sistematizado las noticias de carácter general que allí se encuentran esparcidas, haber aprovechado su caudalosa documentación sin perderse en aquella selva. Los dos tomos que versan sobre los tiempos modernos son sumamente endebles y parecen improvisados en fondo y forma.

El principal defecto de la obra de La Fuente consiste en ser demasiado elemental. Cuando apareció por primera vez en 1855, tenía el modesto carácter de adiciones al *Manual* de Alzog, y aunque en la refundición publicada de 1873 a 1875, el trabajo de nuestro profesor campea independiente, y llena seis volúmenes en vez de los tres primitivos, todavía resulta insuficiente como historia, aunque tenga buenas proporciones como compendio. Algo semejante hay que decir de la obra alemana del sabio benedictino padre Bonifacio Gams, *Die Kirchengeschichte von Spanien* (Ratisbona 1876-1879), excelente historiador, de la mejor escuela, discípulo y biógrafo de Moelher. La obra del padre Gams, a quien tanto por ella como por su *Series episcoporum* (1873) debemos especial gratitud los españoles, aventaja a la de La Fuente en todos los puntos de nuestra historia que se relacionan con la general de la Iglesia y con las fuentes universales del derecho canónico y de la literatura patrística, pero el contenido peculiarmente español es más rico en nuestro compatriota, y más clara la comprensión del espíritu nacional, a que un extranjero difícilmente llega por docto y bien informado que sea. Tienen, pues, las dos historias sus méritos particulares y no pueden sustituirse la una por la otra. El gran valor de la de Gams consiste en haber aprovechado para beneficio de los anales de nuestra Iglesia el riquísimo caudal de la literatura teológica alemana.

Me duele tener que mencionar, aunque sea en último término, *L'Espagne Chrétienne*, del benedictino francés Dom Leclercq (1906), que alcanza hasta el fin de la época visigótica. Pero como en España cualquier librejo escrito en francés pasa por un quinto evangelio (sin que en esto haya diferencia entre los literatos modernistas y los devotos de buen tono), creo necesario prevenir a los lectores incautos contra la ligereza y superficialidad del manualito de Dom Leclercq, que no solo carece de valor científico, sino que está inspirado por un odio profundo contra las tradiciones de la Iglesia española y aun contra el genio y carácter de nuestro pueblo. Páginas hay tan sañudas y atroces, que solo en Buckle, en Draper o en otros positivistas, denigradores sistemáticos de España, pueden encontrar alguna que las supere. Pero quizá en esto ha tenido más parte la desidia que la malevolencia. Increíble parece que un sacerdote católico, y benedictino por añadidura, llegue a plagiar servilmente párrafos enteros de una de esas pedantescas sociologías o psicologías de los pueblos que publica el editor Alcan.[23] Cosa muy distinta hubiéramos esperado de un erudito liturgista que conoce los buenos métodos y es autor de importantes trabajos sobre el África cristiana y otras materias. No es esto decir que falten en su libro algunos

---

23 Como el cargo es grave, conviene puntualizarle, para lo cual bastarán dos o tres ejemplos: A. Fouillée (*Esquisse psychologique des peuples européens* [París 1903], páginas 167-168): «Suivant la tradition populaire, à l'origine du monde, l'Espagne demanda au Créateur un beau ciel, elle l'obtint; une belle mer, de beaux fruits, de belles femmes, elle l'obtint encore un bon gouvernement? Non, ce serait trop, et l'Espagne serait alors un paradis terrestre». Mais ce ne fut pas seulement de bons gouvernants qui furent refusés à l'Espagne; ce furent aussi, trop souvent, des hommes gouvernables. Ferdinand le Catholique s'en plaignait à Guichardin, ambassadeur auprès de lui: «Nation très propre aux armes, disait-il, mais desordonnée, où les soldats son meilleurs que les capitaines et où

capítulos interesantes, aunque sin originalidad alguna, por ejemplo, el de Prisciliano. Dom Leclercq se muestra al tanto de las principales investigaciones de estos últimos años, y no discurre mal cuando la pasión no le ciega. Pero no se puede escribir bien de lo que en el fondo del alma se desprecia, y éste parece ser el caso de Dom Leclercq respecto de la España antigua y moderna.

Cuando en 1880 comencé a publicar el imperfecto ensayo que hoy refundo, el doctor La Fuente, que como censor eclesiástico hubo de examinarle, sostenía casi solo el peso de la controversia católica en el terreno histórico, con bríos que no amenguó el peso de los años ni el de la contradicción que su genial desenfado solía encontrar donde menos debiera. Pero ya empezaba a formarse una nueva generación de trabajadores, que con método más severo y más inmediato contacto de la erudición que en otras partes florecía, daban en forma monográfica contribuciones y rectificaciones de valor a nuestra historia eclesiástica. Al frente de ellos hay que colocar, hasta por orden cronológico, al padre Fidel Pita, cuyo nombre es legión, conocido como insigne epigrafista desde 1866, en que ilustró las inscripciones del ara de Diana en León; como investigador de las memorias de la Edad media desde 1872, en que apareció su bello libro *Los reys d'Aragó i la Seu de Girona*. Desde aquella fecha, y sobre todo después de su ingreso en la Academia de la Historia (1879), la actividad del doctor jesuita ha llegado a términos apenas creíbles. El *Boletín* de la corporación le debe gran parte de su contenido, y, prescindiendo en sus notorios

---

l'on s'entend mieux à combattres qu'à commander et à gouverner». Et Guichardin ajoute, dans sa Relazione di Spagna: «c'est peut-être par ce que la discorde est dans le sang des Espagnols, nation d'esprits inquiets, pauvres et tournés aux violences». Ce portrait, de nos jours, n'a pas encore perdu toute sa verité...

Dom Leclerq (*L'Espagne Chrétienne*, página XXIII): «A l'origine du monde, raconte une légende, l'Espagne demanda au Créateur un beau ciel... etc.». Y sigue copiando las dieciséis líneas de Fouillée, con dos variantes solas, de las cuales la primera tiene gracia: en vez de belles femmes, el pudibundo benedictino escribe belles épouses: sin duda las españolas no casadas pueden ser feas impunemente.

Fouillée (página 145): «Durs pour les animaux domestiques, durs pour les hommes, durs pour eux-mêmes, c'est par l'absence de bonté sympathique et sociable qu'ils contrastent avec: d'autres peuples. Cette dureté est un des signes caractéristique de la race ibère et berbère, comme de la race sémitique, telle que nous la montrent sur tout les Phéniciens. Les Espagnols se croyaient bien différents des Maures au point de vue ethnique, ils en étaient déjà très voisins. Ils n'ont pas reçu assez d'éléments celtiques et germaniques pour

méritos como arqueólogo, es, sin disputa, el español de nuestros días que ha publicado mayor número de documentos de la Edad media enlazados con nuestra historia canónica y litúrgica y con la vida exterior e interior de nuestras iglesias. En esta parte, su esfuerzo no ha tenido igual después de la *España sagrada*. No solo con este preclaro varón, que todavía in senectute bona continúa incansable su labor, sino con otros dignísimos de alabanza ha contribuido la Compañía de Jesús al progreso de los estudios históricos en nuestra patria, como lo evidencian la edición de las Cartas de san Ignacio, los *Monumenta*

---

avoir le douceur dans le sang; ils sont demeurés Africains, et ces Occidentaux sont aussi des Orientaux. Leur insensibilité, dont les Indiens conquis firent l'épreuve, alla souvent jusqu'à la cruauté froide et à la férocité. Les peintres eux-mêmes se plaisent à représenter des supplices».

Dom Leclercq (página XXVII): «Durs pours les animaux domestiques, durs pour les hommes, durs pour eux-mêmes etc., etc.». Catorce líneas plagiadas sin cambiar una palabra. Lo único que hace Dom Leclercq es reforzar más y más el miso-hispanismo de Fouillée, añadiendo no sé si de su cosecha o tomadas de otra parte, frases con ésta: il (l'espagnol) met en toutes choses une passion de bête déchaînée, furieuse, dépourvue de vastes horizons intellectuels et de réflexion... n'a plus qu'une sensibilité de tête qui est l'égoisme farouche.

¡Y quien estas atrocidades escribe es un benedictino y las firma en la abadía de Farnborough, donde él y sus hermanos reciben asilo y espléndida protección de una gran señora andaluza, de trágico y memorable destino en los anales del mundo!

Pero hacemos mal en indignarnos con un historiador, de cuya formalidad puede juzgarse por este rasgo sobre nuestro gran poeta Prudencio: «Prudence ne tarit plus dès qu'il parle gril, tenailles, pinces et chaudières dix siècles plus tard il partagerait sont temps entre les courses de taureaux et les auto-da-fe. Il faut plaindre ceux qui ont à gourverner de pareilles gens». A quien hay que compadecer es al público que lee tales tonterías porque están escritas en francés.

El capítulo de Fouillée que Dom Leclercq ha entrado a saco es una rapsodia atropellada e incoherente, como casi todo lo que se ha escrito de sociología española. Fouillée es un metafísico de gran talento, pero sus trabajos de psicología étnica no pueden tomarse en serio porque están improvisados sin preparación histórica, y respecto de España lo ignora todo: la lengua, la literatura, las costumbres. Una sola frase castellana de seis palabras cita, y dos de ellas están groseramente alteradas (página 164). Tal es el oráculo de Dom Leclercq en materia de psicología española.

Es frase proverbial y muy gastada ya la de llamar obras de *benedictino* a las trabajadas con mucho esmero. De benedictino es la de Dom Leclercq, pero de un benedictino que no parece ni prójimo siquiera de Dom Mabillon y Dom Montfaucon. *Corruptio optimi pessima*.

Societatis Iesu, la *Historia del primer siglo de la Compañía*, del padre Astráin, y el monumento bibliográfico del padre Uriarte, que, cuando sea íntegramente conocido, eclipsará a los hermanos Backer, a Sommervogel y a todos los que se han ejercitado en el mismo tema.

Otros institutos religiosos han renovado dignamente sus tradiciones de cultura histórica. Antes que nadie los agustinos, que están obligados a mucho por el recuerdo del padre Flórez. El saludable impulso que en todas las disciplinas intelectuales manifiestan la *Revista Agustiniana* y *La ciudad de Dios*, donde se han publicado muy buenos artículos de crítica y de erudición, encontrará digno empleo en la Biblioteca Escurialense, que está hoy confiada a su custodia, y prenda de ello es ya el primer volumen del catálogo de los códices latinos de aquel insigne depósito, que en estos días sale de las prensas por diligencia de su bibliotecario fray Guillermo Antolín. Con él se reanuda, para bien y honra de España, un género de publicaciones sabias, que parecía interrumpido desde los días de Pérez Bayer, Casiri y don Juan de Iriarte.

Los benedictinos franceses de la escuela de Solesmes, venidos en buena hora a nuestro suelo, han contribuido a nuestro movimiento histórico, no solo con excelentes trabajos propios, como la historia y cartulario del monasterio de Silos, de Dom Férotin, sino educando en la ciencia diplomática a varios monjes españoles que han comenzado la publicación de las *Fuentes de la historia de Castilla*, empresa muy propia de quienes visten la misma cogulla que el padre Berganza. En la gloriosa Orden de santo Domingo predominan, como es natural, los estudios de teología y filosofía escolástica sobre los históricos, pero también éstos tienen aventajada representación en fray Justo Cuervo, que nos ha dado la mejor edición de las obras de fray Luis de Granada y prepara un libro, acaso definitivo, sobre el proceso del arzobispo Carranza. Otros nombres podrían citarse aquí de franciscanos y carmelitas y de otras congregaciones regulares, pero no pretendo improvisar un catálogo que necesariamente sería incompleto. Ocasión habrá, en el curso de esta obra, de mencionar a todos o la mayor parte de ellos.

Honrosa ha sido también la colaboración del clero secular en esta especie de novísimo renacimiento que saludamos con júbilo. El canónigo de Santiago don Antonio López Ferreiro, por cuya reciente pérdida viste duelo la ciencia patria, renovó por completo la historia eclesiástica y civil de Galicia durante la Edad media, en una serie de libros que todavía no han sido bien estudiados ni han producido todos los frutos que debieran (*Historia de la Iglesia Compostelana, Fueros municipales de Santiago y su tierra, Galicia en el último tercio del siglo XV...*). López Ferreiro era un modelo de investigadores, a quien solo perjudicaba una excesiva tendencia apologética respecto de las tradiciones de su Iglesia. Su primera monografía, *Estudios críticos sobre el priscilianismo* (1879), ha quedado anticuada como todo lo que se escribió sobre el célebre heresiarca antes de los descubrimientos de Schepss; pero ya en aquel juvenil ensayo se ve el criterio luminoso y sagaz del preclaro varón que llevaba de frente la historia religiosa y social de su país. Honra son también de nuestros cabildos don Roque Chabás, que ha organizado admirablemente el archivo de la catedral de Valencia y no cesa de ilustrar los anales de aquel antiguo reino con sabias publicaciones relativas no solo a la historia eclesiástica, sino a la jurídica y literaria; don Mariano Arigita, canónigo de Pamplona, que ha escrito con suma diligencia la biografía del gran canonista Martín de Azpilcueta y las de otros navarros ilustres.. Pero quiero detenerme en esta enumeración, para no incurrir en omisiones que yo deploraría más que nadie.

Los pocos nombres que he citado bastan para probar que el aspecto de la ciencia eclesiástica española es hoy muy diverso de lo que era en 1880, aunque no sea ni con mucho el que nuestro ardor patriótico desearía. Mi libro reaparece en condiciones más favorables que entonces, no solo porque encuentra un público mejor preparado y más atento a las cuestiones históricas, sino porque su propio autor algo ha aprendido y adelantado durante el curso de una vida estudiosa que toca ya en las fronteras de la vejez. Aprovechemos, pues, este crepúsculo para corregir la obra de los alegres días juveniles, y corregirla con entrañas de padre, pero sin la indulgencia que a los padres suele cegar. No se diga por mí *bis patriae cecidere manus*.

Nada envejece tan pronto como un libro de historia. Es triste verdad, pero hay que confesarlo. El que sueñe con dar ilimitada permanencia a sus obras y guste de las noticias y juicios estereotipados para siempre, hará bien en dedicarse a cualquier otro género de literatura, y no a éste tan penoso, en que cada día trae una rectificación o un nuevo documento. La materia histórica es flotante y móvil de suyo, y el historiador debe resignarse a ser un estudiante perpetuo y a perseguir la verdad dondequiera que pueda encontrar resquicio de ella, sin que le detenga el temor de pasar por inconsecuente. No lo será en los principios, si en él están bien arraigados; no lo será en las leyes generales de la historia, ni en el criterio filosófico con que juzgue los sistemas y las ideas, ni en el juicio moral que pronuncie sobre los actos humanos. Pero en la depuración de los hechos está obligado a serlo, y en la historia eclesiástica con más rigor que en otra ninguna, por lo mismo que su materia es altísima y nada hay en ella pequeño ni indiferente. La historia eclesiástica se escribe para edificación y no para escándalo, y el escándalo no nace de la divulgación de la verdad, por dura que sea, cuando se expone con cristiana intención y decoroso estilo, sino de la ocultación o disimulación, que está a dos dedos de la mentira. Afortunadamente, todos los grandes historiadores católicos nos han dado admirables ejemplos que pueden tranquilizar la conciencia del más escrupuloso, y no es nuestra literatura la que menos abunda en maestros de varonil entereza.

Modestamente procuré seguir sus huellas en la primera edición de esta historia, cuyo éxito, que superó a mis esperanzas, debo atribuir tan solo a la resolución que formé y cumplí de trabajar sobre las fuentes, teniendo en cuenta las heterodoxas, y muy especialmente la literatura protestante, apenas manejada por nuestros antiguos eruditos. Hoy reconozco en aquella obra muchos defectos nacidos de mi corto saber y de la ligereza juvenil con que me arrojé a un empeño muy superior a mis fuerzas, pero no me arrepiento de haberla escrito, porque fue un libro de buena fe, pensado con sincera convicción, en que recogí buen número de noticias, que entonces eran nuevas, y ensanché cuanto pude, dentro de mis humildes facultades, los límites del asunto, escribiendo por primera vez un capítulo entero de nuestra historia eclesiástica, no de los más importantes, sin duda, pero que se relaciona con casi todos y es de los más arduos y difíciles de tratar. Del plan no estoy descontento ahora mismo y le conservo con poca alteración. Alguien ha dicho, en son de censura, que la HISTORIA DE LOS HETERODOXOS era una serie de monografías. Nada perdería con eso si ellas fuesen buenas. En forma de monografías están escritas las *Memorias* de Tillemont, y no dejan de ser uno de los más sólidos y permanentes trabajos que la erudición antigua produjo. Pero sin evocar el recuerdo de obra tan insigne, ya advertirá el lector que en mi plan las monografías de los heresiarcas están ordenadas de modo que no solo se compenetren y den luz unas a otras, sino que formen un organismo histórico sometido a un pensamiento fundamental, en que no insisto porque está expuesto con bastante claridad en el prólogo de la primera edición, que se leerá después del presente. Este pensamiento es la raíz de la obra, y va contenido en las palabras del Apóstol que la sirven de epígrafe. Entendida de este modo, la HISTORIA DE LOS HETERODOXOS viene a constituir una historia peculiar y contradictoria dentro de la historia de España; es, por decirlo así, la historia de España vuelta del revés. Su contenido es fragmentario y heterogéneo, pero no carece de cierta unidad sintética, que se va viendo más clara conforme la narración avanza y llega a su punto culminante en el siglo XVI, que es el centro de esta *Historia*, como de cualquier otra que con criterio español se escriba.

Si en el plan no he innovado nada sustancial, no puedo decir lo mismo en cuanto al desarrollo; pues apenas se hallará pagina que no lleve algunas variantes, y son innumerables las que han sido completamente refundidas o vueltas a escribir. Introduzco capítulos de todo punto nuevos, y en casi todos los de la edición anterior añado párrafos y secciones que no existían o estaban muy poco desarrollados, y aumento, sin compasión, el número de notas y apéndices. A todo esto y mucho más me obliga el prodigioso movimiento histórico de la época actual, que en España es tan difícil seguir, por lo cual me resigno de antemano a que esta labor mía, obra al fin de un autodidacto y de un solitario, resulte en algunos puntos manca e imperfecta, a pesar de todos mis esfuerzos.

Desde que Jorge Schepss descubrió en la biblioteca de Würzburg y publicó en 1889 once tratados de Prisciliano, ha brotado de las escuelas teológicas de Alemania, y aun de otros países, una copiosa literatura prisciliana en forma de tesis, artículos de revistas, libros de controversia y publicaciones de textos. Gracias a Künstle y a otros, nuestra patrología de los siglos IV y V, que parecía tan exigua, empieza a poblarse de libros; unos, enteramente inéditos; otros, que andaban anónimos y dispersos en las colecciones de escritores eclesiásticos, sin que nadie sospechase su origen español. No solo la herejía de Prisciliano, sino otros puntos más importantes relativos a la tradición dogmática, a la disciplina y la liturgia de nuestra primitiva Iglesia, han recibido nueva luz con el inesperado auxilio de estos hallazgos.

En cuanto a la historia de los suevos y de los visigodos, cuya restauración crítica comienza en Félix Dahn, basta recordar que en los *Monumenta Germaniae historica* hizo Mommsen la edición de los cronicones y Zeumer la de las fuentes legales, con todo el prestigio y autoridad que acompaña a tales nombres. En esta parte, por fortuna no ha sido pequeña la colaboración de la ciencia indígena, como lo prueban las excelentes obras de Pérez Pujol, Fernández-Guerra, Hinojosa y Ureña.

Otro tanto puede decirse de los arabistas, que forman uno de los grupos más activos de la erudición española, aunque no tan numeroso como debiera. Sus trabajos, especialmente la sabia y piadosa *Historia de los mozárabes*, de Simonet, cuya publicación se había retardado tanto, son indispensables para el conocimiento de las relaciones religiosas entre la raza invasora y el pueblo conquistado.

La escuela de traductores de Toledo, punto de conjunción entre la ciencia oriental y la de las escuelas cristianas, ha sido doctísimamente ilustrada, no solo en las obras ya antiguas de Wüstenfeld y el doctor Leclerc, sino en el libro capital de Steinschneider sobre las traducciones hebreas de la Edad media y sobre los judíos considerados como intérpretes (1898), en el de Guttmann sobre la Escolástica del siglo XIII en sus relaciones con la literatura judía (1902) y en las numerosas monografías que sobre los escritos filosóficos del arcediano Gundisalvo o Gundisalino han compuesto Hauréau (1879), Alberto Loewenthal (1890), J. A. Endres (1890), Pablo Correns (1891), Jorge Bulow (1897), cap. Baeumker (1898), Luis Baur (1903) y otros colaboradores de la sabia publicación que aparece en Münster con el título de *Beiträge zur Geschichte der Philosophie et Mittelalters*, a la cual debemos, entre otros grandes servicios, el texto íntegro del *Fons Vitae*, de Avicebrón. Cuando en 1880 publiqué el *Liber de processione*, apenas sonaba en la historia de la filosofía el nombre de Gundisalvo, que hoy resulta autor del famoso *Liber de unitate*, uno de los que más influyeron en la gran crisis escolástica del siglo XII.

Las extensas y eruditas monografías de Hauréau y Litiré sobre Arnaldo de Vilanova y Raimundo Lulio, publicadas, respectivamente, en los tomos XXVIII y XXIX de la *Histoire Littéraire de la France* (1881 y 1885), volvieron a llamar la atención de los doctos sobre estas dos grandes figuras, que personifican la vida intelectual de Cataluña en la Edad media. Acerca de la vida del célebre médico de los reyes de Aragón y de Sicilia, que ya en 1879 tuve la fortuna de ilustrar con documentos importantes y nuevos, ha añadido muchos el profesor de Friburgo Enrique Finke, primero en su libro sobre Bonifacio VIII (1902), después

48

en sus *Acta Aragonensia*. Otros muy importantes han descubierto don Roque Chabás y mi fraternal amigo don Antonio Rubió y Lluch, digno catedrático de la Universidad de Barcelona. Y a la hora presente, en la revista *Estudis univer-sitaris catalans*, ha comenzado a aparecer el cartulario de cuantos documentos impresos o inéditos se conocen relativos a Arnaldo. Son varias las tesis de estos últimos años en que se le estudia no solo como médico (verbigracia en los de E. Lalande y de Marcos Haven, 1896), sino como político y teólogo laico [en la de Pablo Diepgen, 1909).

El renacimiento vigoroso de la historiografía catalana ha ayudado en gran manera así a la depuración de la biografía de Arnaldo como al desarrollo de los estudios lulianos, que, casi interrumpidos desde el siglo XVIII, sin más excepción importante que la de don Jerónimo Roselló, han vuelto a florecer en Mallorca con espíritu verdaderamente crítico, como lo manifiesta la preciosa colección de los textos originales del Doctor Iluminado, en cuyo estudio y recolección tuvo tanta parte mi malogrado condiscípulo don Mateo Obrador y Bennasar.

En suma, apenas hay asunto de los que se tratan en el primer tomo de mis HETERODOXOS primitivos que no haya sido enteramente renovado por el trabajo de estos últimos años; lo mismo la herejía de los albigenses de Provenza y de sus adeptos catalanes que las sectas místicas de origen italiano o alemán, que tuvieron también prosélitos en nuestro suelo.

La historia de la Inquisición, tan estrechamente enlazada con la de las herejías, ha sido escrita con vasta y sólida información, y con cierta objetividad, a lo menos aparente, por el norteamericano Enrique Carlos Lea, en varios libros que deben tenerse por fundamentales en esta materia hasta que vengan otros que los refuten o mejoren. En la parte documental representan un grande adelanto; pero para penetrar en el espíritu y procedimientos de aquella institución, urge publicar el mayor número de procesos originales, ya que son relativamente pocos los que han llegado a nuestros días. Así lo ha comprendido el padre Fita, dando a conocer en el *Boletín de la Real Academia de la Historia* los más importantes documentos de la Inquisición castellana del tiempo de los reyes católicos. Así también el doctor Ernesto Schaeffer, de la Universidad de Rostock, a quien debemos no solo un amplio extracto de los procesos formados a los luteranos de Valladolid en tiempo de Felipe II, sino un comentario verdaderamente científico y desinteresado, en que el autor, aunque protestante, llega a conclusiones que ningún historiador católico rechazaría.

Siguiendo paso a paso el índice de mi libro, podría apuntar aquí todo lo que de nuevo hemos aprendido en estos años sobre erasmistas y protestantes, iluminados y hechiceros, judaizantes y moriscos, jansenistas, enciclopedistas y aun sobre las luchas religiosas de nuestros días. Pero esta recapitulación, además de ser en alto grado fastidiosa, sería inútil, puesto que van en el texto las oportunas indicaciones bibliográficas, que he procurado hacer lo más exactas y completas que he podido, remediando en esto, como en lo restante, las faltas de la primera edición.

Ante este cúmulo de materia nueva, que me obliga a tantas adiciones y rectificaciones, quizá me hubiera sido más fácil escribir una segunda HISTORIA que refundir la antigua. Pero nadie, y menos quien se despidió hace tiempo de la juventud, puede hacer largos cálculos sobre la duración de la vida, y la que Dios fuere servido de concederme, pienso emplearla en otros proyectos literarios de ejecución menos ingrata. He adoptado, pues, un término medio cuyos inconvenientes no se me ocultan, pero que era acaso el único posible.

He conservado del antiguo texto cuanto me ha parecido aprovechable, corrigiendo en el texto mismo, sin advertirlo al pie, todos los errores materiales que he notado de fechas, nombres y detalles históricos de cualquier género.

He revisado escrupulosamente todas las citas, compulsándolas con los originales, y reduciendo las de la misma obra a una sola edición, que he procurado que sea la mejor, o que por lo menos pueda citarse sin peligro de falsas lecciones. La descripción bibliográfica de cada libro se hará, por regla general, la primera vez que se le mencione. En las obras que todo el mundo conoce y que son fuentes generales del derecho canónico y de la historia eclesiástica, la indicación será muy sucinta, pero precisa y exacta.

Las adiciones se intercalarán en el texto, siempre que no quebranten su economía ni puedan engendrar confusión. Pero cuando sean tantas y tales que den un nuevo aspecto de los hechos, como sucede en la herejía de Prisciliano, se pondrán a continuación del capítulo antiguo (depurado y corregido de las faltas que ya lo eran en 1880), para que de este modo pueda cotejarse lo que la investigación histórica había logrado hasta aquella fecha y lo que ha descubierto después.

Las rectificaciones de materia grave, en que el autor corrige o atenúa, por virtud de nuevos estudios, algunos juicios de personas y acontecimientos, serán tratadas en notas especiales. Ni quiero ocultar mi parecer antiguo, ni dar por infalible el moderno, sin que me arredre el pueril temor, indigno de la Historia, de aparecer en contradicción conmigo mismo.

He retocado ligeramente el estilo, borrando muchos rasgos que hoy me parecen de mal gusto y de candidez infantil; muchas incorrecciones gramaticales y otros defectos que hubieran saltado a la vista del leyente más benévolo y que solo tenían disculpa en los pocos años del autor. Esta operación, aunque extensa, no ha sido muy intensa, por no querer privar al libro de uno de los pocos méritos que puede tener, es decir, de la espontaneidad y frescura que a falta de otras condiciones suele haber en los frutos primerizos del ingenio. Por lo mismo que no se escribe de igual suerte a los veinte años que a los cincuenta, el falsificar su propia obra me ha parecido siempre fútil tarea de puristas académicos, que no vale el trabajo que cuesta, y arguye una desmedida satisfacción de sí propio. Para mí, el mejor estilo es el que menos lo parece, y cada día pienso escribir con más sencillez; pero en mi juventud no pude menos de pagar algún tributo a la prosa oratoria y enfática que entonces predominaba. Páginas hay en este libro que me hacen sonreír, y, sin embargo, las he dejado intactas porque el libro tiene su fecha y yo distaba mucho de haber llegado a la manera literaria que hoy prefiero, aunque ya me encaminase a ella. Por eso, es tan desigual la prosa de los HETERODOXOS, y fluctúa entre dos opuestos escollos: la sequedad y la redundancia.

Otro defecto tiene, sobre todo en el último tomo, y es la excesiva acrimonia e intemperancia de expresión con que se califican ciertas tendencias o se juzga de algunos hombres. No necesito protestar que en nada de esto me movía un sentimiento hostil a tales personas. La mayor parte no me eran conocidas más que por sus hechos y por las doctrinas expuestas en sus libros o en su enseñanza. De casi todos pienso hoy lo mismo que pensaba entonces; pero, si ahora escribiese sobre el mismo tema, lo haría con más templanza y sosiego, aspirando a la serena elevación propia de la historia, aunque sea contemporánea, y que mal podía esperarse de un mozo de veintitrés años, apasionado e inexperto, contagiado por el ambiente de la polémica y no bastante dueño de su pensamiento ni de su palabra. Hasta por razones estéticas hubiera querido dar otro sesgo a los últimos capítulos de mi obra, pero he creído que no tenía derecho para hacerlo. Tenía, en cambio, y creo haberla cumplido en ésta como en las demás partes de mi HISTORIA, la obligación de conciencia de enmendar toda noticia equivocada, porque la misma justicia se debe a los modernos y a los antiguos, a los vivos y a los muertos. Cuando rectifico o atenúo algún juicio, lo hago en nota. En el texto borro únicamente las expresiones que hoy me parecen insolentes, duras y crueles, porque sería de mal ejemplo y hasta de mal tono el conservarlas. Por supuesto que no tengo por tales ciertas inofensivas y lícitas burlas que, aun consideradas literariamente, no me parecen lo peor que el libro contiene.

Esta segunda edición termina donde terminaba la antigua, es decir, en 1876, fecha de la Constitución que ha creado el actual estado de derecho en cuanto a la tolerancia religiosa. Solo en alguna que otra nota me refiero a sucesos posteriores, para completar alguna narración o la biografía de algún personaje. De lo demás, otros escribirán, y no les envidio tan triste y estéril materia.

Reimpresa con estas correcciones y aditamentos la HISTORIA DE LOS HETERODOXOS españoles, dejará de ser un libro raro, pero acaso llegue a ser un libro útil.

Santander, julio de 1910.

Discurso preliminar de la primera edición

Al comenzar el siglo XIX era generalmente desconocida la historia de las doctrinas heterodoxas desarrolladas en nuestro suelo. Teníase noticia de las más antiguas por la incomparable *España sagrada*: el catalán Girves había recogido en una curiosa disertación todos los datos conocidos entonces sobre el priscilianismo; en otra memoria había hecho el padre Maceda la apología de Hosio; el alemán Walchio había escrito la historia del adopcionismo; pero impresas estas monografías, ya en Italia, ya en Alemania, no circularon bastante en nuestra Península. Algún diligente escritor había tropezado con ciertas especies relativas a Claudio de Turín, a Arnaldo de Vilanova, a Pedro de Osma o a los *alumbrados* de Toledo, Extremadura y Sevilla; pero la generalidad de nuestros doctos se atenía a lo que de tales materias dicen la *Historia literaria de Francia*, la *Biblioteca* de don Nicolás Antonio, el *Directorium* de Eyrnerich, la grande obra *De haeresibus*, de fray Alfonso de Castro; la *Summa Conciliorum* de Carranza, la *Biblioteca de los colegios mayores* de Rezábal, los *Anales de Plasencia*, de fray Alonso Fernández, y algún otro libro donde brevemente y por incidencia se discurre de ciertos herejes. Duraba aún el rumor del escándalo producido en los siglos XVII y XVIII por la *Guía espiritual* de Miguel de Molinos. El jansenismo estaba de igual modo harto próximo para que su historia se olvidase, aunque nadie había pensado en escribirla con relación a nuestra tierra.[24]

Por lo que toca a los protestantes españoles de la centuria XVI, conservábanse muy escasas y dispersas indicaciones. Algo había trabajado para su historia literaria el bibliotecario Pellicer en los artículos *Francisco de Enzinas, Casiodoro de Reina, Cyprian de Valera*, y algún otro de su comenzado y no concluido *Ensayo de una Biblioteca de Traductores*, que apareció en 1778. Mas, en general, ni los libros de heterodoxos españoles, casi todos de peregrina rareza, habían caído en manos de nuestros eruditos, gracias a las bien motivadas persecuciones y rigores ejercidos al tiempo de su aparición por el Santo oficio, ni era muy conocida la historia externa (digámoslo así) de aquellos abortados intentos. Hablábase de Juan de Valdés como por tradición oscura, y cuando Mayans imprimió el *Diálogo de la lengua* (titulándose de *las lenguas*), no pudo o no quiso revelar el nombre del autor. Otro erudito, de los más beneméritos y respetables del siglo XVIII, Cerdá y Rico, dábase por satisfecho, al tratar del doctor Constantino de la Fuente, con repetir el breve artículo, todo de referencias, que le dedicó Nicolás Antonio. Latassa, en la *Biblioteca Aragonesa*, hablaba de Servet, confesando no haber podido examinar sus libros. Los *Índices expurgatorios* habían logrado, si no el exterminio, a lo menos la desaparición súbita de nuestro suelo del mayor número de tales volúmenes, que, por otra parte, ni en España ni fuera de ella despertaban grande interés a fines del siglo XVIII. No porque algunos fervorosos protestantes alemanes y holandeses dejasen de encarecer la conveniencia del estudio de esos libros y la necesidad de escribir una historia de sus doctrinas en España, sino porque a tales exhortaciones respondía la general indiferencia, ya entibiado el ardor con que eran miradas las cuestiones teológicas en el siglo XVI. Así es que apenas se sabía en el extranjero de nuestros luteranos, calvinistas y unitarios otra cosa que lo poco que puede hallarse en el *Dictionnaire historique* de Pedro Bayle,

---

24   Todos los libros que en este prólogo y en el anterior rápidamente se mencionan, están descritos en el curso de la obra con las necesarias indicaciones bibliográficas.

en la *Bibliotheca Anti-trinitariorum* de Juan Christ. Sand, en el *Martyrologio de Geddes*, en la disertación *De vestigiis Lutheranismi in Hispania* de Büschnig (Gottinga 1755), y en algún otro libro de autores de allende. Sin embargo, de Servet habían escrito en alemán y en latín Mosheim y Allwoerden notables biografías. De Enzinas (*Dryander*) dijeron algo Strobel y Próspero Marchand. Aun siendo tanta la rareza de los documentos, se había despertado en muchos, ora con buenas, ora con mal trazadas intenciones (según que los guiaba el celo de la verdad, la curiosidad erudita, el espíritu de secta o el anhelo de perversas innovaciones), el deseo de profundizar en materia tan peregrina y apartada de la común noticia, puesto que no eran bastantes a satisfacer la curiosidad los datos de Gonzalo de Illescas en su *Historia Pontifical y Católica*, ni menos los de Luis Cabrera en la de Felipe II. De pronto creyóse que iba a derramar copiosa luz sobre éste y otros puntos no menos enmarañados y oscuros, la publicación de una historia del Santo oficio, formada con documentos de sus archivos, por un secretario del célebre tribunal (personaje digno, en verdad, de un buen capítulo en la futura historia de los heterodoxos españoles). Y, en efecto, don Juan Antonio Llorente, en su *Historia crítica de la Inquisición*, publicada en lengua francesa en 1818, y por primera vez trasladada al castellano en 1822, dio, aunque en forma árida e indigesta, sin arte alguno de estilo, con crítica pobre, sin citar casi nunca, y esto de un modo parcial e incompleto, las fuentes, y escribiendo de memoria con harta frecuencia noticias curiosas de los procesos y prisiones de varios heterodoxos penados por el Tribunal de la Fe. A ellas deben agregarse las pocas que en 1811 había vulgarizado desde Cádiz el filólogo catalán don Antonio Puig y Blanch (Puigblanch), en su libro *La Inquisición sin mascara*, impreso con el seudónimo de *Natanael Jomtob* y traducido en 1816 al inglés por William Walton. Pero ni Llorente ni Puig y Blanch, aparte de sus errores religiosos y de su fanatismo político, que les quitaron la imparcialidad en muchos casos, escribieron con la preparación debida, ni respetaron bastante los fueros de la historia, ni escogieron por tema principal de sus obras a nuestros heterodoxos, ni tocaron sino por incidencia la parte bibliográfica y de crítica literaria, que es no poco importante en este asunto.

El entusiasmo protestante halló al fin eco en la primera historia de la Reforma en España, no escrita de cierto con la prolijidad y el esmero que deseaba el padre de Lessing[25] en la centuria antecedente; pero útil y digna de memoria como primer ensayo. Me refiero a la obra del presbiteriano escocés M'Crie, publicada en 1829 con el título de *History of the progress and suppression of the Reformation in Spain in the sixteenth century*,[26] que hace juego con su *History of the Reformation in Italy*, dos veces impresa. Es la obra de M'Crie una recopilación en estilo no inelegante de las noticias esparcidas en Reinaldo González de Montes, Geddes, Pellicer, Llorente, etc., sin que se trasluzca en el autor gran cosecha de investigaciones propias, ni sea de alabar otra cosa que la novedad del intento y la exposición clara y lúcida. En tal libro, impregnado de espíritu de secta (como era de recelar), aprendieron los ingleses la historia de nuestros reformistas, que antes casi del todo ignoraban.[27] Bastantes años pasaron sin que nuevas indagaciones viniesen a allanar tan áspero camino. Al cabo, un erudito gaditano, que por dicha vive,[28] y por dicha ilustra aún a su patria con notable talento y laboriosidad ejemplar, dado desde sus juveniles años a todo linaje de investigaciones históricas, en especial de lo raro y peregrino, concibió el proyecto de escribir una historia de nuestros protestantes, más completa y trabajada que la de M'Crie. Don Adolfo de Castro, a quien fácilmente se comprenderá que aludo, tenía ya terminada en 1847 una *Historia del protestantismo en España*, que refundió y acrecentó más adelante, viniendo a formar nueva obra, que con el rótulo de *Historia de los protestantes españoles y de su persecución por Felipe II*, vio la pública luz en Cádiz el año 1851.[29] De las doctrinas, si no heterodoxas, sobremanera avanzadas en orden a la libertad religiosa; de las apreciaciones históricas, inexactas o extremadas, sobre todo en lo relativo a la

---

25   «Historia Reformationis non paucis defectibus laborat. Insigni igitur utilitate, quamvis multo labore, historiam Hispanorum Protestantium conscribi posse mihi certe persuadeo. Quamvis enim libri huius commatis rarissimi esse soleant, ex rivulis tamen, si non fontibus, hinc, et inde latentibus, nonnulli meo quidem iudicio deduci possent quae non contemnendam lucem historiae reformationis universali affundere posse in propatulo es» (J. Gottfried Lessing, *De fidei confessione quam Protestantes Hispania electi*, Londini 1559 ediderunt [Lipsiae 1730], página 17).

26   Traducida al alemán por Gustavo Plieninger (Stuttgart 1835), con algunas adiciones.

27   Algo más pudiera decirse en elogio de la obra de M'Crie, que, en general, está mejor compuesta que la de don Adolfo de Castro y contiene bastantes noticias omitidas por éste.

28   Falleció en 1898.

29   Traducida al inglés por Tomás Parker y publicada simultáneamente con el original (Londres 1851) y al alemán por el doctor Enrique Hertz (Francfort 1866).

Inquisición y a Felipe II; de los lunares, en fin, de aquel libro escrito en los fuegos de la juventud, no me toca hablar aquí. Pública y solemnemente los ha reconocido su autor, en diversas ocasiones, elevándose y realzándose de esta suerte a los ojos de su propia conciencia, a los de todos los hombres de corazón e inteligencia sanos, y a los de Dios sin duda, a quien ha ofrecido como en expiación sus brillantes producciones posteriores. Yo solo debo decir que en el libro de mi respetable amigo hay erudición rara e investigaciones históricas curiosísimas, como lo reconoció, hablando de las que versan acerca del príncipe don Carlos, el grande archivero belga, tan benemérito de nuestra historia, Mr. Gachard, en su excelente monografía sobre la vida de aquel malaventurado joven.[30]

Claro es que pueden señalarse en libro tan interesante numerosos vacíos, ligerezas frecuentes, escasez y aun falta de noticias en algunos capítulos. Los libros de nuestros heterodoxos siempre han sido raros en España, y natural es que algunos se escondiesen a la diligencia del señor Castro. En una obra posterior y escrita con el mismo espíritu que la *Historia de los protestantes*, en el *Examen filosófico de las principales causas de la decadencia de España* (Cádiz 1852), trasladado al inglés por Mr. Thomas Parker con el título de *History of the religious intolerance in Spain* (Londres 1853), añadió el erudito andaluz curiosas y apreciables noticias enlazadas con la historia de las herejías en la Península.

Por entonces habían comenzado a exhumar los monumentos de las agitaciones religiosas de España en el siglo XVI dos hombres entusiastas e infatigables, cuyos nacimientos parecen haber obedecido a misterioso sincronismo, tal fue la amistad íntima que los ligó siempre y el mutuo auxilio que se prestaron en sus largas y penosas indagaciones. Vivía en Inglaterra un erudito cuáquero, dado al estudio de las literaturas del Mediodía de Europa, en el cual le había iniciado un hermano suyo, traductor del Tasso y de Garcilaso de la Vega. Llamábase Benjamín Barron Wiffen, y por dicha suya y de las letras españolas halló quien le secundase en sus proyectos y tareas. Fue éste don Luis Usoz y Río, que entró en relaciones con Wiffen durante su viaje a Inglaterra en 1839. Animados entrambos por el fervor de secta, al cual se mezclaba un

---

30 «En fin, j'ai fait quelque emprunts à l'Histoire des protestants espagnols, de M. de Castro, où l'on regrette que des recherches infiniment curieuses soient mêlées à des assertions hasardées et à des jugements inspirés par l'esprit de système» (*D. Carlos et Philippe II*, par Mr. Gachard [Bruselas 1863], tomo 1, página XX).

elemento más inocente, la manía bibliográfica, emprendieron la publicación de los *Reformistas antiguos españoles*. Desde 1837 a 1865 duró la impresión de los veinte volúmenes de esta obra, que, como escribió la sobrina de Wiffen, contiene «la historia de los antiguos protestantes españoles, de sus iglesias, de sus martirios y de sus destierros». Poco divulgados han sido estos volúmenes, impresos con esmero y en contado número de ejemplares; pero la Europa docta los conoce bien, y a su aparición se debieron las copiosas noticias que han venido a disipar las tinieblas hasta hoy dominantes en la historia de nuestros primeros protestantes. Con el *Carrascón*, de Fernando de Texeda, abrió la serie Usoz y Río, casi al mismo tiempo que Wiffen reimprimía la *Epístola consolatoria* del doctor Juan Pérez. A estos primeros tomos siguieron en breve la *Imagen del Anticristo* y *Carta a Felipe II*, las obras de Juan de Valdés, la mayor parte de las de Cipriano de Valera y Juan Pérez, las *Dos informaciones*, cuya traducción se atribuye a Francisco de Enzinas, el tratado de la Inquisición de Reinaldo G. Montano, la autobiografía de Nicolás Sacharles, los opúsculos del doctor Constantino y la *Historia de la muerte de Juan Díaz*, acompañada de su brevísima *Summa Christianae religionis*. Con pocas excepciones, como la de la *Epístola consolatoria* y la del *Alfabeto Christiano*, todas estas reimpresiones salieron de Madrid, *ex aedibus Laetitiae* (imprenta de don Martín Alegría). Algunas de estas obras fueron traducidas por Usoz del italiano o del latín, en que primitivamente las escribieron o publicaron sus autores: de las *Consideraciones divinas*, de Valdés, se hicieron hasta tres ediciones para acrisolar más y más el texto, y en suma, por lo que respecta a ejecución material, nada dejaron que apetecer los *Reformistas españoles*. Si de las copiosas notas ilustrativas que preceden o siguen a la mayor parte de los tomos apartamos las eternas e insípidas declamaciones propias del fanatismo cuáquero de los editores, las cuales lindan a veces con lo ridículo, y nos hacen sonreír de compasión hacia aquellos honrados varones, que con semejantes libros (hoy casi inocentes) esperaban de buena fe *evangelizar* a España, encontraremos en ellas un rico arsenal de noticias y documentos, y subirá de punto nuestro aprecio a la inteligencia y laboriosidad de Wiffen y de Usoz, aunque censuremos los propósitos descabellados más bien que peligrosos que los indujeron a su empresa. Siempre merecen respeto la erudición sana y leal, el entusiasmo, aunque errado, sincero. En verdad que no puede leerse sin alguna simpatía la narración que hace Wiffen de los trabajos suyos y de su amigo, de las dificultades con que tropezaron para haber a las manos ciertos ejemplares, de la diligencia con que transcribieron manuscritos y raros impresos de públicas y privadas bibliotecas, de todos los incidentes, en fin, anejos a la reimpresión y circulación de libros de esta clase.

Según el orden natural de las cosas, y según el esmero y conciencia con que procedían Usoz y Wiffen, la colección de *Reformistas* era como el precedente de la *Bibliografía protestante española*. De consuno se habían propuesto entrambos amigos compilarla, pero la muerte de Usoz, ocurrida en 1865, vino a detener el curso de las tareas, dejando solo al inglés cuando apenas comenzaba la ordenación y arreglo de sus papeletas. Privado ya de su auxiliar y amigo, el autor de la *Vida de Juan de Valdés* buscó en sus postreros años la colaboración y apoyo de otro erudito joven y entusiasta, el doctor Eduardo Boehmer, hoy catedrático de lenguas romanas en la Universidad de Estrasburgo.[31] Muerto Wiffen, a Boehmer acudieron sus testamentarios y amigos, suplicándole que se hiciese cargo de los papeles, libros y apuntamientos del difunto. Aparecieron entre ellos varias listas con los nombres de autores que se proponía incluir en su *Biblioteca*, considerable número de papeletas bibliográficas, y extendidos solo los artículos de Tejeda (autor del *Carrascón*), Juan Pérez y Nicolás Sacharles, breves los tres y el segundo incompleto. A ruegos de Mr. John Betts, traductor de la *Confesión del pecador*, del doctor Constantino, y ejecutor testamentario de Wiffen, emprendió Boehmer la ardua labor de una *Biblioteca de Reformistas españoles*, ajustándose con leves modificaciones al plan del docto cuáquero y haciendo uso de los materiales por su laboriosidad allegados. Pero les agregó inmenso caudal de noticias, fruto de sus indagaciones en las bibliotecas de Alemania, Inglaterra, Francia y Países Bajos, y sobre esta ancha y profunda base levantó el edificio de su *Bibliotheca Wiffeniana-Spanish Reformers*, cuyo primer

---

31 Falleció este insigne filólogo en 1905, poco después de haber publicado el tercer volumen de la *Bibliotheca Wiffeniana*. El segundo había aparecido en 1883. Adicionó Boehmer la colección de Usoz con tres tomos más de obras de Juan de Valdés y uno del doctor Constantino (1880-1881), descubiertos por él en las bibliotecas de Viena y Munich, y publicó otros varios documentos que se especificarán en sus lugares respectivos. Hizo en sus *Romanische Studien* (1881 y 1895) ediciones críticas del *Diálogo de Mercurio y Carón* y del *Diálogo de la lengua*, que mejoraron las de Usoz. No ha habido erudito más benemérito de la historia literaria del protestantismo español.

volumen dio a la estampa en el año de 1874, sin que hasta la fecha haya visto la pública luz el segundo o llegado por lo menos a nuestras manos.

No era peregrino el catedrático de Estrasburgo en este campo. Ya en 1860 había hecho en Halle de Sajonia esmerada reproducción del texto italiano de las *Consideraciones valdesianas*, poniendo a su fin una Memoria, modestamente llamada *Cenni biographici sui fratelli Giovanni ed Alphonso di Valdesso*; en 1865 había reimpreso en castellano una parte del *Diálogo de la lengua*, y a él se debió asimismo la publicación del *Lac Spirituale* y de los *Cinco tratadillos evangélicos*, atribuidos al famoso reformista conquense y dogmatizador en Nápoles. Habíanle dado a conocer además como cultivador de esta rama de la historia literaria su libro acerca de *Francisca Hernández* y diversos artículos y memorias esparcidos en revistas inglesas y alemanas.

Pero fuerza es confesar que el nuevo libro del catedrático sajón excede en mucho a cuanto de su reconocido saber esperaba la república de las letras. Encabézase (como era de justicia) el volumen publicado con la biografía de Wiffen, redactada por su sobrina, y con la relación de los incidentes enlazados con la reimpresión de los Reformistas, escrito del mismo Wiffen, que lo estimaba como preliminar a su proyectada biblioteca. Llenan el resto del tomo las noticias bio-bibliográficas de Juan y Alfonso de Valdés, de Francisco y Jaime de Enzinas y del doctor Juan Díaz. El trabajo relativo a los hermanos Valdenses puede pasar por modelo en lo que hace al registro y descripción de las ediciones. Pocas veces he visto reunidos tanta riqueza de materiales, tanta exactitud y esmero, tan delicada atención a los más minuciosos pormenores. El doctor Boehmer nota y señala las más ligeras diferencias, imperceptibles casi para ojos menos escudriñadores y ejercitados; y sabe distinguir, con precisión asombrosa, las varias impresiones primitivas de los diálogos valdesianos, tan semejantes algunas entre sí, que parecen ejemplares de una sola. De ciento once artículos consta la bibliografía de los hermanos conquenses, ordenada por nuestro doctor, comprendiendo en ella detallada noticia de los documentos diplomáticos extendidos por Alfonso, de los escritos de Juan y de sus reproducciones en varias lenguas, llegando a cincuenta y siete, si no he contado mal, el número de ediciones descritas o citadas en este catálogo. Los apuntes biográficos son también apreciables, aunque en esta parte el libro de Boehmer ha sido superado, como veremos adelante, por el de don Fermín Caballero.

En cuanto a Francisco de Enzinas, había dado mucha luz la publicación de sus *Memorias por la Sociedad de Historia de Bélgica* en 1862; pero aún se ilustra más su biografía con los documentos recogidos por Boehmer, que ha examinado la voluminosa correspondencia dirigida a Enzinas, cuyo manuscrito se custodia en el archivo del Seminario protestante de Estrasburgo. Tenemos, pues, en claro, la azarosa vida de aquel humanista burgalés, catedrático de griego en las aulas de Cambridge, amigo de Melanchton, de Crammer y de Calvino. Tampoco es susceptible de grandes adiciones ni enmiendas la sección bibliográfica. Siento, no obstante, que el profesor alemán haya dejado de advertir que no fueron traducidas por Enzinas, sino por Diego Gracián de Alderete dos de las vidas de Plutarco publicadas en Colonia Argentina en 1551: las de Temístocles y Camilo, cosa para mí evidente, y que ya sospechó el bibliófilo gallego don Manuel Acosta en carta a don Bartolomé José Gallardo. Sin duda, por no haber tenido ocasión de examinar personalmente los *Diálogos de Luciano*, impresos en León de Francia, 1550; y la *Historia verdadera* del mismo Luciano, que lo fue en Argentina (Estrasburgo) en 1551, no se ha atrevido a afirmar que sean de Enzinas tales versiones, ni ha notado que en la primera se incluye la traducción, en verso castellano, de un idilio de Mosco. Pero su sagacidad crítica le hace adivinar lo cierto en cuanto a la *Historia verdadera*; y lo mismo puede y debe creerse de los *Diálogos*, como fácilmente demuestra el examen de las circunstancias tipográficas, y aún más el del estilo de ambos libros. Acerca de la muerte de Juan Díaz, recoge Boehmer con esmero las relaciones de los contemporáneos, y si no apura, por lo menos ilustra en grado considerable la historia de aquel triste y desastroso acaecimiento. Intercalado en la biografía de Enzinas está lo poco que sabemos de su hermano Jaime y de Francisco de san Román.

Distingue a la *Bibliotheca Wiffeniana*, aparte de la erudición copiosa y de buena ley, el casi total alejamiento del fanático espíritu de secta, que tantas veces afea los libros de Usoz y Wiffen. Con variar pocas palabras y suprimir algún concepto, pudiera ser trasladado del inglés al castellano. El catedrático de Estrasburgo sabe y quiere ser solo filólogo y bibliógrafo: por eso su obra será consultada siempre con provecho, y ni amigos ni enemigos la miraran como fuente sospechosa. Anhelamos, pues, la publicación del segundo tomo, y la del estudio sobre Miguel Servet, a quien no ha dado cabida Boehmer en la

Biblioteca por considerar, y con razón, que se destacaba del grupo general de los heterodoxos de aquélla era la individualidad aislada y poderosa del antitrinitario aragonés, víctima de los odios de Calvino.

Mas, por dicha, los trabajos *servetistas* abundan, y bien pronto satisfarán al más exigente. En 1839 publicó Trechsel el primer libro de la historia de los protestantes unitarios, dedicado todo a Servet. En 1844, la Sociedad de Historia y Arqueología de Ginebra insertó en el tomo III de sus *Memorias* un amplio extracto del proceso. En 1848, Emilio Saisset analizó con brillantez francesa el carácter, las obras y el sistema teológico-filosófico de nuestro heresiarca. En 1855 se publicó en Madrid una biografía anónima, y al año siguiente una serie de estudios en la *Revista de Instrucción pública*, firmados por el bibliotecario ovetense don Aquilino Suárez Bárcena. Por fin, y aparte de estudios de menos cuenta, el teólogo de Magdeburgo Tollin ha expuesto, y sigue exponiendo con prolijidad alemana muy laudable, aunque con graves errores dogmáticos, la vida y doctrinas de Servet. La obra capital de Tollin, *Das Lehrsystem Michael Servets*, ocupa no menos que tres volúmenes. Y ya sueltas, ya en revistas, había estampado antes las siguientes memorias y alguna más: *Lutero y Servet*, *Melanchton y Servet*, *Infancia y juventud de Servet*, *Servet y la Biblia*, *Servet y la Dieta de Ausburgo*, *Servet y Bucero*, *Miguel Servet como geógrafo*, *Miguel Servet como médico*, *Panteísmo de Servet*, y anuncia la de *Servet, descubridor de la circulación de la sangre*. No se puede pedir más: tenemos una verdadera biblioteca *servetista*.

Poco menos puede decirse de los trabajos referentes a Juan de Valdés. De todos vino a ser corona el tomo IV de la galería de *Conquenses ilustres*, última obra de don Fermín Caballero, varón digno de otros tiempos, a quien, por mi fortuna, conocí y traté como a maestro y amigo en sus últimos años. Vímosle todos consagrar con noble ardor su robusta y laboriosa ancianidad al enaltecimiento de las glorias de su provincia natal, y una tras otra brotaron de su pluma las biografías de Hervás y Panduro, nuestro primer filólogo; de Melchor Cano, luz de nuestros teólogos; de Alonso Díaz de Montalvo, uno de los padres de nuestra jurisprudencia, y, finalmente, de los hermanos Juan y Alfonso de Valdés, que es la que ahora nos interesa. El tomo IV de *Hijos ilustres de Cuenca*, además de reunir y condensar el fruto de los estudios anteriores, encierra muchos datos nuevos y decide las cuestiones relativas a la patria, linaje y parentesco de los

Valdeses, cortando todas las dudas manifestadas por algunos eruditos. La vida de Alfonso queda en lo posible dilucidada, su posición teológica fuera de duda, puestas en claro sus relaciones con Erasmo, punto importante, hasta hoy no bien atendido: auméntase el catálogo de los documentos diplomáticos que suscribiera; y por lo que respecta a Juan, las noticias de su doctrina, enseñanzas y discípulos... exceden en seguridad y exactitud a cuanto habían dicho los biógrafos anteriores, aunque entren en cuenta Usoz, Wiffen, Boehmer y Stern.

Esta obra, escrita con la elegante sencillez propia del autor de la *Población rural*, y conveniente en este linaje de estudios, va acompañada de un apéndice de 85 documentos, entre ellos más de treinta cartas inéditas de Alfonso de Valdés o a él dirigidas, que se guardan en la curiosa colección de *Cartas de Erasmo y otros*, existente en la biblioteca de la Real Academia de la Historia. Enriquecen asimismo esta sección desconocidos papeles, sacados del archivo de Simancas y del de la ciudad de Cuenca, que, naturalmente, se ocultaron a la diligencia de los investigadores extranjeros. ¡Fortuna y gloria ha sido para Juan de Valdés encontrar uno tras otro tan notables biógrafos y comentadores, premio bien merecido (aparte de sus errores) por aquel acrisolado escritor, modelo de prosa castellana, de quien cantó David Rogers:

Valdesio hispanus scriptore superbiat orbis!

Poco antes de su muerte preparaba don Fermín Caballero las biografías del antiguo heterodoxo Gonzalo de Cuenca, de Juan Díaz y de Constantino de la Fuente. Quedaron casi terminadas y en disposición de darse a la estampa, lo cual se hará presto, según imagino, para resarcir en alguna manera la pérdida irreparable que con la muerte de su autor experimentó la ciencia española.

Si a los libros y memorias citados añadimos cuatro artículos sobre la España protestante, escritos en lengua francesa por el señor Guardia en las *Revistas de Ambos Mundos y Germánica*, con ocasión de las publicaciones de M'Crie, Castro y Usoz, habremos mencionado casi todo lo que en estos últimos años se ha impreso acerca de la Reforma en España. Están reunidos en buena parte los materiales y se puede ya escribir la historia. ¡Ojalá que el primero a quien ocurrió esta idea hubiese llegado a realizarla! Otra historia leeríamos llena de saber y de claridad y no esta seca y desmedrada crónica mía. Don Pedro José Pidal, a quien corresponde el mérito de haber iniciado entre nosotros este género de estudios, publicando en 1848 (cuando solo M'Crie había escrito) su artículo *De Juan de Valdés*, y si es autor del *Diálogo de las lenguas*, tenía en proyecto una *Historia de la reforma en España*, y aun dejó entre sus papeles tres o cuatro notas a este propósito. Distrajéronle otras tareas, y la obra no pasó adelante.

De manifestaciones heterodoxas, anteriores o posteriores al protestantismo, se ha escrito poco, a lo menos en monografías especiales. Pero como capítulos de nuestra *Historia eclesiástica*[32] ha tratado de algunas de ellas con su habitual maestría de canonista y de expositor don Vicente de la Fuente, a quien debemos también una *Historia de las sociedades secretas en España* y varios opúsculos útiles. Las biografías de cada heterodoxo y otros escritos sueltos irán indicados en sus lugares respectivos, de igual suerte que los ensayos concernientes a la *Historia de las artes mágicas*, entre los cuales se distingue el de don José Amador de los Ríos.

No sé si con vocación o sin ella, pero persuadido de la importancia del asunto y observando con pena que solo le explotan (con leves excepciones) escritores heréticos y extranjeros, tracé tiempo atrás el plan de una *Historia de los heterodoxos españoles* con espíritu español y católico, en la cual, aparte de lo ya conocido, entrasen mis propias investigaciones y juicios sobre sucesos y personajes poco o mal estudiados. Porque la historia de nuestros protestantes sería acéfala y casi infecunda si la considerásemos aislada y como indepen-diente del cuadro general de la heterodoxia ibérica. No debe constituir una obra aparte, sino un capítulo el más extenso (y quizá no el más importante) del libro en que se expongan el origen, progresos y vicisitudes en España de todas las doctrinas opuestas al catolicismo, aunque nacidas en su seno. Cuantos extravagaron en cualquier sentido de la ortodoxia han de encontrar cabida en las páginas de este libro. Prisciliano, Elipando y Félix, Hostegesis, Claudo, el español Mauricio, Arnaldo de Vilanova, fray Tomás Scoto, Pedro de Osma..., tienen el mismo derecho a figurar en él que Valdés, Enzinas, Servet, Constantino, Cazalla, Casiodoro de Reina o Cipriano de Valera. Clamen cuanto quieran los protestantes por verse al lado de *alumbrados* y *molinosistas*, de jansenistas y enciclopedistas. Quéjense los partidarios de la novísima filosofía de verse con-fundidos con las brujas de Logroño. El mal es inevitable: todos han de aparecer

---

32   Segunda edición (1873-1875).

aquí como en tablilla de excomunión; pero a cada cual haremos los honores de la casa según sus méritos.

El título de *Historia de los heterodoxos* me ha parecido más general y comprensivo que el de *Historia de los herejes*. Todos mis personajes se parecen en haber sido católicos primero y haberse apartado luego de las enseñanzas de la Iglesia, en todo o en parte, con protestas de sumisión o sin ellas, para tomar otra religión o para no tomar ninguna. Comprende, pues, esta historia:

1.º Lo que propia y, más generalmente se llama herejía, es decir, el error en algún punto dogmático o en varios, pero sin negar, a lo menos, la Revelación.

2.º La impiedad con los diversos nombres y matices de deísmo, naturalismo, panteísmo, ateísmo, etc.

3.º Las sectas ocultas e iluminadas. El culto demoníaco o brujería. Los restos idolátricos. Las supersticiones fatalistas, etc.

4.º La apostasía (judaizantes, moriscos, etc.), aunque, en rigor, todo hereje es apóstata.[33]

---

33 Hay que guardarse de confundir el cisma y la herejía con las disidencias escolásticas que solo versan sobre la forma de la ciencia teológica sin alterar su contenido, ni con opiniones y controversias que no hayan sido expresa y doctrinalmente resueltas por la Iglesia. Pero como en la historia eclesiástica todo se enlaza, y las herejías no pueden exponerse aisladamente, algo habremos de tratar del movimiento general de las ideas religiosas en cada época, sin que por eso tengamos la temeridad de poner la nota de heterodoxia sobre nadie cuando la Cátedra infalible de la Verdad no ha condenado su doctrina. Esta advertencia es particularmente necesaria tratándose de ciertos personajes de los siglos XVIII y XIX, que ostensiblemente no se apartaron de la comunión católica, pero cuyos actos, ideas y escritos me parecen censurables dentro de mi criterio histórico, que aplico con toda libertad y franqueza. Ningún particular, y menos yo, persona laica e incompetente, puede dar ni quitar patentes de ortodoxia a nadie. Las calificaciones de este libro no tienen, por consiguiente, más valor que el de mi propio juicio y el de los documentos en que me apoyo.

No tengo la vana presunción de haber logrado el acierto, pero he procurado aplicar a la materia que trato aquellas sapientísimas reglas de crítica que Benedicto XIV dio a los censores de libros en su egregia constitución *Sollicita et provida*.

«III. De variis opinionibus, atque sententiis in unoquoque libro contentis, animo a praeiudiciis omnibus vacuo, iudicandum sibi esse sciant. Itaque nationis, familiae, scholae, instituti affectum excutiant; studia partium seponant; Ecclesiae sanctae dogmata, et communem catholicarum doctrinam, quae conciliorum generalium decretis, romanorum

Por incidencia habremos de tratar cuestiones de otra índole, entrar en defensa de ciertos personajes calumniados de heterodoxia, poner en su punto las relaciones de ésta con la historia social, política y literaria, etc., todo con la claridad y distinción posibles.

Tiene esta historia sus límites de tiempo y de lugar, como todas. Empieza con los orígenes de nuestra Iglesia y acabará con la última doctrina o propaganda herética que en España se haya divulgado hasta el punto y hora en que yo cierre el último volumen.[34] Largo tiempo dudé si incluir a los vivos, juzgando cortesía literaria el respetarlos, y más en asunto de suyo delicado y expuesto a complicaciones, como que llega y toca al sagrario de la conciencia. Ciertamente que, si en España reinara la unidad católica, en modo alguno los incluiría, para que esta obra no llevase visos de delación o libelo; cosa de todo en todo opuesta a mi carácter e intenciones. Pero ya que, por voluntad de los legisladores y contra la voluntad del país, tenemos tolerancia religiosa, que de hecho se convierte en libertad de cultos, ¿a quién perjudico con señalar las tendencias religiosas de cada uno y los elementos que dañosamente influyen en el desconcierto moral

---

Pontificum constitutionibus, et orthodoxorum patrum, atque doctorum consensu continetur, unice prae oculis habeant: hoc de caetero cogitantes, non paucas esse opiniones, quae uni scholae, instituto, aut nationi certo certiores videntur, et nihilominus, sine ullo fidei, aut religionis detrimento, ab aliis catholicis viris reiiciuntur, atque impugnantur, oppositaeque defenduntur, sciente ac permittente Apostolica Sede, quae unamquemque opinionem huiusmodi in suo probabilitatis gradu relinquit.

IV. Hoc quoque diligenter animadvertendum monemus haud rectum iudicium de veto auctoris sensu fieri posse, nisi omni ex parte illius liber legatur, quaeque diversa in locis posita, et collocata sunt inter se comparentur; universum praeterea auctoris consilium, et institutum attente dispiciatur, neque vero ex una, vel altera propositione a suo contextu divulsa, vel seorsim ab aliis, quae eodem libro continentur, considerata et expensa, de ea pronuntiandum esse; saepe enim accidit, ut quod ab auctore in aliquo operis loco perfunctorie, aut suboscure traditum est, ita alio in loco distincte, copiose ac di ucide explicatur, ut offusae priori sententiae tenebrae quibus involuta pravi sensus speciem exhibebat, penitus dispellantur, omnisque labis expers propositio dignoscatur.

V. Quod si ambigua quaedam exciderint auctori; qui alioquin catholicus sit, et integra religionis, doctrinaeque fama, aequitas ipsa postulare videtur, ut eius dicta benigne, quantum licuerit, explicata, in bonam partem accipiantur.»

34 Después, y con mejor acuerdo, para que la obra no resultase interminable y ya sin interés, preferí tomar por límite la Constitución de 1876, que estableció la tolerancia religiosa, y esta misma fecha conservo en la presente reimpresión.

del pueblo español? ¿Por ventura descubro algún secreto al tratar de opiniones que sus autores, lejos de ocultar, propalan a voz en grito en libros y revistas, en cátedras y discursos? Para alejar toda sospecha prescindiré en esta última parte de mi *Historia* (con rarísimas excepciones) de papeles manuscritos, correspondencias, etc. Todo irá fundado en obras impresas, en actos públicos, en documentos oficiales. Lo más desagradable para algunos será el ver contadas y anotadas sus evoluciones de bien en mal y de mal en peor, sus falsas protestas de catolicismo y otros *lapsus* que sin duda tendrán ya olvidados. Pero *littera scripta manet*, y no tengo yo la culpa de que las cosas hayan pasado así y no de otra manera.

Por lo que hace a la categoría de lugar, este libro abraza toda España, es decir, toda la península Hispánica, malamente llamada Ibérica, puesto que la unidad de la historia, y de ésta más que de ninguna, impide atender a artificiales divisiones políticas. En los mismos tiempos y con iguales caracteres se ha desarrollado la heterodoxia en Portugal que en Castilla. Estudiarla en uno de los reinos y no en el otro, equivaldría a dejar incompletas y sin explicación muchas cosas. Por eso, al lado de Francisco de Enzinas figurará Damián de Goes; cerca de Cipriano de Valera colocaré a Juan Ferreira de Almeida; el caballero Oliveira irá a la cabeza de los escasos protestantes del siglo pasado, y el célebre autor de la *Tentativa teológica* será para nosotros el tipo del jansenista español, juntamente con los canonistas de *La Corte de Carlos III.*

Ha de mostrar la historia unidad de pensamiento, so pena de degenerar en mera recopilación de hechos más o menos curiosos, exóticos y peregrinos. Conviene, pues, fijar y poner en su punto el criterio que ha de presidir en estas, páginas.

La historia de la heterodoxia española puede ser escrita de tres maneras:

1.ª En sentido de indiferencia absoluta, sin apreciar el valor de las doctrinas o aplicándoles la regla de un juicio vacilante con visos de imparcial y despreocupado.

2.ª Con criterio heterodoxo, protestante o racionalista.

3.ª Con el criterio de la ortodoxia católica.

No *debe* ser escrita con esa indiferencia que presume de imparcialidad, porque este criterio solo puede aplicarse (y con hartas dificultades) a una narración de hechos externos, de batallas, de negociaciones diplomáticas o de conquistas (y aun éstas, en sus efectos, no en sus causas): nunca a una historia de doctrinas y de libros, en que la crítica ha de decidirse necesariamente por el bien o por el mal, por la luz o por las tinieblas, por la verdad o por el error, someterse a un principio y juzgar con arreglo a él cada uno de los casos particulares. Y desde el momento en que esto hace, pierde el escritor aquella imparcialidad estricta de que blasonan muchos y que muy pocos cumplen, y entra forzosamente en uno de los términos del dilema: o juzga con el criterio que lamo heterodoxo, y que puede ser protestante o racionalista según que acepte o no la Revelación, o humilla (¡bendita humillación!) su cabeza al yugo de la verdad católica, y de ella recibe luz y guía en sus investigaciones y en sus juicios. Y si el historiador se propone únicamente referir hechos y recopilar noticias, valiéndose solo de la crítica externa, pierde la calidad de tal; hará una excelente bibliografía como la del doctor Boehmer, pero no una historia.

Gracias a Dios, no soy fatalista, ni he llegado ni llegaré nunca a dudar de la libertad humana, ni creo, como los hegelianos, en la identidad de las proposiciones contrarias, verdaderas las dos como manifestaciones de la idea o evoluciones diversas de lo *Absoluto*, ni juzgo la historia como simple materia observable y experimentable al modo de los positivistas. Católico soy, y, como católico, afirmo la providencia, la revelación, el libre albedrío, la ley moral, bases de toda historia. Y si la historia que escribo es de ideas religiosas, y estas ideas pugnan con las mías y con la doctrina de la Iglesia, ¿qué he de hacer sino condenarlas? En reglas de lógica y en ley de hombre honrado y creyente sincero, tengo obligación de hacerlo.

Y ¿para cuándo guardas la imparcialidad?, se me dirá. ¿No es ésa la primera cualidad del narrador, según rezan todos los tratados de *conscribenda historia* desde Luciano acá? La respuesta es fácil: mi historia será parcial (y perdóneseme lo inexacto de la frase, puesto que la verdad no es parte, sino todo) en los principios; *imparcial*, esto es, veracísima, en cuanto a los hechos, procurando que el amor a la santa causa no me arrastre a injusticias con sus mayores adversarios, respetando cuanto sea noble y digno de respeto, no buscando motivos ruines a acciones que el concepto humano tiene por grandes; en una palabra, con claridad hacia las personas, sin indulgencia para los errores. Diré la verdad lisa y entera a tirios y a troyanos sin retroceder ante ninguna averiguación, ni ocultar nada, porque el catolicismo, que es todo luz, odia las tinieblas y ninguna verdad puede ser hostil a la Verdad Suma, puesto que todas son reflejos de ella, y se encienden y apuran en su lumbre:

Que es lengua, la verdad, de Dios severa,
y la lengua de Dios nunca fue muda.

Estén, pues, seguros mis lectores, que (como sea cierto) no faltará en mi historia ninguno de los hechos hasta ahora divulgados por escritores no católicos, con más otros nuevos y dignos de saberse, y que ningún sectario ha de aventajarme en la escrupulosidad con que (hasta donde mis débiles fuerzas alcancen) procuraré aquilatar y compulsar las relaciones y hacer a todos justicia. Creo que hasta podrá tachárseme de cierto interés y afición, quizá excesiva, por algunos herejes, cuyas cualidades morales o literarias me han parecido dignas de loa. Pero en esto sigo el ejemplo de los grandes controversistas cristianos, ya que en otras cosas estoy a cien leguas de ellos. Nadie ha manifestado más simpatías por el carácter de Melanchton que Bossuet en la Historia de las variaciones. Y si algún exceso notaren en esta parte los teólogos, perdónenlo en consideración a mis estudios profanos, que tal vez me hacen apreciar más de lo justo ciertas condiciones éticas y estéticas que, por ser del orden de los dones naturales, concedió el Señor con larga mano a los gentiles, y no cesa de derramar aun en los que se apartan de su ley con ceguera voluntaria y pertinaz.

¿Y qué habríamos de decir del que se propusiera escribir esta historia en sentido heterodoxo? Condenaríase anticipadamente a no hallar la razón de nada, ni ver salida en tan enmarañado laberinto, y nos daría fragmentos, no cuerpo de historia. Y la razón es clara: ¿cómo el escritor que juzga con prevenciones hostiles al catolicismo, y para hablar de cosas de España empieza por despojarse del espíritu español, ha de comprender la razón histórica, así del nacimiento como de la muerte de todas las doctrinas heréticas, impías o supersticiosas, desarrolladas en nuestro suelo, cuando estas herejías, impiedades y supersticiones son entre nosotros fenómenos aislados, eslabones sueltos de la cadena de nuestra cultura, plantas que, destituidas de jugo nutritivo, muy pronto se agostan y mueren, verdaderas aberraciones intelectuales, que solo se explican refiriéndolas al principio de que aberran? ¿Cómo ha de explicar el que con tal sistema escriba por qué no arraigó en España en el siglo XVI el protestantismo, sostenido por escritores eminentes como Juan de Valdés, sabios helenistas como Francisco de Enzinas y Pedro Núñez Vela, doctos hebraizantes como Antonio del Corro y Casiodoro de Reina, literatos llenos de amenidad y de talento como el ignorado autor de *El Crótalon*,[35] e infatigables propagandistas al modo de Julián Hernández y Cipriano de Valera? ¿Cómo una doctrina que tuvo eco en los palacios de los magnates, en los campamentos, en las aulas de las universidades y en los monasterios, que no carecía de raíces y antecedentes, así sociales como religiosos; que llegó a constituir secretas congregaciones en Valladolid y en Sevilla, desaparece en el transcurso de pocos años, sin dejar más huella de su paso que algunos fugitivos en tierras extrañas, que desde allí publican libros, no leídos o despreciados en España? Porque hablar del fanatismo, de la intolerancia religiosa, de los rigores de la Inquisición y de Felipe II es tomar el efecto por la causa o recurrir a lugares comunes que no sirven, ni por asomos, para resolver la dificultad. Pues qué, ¿hubiera podido existir la Inquisición si el principio que dio vida a aquel popularísimo tribunal no hubiese encarnado desde muy antiguo en el pensamiento y en la conciencia del pueblo español? Si el protestantismo de Alemania o el de Ginebra no hubiese repugnado al sentimiento religioso de nuestros padres, ¿hubieran bastado los rigores de la Inquisición, ni los de Felipe II, ni los de poder alguno en la tierra para estorbar que cundiesen las nuevas doctrinas, que se formaran iglesias y congregaciones en cada pueblo, que en cada pueblo se imprimiese pública o secretamente una Biblia en romance y sin notas y que los Catecismos, los diálogos y las Confesiones reformistas penetrasen triunfantes en nuestro suelo, a despecho de la más exquisita vigilancia del Santo oficio, como llegó a burlarla Julianillo Hernández, introduciendo dichos libros en odres y en toneles por Jaca y el Pirineo de Aragón? ¿Por qué sucumbieron los luteranos españoles sin protesta y sin lucha? ¿Por qué no se reprodujeron entre nosotros las guerras religiosas que ensangrentaron a Alemania y a la vecina Francia? ¿Bastaron

---

35 Hoy me parece averiguado que el autor de este libro y de otros no menos curiosos fue Cristóbal de Villalón. Pero no le tengo por protestante, sino por erasmista, como intentaré probar cuando trate de su vida y obras.

unas gotas de sangre derramadas en los autos de Valladolid y de Sevilla para ahogar en su nacimiento aquella secta? Pues de igual suerte hubieran bastado en Francia la tremenda jornada de Saint Barthelémy y los furores de la Liga; lo mismo hubieran logrado en Flandes las tremendas justicias del gran duque de Alba. ¿No vemos, por otra parte, que casi toda la Península permaneció libre del contagio, y que, fuera de dos o tres ciudades, apenas encontramos vestigios de organización protestante?

Desengañémonos: nada más impopular en España que la herejía, y de todas las herejías, el protestantismo. Lo mismo aconteció en Italia. Aquí como allí (aun prescindiendo del elemento religioso), el espíritu latino, vivificado por el Renacimiento, protestó con inusitada violencia contra la *Reforma*, que es hija legítima del individualismo teutónico; el unitario genio romano rechazó la anárquica variedad del libre examen; y España, que aún tenía el brazo teñido en sangre mora y acababa de expulsar a los judíos, mostró en la conservación de la unidad, a tanto precio conquistada, tesón increíble, dureza, intolerancia, si queréis; pero noble y salvadora intolerancia. Nosotros, que habíamos desarraigado de Europa el fatalismo mahometano, ¿podíamos abrir las puertas a la doctrina del *servo arbitrio* y de la fe sin las obras? Y para que todo fuera hostil a la Reforma en el Mediodía de Europa, hasta el sentimiento artístico clamaba contra la barbarie iconoclasta.

No neguemos, sin embargo, que el peligro fue grande, que entre los hombres arrastrados por el torbellino hubo algunos de no poco entendimiento, y otros temibles por su prestigio e influencia. Pero ¿qué son ni qué valen todos ellos contra el unánime sentimiento nacional? Hoy es el día en que, a pesar de tantas rehabilitaciones, ninguno de esos nombres es popular (ni conocido apenas) en España. Hasta los librepensadores los ignoran o menosprecian. ¿No prueban algo esta absoluta indiferencia, este desdén de todo un pueblo? ¿No indican bien a las claras que esos hombres no fueron intérpretes de la raza, sino de sus propias y solitarias imaginaciones? Y si otra prueba necesitáramos, nos la daría su propio estilo, generalmente notable, pero muy poco español cuando discurrieron de materias teológicas. Hay en los mejores (ora escriban en latín, ora en castellano) cierto sabor exótico, cierta sequedad dogmática, una falta de vida y de abundancia, que contrastan con el general decir de nuestros prosistas, y con el de los protestantes mismos, cuando tratan de materias indiferentes u olvidan sus infaustos sistemas. Compárese el estilo de Juan de Valdés en los *Comentarios a las Epístolas de san Pablo* con el de sus *Diálogos*, y se verá la diferencia. La prosa de Juan Pérez y de Cipriano de Valera es mucho más gine-brina que castellana. Y es que la lengua de Castilla no se forjó para decir here-jías. Medrado quedará el que no conozca más teólogos ni místicos ni literatos españoles que los diez o doce *reformistas*, cuyos libros imprimió Usoz, o crea encontrar en ellos el alma de España en el siglo XVI. Y paréceme que a Wiffen y a otros eruditos extranjeros les ha sucedido mucho de esto.

Para mí, la Reforma en España es solo un episodio curioso y de no grande trascendencia. A otros descarríos ha sido y es más propenso el pensamiento ibérico. Hostil siempre a esos términos medios, cuando se aparta de la verdad católica, hácelo para llevar el error a sus últimas consecuencias: no se para en Lutero ni en Calvino, y suele lanzarse en el antitrinitarismo, en el racionalismo y, más generalmente, en el panteísmo crudo y neto, sin reticencias ni ambages. En casi todos los heterodoxos españoles de cuenta y de alguna originalidad es fácil descubrir el germen panteísta.

Pero ni aun éste es indígena: el gnosticismo viene de Egipto; el *avicebronismo* y el *averroísmo*, de los judíos y de los árabes; las teorías de Miguel Servet son una transformación del neoplatonismo; las sectas *alumbradas* y *quietistas* han pasado por Italia y Alemania antes de venir a nuestra tierra. El *molinosismo*, que a primera vista pudiera juzgarse (y han juzgado algunos) herejía propia de nuestro carácter y exageración o desquiciamiento de la doctrina mística, nada tiene que ver con el sublime misticismo de nuestros clásicos. Sabemos bien sus antecedentes: es el error de los *iluminados* de Italia; que en Italia misma contagió a Molinos, que fue acérrimamente combatido entre nosotros, y que si dio ocasión a algunos procesos de monjas y de beatas hasta fines del pasado siglo, jamás hizo el ruido ni produjo el escándalo que en la Francia de Luis XIV, ni contó sectarios tan venerados como Francisco Le Combe y Juana Guyón, ni halló un Fenelón que, aunque de buena fe, saliese a su defensa, porque en España fueron valladar incontrastable el misticismo sano y la escasa afición de nuestros mayores a novedades sutiles y refinadas, aun en el campo de la devoción.

Por igual razón, el culto diabólico, la brujería, expresión vulgar del *mani-queísmo* o residuo de la adoración pagana a las divinidades infernales, aunque vive y se mantiene oculto en la Península como en el resto de Europa, del modo que lo testifican los herejes de Amboto, las narraciones del autor de *El Crótalon*, el *Auto de fe de Logroño*, los libros demonológicos de Benito Pereiro y Martín del Río, la *Reprobación de hechicerías*, de Pedro Ciruelo; el *Discurso* de Pedro de Valencia *acerca de las brujas y cosas tocantes a magia*, el *Coloquio de los perros*, de Cervantes..., y mil autoridades más que pudieran citarse, ni llega a tomar el incremento que en otros países, ni es refrenado con tan horrendos castigos como en Alemania, ni tomado tan en serio por sus impugnadores, que muchas veces le consideran, más que práctica supersticiosa, capa para ocultar torpezas y maleficios de la gente de mal vivir que concurría a esos conciliábulos. Y es cierto asimismo que el carácter de brujas y hechiceras aparece en nuestros novelistas como inseparable del de zurcidoras de voluntades o *celestinas*.

Y fuera de estas generales direcciones, ¿qué nos presenta la heterodoxia española? Nombres oscuros de antitrinitarios como Alfonso Lincurio, de deístas como Uriel da Costa y Prado, algún *emanatista* como Martínez Pascual, algún *teofilántropo* como Santa Cruz, algún *protestante liberal* como don Juan Calderón, un solo cuáquero, que es Usoz..., es decir, extravagancias y errores particulares. Luego, los inevitables influjos extranjeros; el jansenismo francés, apoyado y sostenido por los poderes civiles; el enciclopedismo, los sistemas alemanes modernos, el positivismo. Pero ninguna de estas doctrinas ha logrado, ni las que aún viven y tienen boga y prosélitos lograrán, sustraerse a la inevitable muerte que en España amenaza a toda doctrina repugnante al principio de nuestra cultura, a la *mica salis* que yace en el fondo de todas nuestras instituciones y creencias. Convénzanse los flamantes apóstoles y dogmatizadores de la suerte que en esta ingrata patria les espera. Caerán sus nombres en el olvido hasta que algún bibliógrafo los resucite como resucitamos hay el de Miguel de Monserrate o el del caballero Oliveira. Sus libros pasarán a la honrada categoría de rarezas, donde figuran el *Exemplar humanae vitae*, el *Tratado de la reintegración de los seres*, el *Culto de la humanidad*, la *Unidad simbólica* y la *Armonía del mundo racional*. ¿No ha ido ya a hacerles compañía la Analítica con su *racionalismo armónico* y su *panentheísmo* hipócrita, sus laberínticas definiciones de la sustancia, su concepto del hombre, que *es en, bajo, mediante Dios divino*, y su *unión de la naturaleza y del espíritu, que tiene en el esquema del ser la figura de una lenteja*?

Ahora bien, ¿cabe en lo posible que el escritor heterodoxo prescinda de todas sus preocupaciones y resabios, y crea y confiese la razón por qué todas las herejías, supersticiones e impiedades vienen a estrellarse en nuestra tierra, o viven corta, oscura y trabajosa vida? Paréceme que no; pienso que la historia de nuestros heterodoxos solo debe ser escrita en sentido católico, y solo en el catolicismo puede encontrar el principio de unidad que ha de resplandecer en toda obra humana. Precisamente porque el dogma católico es el eje de nuestra cultura, y católicos son nuestra filosofía, nuestro arte y todas las manifestaciones del principio civilizador en suma, no han prevalecido las corrientes de erradas doctrinas, y ninguna herejía ha nacido en nuestra tierra, aunque todas han pasado por ella, para que se cumpla lo que dijo el Apóstol: *Oportet haereses esse.*[36]

Y si conviene que las haya, también es conveniente estudiarlas, para que, conocida su filiación e historia, no deslumbren a los incautos cuando aparezcan remozadas en rico traje y arreo juvenil. Por tres conceptos será útil la historia de los heterodoxos:

1.º Como recopilación de hechos curiosos y dados al olvido, hechos harto más importantes que los combates y los tratados diplomáticos.

2.º Como recuerdo incidental de glorias literarias y aun científicas, perdidas u olvidadas por nuestra incuria o negligencia.

3.º Porque, como toda historia de aberraciones humanas, encierra grandes y provechosísimas enseñanzas. Sirve para abatir el orgullo de los próceres del saber y de la inteligencia, mostrándoles que también caen los cedros encumbrados a par de los humildes arbustos, y que si sucumbieron los Priscilianos, los Arnaldos de Vilanova, los Pedro de Osma, los Valdeses, los Enzinas y los Blancos, ¿qué cabeza puede creerse segura de errores y desvanecimientos?

---

36 Sobre la utilidad de las herejías deben meditarse estos dos pasajes de Tertuliano y Orígenes.
Tertuliano (*De praescript.*, cap. 1): «Ad hoc enim sunt (haereses) ut fides habendo tentationem, haberet etiam probationem. Vane ergo et inconsiderate plerique hoc ipso scandalizantur, quod tantum haereses valeant quantum si non fuissent».
Orígenes (*Homilia IX in Num.*) «Nam si doctrina ecclesiastica simplex esset, et nullis intrinsecus haereticorum dogmatum assertionibus cingeretur, non poterat tam clara et tam examinata videri fides nostra. Sed idcirco doctrinam catholicam contradicentium obsidet oppugnatio, ut fides nostra non otio torpescat, sed exercitiis elimetur.»

Sinteticemos en concisa fórmula el pensamiento capital de esta obra: «El genio español es eminentemente católico: la heterodoxia es entre nosotros accidente y ráfaga pasajera».

Al lector atañe juzgar si se deduce o no esta consecuencia del número grande de hechos que aquí expondré como sincero y leal narrador. Debo explicar ahora el orden y enlace de las materias contenidas en estos volúmenes, el plan como si dijéramos, y en esto seré brevísimo, porque no me gusta detener al lector en el zaguán de la obra, aun siendo uso y costumbre de historiadores encabezar sus libros con pesadísimas introducciones.

Nacida nuestra Iglesia al calor de la santa palabra del Apóstol de las Gentes y de los varones apostólicos, apurada y acrisolada en el fuego de la persecución y del martirio, muéstrase, desde sus comienzos, fuerte en el combate, sabia y rigurosa en la disciplina. Solo turban esta época feliz la apostasía de los *libelá-ticos* Basílides y Marcial, algunos vestigios de superstición condenados en el concilio de Ilíberis y el apoyo por la española Lucila a los donatistas de Cartago. Amplia materia nos ofrece en el siglo y la herejía priscilianista con todas las cuestiones pertinentes a sus orígenes, desarrollo en España, literatura y sistema teológico-filosófico. Tampoco son para olvidadas la reacción ithaciana ni la origenista, representada por los dos Avitos Bracarenses.

Entre las herejías de la época visigoda descuella el arrianismo, con el cual (a pesar de no haber contagiado ni a una parte mínima de la población española) tuvo que lidiar reñidas batallas el episcopado hispano-latino, defensor de la fe y de la civilización contra el elemento bárbaro. Grato es asistir al vencimiento de este último, primero en Galicia bajo la dominación de los suevos; después en el tercer concilio Toledano, imperando Recaredo. Aún cercaron otros peligros a la población española: el nestorianismo, denunciado en 431 por los presbíteros Vital y Constancio a san Capreolo; el *maniqueísmo*, predicado en tierras de León y Extremadura por Pacencio; el materialismo de un obispo, cuyo nombre calló su enérgico adversario Liciniano; la herejía de los acéfalos, divulgada en Andalucía por un obispo sirio, etc.

En el tristísimo siglo VIII (primero de la *España reconquistadora*), no es de admirar que algún resabio empañase en ciertos espíritus inquietos la pureza de la fe, aunque a dicha no faltaron celosos campeones de la ortodoxia. De uno y otro da testimonio la polémica de Beato y Heterio contra la herejía de Elipando de Toledo y Félix de Urgel, que bastó a poner en conmoción el mundo cristiano, levantando para refutarla las valientes plumas de Alcuino, Paulino de Aquileya y Agobardo.

Al examen de esta herejía, de sus orígenes y consecuencias seguirá el estudio de la heterodoxia entre los mozárabes cordobeses, ya se traduzca en apostasías como la de Bodo Eleázaro, briosamente impugnado por Álvaro Cordobés ya en nuevos errores, como el de los casianos o acéfalos, condenados por el concilio de Córdoba en 839; ya en debilidades como la de Recafredo,[37] hasta tomar su última y más repugnante forma en el antropomorfismo del obispo malacitano Hostegesis, contra cuya enseñanza materialista y grosera movió el Señor la lengua y la pluma del abad Samsón en su elocuente *Apologético*.

Otra tribulación excitó en el siglo IX, pero no en España, sino en Italia, el español Claudio, obispo de Turín y discípulo de Félix, renovando el fanatismo de los iconoclastas de Bizancio, que intentó defender en su curioso *Apologeticon*, reciamente impugnado por Jonás Aurelianense y Dungalo. ¿Y cómo no recordar a otro sabio español de los que florecieron en las Galias bajo la dominación carolingia, a Prudencio Galindo, obispo de Troyes, que en dos conceptos nos pertenece: como acusado falsamente de herejía y como refutador brillante de los heréticos pareceres de Juan Scoto Erígena, maestro palatino de Carlos el Calvo?

En los siglos X y XI, ningún error (fuera del pueril de los *gramáticos*) penetró en España. Pongo por término a este segundo libro de mi historia el año 1085, fecha de la memorable conquista de Toledo.

Grandes novedades trajo a la cultura española aquel hecho de armas. Dos influjos comenzaron a trabajar simultáneamente. El ultrapirenaico o *galicano*, amparado por nuestros reyes y por el general espíritu de los tiempos, nos condujo a la mudanza de rito, hecho triste en sí para toda alma española, pero beneficioso, en último resultado, por cuanto estrechó nuestros vínculos con los demás pueblos cristianos, sacrificando una tradición gloriosa en aras de la unidad. El sentimiento nacional se quejó, y hoy mismo recuerda con cierto pesar aquel trueque; pero cedió, porque nada esencial perdía y se acercaba más a Roma. ¡Tan poderosa ha sido siempre entre nosotros la adhesión a la Cátedra de san Pedro!

---

37 No quiero decir que Recafredo fuera heterodoxo, sino que su debilidad fue causa de apostasías.

Los modos y caminos por donde otro influjo, el semítico, se inoculó en la ciencia española no son tan conocidos como debieran, aunque para la historia de las ideas en la Europa occidental tienen mucha importancia. El saber de árabes y judíos andaba mezclado con graves errores cuando en el siglo XII, por medio del colegio de intérpretes que estableció en Toledo el arzobispo don Raimundo, y gracias a la asidua labor de hebreos y mozárabes, se tradujeron sucesivamente las obras filosóficas de Avicena, Algazel, Alfarabi, Avicebrón, etc. El más ilustre de aquellos traductores, Domingo Gundisalvo, arcediano de Segovia, enseñó abiertamente las principales ideas de la escuela alejandrina en su tratado *De processione mundi*, bebiendo su doctrina en la *Fuente de la Vida*, del gran poeta judío Abén Gabirol. Divulgadas estas doctrinas en las aulas de París por los libros y traducciones del mismo Gundisalvo, de Juan el Hispalense y de los extranjeros que, anhelosos de poseer la ciencia oriental, acudían a Toledo, nace muy pronto una nueva y formidable herejía, cuyos corifeos, dos veces anatemizados, fueron Amaury de Chartres, David de Dinant y el *español Mauricio*. El panteísmo semítico-hispano continuó en el siglo XIII inficionando la escolástica, pero no ya con el carácter de *avicebronismo*, sino con el de *averroísmo* y *teoría del intelecto uno*. Así le combatieron y derrotaron Alberto Magno y santo Tomás de Aquino; pero, no obstante sus derrotas, y convertido en bandera y pretexto de todas las impiedades que ya comenzaban a fermentar, tocó los límites del escándalo en el turbulento y oscurísimo siglo XIV, encarnándose, por lo que hace a España, en la singular figura de fray Tomás Scoto y en la mítica blasfemia (no libro) *De tribus impostoribus*.

La hipócrita distinción averroísta entre la verdad teológica y la filosófica provoca la enérgica reacción *luliana*, que, por ir más allá de lo justo, borró los límites de las dos esferas, inclinándose a la teoría de la *fe propedéutica*, de la cual (bien contra la voluntad de sus autores) se encuentran vislumbres en varios libros del maestro y en el prólogo del tratado de *Las criaturas*, de Raimundo Sabunde. De aquí la oposición de los dominicos y la ardiente controversia entre tomistas y lulianos, en la cual rompió Eymerich las primeras lanzas.

Paralelamente a las controversias de la Escuela es necesario estudiar las de la plaza pública, porque siempre las ideas han tendido a convertirse en hechos. Fuerza es, por tanto, penetrar en el laberinto de las herejías populares de la Edad media, inquiriendo los escasos vestigios que de su paso en España dejaron, ya los albigenses, acaudillados por un tal Arnaldo en tierras de León; ya los valdenses, *Insabattatos y pobres de Lugduno*, perseguidos en Cataluña por los edictos de don Pedro el Católico, defensor luego de los herejes de Provenza; ya los begardos o beguinos, sectarios todos, que (con diversos títulos) se parecían en aspirar a cierta manera de renovación social. Poco más que algunos nombres y fechas pueden registrarse en este período. Durán de Huesca, Pedro Oler, fray Bonanato, Durán de Baldach. Jacobo Yusti, Bartolomé Janoessio y otros fanáticos apenas han dejado más que sus nombres en las inestimables, páginas de Eymerich.

Harto más sabemos de los que soñaban con la proximidad del reino de los milenarios y fijaban el día de la venida del Anticristo, clamando a la vez (sin vocación e intempestivamente) por reformas en la Iglesia, diciéndose iluminados y profetas y mostrando en sus conatos marcada propensión al laicismo. De tales ideas se hizo apóstol el insigne médico Arnaldo de Vilanova, seguido por Juan de Peratallada (*Rupescissa*) y por algún otro visionario. Con ellos se enlazan los místicos, partidarios de las profecías del abad Joaquín y del *Evangelio eterno*. Contribuyeron a aumentar la confusión los errores y extravagancias individuales de Gonzalo de Cuenca, Nicolás de Calabria, Raimundo de Tárrega, Pedro Riera, etc., y la secta de los *Fratricelli*, que, con el nombre de *herejes de Durango*, sirve como de puente entre los antiguos begardos y los *alumbrados* del siglo XVI.

Pedro de Osma, el *Wicleff* o el *Juan de Huss* español, verdadero precursor de la pseudo-reforma, cierra la Edad media. En adelante la heterodoxia se caracteriza por el libre examen y el abandono del principio de autoridad.

Pero antes de historiar la gran crisis, justo parece despedirnos del averroísmo, que en el siglo XVI lanzaba sus últimos destellos en la escuela de Padua. Allí enseñó el sevillano Juan Montes de Oca, en quien (además de haber defendido la supuesta oposición entre la verdad teológica y la filosófica) es de notar cierta tendencia a las funestas audacias que por entonces divulgaba su comprofesor Pedro Pomponazzi.

El hecho capital del siglo XVI, la llamada Reforma, alcanzó a España muy desde el principio. Allanáronla el camino, produciendo sorda agitación en los ánimos (preludio y amago de la tempestad), las reimpresiones y traducciones que aquí se hicieron de los mordaces escritos de Erasmo y las controversias excitadas por estos mismos libros. Entre los defensores de Erasmo los hubo de buena fe y muy ortodoxos. Tampoco sus adversarios carecían de autoridad ni de crédito. Si de una parte estaban el arzobispo Fonseca, fray Alonso de Virués, Juan de Vergara (los cuales, sin aprobar cuanto Erasmo decía, tiraban a disculparle, movidos de su amistad y del crédito de sus letras), lidiaban por el otro bando Diego López de Stúñiga, Sancho Carranza de Miranda y después Carvajal y Sepúlveda. Las fuerzas eran iguales, pero la cuestión no debía durar mucho, porque los acontecimientos se precipitaron, y tras de Erasmo vino Lutero, con lo cual fue cosa arriesgada el titularse erasmista. De los que en España seguían esta voz y parcialidad, muy pocos llegaron a las extremas consecuencias: quizá Pedro de Lerma y Mateo Pascual; de seguro Alfonso de Valdés y Damián de Goes. Entrambos están a dos pasos del luteranismo, a pesar de sus timideces y vacilaciones. El secretario de Carlos V mostró bien a las claras sus opiniones religiosas en el *Diálogo de Lactancio* y en muchos de sus actos políticos. En cuanto al cronista de Portugal, su proceso aclara bastante cuáles fueron sus tendencias.

Pero el primero que resueltamente se lanzó en los torcidos caminos del libre examen fue Juan de Valdés, la figura más noble y simpática y el escritor más elegante entre los herejes españoles. Si empezó, como todos, por burlas y *facecias* contra Roma en el *Diálogo de Mercurio y Carón*, pronto hubo de hastiarse de las ideas de los primeros reformadores, para profesar un nuevo género de ascetismo, y, aplicando con todo rigor el principio de la interpretación individual de las Escrituras, fue tildado de unitario, aunque lo nieguen con ahínco los protestantes ortodoxos. En manos de Valdés se transforma y latiniza en lo posible el protestantismo rudo y escolástico de los alemanes, haciéndose en la forma dulce, poético y halagador, como acomodado a los oídos de la bella y discretísima Julia Gonzaga, Diótima de este nuevo Sócrates. Y poética fue hasta su manera de enseñar en la ribera de Chiaja, delante de aquel espléndido golfo de Nápoles, donde juntó la naturaleza todas sus armonías.

A esta primera generación de protestantes españoles pertenece el helenista Francisco de Enzinas, discípulo de Melanchton y hombre de peregrinas aventuras, que en parte describió él mismo; el doctor Juan Díaz, Jaime de Enzinas y Francisco de san Román, primeras víctimas de estas alteraciones.

Pero a todos oscurece Miguel Servet, el pensador más profundo y original que salió de aquel torbellino, la verdadera encarnación del espíritu de rebeldía y aventura que seguían otros con más timidez y menos lógica. Sacrificóle la intolerancia protestante, el libre examen asustado ya de su propia obra y sin valor para arrostrar las consecuencias.

Ocasión será, cuando de Servet hablemos, para investigar los orígenes de su doctrina teológica, los caracteres que la separan y distinguen del socinianismo y demás herejías antitrinitarias; y apreciar a la vez el elemento neoplatónico visible en su teoría del *Logos*, y las semejanzas y diferencias de este panteísmo con los demás que presenta la historia de la filosofía, y en especial de la nuestra. En lo que hace al antitrinitarismo, un solo discípulo tuvo Servet en el siglo XVI: el catalán Alfonso Lincurio, de quien apenas sabemos más que el nombre.

Todos los protestantes hasta aquí mencionados y que forman el primer grupo (dado que Servet y Lincurio hacen campo aparte) dogmatizaron, escribieron y acabaron su vida fuera de España. Pero la Reforma entró al poco tiempo en la Península, constituyendo dos focos principales: dos iglesias (aunque sea profanar el nombre, que aquí tomo solo en su valor etimológico), la de Valladolid y la de Sevilla. La primera, dirigida por el doctor Cazalla, tuvo ramificaciones e hijuelas en Toro, Zamora y otras partes de Castilla la Vieja, distinguiéndose entre sus corifeos el bachiller Herrezuelo.

En Sevilla fue el primer dogmatizador y heresiarca un fanático, Rodrigo de Valer, con quien anduvo la Inquisición muy tolerante. Levantóse después gran llamarada, merced a las ambiciones frustradas del doctor Egidio, a la activa propaganda de Juan Pérez y de su emisario Julián Hernández y a los sermones del doctor Constantino.

Dos autos de fe en Sevilla, otros dos en Valladolid, deshicieron aquella nube de verano. La ponderada efusión de sangre fue mucho menor que la que en nuestros días emplea cualquier gobierno liberal y tolerante para castigar o reprimir una conspiración militar o un motín de plazuela

Los fugitivos de Sevilla buscaron asilo en Holanda, en Alemania o en Inglaterra. Desde allí lanzaron Casiodoro de Reina, Antonio del Corro, Cipriano de Valera, Reinaldo González de Montes sus versiones bíblicas y sus libelos vengadores. Pero la causa que defendían estaba del todo vencida en España y sus esfuerzos y protestas fueron inútiles.

Al lado de la Reforma, y favorecidas a veces por ella, habían levantado la cabeza las misteriosas sectas *alumbradas* con su falso y enervado misticismo y su desprecio de la jerarquía y de las ceremonias externas. Los sucesivos procesos de Toledo, Extremadura, Sevilla y otras partes denuncian la existencia de diversos centros de herejía y de inmoralidad, que apenas destruidos retoñaban como las cabezas de la Hidra. No bastaron a extirparlas todos los esfuerzos del Santo oficio.

El siglo XVII es en todo una secuela del anterior. Solo hay que notar, fuera de algunos protestantes como Nicolás Sacharles, Tejada, Juan de Luna, Salgado... (voces perdidas y sin consecuencia), un como renacimiento de las doctrinas *iluminadas* reducidas a cuerpo de sistema por Miguel de Molinos. El *quietismo* vino a reproducir en medio de la Europa cristiana las desoladoras teorías de la aniquilación y del *nirvana* oriental. Los protestantes batieron palmas, y vieron un auxiliar en el *molinosismo*: documentos hay que lo acreditan. Roma condenó el error y castigó a sus fautores. En España tuvo menos séquito que en otras partes.

Judaizantes y moriscos, los plomos del Sacro-Monte y los librepensadores y deístas refugiados en Ámsterdam (Prado, Uriel da Costa, etc.) acaban de llenar el cuadro de esta época de decadencia y de residuos.[38] Las artes mágicas, que parecieron llegar a su punto culminante en el *Auto de Logroño*, fueron descendiendo en el transcurso de aquel siglo.

En el XVIII los protestantes son pocos y de ninguna cuenta (Alvarado, Enzina, Sandoval); los *alumbrados* y *molinosistas* se hacen cada día más raros; de tiempo en tiempo viene algún proceso de monjas o beatas más o menos ilusas a renovar estas viejas memorias. Pero el influjo francés traído por el cambio de dinastía nos regala:

1.º El jansenismo-regalista, no sin algún precedente en los tiempos de la dinastía austríaca.

---

38 Es muy de advertir la propensión de los judaizantes de esta era al panteísmo y al deísmo. Con tales antecedentes se explica bien la aparición de Benito Espinosa y de David Nieto (aunque escudado con la ortodoxia judaica el segundo). Ni uno ni otro entran, sin embargo, en esta historia, no por haber nacido fuera de España, puesto que eran españoles de familia y lengua, sino por no haber sido nunca cristianos, ni por consiguiente herejes. Espinosa escribió en castellano la *Apología de su abdicación de la sinagoga*, refundida después en el *Tractatus theologico-politicus*.

2.º El enciclopedismo, que se muestra de diversos modos, y más o menos embozado, en las letras, en las sociedades económicas y en las esferas administrativas.

3.º Las sociedades secretas, poderoso instrumento de la secta anterior.

Pereira, Campomanes, Aranda, Olavide, Cabarrús, Urquijo, Marchena, Llorente... cifran y compendian estas varias direcciones. Todas ellas se habían dado la mano en hechos como el de la expulsión de los jesuitas.

Los treinta y tres primeros años de la centuria presente son mera consecuencia y prolongación de la anterior. El jansenismo y el enciclopedismo tornan a campear en las Cortes de Cádiz y en el período constitucional del 20 al 23. El protestantismo apenas alcanza más que dos adeptos, entrambos por despecho, e hijos los dos de la incredulidad: Blanco (White) y don Juan Calderón. Uno y otro se apartaron luego de la ortodoxia reformada para caer en el unitarismo y en el *protestantismo liberal*, respectivamente.

Del reinado de doña Isabel II, de la era revolucionaria y de los sucesos posteriores, nada he de decir hasta que lleguen tiempo y sazón oportunos. El hecho capital, en el orden filosófico, es la propagación del panteísmo germánico Pero además de esto, casi todas las opiniones y tendencias, ya graves, ya risibles, que en Europa ha engendrado esta época de intelectual desorden, han llegado (generalmente tarde y mal) a nuestro suelo con lances y peripecias curiosísimas. Dénos Dios vida y salud para entrar en esta postrera parte de nuestra historia, y serenidad bastante para no convertirla en sátira ni tocar los límites de la caricatura.

Las fuentes de esta historia son muchas y variadas; pero pueden reducirse a las clases siguientes:

1.ª Las obras mismas de los heterodoxos cuando éstas han llegado a nuestros días, cual acontece con algunas de Elipando, Claudio de Turín, Gundisalvo, Arnaldo de Vilanova y Pedro de Osma, y con las de casi todos los herejes e impíos posteriores a la invención de la imprenta.[39]

---

39 Para los primeros siglos de la Iglesia es obra fundamental el *Corpus haereseologicum* de Oehler.

2.ª Las obras de sus impugnadores, por ejemplo las de Beato y Heterio para Elipando, el *Apologético* del abad Samsón para Hostegesis.

3.ª Las obras anteriores sobre el asunto, cuales las de M'Crie, A. de Castro, Usoz, Wiffen, Boehmer, etc.; las biografías de cada uno de los heterodoxos y los principales diccionarios y catálogos bibliográficos, antiguos y modernos, españoles y extranjeros.

4.ª Los *Índices expurgatorios* del Santo oficio.

5.ª Casi todas las obras y papeles relativos a la historia de la Inquisición desde el *Directorium* de Eymerich en adelante.

6.ª Los procesos anteriores y posteriores a la Inquisición, con otros documentos análogos; v. gr.: las actas de la Congregación que condenó a Pedro de Osma.

7.ª Los tratados generales contra las herejías y acerca del estado de la Iglesia; por ejemplo, el *Collyrium fidei* y el *De planctu Ecclesiae*, de Álvaro Pelagio; la obra *De haeresibus* de fray Alfonso de Castro, etc.

8.ª Los tratados de demonología y hechicería.

9.ª Las historias eclesiásticas de España y las colecciones de concilios.

10.ª Las historias generales y ciertas obras en que ni por asomo pudiera esperarse hallar nada relativo a esta materia. Inclúyese virtualmente en esta sección todo libro o papel que no lo estuviese en ninguna de las anteriores.[40]

No hay para qué entrar en más pormenores. Cada capítulo lleva en notas una indicación de las fuentes impresas o manuscritas, conocidas o incógnitas, de que me he servido.

En lo demás, ahí está el libro y él responderá por mí. Aunque no he querido convertirle en museo de rarezas, pienso que lleva noticias harto nuevas en muchos parajes, y que excita, ya que no satisface, la curiosidad, sobre puntos oscuros y de curiosa resolución. Si en otras partes no va tan completo como yo deseara, cúlpese antes a mi poca fortuna que a mi diligencia. A los buenos

---

40 Solo en último término debe recurrirse a los diccionarios y compilaciones, aunque algunas hay de mérito, como la antigua del abate Pluquet, *Mémoires pour servir a l'histoire des égaremens de l'esprit humain par rapport à la religión chrétienne, ou dictionnaire des héresis* (París 1762-1764; 2.ª edición 1817-1818), y el bien conocido *Diccionario* de Migne, del cual existe un rifacimento español en siete volúmenes (*Diccionario de las herejías, errores y cismas...* [Madrid 1850-1851]. Forma parte de la *Biblioteca Religiosa*).

católicos sobre todo, a los buenos españoles (fruta que cada día escasea más) y a los bibliófilos que no son *bibliótafos* (otra especie rara), les ruego encarecidamente que me ayuden con sus consejos y noticias. Ninguna estará de más para el trabajo de que hoy ofrezco las primicias.

Convencido del interés del asunto y de la bondad de la causa que sustento, no he perdonado ni perdono empeño ni fatiga que al logro de mi deseo conduzca. He recorrido y recorro las principales bibliotecas y archivos de España y de los países que han sido teatro de las escenas que voy a describir. No rehúyo, antes bien busco el parecer y consejo de los que más saben. Dénmele de buena fe, que sinceramente le pido.

¡Déme Dios, sobre todo, luz en el entendimiento y mansa firmeza en la voluntad, y enderece y guíe mi pluma, para narrar *sine ira et studio* la triste historia del error entre las gentes peninsulares! ¡Haga Él que esta historia sirva de edificación y de provecho, y no de escándalo, al pueblo cristiano!

Bruselas, 26 de noviembre de 1877.

Noticia de algunos trabajos relativos a heterodoxos españoles y plan de una obra crítico-bibliográfica sobre esta materia

Capítulo I. Prisciliano y los priscilianistas

Preliminares. El gnosticismo y los *gnósticos*. Pasan a España estas doctrinas. Marco. Elpidio. Agape. El gnosticismo en Galicia. Prisciliano. Instancio y Salviano. Opónense al priscilianismo Agidino, obispo de Córdoba, e Idacio, metropolitano de Mérida. Concilio de Zaragoza. Caída de Agidino. Prisciliano, obispo de Ávila. Provisiones del emperador Graciano. Viaje de Prisciliano y sus secuaces a Roma. Vuelta a España. Persecuciones de Ithacio. Concilio de Burdeos. Condenación de los priscilianistas. Apelan al emperador. Sentencia y suplicio de Prisciliano y otros herejes. Destierro de Instancio. Esfuerzos de san Martín de Tours contra el celo fanático de los ithacianos. Escritos de Prisciliano, perdidos: los cita san Jerónimo. Apología de Tiberiano Bético. Obras de Dictinio, obispo de Astorga. Otros priscilianistas: Latroniano, Felicísimo, Aurelio y Asarino. Juliano Armenio. Fin del priscilianismo. Su relación con doctrinas filosóficas anteriores. Su representación en nuestra historia científica como anillo desprendido de la cadena de la filosofía ibérica. Enlace del priscilianismo con herejías y sistemas metafísicos anterior. ¿Tenía alguna relación con los ritos célticos conservados en Galicia y otras regiones del norte de España aun después de la propagación del cristianismo?

Apéndice al capítulo de Prisciliano. Ithacio y la secta de los ithacianos. Otras herejías que tuvieron secuaces en la España romana. El falso Elías y el obispo Rufo. Los donatistas y Lucila. ¿Fue español Vigilancio?

Fuentes: San Jerónimo, *De Viris Illustribus*, y la carta 75, n.º 3 de la clase 5.ª en la edición de Verona 1734. El *Cronicón* de san Próspero, incluido en el tomo VIII de la misma edición de san Jerónimo. Sulpicio Severo, en sus *Diálogos* y en la *Historia Sacra. Honorio de Autún, De luminaribus Ecclesiae*. Catálogo de las herejías, de Filastrio, etc. De Tiberiano habla san Jerónimo en el capítulo 123 *De Viris Illustribus*, y de Dictinio el papa san León en la epístola *ad Turribium* (tomo 1, página 2.ª de la edición de san Mauro), así como las actas del primer concilio Toledano. Véase, además, la *España sagrada*, las colecciones de concilios nacionales, en que está el de Zaragoza; las generales de Labbé, Mansi, etc., en que aparece el de Burdeos; las historias eclesiásticas de España y muchas otras en que, de propósito o por incidencia, se habla de priscilianistas e ithacianos. Hay un estudio especial muy curioso, el del presbítero urgelitano Girvés, impreso en Roma (1750) con el título *De secta Priscilianistarum dissertatio*.

En varios libros hay noticia de un obispo Peregrino, contradictor de Prisciliano. Modernamente han hablado de éste y de su herejía don Vicente de la Fuente en su *Historia eclesiástica de España*; don Manuel Murguía en la suya de Galicia, y otros autores.

Sobre Lucila, protectora de los donatistas, véanse las epístolas de san Agustín *passim*, así como el libro I de *Optato Milevitano De schismate Donatistarum*. La historia del falso Elías y del obispo Rufo se halla en la vida de san Martín de Tours, que escribió Sulpicio Severo.

Capítulo II. Herejías de la época visigoda

Consideraciones generales sobre el arrianismo en España. Escasez de nombres propios y de monumentos literarios. Atisbos de nestorianismo en España (431). Quejas de Vital y Constancio. El *maniqueísmo* en Galicia y Extremadura. Pacencio (448). Reliquias del priscilianismo. Materialismo de un obispo anónimo refutado por Liciniano. Predicación de la herejía de los acéfalos en Andalucía. Es condenada en 619. Impostura de un judío que logró engañar a Vicencio, obispo de Ibiza. Aclaraciones sobre Helvidio y Joviniano, refutados por san Ildefonso. No fueron españoles ni contemporáneos del santo.

Fuentes: Sobre el nestorianismo, véase la carta de Vital y Constancio a san Capreolo, en las obras de Sirmond (Jacobo) (París 1696). Del maniqueo Pacencio, romano de nación, habla el *Cronicón* de Idacio. Sobre priscilianistas, véanse las actas de los concilios, las cartas de san León, de los obispos Vigilio y Montano, etc., etc. El nombre del obispo materialista se ha perdido, y solo tenemos noticia de sus heterodoxas opiniones por la brillante refutación de Liciniano y Severo, notable monumento de la filosofía ibérica. Por las actas del concilio segundo de Sevilla tenemos noticia de la herejía de los acéfalos, que predicó en España un obispo sirio. La impostura del judío, forjador de varios libros que daba por sagrados, consta por una carta de Liciniano a Vicencio, obispo de Ibiza.

Capítulo III. Elipando y Félix (el Adopcionismo)

Condiciones religiosas, sociales y políticas del primer siglo de la Reconquista. Conversión de un sabeliano de Toledo. El judío Sereno se titula Mesías, y, seguido de sus parciales, hace un viaje a la tierra de promisión. Extravagancias y delirios de Migecio y Egilán. Elipando refuta a Migecio. Félix, obispo de Urgel, y el mismo Elipando renuevan el nestorianismo. Activa propaganda de esta doctrina. Ascario, obispo de Braga. Escritos apologéticos de Theodula, metropolitano de Sevilla. Ardiente oposición de Beato de Liébana y Eterio de Osma. *Liber Etherii adversus Elipandum, sive De adoptione Christi filii Dei*: su análisis. Propágase fuera de España la herejía. Combátenla Paulino de Aquileya y Alcuino. Es condenada en el concilio de Ratisbona (792). Abjura Félix y es absuelto. Reincide en la herejía. Nueva condenación por el concilio de Francfort (794). Probable sumisión de Elipando. Persistencia de Félix. Congreso teológico de Aquisgrán (799). Abjura Félix de su error. Profesión de fe que dirige a sus diocesanos. Escritos de Elipando. Carta a Migecio. Carta al abad Fidel. Carta a Félix. Consideraciones sobre esta herejía.

Fuentes: Los escritos apologéticos de Beato y Eterio en la *Collectio maxima veterum patrum* (Lug. 1677, tomo XIII), y en otras posteriores. Los *siete* libros de Alcuino contra Félix y los cuatro que escribió contra Elipando.[41] Los tomos V y XI de la *España sagrada*, en que hay recogidos muy curiosos documentos relativos a esta herejía. La introducción del padre Flórez al célebre comentario de san Beato al *Apocalipsis*, por primera vez impreso en 1770. Las colecciones generales de concilios, y casi todas nuestras historias eclesiásticas y civiles, etc.[42]

Capítulo IV. Hostegesis (el Antropomorfismo)

Hostegesis, obispo de Málaga. Situación de los mozárabes cordobeses en el siglo IX. Servando, opresor de los mozárabes. Errores de su deudo Hostegesis. Sostiene el antropomorfismo. Es refutado por el abad Samsón en su *Apologético*. Persecuciones de Samsón. Fin de la herejía, gracias a los esfuerzos de Leovigildo. Otras herejías de la época mozárabe. Renace la secta de los acéfalos. Es condenada por un concilio de Córdoba en 839. Errores sobre la predestinación. Carta del papa Adriano acerca de este punto. Espárcense doctrinas antitrinitarias y arrianas. Álvaro Cordobés y el abad *Spera-in-Deo* las refutan. Consideraciones generales sobre este período.

---

41   París 1617. En el mismo volumen se hallan los opúsculos de Paulino de Aquileya.
42   Tendremos ocasión de hablar de la herejía de Elipando en la monografía dedicada a san Beato, gloria de esta provincia, en nuestros *Estudios sobre escritores montañeses*.

Fuentes: Sobre Hostegesis véase el *Apologético* del abad Samsón, publicado en el tomo XI de la *España sagrada*, donde están los escritos de otros santos varones cordobeses que dan noticia de las demás herejías mencionadas. Las epístolas del papa Adriano a los obispos de España pueden leerse en el tomo V de la *España sagrada*.

Capítulo V. Un iconoclasta español, Claudio de Turín

Mérito y saber grandes de Claudio. Discípulo de Félix de Urgel. Va a la corte de Ludovico Pío. Es consagrado obispo de Turín. Renueva la herejía de los iconoclastas. Controversia con el abad Teudemiro. Apología de Claudio. Refútala Teudemiro en el libro *De imaginum cultu crucisque adoratione*. Otras impugnaciones del presbítero Dungalo y de Eginardo. Escritos católicos de Claudio antes de su caída. ¿Pertenecen al escocés Claudio Clemente? Exposiciones de la Escritura que realmente pueden atribuirse a nuestro obispo de Turín. Discusión bibliográfica. ¿Hay fundamento para suponer arriano a Claudio?

Fuentes: Acerca de Claudio hay muchas noticias en los *Anales* de Baronio (tomo IX), en la *Italia Sacra* (tomo IV), en Labbé, *De scriptoribus ecclesiasticis*; en Nicolás Antonio, *Bibliotheca Vetus*, y en la *Historia literaria de Francia* de los Maurinos.

Capítulo VI. Vindicación de Prudencio Galindo

Prudencio Galindo, obispo de Troyes. Su ciencia. Controversias sobre la predestinación. Doctrina de Godescaldo. Errores y falsedades de Hincmaro de Reims. Ortodoxia de Prudencio. Refuta a Scoto Erígena. Escritos polémicos y dogmáticos de Prudencio. Otras obras suyas. Consideraciones generales sobre los sabios españoles que brillaron en las Galias durante la dominación carolingia.

Fuentes: Hincmaro y el autor de los *Anales bertinianos* fueron los primeros en suponer hereje a Prudencio. Gilberto Maguino en sus *Vindiciae de Praedestinatione*, y N. Antonio, siguiéndole, vindicaron ampliamente a Galindo. Casi todas las noticias relativas a éste se hallan recopiladas en el tomo V de la *Historia literaria de Francia*, cuyos autores escriben de nuestro obispo lo bastante para llenar un volumen en 8.

Capítulo VII. Arnaldo de Vilanova. Gonzalo de Cuenca. Raimundo de Tárrega

A) Verdadera patria de Arnaldo: Vilanova en Cataluña. Discusión sobre este punto. Grandes conocimientos médicos de Arnaldo. Sus viajes y estudios. Sus extrañas opiniones sobre el día del juicio y la venida del anticristo. Son condenadas por Clemente V en Aviñón. Huye Arnaldo a Sicilia. Sostiene, entre otros errores, la teoría de la generación espontánea. Escritos médicos de Arnaldo: noticias bibliográficas. Ídem sobre los escritos alquímicos. Obras teológicas, muchas de ellas perdidas. *De mysterio cimbalorum. De adventu antichristi. De rebus ecclesiasticis. Comentario al Apocalipsis. De perversitate pseudotheologorum.*

B) Gonzalo de Cuenca. Su libro *Virginale*, dedicado a Nicolás de Calabria. Condenación de sus doctrinas y persecución del maestro y de uno de sus discípulos.

C) Defensa de Raimundo Lulio. ¿Se hallan en sus libros las proposiciones heréticas registradas en Eymerich? Pertenecen a Raimundo de Tárrega. Noticias de este heterodoxo catalán. Su conversión del judaísmo. Se hace dominico. Su largo proceso. Su prisión en el convento de santo Domingo, de Barcelona. Sus libros *De secretis naturae, De alchimia, De invocatione daemonum*, condenados por Gregorio XI. Muerte misteriosa de Raimundo.

Fuentes: Para Arnaldo de Vilanova, meramente considerado como heresiarca, Gonzalo de Cuenca y R. de Tárrega hay noticias en el *Directorium inquisitorum* de Eymerich. De Arnaldo hablan largamente todos los historiadores y bibliógrafos de la medicina y de la alquimia. Sobre su verdadera patria han publicado investigaciones en la *Revista Histórica Latina*, de Barcelona, los señores don Manuel Milá y Fontanals, don Antonio de Bofarull y don José R. de Luanco. De la herejía de Arnaldo trata también el abate Andrés en sus *Cartas familiares*, tomo III, apuntando algunas especies curiosas. En todas las ediciones de Arnaldo faltan los tratados teológicos. De Gonzalo de Cuenca dejó inédita una breve biografía el excelentísimo señor don Fermín Caballero.

Capítulo VIII. Pedro de Osma

Pedro de Osma. Sus estudios y enseñanzas en la Universidad salmantina. Colegial de san Bartolomé. Canónigo. Su libro *De confessione*. Es condenado en el sínodo de Alcalá convocado por el arzobispo Carrillo en 1479. *Índice* de las proposiciones allí reprobadas. Abjura de ellas. Escritos de Pedro de Osma. Comentarios a la *Ética* y a la *Metafísica* de Aristóteles. *De comparatione deitatis, proprietatis et personae disputatio seu repetitio.* Trabajos escriturarios de Pedro de Osma. Su *Expositio Symboli.* Impugnación del tratado *De confessione* hecha por el maestro Pedro Ximénez Préxamo.

Fuentes: La *Summa conciliorum* del arzobispo Carranza, varias veces impresa (la primera en Salamanca, 1541, por Andrea de Portonariis). Allí se inserta la bula del papa Sixto IV que confirma la decisión de la junta consultiva (llamada Sínodo por Melchor Cano), convocada en Alcalá por el arzobispo Carrillo.

Lucero de la vida cristiana, por Pedro Ximénez Préxamo.

Historia del Colegio Viejo de san Bartolomé de Salamanca, por el marqués de Alventos.

Biblioteca de escritores que han sido individuos de los colegios mayores, por Rezábal y Ugarte.

Diversas historias eclesiásticas y otros libros muy comunes.

Capítulo IX. El protestantismo en España en el siglo XVI. Alfonso de Valdés

A) Precedentes. Primeras tentativas de reforma en España. Reformadores templados. Los erasmistas españoles. Ediciones y traducciones de los escritos de Erasmo. Controversias a que dieron lugar tales libros. Defensores de Erasmo (don Alonso Manrique, don Alonso de Fonseca, Luis Núñez Coronel, fray Alonso de Virués, Juan de Vergara, el arcediano de Alcor). Ortodoxia de todos estos personajes. Adversarios de Erasmo (Diego López de Stúñiga, fray Luis Carvajal y Juan Ginés de Sepúlveda). Conferencias teológicas de Valladolid. Sucesos posteriores.

B) Alfonso de Valdés, principal erasmista español. Su vida. Cargos que desempeña en servicio del emperador Carlos, V. Su primer viaje a Alemania. Juicio que formó de los comienzos del luteranismo. Sus cartas a Pedro Mártir. Llega a ser secretario del emperador. Redacta los documentos latinos. Observaciones sobre el texto de las cartas a Clemente VII y al Colegio de Cardenales solicitando la celebración de un concilio general. Defiende Alfonso de Valdés a Carlos V en orden al saqueo de Roma en 1527. Cuestión de Alfonso con el nuncio

Castiglione. Segundo viaje a Alemania. Conferencias de Alfonso de Valdés con Melanchton. La confesión de Augsburgo. Muerte de Alfonso de Valdés en Viena (1532). Opiniones religiosas de Alfonso. Noticia de sus principales documentos diplomáticos. Ídem de sus obras literarias. El *Diálogo de Lactancio y un arcediano* sobre el saco de Roma, escrito por él y corregido por su hermano. Relaciones de Alfonso con Erasmo. Sepúlveda y otros humanistas. Su representación en el cuadro del Renacimiento.

Fuentes: *Erasmus in Spanien*, artículo publicado por el doctor Boehmer en el *Jahrbuch fur romanische...* Litterature. *Obras de Erasmo* (ediciones de Froben y Leclerc). Obras de Sepúlveda (edición de la Academia de la Historia). *Reformistas españoles*, de Usoz. *Spanish Reformers*, del doctor Boehmer. Alfonso y Juan de Valdés, por don Fermín Caballero, etc., etc., y todos los libros, artículos y memorias que más o menos directamente se refieren a la historia de la Reforma en España.

Capítulo X. El protestantismo en España en el siglo XVI. Juan de Valdés

Consideraciones preliminares. Noticias biográficas de Juan de Valdés. Sale de España a consecuencia de sus primeros escritos. Se establece en Nápoles. Sus predicaciones en aquella ciudad. Noticia de sus principales discípulos y secuaces (Carnesechi, Ochino, Pedro Mártir, Vermiglio, Julia Gonzaga, Victoria Colonna, etc.). Reseña de los progresos de la Reforma en Italia. Nacimiento, progresos y fin de la secta valdesiana. Obras de Juan de Valdés. Primer período de su vida literaria. *Diálogo de Mercurio y Carón. Diálogo de la lengua.* Influencia que en el género y estilo de estos libros ejercieron los *Diálogos de Luciano* y los *Coloquios* de Erasmo. Segundo período, más teológico y dogmático que el primero. *Comentarios a las Epístolas de san Pablo, Consideraciones divinas, Alfabeto cristiano.* Otros tratados originales. Traducciones de la Escritura. Significación religiosa de Valdés como heresiarca y fundador de secta. No fue luterano. Dogmatizó libremente. ¿Fue antitrinitario? Exposición de su sistema teológico. Ídem de sus doctrinas filosóficas. Extremado misticismo de Valdés. Gran valor literario de sus obras. Fue el primer prosista del reinado de Carlos, V. Notables semejanzas que tiene el estilo de sus primeros tratados con el de Cervantes. Alto mérito de su prosa mística.

Fuentes: Biógrafos de Valdés: Sand (*Bibliotheca Antitrinitariorum*); Bayle, *Dictionnaire historique*; Pidal, De Juan de Valdés y si fue autor del *Diálogo de las lenguas*; Usoz, Wiffen, Boehmer, *Cenni biographici* y *Spanish Reformers*; don Fermín Caballero, etc.

Sus obras se hallan en los tomos IV, IX, X, XI, XV, XVI y XVIII de la colección de Reformistas de Usoz. A ellos debe agregarse otro tomo impreso por separado que contiene el *Diálogo de la lengua*. De sus discípulos italianos hay noticias en el proceso de Carnesechi, en la obra de M'Crie y en todas las relativas a la Reforma en Italia.

Capítulo XI. El protestantismo en España en el siglo XVI. Luteranismo. Francisco y Jaime de Enzinas. Francisco de san Román. El doctor Juan Díaz

A) Francisco de Enzinas. Noticias biográficas. Sus relaciones con el abad de Completo Pedro de Lerma, sospechoso de heterodoxia. Datos acerca de este personaje. Estudios de Enzinas en Lovaina. ¿Fue discípulo de Luis Vives? Sus relaciones con Melanchton. Traduce Enzinas del griego el *Nuevo Testamento*. Controversias con los teólogos flamencos. Prisión de Enzinas en Bruselas. Su fuga a Alemania. Aprecio que le profesaba Melanchton. Viaje de Enzinas a Inglaterra. Carta de Melanchton a Crammer. Enzinas, catedrático de griego en Cambridge. Su vuelta a Alemania. Reside después ora en Basilea, ora en Estrasburgo. Surte de traducciones de clásicos las prensas de Agustín Frisio y de Arnoldo Byrcman. Su viaje a Ginebra en 1552. Relaciones con Calvino. Muere Enzinas el mismo año en Strasburgo. Sus doctrinas religiosas. Su importancia como helenista. Sus obras originales y traducidas. Las *Memorias* de sus persecuciones y cautividad dedicadas a Melanchton. La traducción del *Nuevo Testamento*. Ídem de los *Salmos penitenciales. Breve y compendiosa institución de la Religión Christiana*, extractada de Calvino. Traducción del tratado *De libertate christiana*, de Lutero. Versión de la *Antítesis*, de Melanchton. *Historia de la muerte de Juan Díaz*. Otros libros heréticos que trabajó en parte. Su voluminosa correspondencia. Escritos puramente literarios. Traslación de las *Vidas paralelas*, de Plutarco: parte que en ella tuvo el secretario Diego Gracián. Ídem de los *Diálogos* e *Historia verdadera*, de Luciano. Ídem de un idilio, de Mosco. Ídem de Floro y de algunos libros de las décadas, de Tito Livio. Cuestiones bibliográficas.

B) Jaime de Enzinas. Sus viajes a Flandes y Alemania. Sigue, como su hermano, el luteranismo. Dogmatiza en Roma. Es condenado a las llamas en 1545. Su traducción de un Catecismo.

C) Francisco de san Román, tercer hereje burgalés. Sus viajes a Lovaina y Brema. Su prisión. Es quemado vivo en Valladolid. Su *Catecismo* y otras obras, todas desconocidas.

D) El doctor Juan Díaz, tercer hereje conquense. Sus estudios en la Universidad de París. Su viaje a Roma. Es discípulo de Jaime de Enzinas. Trata en Ginebra a Calvino y en Neoburg a Bucero. Va como teólogo a la dieta de Ratisbona. Asesínale allí su hermano Alonso. Datos y pormenores sobre esta muerte. Única obra de Juan Díaz, la *Summa christianae religionis*.

Fuentes: *Mémoires de Francisco de Enzinas*, texte latín inédit, etc. (Bruxelles 1863). *Bibliotheca Wiffeniana* de Boehmer, etc. De Enzinas solo reimprimió Usoz las dos informaciones; las demás obras suyas se imprimieron casi todas anónimas, y se han hecho muy raras. Exigen detenido estudio. Lo poco que se sabe de Jaime de Enzinas y Francisco de san Román está recogido en el libro de Boehmer. Al mismo, a las obras de Sepúlveda y al tomo XX de la colección de Usoz, en que están la *Historia de la muerte de...* y la *Summa christianae religionis*, debemos acudir por lo tocante a Juan Díaz. Aun nos prometemos más amplias noticias del libro inédito de don Fermín Caballero.

Capítulo XII. El luteranismo en Valladolid. Cazalla

A) Propagación de las doctrinas heréticas en nuestro suelo. Principales focos de luteranismo. Valladolid, Sevilla. Protestantes vallisoletanos. El doctor Cazalla y su madre doña Leonor de Vibero. Cazalla, capellán del emperador. Le acompaña en sus viajes. Su fama como predicador. Vuelto a España, intenta derramar las nuevas doctrinas. Conciliábulos de Valladolid. Nombres y noticias de los principales discípulos y secuaces de Cazalla. Auto de fe de 21 de mayo de 1555, en que perecieron catorce personas y fueron reconciliadas dieciséis. Detalles sobre la muerte del doctor Cazalla y otros miembros de su familia. Perece en las llamas el bachiller Herrezuelo, dogmatizador en Toro. Segundo auto de Valladolid en 8 de octubre de 1559. Don Carlos de Sessé y fray Domingo de Rojas. Consideraciones generales sobre estos rigores. Evidente exageración que ha habido en este punto.

B) Única e importantísima obra atribuida a la congregación luterana de Valladolid. *El Crótalon* de Christophoro Gnophoso. Su gran mérito como obra literaria. Imitación de los *Diálogos de Luciano*. Sus relaciones con los escritos de Valdés y Enzinas. Análisis y juicio de *El Crótalon*.

Fuentes: Varias relaciones manuscritas de autos de fe. Noticias del doctor Cazalla por fray Antonio de la Carrera (R. 29 de la Biblioteca Nacional), Llorente, Puigblanch, Adolfo de Castro, etc. *El Crótalon*, obra desconocida para Usoz, ha sido impresa por la Sociedad de Bibliófilos españoles.

Capítulo XIII. El luteranismo en Sevilla

A) Rodrigo de Valero. Sus predicaciones. Supónese inspirado. Benignidad con que le trató la Inquisición.

B) El doctor Juan Gil o Egidio. Sus estudios en Alcalá. Canónigo magistral de Sevilla. Discípulo de Valero. Es propuesto para el obispado de Tortosa. Proceso del doctor Egidio. Sus controversias con fray Domingo de Soto. Abjura de sus doctrinas. Sentencia del Santo oficio. Noticia de las obras del doctor Egidio. Reincide en la herejía. Muere en 1556. Es quemado en estatua el 22 de diciembre de 1560.

C) El doctor Juan Pérez de Pineda. Noticias biográficas. Comisiones diplomáticas en que anduvo ocupado. Su amistad con los hermanos Valdés. Publica en Venecia los *Comentarios de Juan a las Epístolas de san Pablo*. Traduce el *Nuevo Testamento* y los *Salmos*. Sus obras originales: la *Epístola consolatoria*, el *Breve compendio de doctrina utilísimo para todo christiano*, la *Imagen del antichristo*, el *Breve sumario de indulgencias*. Pormenores bibliográficos. Análisis de tales libros.

D) Julián Hernández (Julián le Petit) difunde en Sevilla los libros del doctor Juan Pérez. Proceso de Julián Hernández. Muere en el auto de fe de 22 de diciembre de 1560. Difúndese la herética doctrina entre los monjes de san Isidro del Campo.

Fuentes: Reinaldo G. Montano, Cipriano de Valera (*Tratado del papa*), relaciones manuscritas de autos de fe, Llorente, A. de Castro, etc. Las obras del doctor Juan Pérez están casi todas en los tomos II, III, VII, XII y XVII de los *Reformistas* de Usoz.

Capítulo XIV. El luteranismo en Sevilla. (Continuación)

A) El doctor Constantino Ponce de la Fuente. Noticias biográficas. Predicador de Carlos, V. Magistral de Sevilla. Amigo del doctor Egidio. Sospechas de san Francisco de Borja. Sucesos posteriores. Prisión del doctor Constantino. Pormenores de su proceso y suicidio. Obras de Constantino. *Suma de doctrina christiana. Sermón del Monte. Confesión del pecador.* Varios trabajos escriturarios. Análisis de los libros citados. Mérito de Constantino como escritor ascético. Pormenores bibliográficos.

B) Don Juan Ponce de León, el predicador Juan González, Fernando de san Juan, el doctor Cristóbal de Losada, Isabel de Baena, el maestro Blanco (Garci Arias) y otros protestantes de menor importancia. Detalles sobre los autos de fe de 24 de septiembre de 1559 y 22 de diciembre de 1560. Fin del luteranismo en Sevilla. El luteranismo en otras ciudades de España.

Fuentes: Reinaldo G. Montano, Cipriano de Valera, Llorente, A. de Castro, etc., etc. Obras del doctor Constantino en el tomo XIX de la colección de Usoz. Dejó inédita una extensa biografía de Constantino el señor don Fermín Caballero.

Capítulo XV. Protestantes españoles en tierras extrañas.
Calvinistas. Casiodoro de Reina. Cipriano de Valera

A) Casiodoro de Reina. Noticias biográficas. Su residencia en Londres y Basilea. Sus trabajos escriturarios. Su traducción de la Biblia. Consideraciones sobre esta obra. Pormenores bibliográficos.

B) Cipriano de Valera. Su residencia en Londres y en Ginebra. Sus numerosas obras. Análisis y juicio de las más notables. Los dos tratados del papa y de la misa. Institución cristiana de Calvino. *Tratado para los cautivos de Berbería. El Católico* Reformado. Aviso sobre la indicción del jubileo. Reimpresión y enmienda de la Biblia de Casiodoro de Reina. Publicación separada del *Nuevo Testamento.* Erudición de Valera. Facilidad con que maneja la lengua castellana. Datos bibliográficos.

Fuentes: La Biblia de Casiodoro. Las obras de Valera, reimpresas casi todas en los tomos VI, VIII y XI de la colección de Reformistas. La *Biblioteca de Traductores* de Pellicer y la manuscrita del que esto escribe, las obras de Ricardo Simón, M'Crie, Llorente, A. de Castro, etc., etc.

Capítulo XVI. Protestantes españoles en tierras extrañas

A) Juan Nicolás Sacharles. Análisis de su autobiografía rotulada. *El español* Reformado.

B) Reinaldo G. Montano. ¿Encubre este pseudónimo el nombre de uno o de dos protestantes sevillanos? Estudio del célebre libro publicado en Heidelberg con el título de *Inquisitionis Hispanicae artes aliquot detectae et palam productae.*

C). Fernando de Tejeda. Noticias bibliográficas. Análisis del *Carrascón.* Su mérito literario. Otros libros de Tejeda.

D) Noticia de varios libros anónimos (catecismos, confesiones, etc.) o de escasa importancia dados a luz por heterodoxos españoles. Antonio del Corro. Su carta a Casiodoro de Reina.

Fuentes: Los tomos VIII, V, XIII y I de los *Reformistas* de Usoz, etc., et..

Capítulo XVII. Protestantes españoles en tierras extrañas.
(Conclusión.) Siglos XVII y XVIII

A) El intérprete Juan de Luna. Sus obras literarias. Diálogos. Continuación del *Lazarillo de Tormes.*

8) ¿Fue protestante Miguel de Montserrat? Noticia de sus escritos, en especial del intitulado *In Coena Domini.* Investigaciones sobre el libro *Misericordias David fideles* (1645).

C) Melchor Román. Su opúsculo autobiográfico.

D) Jaime Salgado. Su «Description of the Plaza de Madrid and the bullbalting» (1683). Otras obras suyas.

E) Aventrot, flamenco. Traductor al castellano del *Catecismo de Heidelberg.*

F) Seravia y Cavin, clérigos de la iglesia anglicana.

G) Félix A. de Alvarado, anglicano. Traductor de la *Apología de Barclay.* Ídem de la Liturgia inglesa.

H) Don Sebastián de la Enzina, anglicano. Traductor del *Nuevo Testamento,* o más bien refundidor del de Cipriano de Valera, ya mencionado.

I) Antonio Sandoval.

Fuentes: Las obras de los mismos heterodoxos.

Capítulo XVIII. Vindicación de algunos célebres personajes españoles acusados de doctrina heterodoxa por varios historiadores

A) Doña Juana la Loca. Bergenroth apunta por vez primera la idea del protestantismo de doña Juana. Acógenla otros escritores extranjeros. Falsedad y extravagancia de esta opinión. Realidad de la locura de doña Juana. Sus causas probables. Fue muy anterior al nacimiento del luteranismo. Carácter que toma la enajenación mental de la reina en sus últimos años. Recobra la razón y muere cristianamente.

B) Emperador Carlos, V. A pesar de sus vacilaciones políticas, nunca asintió al luteranismo. Reseña de su actitud respecto a aquella herejía en las diversas épocas de su vida. Su conducta con los protestantes alemanes. Juicio de sus actos de hostilidad contra el Papado. El saqueo de Roma. Últimos años de Carlos, V. Su retiro en Yuste. Ardor con que interpuso su poderosa influencia para el castigo de los protestantes vallisoletanos.

C) El príncipe don Carlos. Breve noticia de su desdichada vida. Su educación y carácter. ¿Estuvo o no en relaciones con los flamencos? Su propósito de huida. Su prisión y muerte. Sus sentimientos religiosos. Testimonio de su confesor en este punto. Otros datos contradictorios. Aunque no tengamos a don Carlos por católico fervoroso, faltan motivos para calificarle de protestante.

D) Juan Luis Vives. Acendrada ortodoxia del príncipe de nuestros filósofos. Observaciones sobre la célebre frase *Tempora habemus difficilia*, etc. Relaciones de Vives con Erasmo. Los *Comentarios a la Ciudad de Dios*, de san Agustín. La expurgación de este libro hecha por el Santo oficio nada prueba contra las opiniones religiosas del sabio valenciano. Vives y Enrique VIII de Inglaterra.

E) Fadrique Furió Seriol. A pesar de sus opiniones sobre la conveniencia de hacer en lengua vulgar traducciones de la Escritura, de sus controversias con el siciliano Bononia y de la prohibición que de algunos libros suyos hizo el Santo oficio, no fue protestante.

F) El arzobispo fray Bartolomé Carranza de Miranda. Noticias biográficas. Publicación de sus *Comentarios al Cathecismo Christiano*. Promoción de fray Bartolomé a la silla primada de Toledo. Elementos conjurados para su ruina: rivalidad del inquisidor Valdés; antigua enemistad de Melchor Cano. Calificación que él y otros teólogos hicieron del *Cathecismo*. Impetra Valdés de Roma unas letras en forma de breve para procesar al arzobispo. Prisión de fray Bartolomé. Su proceso en España. San Pío V aboca a sí la causa. Sentencia de Gregorio XIII, que le declara sospechoso de herejía, mas no hereje, y le absuelve con abjuración de ciertas proposiciones. Su muerte y protestación de fe que la precedió. Noticia de sus escritos. No hay motivos para afirmar que cayese a sabiendas en opiniones heréticas. Aprobación del *Cathecismo* por el concilio de Trento.

Fuentes: Bergenroth: *Letters, despatches and state papers relating the negotiations between England and Spain* (1868). Su opinión ha sido victoriosamente refutada por los señores Cánovas del Castillo (en un discurso académico), *La Fuente* (*Doña Juana la Loca, vindicada de la nota de herejía*) y Rodríguez Villa (*Bosquejo histórico de la reina doña Juana, formado con los principales documentos relativos a su persona*).

Véanse todos los historiadores de Carlos V, y sobre su retiro en Yuste, las obras de Stirling, Mignet, Pichot y Gachard, todos los cuales pusieron a contribución el famoso manuscrito de don Tomás González.

Acerca del príncipe don Carlos merecen ser consultados los libros de Gachard y de Mouy, así como la *Historia de los protestantes*, de don Adolfo de Castro, que sostiene la heterodoxia del hijo de Felipe II.

Para Luis Vives y Furió Seriol, véanse sus propias obras y la biografía del primero escrita por Mayans.

Del proceso del arzobispo de Carranza solo se conocía hasta ahora e *Libro de audiencias*, conservado en la Academia de la Historia. El resto de la causa, aunque no íntegra, existía en esta provincia de Santander, y ha sido generosamente donado por su poseedor, señor don Manuel Crespo, a la misma Academia. Hállanse, asimismo, noticias de la prisión y proceso del arzobispo en la relación manuscrita de Ambrosio de Morales, en la vida, igualmente inédita, de don Diego de Simancas; en las obras de Llorente y Adolfo de Castro y en la biografía de Melchor Cano por don Fermín Caballero, a quien debemos la publicación de la censura de los *Comentarios* hecha por aquel famoso teólogo.

Capítulo XIX. El antitrinitarismo y el misticismo panteísta en el siglo XVI. Miguel Servet

Noticias biográficas de Servet (Miguel de Reyes). Patria. Estudios de filosofía y derecho en Tolosa. Relaciones de Servet con Ecolampadio, Bucero y Zuinglio. Escándalo que producen en Alemania los primeros libros antitrinitarios de Servet. Dedícase en París a la medicina. Descubre la circulación de la sangre. Publica un tratado acerca de los jarabes. Controversias con los médicos franceses de su tiempo. Primeras relaciones con Calvino. Viajes de Servet. Servet en Viena del Delfinado. Imprime el *Christianismi restitutio.* Odiosos manejos de Calvino. Hace que Arney delate el libro de Servet al tribunal eclesiástico de Viena del Delfinado. Proceso de Servet en Viena. Su fuga a Ginebra. Nuevo proceso que allí se le forma a instancia de Calvino. Controversias. Consulta a las iglesias suizas. Entereza de Servet. Su condenación. Muere en las llamas. Noticia de sus obras no teológicas. Su edición de *Tolomeo.* Análisis detenido de las obras teológico-filosóficas, en especial de la intitulada *Christianismi restitutio.* Ídem del libro *De Trinitatis erroribus*, de los diálogos *De Trinitate* y de otros escritos semejantes. Admirable vigor lógico de las obras de Servet. Su *Christologia.* Enlace de esta doctrina con el sabelianismo y otras herejías de los primeros siglos de la Iglesia. Exposición de la doctrina filosófica de Servet. Su representación en nuestra historia científica. Enlace de su sistema con el neoplatonismo renovado en el siglo XVI. Paralelo entre Servet y Jordán Bruno. Predecesores de Miguel Servet. Servet y Maimónides. Discípulos y sucesores de Servet. Servet y Benito Espinosa.[43] Servet y el moderno panteísmo alemán. El Cristo de Servet y el de Schleiermacher. Reseña histórica de la secta antitrinitaria: los socinianos. Extremada rareza de las obras de Servet. Pormenores bibliográficos.

Fuentes: En España apenas se ha escrito sobre Servet, cuyo nombre para nada suena en la *Bibliotheca* de Nicolás Antonio. Solo tenemos noticia de cuatro trabajos sobre el particular.

1.º El extenso y muy erudito artículo que le dedica Latassa en su Biblioteca de escritores aragoneses.

2.º Una biografía anónima publicada en 1855.

---

43 El autor llama casi siempre a Baruch Spinoza por su nombre en español. (N. del E.)

3.º Un largo capítulo de señor don Patricio Azcárate en la *Exposición de los principales sistemas filosóficos modernos*.

4.º Los muy curiosos estudios biográfico-bibliográficos dados a luz en la *Revista de Instrucción Pública* (continuación de la Universitaria) por el bibliotecario de la Universidad de Oviedo, señor Suárez Bárcena.

En cambio, en el extranjero han hablado largamente de nuestro famoso antitrinitario los historiadores de su secta, los biógrafos de Calvino, etc. Merecen especial aprecio los siguientes:

Bibliotheca anti-trinitariorum, de J. Christ. Sand.

Essai d'une histoire complète et impartiale des hérétiques, por el profesor Morbeim (Helmsted 1748).

Michel Servet, por Trechsel (1839). Forma el primer libro de su historia de los protestantes antitrinitarios.

Fragmento histórico acerca de Servet en las *Légendes et chroniques suisses*, de De Valayre (París 1842).

Relation du procès criminel intenté a Genève en 1553 contre Michel Servet, por Rilliet de Candolle (apologista de Calvino) en el tomo III de las *Memorias y documentos de la Sociedad de Historia y Arqueología de Ginebra* (1844)

Michel Servet, estudio de E. Saisset en la *Revue de Deux Mondes* (1848).

Relaciones entre Calvino y Servet, por Tolin (1875).

Véase, además, la *Memoria* de Mignet sobre el establecimiento del protestantismo en Ginebra, y otros libros que fuera prolijo enumerar. De los antiguos citan buen número Latassa y Suárez Bárcena.

Para la apreciación de las doctrinas de Servet téngase en cuenta, sobre todo, sus obras reimpresas a fines del siglo pasado en Nuremberg y otras ciudades de Alemania, con la fecha de las ediciones antiguas.

Capítulo XX. Artes diabólicas. Hechicerías. Los brujos

Consideraciones generales sobre la *nigromancia* y todo linaje de ciencias ocultas. La magia entre los antiguos, y especialmente en Grecia y Roma. Persistencia de tales supersticiones aun después de la propagación del cristianismo. Historia de las artes goéticas en España. Agüeros, hechicerías y prácticas supersticiosas en la época visigoda. Ídem durante los primeros tiempos de la Reconquista. Ídem en los siglos XIII y XIV. Testimonios de autores coetáneos que nos demuestran su existencia. Prohibiciones de las leyes y anatemas de los concilios. Impugnaciones del fatalismo hechas por fray Pedro Pascual, Raimundo Lulio y don Juan Manuel. Notable desarrollo de las artes vedadas en el siglo XV. Don Enrique de Villena. *Impugnaciones* de fray Lope Barrientos y otros escritores. Noticia y clasificación de las diversas especies de supersticiones usadas en aquella era. Los herejes de Durango y fray Juan de Mella. Los herejes de la sierra de Amboto: aparición de la brujería con todos sus caracteres. La brujería y las celestinas. Recrudescencia de las artes diabólicas en el siglo XVI. La magia erudita combínase con la cábala y la teosofía. Influencia de las doctrinas de Cornelio Agripa y sus secuaces en España. Nigromantes españoles: el doctor Torralba. Escasa aceptación con que fueron recibidos tales deslumbramientos. La magia vulgar o brujería. Semejanza que presenta en todos los países de Europa. Horrible depravación de costumbres a que servía de capa. Testimonios españoles de su existencia en nuestra Península, aunque en más reducida escala que en otros países. Notable pasaje del autor de *El Crótalon*. Empeñadas cuestiones que promueve entre teólogos y juristas la magia. Publicación de las *Disquisitiones Magicae*, del padre Martín del Río. Análisis de este peregrino libro. Triunfo de las opiniones de su autor y triste resultado de sus trabajos. Jurisprudencia establecida en este punto. Impugnadores españoles de la magia. Templanza y sensatez con que algunos se explicaron. Pedro Ciruelo y su *Reprobación de hechicerías* y supersticiones. La Inquisición y los brujos. El *Auto de fe de Logroño* en 1610. Toma cuerpo la opinión escéptica, ilustrada y tolerante respecto a las artes diabólicas. El *Discurso* de Pedro de Valencia acerca de las brujas y cosas tocantes a magia. El *Coloquio de los perros*, de Cervantes. Continuas alusiones a brujos y hechiceras en la novela y en el teatro. Vanse extinguiendo gradualmente o tomando un carácter más inocente estas supersticiones. Notable modificación que experimentan en el transcurso del siglo XVII. Principales sitios designados como aquelarres. Los hechizos de Carlos II y otros casos semejantes. Impugnaciones del padre Feijoo a principios del siglo XVIII. Persistencia de la opinión vulgar hasta nuestros días. Renacimiento contemporáneo de las artes goéticas con el nombre de espiritismo.

Fuentes: Los libros de Martín del Río, Ciruelo, Pedro de Valencia, etc., etc., ya mencionados, y otros muchos de menor importancia que de propósito o por incidencia hablan de esta materia. Sobre los herejes de la sierra de Amboto,

el Dante de Villegas (anotaciones a las estancias 19 de canto IX y 20 del XX). Véase asimismo sobre los de Durango la *Crónica de don Juan II*. Para los tiempos anteriores pueden consultarse, además de los libros de san Pedro Pascual, Barrientos, etc., citados, las muy curiosas indicaciones esparcidas en diferentes capítulos de la *Historia crítica de la literatura española* de don José Amador de los Ríos y los artículos que sobre la misma materia dio a luz en la *Revista de España*. Fuente notable es, asimismo, por lo que toca al siglo XVII, el célebre *Auto de Logroño*, tan conocido por haberle exornado con notas burlescas y sazonadísimas, si bien de sabor asaz volteriano, Moratín. De las obras extranjeras nada decimos, por referirse casi todas a la historia de la magia en general y no en particular a la de España.

Capítulo XXI. El quietismo en el siglo XVII. Miguel de Molinos

Razones para colocar el quietismo al fin de las herejías desarrolladas en nuestro suelo durante los siglos XVI y XVII. Precedentes históricos del molinosismo. El misticismo panteísta. La secta de los alumbrados de Extremadura y Sevilla. Su enlace con la de los iluminados de Italia. Nacimiento y progresos de esta impúdica herejía. Es exterminada por la Inquisición. Noticias sobre este punto. Enlace del quietismo con los sistemas gnómicos. Noticias biográficas de Miguel de Molinos. Publica en Roma la *Guía espiritual*, que desembaraza el alma y la conduce al interior camino para alcanzar la perfecta contemplación. Exposición de la doctrina heterodoxa contenida en este libro. Condenación de dieciocho proposiciones. Proceso y prisión de Molinos. Su muerte. Noticia breve de sus más famosos discípulos y secuaces (Francisco Le Combe, Juana Guyon, etc.). Propágase el quietismo en Francia. Controversias que suscita. Fenelón y el quietismo. El quietismo en España. Impugnaciones de fray Antonio de Jesús María y otros. Procesos de varias monjas y beatas acusadas de quietismo. El quietismo en el siglo XVIII. Reflexiones sobre esta herejía y sobre sus tristes consecuencias morales.

Capítulo XXII. El jansenismo regalista del siglo XVIII y comienzos del presente

Reflexiones sobre el carácter general del siglo XVIII. Modificaciones producidas en nuestras costumbres e ideas por el influjo francés. Qué era el jansenismo. ¿Contó secuaces en España la doctrina de Jansenio sobre la gracia? Los jansenistas españoles más que nada fueron galicanos. Apoyo que vinieron a prestar por ende al regalismo de nuestros jurisconsultos. Motivos para no incluir determinadamente en esta historia a los que en España se llamaron jansenistas, ni a los partidarios del regalismo, y limitarse a consideraciones generales.

El regalismo en las esferas oficiales. Precedentes: el *Memorial* de Chumacero, etc. Macanaz. Sus proyectos y caída. Los consejeros de Carlos III. Aranda, Moñino, Roda, Campomanes, etc. Volterianismo disfrazado de muchos de ellos. *Tratado de la regalía de amortización*. Expediente del obispo de Cuenca. Extrañamiento de los jesuitas. *Juicio imparcial del monitorio de Parma*.

El *jansenismo* español. Manía de hablar de las falsas decretales y de la fuerza de la antigua disciplina. Libros manifiestamente galicanos. Fundación de la colegiata de san Isidro en reemplazo de los jesuitas. La Inquisición, en manos de los jansenistas. Prelados a quienes se tildó de jansenismo: Climent, Tavira, etc. Pastorales de algunos de ellos. Introducción de la *Teología Lugdunense* en nuestras aulas. Obras de Amat, Martínez Marina, Villanueva y otros, puestas en el *Índice de Roma*. El jesuita Masdéu se acuesta al partido de los llamados jansenistas en su *Historia crítica de España*. Trabajos de historia eclesiástica en sentido galicano. El *jansenismo* en las Cortes de Cádiz. Otros jansenistas de menor cuantía. Bedoya y su opúsculo latino sobre la potestad de los obispos, etc.

Prolongación del *jansenismo regalista* hasta nuestros días, sostenido por intereses políticos. Cisma de Alonso durante la regencia de Espartero. El llamado *jansenismo* en España sirvió muchas veces de disfraz para proyectos anticatólicos de otro linaje.

Capítulo XXIII. El volterianismo en España en el siglo XVIII. Olavide. Cabarrús. Urquijo

La filosofía enciclopedista. Reseña de su historia, principios y tendencias. Sus impugnadores españoles. Penetra en las esferas oficiales apoyada por los jansenistas y regalistas. Maridaje de estos tres elementos para la expulsión de los jesuitas.

A) Primeros alardes ostensibles de impiedad. Don Pablo Olavide. Extraños sucesos de su vida. Su nacimiento y estudios en Lima. Oidor del virreinato.

Su conducta después del terremoto de 1746. Olavide en España. Cargos que desempeñó. Sus viajes a Francia. Su amistad con Aranda. Olavide, asistente de Sevilla. Superintendente de las colonias de Sierra Morena. Escepticismo religioso de Olavide. Sus imprudentes palabras entre los colonos. Es delatado por fray Bernardo de Friburgo. Prisión y proceso inquisitorial de Olavide. Autillo de fe de 26 de noviembre de 1778. Sentencia leída en él. Olavide en el monasterio de Sahagún. Fuga de Olavide a Francia, donde se titula conde del Pilo. Publica un opúsculo contra las órdenes religiosas. Impresión que en él hicieron los horrores de la revolución francesa. Saludable transformación obrada en su ánimo. Escribe *El Evangelio en triunfo*. Publícase este libro en Valencia. Su éxito inmenso. Vuelta de Olavide a España. Vida penitente y retirada de sus últimos años. Otras obras de Olavide: los *Poemas cristianos*, la traducción de los *Salmos*. Versiones de obras dramáticas francesas (*Zaira*, *Mérope*, etc.), hechas en el primer período de su vida. Escritos inéditos de Olavide. Escaso valor literario de sus trabajos. Mérito relativo de *El Evangelio en triunfo*.

B) Nuevas manifestaciones del volterianismo. El conde de Cabarrús, aventurero francés. Salva la crisis monetaria con la creación del Banco de san Carlos. Importancia política que desde entonces adquiere. Sus posteriores vicisitudes. Ideas heterodoxas esparcidas en sus *Cinco cartas sobre los obstáculos que la naturaleza, la opinión y las leyes oponen a la felicidad pública*. Combate la indisolubilidad del matrimonio y el celibato del clero.

C) Don Mariano Luis de Urquijo, ministro de Carlos IV. Carácter frívolo e insustancial de este personaje. Sus proyectos cismáticos. Su famoso decreto de 5 de septiembre de 1800. Contestaciones de varios obispos favorables al cisma. Caída y proceso de Urquijo. Volterianismo de sus ideas. Sus aficiones literarias. Su traducción de *La muerte de César* y discurso que la precede. Proceso que le formó la Inquisición.

Capítulo XXIV. El volterianismo. Su influencia en las letras. La tertulia de Quintana

Carácter de la literatura en el siglo pasado. Literatos francamente volterianos, aunque no hiciesen profesión de impiedad en sus escritos. Don Félix María Samaniego. Proceso que le formó la Inquisición y penitencias que le impuso. Su sátira contra los frailes. Licencia e impiedad de ciertas obras suyas inéditas.

Periódicos con tendencias enciclopedistas: *El Censor*. Noticia de sus redactores, Cañuelo, Pereira, etc. *El Apologista Universal*. Los padres Centeno y Fernández. Proceso formado al primero. Prohibición de estos papeles por el Gobierno de Carlos III.

Enciclopedismo de varios economistas. El doctor Normante y Carcaviella, profesor en Zaragoza. Causa que le formó la Inquisición a instancia de fray Diego de Cádiz y otros capuchinos. *La Sociedad* Cantábrica manda traducir las obras de Destutt-Tracy. Progresos de la filosofía sensualista. Noticia de los principales tratadistas y expositores del condillaquismo.

La escuela salmantina, infiltrada de enciclopedismo. Fray Bernardo de Zamora. Causa formada a don Ramón de Salas, profesor de Jurisprudencia. El filosofismo poético. Vestigios de esta tendencia en algunas composiciones de Meléndez y otros. Cunden en Salamanca los libros de Locke, Montesquieu y Rousseau. Cándido optimismo de Cienfuegos y otros filosofistas poéticos.

La tertulia de Quintana. Noticias de algunos de sus más habituales concurrentes. Retírase de ella Capmany. Hácese la tertulia foco de novedades políticas y religiosas. Odas de Quintana. Relaciones de Blanco-White y Marchena con la tertulia quintanesca. Fundación de las *Variedades de Ciencias, Literatura y Artes*. Posteriores vicisitudes de Quintana y sus tertulios. Controversia entre él y Capmany en Cádiz. Causa formada en 1814 a Quintana por la Inquisición de Logroño. *Defensa de sus poesías*.

Noticias de Somoza, Jérica y otros literatos volterianos de las primeras décadas de este siglo. Muerte impía de Somoza. *Cristiana muerte de Quintana*.

Influencia del volterianismo en el grupo antisalmantino (Melon, Moratín, Estala, Hermosilla, etc.).

Capítulo XXV. El volterianismo en España a finales del siglo XVIII y comienzos del XIX. El abate Marchena

A) Patria. Primeros estudios. Carta contra el celibato eclesiástico. Traducción de Lucrecio. Proceso formado en Sevilla al padre Manuel Gil, de los Clérigos Menores. Emigra Marchena a Francia. Dase a conocer como escritor político y controversista. Colabora con Marat en *L'ami du peuple*. Únese a los girondinos. Noticias acerca de su prisión en las cárceles del terror. Vuelve a escribir, durante el Gobierno de Tallien, en *L'Ami des lois*. Alistóse en el ejército del Rhin. Forja un fragmento de Petronio y más adelante otro de Catulo. Es recibido fríamente por Madame Stäel en su quinta de Coppet. Viene a España con Murat. Es conducido a las cárceles de la Inquisición. Acompaña al rey José en su viaje a Andalucía en 1810. Hospédase en casa de Arjona. Publica, bajo los auspicios del monarca intruso, varias traducciones del francés. Acompáñale en su retirada a Valencia en 1813. Pasa de allí a Francia. Publica en Burdeos las *Lecciones de filosofía moral y elocuencia*. Vuelve a España en 1820 y muere en 1821. Originalidades de su carácter. Noticia extensa y detallada de sus obras, así originales como traducidas. *Discurso sobre la extinción de regulares. Discurso preliminar* a las *Lecciones de filosofía moral.* Preámbulo a las *Lecciones* mismas. Varios folletos impíos. Análisis del *Ensayo de teología y de su refutación* por el doctor Heckel. Diferentes opúsculos políticos en lengua francesa. Obras literarias: traducciones del *Tartufe*, del *Avaro* y de la *Escuela de las mujeres*, de *Filiuto* o el *Egoísta*, de *Los dos yernos* y de otras piezas francesas. Ídem de algunos poemas de Ossiam y de la *Heroída*, de Pope. Poesías varias, especialmente la oda a *Cristo crucificado*, la *Epístola sobre la libertad política* y la tragedia *Polixena*. Marchena juzgado como poeta y como crítico. Marchena considerado como propagandista incansable de doctrinas impías. Traduce los *Cuentos y novelas* de Voltaire, la *Pucelle* del mismo, la *Julia* y el *Emilio* de Rousseau, varias obras de Volney, Dupuis, Benoit y las *Cartas persas* de Montesquieu.

B) Noticia de otros traductores de obras enciclopedistas y volterianas. Causa sobre la impresión de las Ruinas de Volney. ¿Es de Moratín una traducción del *Cándido* impresa con su nombre en Valencia?, etc., etc.

Capítulo XXVI. El volterianismo en España a principios del siglo XIX. Gallardo

A) Don Bartolomé José Gallardo. Patria. Primeros escritos: *Defensa de las poesías de Iglesias*, *El soplón del Diarista de Salamanca*. Traduce en 1803 la *Higiene* de Presarín y un discurso de Mihert sobre la relación de la medicina con las ciencias morales, escrito en sentido materialista. Publica *Consejos sobre el arte de la predicación*. Grandes conocimientos bibliográficos de Gallardo. Reimprime en 1806 el *Robo de Proserpina*, de Faria. Inmensos trabajos de erudición que inicia antes de 1808. Bibliotecario de las Cortes en 1812. Publica la *Apología de los palos*, y poco después el *Diccionario crítico burlesco*.

Volterianismo de este librejo. Tempestades que promueve. Prisión de Gallardo. Apología de su libro. Es defendido en las Cortes por el diputado americano Mejía, y absuelto. Reacción de 1814: Gallardo en Inglaterra. Proyecta dar a la estampa varios libros. Epoca constitucional del 20 al 23. *Carta-blanca*, *Zurribanda al Zurriago* y otros opúsculos políticos de Gallardo. Pérdida de sus libros y manuscritos en el famoso día de san Antonio de 1823. Publica Gallardo en 1832, 33 y 34 diversas invectivas contra Reinoso y Lista (*Cuatro palmetazos bien sentados por el dómine Lucas a los gaceteros de Bayona*, etc.), Hermosilla, Miñano, Burgos (*Las letras de cambio o los mercanchifles literarios*). Prisión y proceso que le acarrea el último de estos opúsculos. Da a luz los cinco números de su *Criticón*. Prosigue en sus investigaciones bibliográficas. Extravagancias y originalidades de su carácter. Aparece en 1848 el *Buscapié* de don Adolfo de Castro. Arrójase a impugnarlo Gallardo en el *Buscapié del buscarruido*, en el *Zapatazo a Zapatilla* y en otros folletos. Reñida pelamesa literaria entre Gallardo, Estébanez Calderón y don Adolfo de Castro. Muerte de Gallardo en 1859. Obras de Gallardo. Sus maravillosos apuntamientos bibliográficos hoy reunidos en el *Ensayo de una biblioteca española de libros raros y curiosos*. Sus poesías. Sus críticas literarias. Su absoluta incredulidad religiosa.

Capítulo XXVII. El volterianismo en España a principios del siglo XIX. Dos historiadores de la Inquisición

A) Don Juan Antonio Llorente. Noticias bibliográficas. Nace en Rincón de Soto, diócesis de Calahorra. Sus estudios de teología y cánones. Recibe las sagradas órdenes. Comienzan a inocularse en él las opiniones heterodoxas a consecuencia del trato con persona desconocida. Afición de Llorente a las investigaciones históricas y arqueológicas. Su *Memoria sobre una antigüedad romana de la diócesis de Calahorra*. Llorente en Madrid. Protégele el príncipe de la Paz, y subvencionado por él escribe las *Noticias históricas de las tres provincias vascongadas*, obra encaminada a preparar la abolición de los fueros. Llorente, secretario de la Inquisición. Sus proyectos de reforma de aquel Tribunal. La Inquisición en manos de los jansenistas. Caen del Poder los amigos de Llorente. Complicaciones a que éste se vio expuesto. Extrémase su heterodoxia, y de jansenista pasa a cuasi-volteriano. Llorente, canónigo maestrescuela de Toledo. Llorente, afrancesado; distinciones que obtiene de parte del rey José. Agrúpase la falange volteriana en torno del monarca intruso. Escritos cismáticos de Llorente en este período. La *Memoria sobre división de obispados*, la *Colección de papeles relativos a dispensas matrimoniales* y otros *Puntos de disciplina eclesiástica*. Memoria sobre el Tribunal de la Inquisición presentada a la Academia de la Historia. Llorente lleva a cabo la abolición del Santo oficio y examina detenidamente sus papeles. Emigra en 1813. Reside en varias ciudades de Francia y fíjase al cabo en París, donde publica la *Defensa canónica y política contra injustas acusaciones de fingidos crímenes*. Dirige una humillante exposición a Fernando VII. Publica casi simultáneamente la *Histoire critique de l'Inquisition d'Espagne*. Noticia de otras publicaciones suyas sobre tal materia. Da a la estampa su autobiografía. Otros escritos de Llorente. Brillante polémica con el conde de Neufchateau sobre el *Gil Blas*. Edición de las obras de fray Bartolomé de las Casas. Llorente rompe en sus últimos años todo freno, traduce la inmoral novela *Le chevalier de Faublas* y publica sucesivamente tres escritos heterodoxos: *Le tableau moral et politique des papes*, el *Proyecto de constitución religiosa* y la *Apología* del mismo proyecto. El Gobierno francés le obliga a salir de su territorio. Muere Llorente en Madrid en 1823. Repetidas impresiones de sus escritos. Sus impugnadores. Catálogo de sus obras.

B) Don Antonio Puigblanch. Natural de Mataró. Novicio en la cartuja de Montealegre. Catedrático de Hebreo en Alcalá. Publica allí una *Gramática*. Da a luz en Cádiz, 1811, *La Inquisición sin máscara*. Otros escritos suyos: la oda *Al fanatismo*. Puigblanch, diputado a Cortes durante la época constitucional del 20 al 23. Emigra a Londres. Los *Opúsculos gramático-satíricos* y otras obras. Agrias polémicas de Puigblanch con Villanueva, Salvá y otros. Extravagancias del doctor catalán. Sus grandes conocimientos filológicos. Noticia de sus demás obras. Sus opiniones religiosas. Su muerte.

Capítulo XXVIII. Un teofilántropo español

A) Andrés María Santa Cruz. Noticias biográficas. Es maestro de los hijos de un príncipe alemán. Va a Francia y toma parte en la revolución. Amigo de Marchena. Forma parte de la Sociedad de los Teofilántropos (adoradores del hombre como Dios). Vuelve a España y muere en la oscuridad y en la miseria. Análisis del libro intitulado *Le culte de l'humanité*. Enlace de las doctrinas de Santa Cruz con las de Servet, Arnaldo de Vilanova y Prisciliano.

B) Más sobre ciertos escritores volterianos o de doctrina sospechosa en las primeras décadas de este siglo. Las sociedades secretas. Suplicio del deísta Cayetano Ripoll en Valencia.

Capítulo XXIX. Protestantes notables en los primeros años de este siglo. Blanco

Don José María Blanco (White). Noticias biográficas. Ascendencia de Blanco. Estudios de Blanco. Forma parte de la Academia de Letras Humanas, de Sevilla, con Arjona, Reinoso, Roldán, Lista y otros. Rector del colegio de Maese Rodrigo. Magistral de la capilla de san Fernando, en Sevilla. Su viaje a Madrid. Director del Colegio Pestalazziano. Concurre a la tertulia de Quintana. Incredulidad de Blanco. En 1809 colabora en el *Semanario Patriótico*. Embárcase para Inglaterra en 1810. Se hace protestante. Publica sucesivamente tres periódicos en castellano, *El español*, *El español Constitucional* y las *Variedades* o el *Mensajero de Londres*. Es canónigo de la catedral protestante de san Pablo. Escribe en sentido tory folletos contra la emancipación de los católicos. Sus cambios religiosos. Hácese antitrinitario. Su odio ciego contra España. Notable mudanza que experimenta en sus últimos años. Muere en Liverpool 1841. Carácter de Blanco, débil y tornadizo. Sus altas prendas intelectuales. Noticia y análisis de sus obras. Poesías escritas antes de su salida de España. Artículos periodísticos. Poesías castellanas compuestas en Inglaterra. Poesías inglesas. Escritos de polémica teológica en lengua inglesa. Ídem de controversia política. Tratado del comercio de negros. *Cartas sobre España*, bajo el pseudónimo de don Leocadio Doblado. Mérito e importancia grande de este libro. Luisa de Bustamante, novela castellana. Consideraciones que sugiere esta obra, última que salió de la pluma de Blanco. Mérito de Blanco como prosista eminente. Inferior a sí mismo como poeta.

Capítulo XXX. Protestantes notables en los primeros años de este siglo. Don Juan Calderón

A) Noticias biográficas. Calderón, fraile franciscano. Liberal. Emigra en 1823. Se hace protestante a su manera, esto es, semi-incrédulo. Va a Londres en 1829. Vuelve a Francia en 1830. Torna a España durante la regencia de Espartero. Emigra nuevamente en 1843. Muere en Londres. Obras de Calderón.

Análisis de las más notables. Sus doctrinas religiosas expuestas en *El catoli-cismo neto* y en *El Examen Libre*. Sus notables estudios filológicos. La *Revista Gramatical*. La *Análisis Lógica y Gramatical de la Lengua española*. *Cervantes vindicado*.

B) Breve noticia de otros protestantes. Lucena, Sotomayor, Montsalvatje, etc. Ligera idea de sus escritos. Tentativa protestante de Matamoros en Granada

Capítulo XXXI. Un cuáquero español

Don Luis Usoz y Río. Noticias biográficas-Viajes y estudios. Erudición de Usoz. Cae en sus manos la *Apología de Barclay*, traducida por Alvarado. Va a Inglaterra en 1839 y se afilia en la secta de los cuáqueros Su fraternal amistad con Benjamín Wiffen. Emprenden unidos la publicación de los *Reformistas espa-ñoles*. Constancia con que llevan a cabo su empresa. Publicación del *Carrascón* en 1847 y de la *Epístola consolatoria* en 1848. Continúan sin interrupción sus tareas, hasta dar a luz veinte tomos de *Reformistas*, el último en 1865. Muerte de Usoz. Esmero y prolijidad de sus ediciones. Ilustraciones que las acompañan. Otras publicaciones suyas. El *Cancionero de obras de burlas*, de 1529. El *Diálogo de la lengua*. Mérito de Usoz como bibliógrafo y reproductor de libros antiguos. Su importancia como hebraizante. La traducción de Isaías. Otros tra-bajos de menor importancia.

Capítulo XXXII. El krausismo en España. Don Julián Sanz del Río

A) Precedentes del krausismo en España. La unidad simbólica, de Álvarez-Guerra. Análisis de este extravagantísimo libro. La traducción del *Derecho natural*, de Ahrens, por Navarro Zamorano. La impugnación de Balmes en su compendio de *Historia de la filosofía*.

B) Noticias biográficas de Sanz del Río. Patria. Estudios de teología y derecho en Granada y Alcalá. Dásele comisión de ir a Alemania con objeto de estudiar los modernos sistemas filosóficos. Se dedica a aprender la lengua y aplícase luego en Heidelberg a la doctrina de Krause. Su correspondencia con don José de la Revilla. Vuelve a España Sanz del Río. Retírase a Illescas y prosigue allí sus estu-dios y meditaciones filosóficas. Primera edición de la *Analítica* en 1847. Entrada de Sanz del Río en el profesorado oficial. Sus primeros discípulos. Método pedagógico de Sanz del Río. Estado de la filosofía en España al aparecer el krausismo en nuestras aulas. Discurso inaugural de Sanz del Río. Segunda edición de la *Analítica*. Traducción del *Doctrinal de historia*, de Weber; publícase bajo la protección de diversos personajes conservadores. *Ideal de la humanidad para la vida*. Programas de *Psicología, lógica y ética*. Impugnaciones del krausismo en el Ateneo. Impugnaciones de Ortí y Lara. *Cartas vindicatorias* de Sanz del Río. Continúa su propaganda: enseñanza privada y pública. Segunda generación krausista. Círculo filosófico y literario de Madrid: discusiones. Sigue Ortí y Lara su campaña anti-krausista. Los textos vivos de Navarro Villoslada en *El Pensamiento español*. La prensa democrática, informada de krausismo. El *Ideal de la humanidad*, en el *Índice de Roma*. Expediente formado a Sanz del Río. Su separación y la de otros profesores. Revolución de septiembre. Influjo de Sanz del Río y su escuela en ella. El krausismo triunfante. La legislación revolucionario-krausista. El krausismo en la prensa y en la enseñanza. Tercera generación krausista. Muerte, entierro y testamento de Sanz del Río. Sus obras póstumas. Idea general de los resultados de su propaganda relativamente a la religión, moral, política, filosofía, ciencias particulares, etc.

Capítulo XXXIII. Don Fernando de Castro

A) Don Fernando de Castro, natural de Sahagún, entra en los gilitos de Valladolid. Su misticismo. Sus dudas y combates interiores. Su exclaustración. Va a Madrid. Dase a conocer como orador sagrado. Catedrático de Instituto primero, y más tarde, en la Escuela Normal, de Filosofía. Sus *Nociones de historia*; boga que alcanzan. Sigue Castro las vicisitudes de la Facultad de Filosofía. Nómbrasele capellán de honor. Apología del dogma de la Concepción. El *Quijote de los niños*. Castro en candidatura para obispo: sin resultado. Segundo período de su vida: heterodoxia latente. Le perseguía la duda: angustias. Causas de su caída: su orgullo; su escaso saber teológico; su trato con Sanz del Río y demás espíritus fuertes de la Central; sus malas lecturas; él niega que la ambición desairada y la licenciosidad influyesen en su conducta. Su famoso sermón en las exequias de Fernando VII. Su discurso de recepción en la Academia de la Historia Sobre los caracteres históricos de la Iglesia española. Refutación del mismo por Villoslada en *El Pensamiento español*. Expulsión de Castro de la Universidad. Tercer período: heterodoxia manifiesta. Vuelve al profesorado con la revolución de septiembre. Su rectorado. La circular a las universidades e institutos de España y del extranjero proponiéndoles hacer vida de relación y armonía. El *Boletín-Revista de la Universidad de Madrid*, órgano del krausismo. Planes, programas, preliminares e introducciones. Conferencias para la educación de la mujer: discursos pronunciados en ellas. Escuela de institutrices. Biografía satírica de Castro en *El Museo Universal*. Sale del Rectorado. Es presidente de la Sociedad Abolicionista. Senador por León en el reinado de don Amadeo. Carta a don Nicolás Salmerón felicitándole por su discurso sobre la Internacionalidad —Actividad extraordinaria que despliega en todo—. Prosigue el *Compendio de historia universal*, comenzado antes de la revolución. Espíritu francamente heterodoxo de sus últimos tomos. Proyecto frustrado de un culto sincrético, de que él mismo da idea en su *Memoria testamentaria*. Su muerte y testamento. Descripción de su entierro. Examen crítico de su «*Memoria testamentaria*» por don Miguel Sánchez en el Consultor de los Párrocos.

B) Don Tomás Tapia. Eclesiástico. Su vida anti-krausista. Su iniciación con Sanz del Río. Su análisis crítico de la *Filosofía fundamental*, de Balmes, en el Boletín-Revista. Refútale Ortí y Lara en *La ciudad de Dios*. Discurso de Tapia sobre la religión y las religiones en las conferencias para la educación de la mujer. Obtiene la cátedra de Sistema de la filosofía, fundada en su testamento por Sanz del Río. Muerte de Tapia.

C) Don Juan Alonso Eguílaz. Redactor del *Universal*. Su *Catecismo de la religión natural*. Su *Teoría De la inmortalidad del alma*. Otros escritos heterodoxos.

D) Noticia de algunos protestantes españoles, ya difuntos, que han derramado sus doctrinas en estos últimos años.

Notas a este plan

1.ª En los doce últimos capítulos no he señalado fuentes por ser más conocidas e ir en parte indicadas en el plan mismo y en la carta acerca de las monografías expositivo-críticas.

2.ª No van incluidos en este plan, por olvido mío al redactarlo, el español Mauricio, fautor del panteísmo de Amaury de Chartres y David de Dinant, y por tal condenado en 1215, y el jesuita chileno del siglo pasado padre Lacunza, que vertió sentencias milenaristas en su obra, por otra parte muy apreciable. *La venida del Mesías* en gloria y majestad, publicada con el pseudónimo de Ben-Ezra, y refutada por el sevillano Roldán en *El ángel del Apocalipsis.* Otro libro también milenarista y semejante al del padre Lacunza apareció en Logroño hacia 1835, con el título de *Daniel.*

3.ª Escrito tiempo atrás este plan, ofrece hoy algunas incongruencias, como la de suponer vivo al sabio don Fermín Caballero, que lo estaba en efecto, para gloria de nuestras letras y consuelo de sus amigos, cuando esto se redactaba. Es de esperar que los herederos y testamentarios del eminente erudito den a luz sus obras inéditas, reparando así en alguna manera la pérdida incomparable que con su muerte experimentó la ciencia española.

4.ª Como en este artículo y en alguna de las cartas anteriores he tratado puntos enlazados con el dogma, y quizá por mi escaso saber teológico se haya deslizado alguna expresión inexacta, concluyo, según la loable usanza de nuestros antiguos escritores, sometiendo todas y cada una de mis frases a la corrección de nuestra santa madre la Iglesia católica, en cuyo seno vivo y quiero morir.

M. Menéndez Pelayo
Santander, 9 de septiembre de 1876.

Libro primero

Capítulo I. Cuadro general de la vida religiosa en la Península antes de Prisciliano

Preliminares., lib. Propagación del cristianismo. II. Primeros heterodoxos: apóstatas *libeláticos*: Basílides y Marcial. III. Errores respecto a la encarnación del Verbo. IV. Concilio de Ilíberis. V. Vindicación de Osio, Potamio y Florencio. VI. Cisma de los donatistas: Lucila. VII. Cisma de los luciferianos: Vicencio.

Preliminares[44]

Sabia máxima fue siempre, aunque no por todos practicada, sin duda en fuerza de ser trivial, la de comenzar por el principio. Buena parte del método estriba en no mutilar el hecho que se narra o el punto que se discute, ni menos introducir acontecimientos o materias ajenas a la que de presente llama y solicita la atención del escritor. ¡Cuánto se reducirían en volumen muchos libros si de ellos se quitase, enmendase y cercenase todo preliminar superfluo! Deseoso yo de no tropezar en tal escollo, tomo las cosas desde su origen y no antes, y abro la HISTORIA DE LOS HETERODOXOS españoles en el punto y hora en que el cristianismo penetra en España.

Qué religiones habían imperado antes en el pensamiento y en la conciencia de las razas ibéricas, asunto es cuya final resolución incumbe a los estudios etnográficos y filológicos, de lenguas y mitologías comparadas, que hoy se prosiguen con notable diligencia. No veo bastante luz en el asunto, sin duda por mi ignorancia. La clasificación misma de las gentes hispánicas parece llena de dificultades. Lo que se tiene por más cierto y averiguado es:

a) La existencia de una primitiva emigración, que algunos llaman turania, y otros, con mejor acuerdo y más prudencia, se limitan a apellidar éuscara o vascona.

La verdadera prueba de que los llamados turanios hicieron morada entre nosotros está en la persistencia del vascuence, lengua de aglutinación (con

---

44   Nota del editor. Las notas que, siguiendo la norma establecida por Menéndez Pelayo en el Discurso Preliminar, van marcadas con letras desde este capítulo, son parte de las muy numerosas que, como decimos en nuestra Advertencia sobre esta Edición, se extraviaron. Se incluyen también, en su lugar correspondiente, las que el autor puso al final de los vols. 2 y 3 de la 1.ª edición.

tendencias a la flexión), no íbera, como vislumbró Humboldt, [45] sino turania, si hemos de creer a muchos filólogos modernos.[46] A éstos toca y pertenece resolver las cuestiones siguientes: «¿Ocuparon los turanios toda la Península o solo la parte septentrional? ¿Cómo se entiende la semejanza de caracteres antropológicos entre los vascongados, que hablan ese dialecto, y las razas céltico-romanas (cántabros, etc.), vecinos suyos? ¿Qué explicación plausible tiene la indudable existencia de restos y costumbres celtas entre los éuskaros? Si los celtas impusieron su dominio a la población turania, que no debía ser inferior en número, ¿cómo adoptaron la lengua del pueblo vencido? Y, caso que la admitiesen, ¿por qué se verificó este fenómeno en una región limitadísima y no en lo demás del territorio?». Confieso no entender esto e ignoro asimismo cuál pudo ser la religión de esos turanios. Los que habitaron en la Persia, en la Susiana y en la Caldea profesaban el sabeísmo, o adoración a los astros, que es una de las más antiguas (si no la primera) formas de la idolatría. Quizás resten vestigios del culto sidérico en las tradiciones vascas, sin acudir al problemático Jaun-goicoa,[47] Dios-Luna, y aun habida consideración al elemento aryo representado por los celtas.

b) Una primera invasión indo-europea es, a saber, la de los iberos, que algunos confunden con los turanios, pero que parecen haber sido posteriores,

---

45 Idéntica opinión sostiene, en su precioso discurso de entrada en la Academia de la Historia, mi sabio amigo el padre Fita, gloria de la Compañía de Jesús y de España. Reconozco su alta competencia en este género de estudios, pero no me decido ni en pro ni en contra de su tesis. Especiosas son las analogías que nota entre el vascuence y el georgiano de la Iberia asiática, pero quizá no bastante fundamentales para establecer el parentesco de ambas lenguas. Pueden éstas parecerse en el sistema numeral y en otros caracteres, sin que se extienda a más la analogía. Confieso que soy profano en tales materias; pero o reina gran variedad en cuanto al significado de la palabra turanio o el padre Fita viene a darnos indirectamente la razón cuando escribe: «Esta lengua pertenece al primer período de flexión, que distingue al grupo turánico del indo-europeo».

46 Véase Humboldt (W.), *Prüfung der Untersuchungen über die Urbewohner Hispaniens vermittlels der Vaskichen Sprache...* (Berlín 1821). Sostienen que el vascuence es lengua ugro-tártara: Prichard, *Researches into the Physical History of Mankind...* (Londres 1836-1837; 5 tomos en 8.°); Bunsen, *Report to the Seventeenth Meeting of the British Association* (Londres 1848), páginas 254-299. Pocos filólogos usan ya el nombre de turanias para designar las lenguas uralo-altaicas.

47 La traducción más exacta del Jaun-goicoa es Señor de lo alto.

120

idénticos a los ligures, sículos y aquitanos, y hermanos mayores de los celtas, puesto que la fraternidad de Iber y Keltos fue ya apuntada por Dionisio de Halicarnaso. Ocuparon los iberos toda la Península, de norte a mediodía.[48]

c) Una segunda invasión arya, la de los celtas, cuya emigración por las diversas comarcas de Europa conocemos algo mejor. En España arrojaron del Norte a los iberos, y, adelantándose al otro lado del Ebro, formaron con los iberos el pueblo mixto de los celtíberos, si es que esta palabra indica verdadera mezcla, que también es dudoso.[49]

¿Qué culto fue el de los primitivos iberos? San Agustín, en *La ciudad de Dios*, capítulo IX del libro VII, les atribuye la noticia de un solo Dios, autor de lo creado..., incorpóreo..., incorruptible, a la cual noticia dice que había llegado merced a las enseñanzas de sus sabios y filósofos. Que los turdetanos, una de las tribus ibéricas que poblaron Andalucía, tenían sabios y filósofos, y hasta poemas de remotísima antigüedad, afírmalo Estrabón. Tampoco es imposible que se hubiesen elevado a la concepción monoteísta, o a lo menos dualista y zoroástrica, pues otro tanto hicieron en Persia sus hermanos los iranios. Creo, pues, no despreciable, antes digno de seria meditación, el texto de san Agustín a que me he referido. También se ha de advertir que es escaso el número de divinidades que puedan decirse indígenas de los iberos, aunque éstos recibieron con sobrada facilidad las fenicias y grecorromanas.

¿Cuál fue el culto de los primitivos celtas? Un panteísmo naturalista, adorador de las fuerzas de la materia, que debió combinarse fácilmente con el presunto sabeísmo de los turanios. De aquí la veneración a las fuentes y a los ríos, a las encinas y bosques sagrados. Este culto druídico admitía la metempsicosis, consecuencia natural de todo sistema panteísta y medio cómodo de explicar el trueque, desarrollo y muerte de las existencias, dependientes de una sola energía vital que trabaja y se manifiesta de diversos modos, en incesante paso

---

48   El lenguaje de los aquitanos era más semejante, según dice Estrabón, al de los iberos que al de los celtas. San Jerónimo asegura simplemente que la Aquitania se jactaba de origen griego, sin especificar nada acerca de su lenguaje.

49   Con soberbia crítica se ha negado que en España hubiera iberos y sí únicamente celtas ribereños del Ebro. Pero Diodoro Sículo (lib. 4) dice expresamente lo contrario, y lo confirma Lucano: *Profugique e gente vetusta Gallorum, Celtae miscentes nomen Iberis*, y con él Marcial, *Nos Celtis genitos et ex Iberis*; y así otros muchos, entre ellos Varrón, citado por Plinio el Naturalista.

del ser al no ser y de un ser a otro. Eran agoreros y arúspices los celtas, observaban el vuelo de la corneja sagrada y las entrañas palpitantes de la víctima,[50] tenían en grande veneración a sacerdotes y druidesas, dotados del poder de la adivinación, y celebraban con hogueras y cantos el novilunio. Cada gentilidad o familia tenía por dioses lares a sus fundadores. El sacrificio entre los celtas

---

50   Fibrarum et pennae, divinarumque sagacem, dice Silio Itálico.[a]

---

a *De la hieroscopia* habla Estrabón (III 3.º VI), cuyas palabras traduce así la versión latina: Immolando student Lusitani, et exta intuentur non exsecta: praeterea et laterum venas inspiciunt, ac tangendo etiam divinant. Quin et ex captorum hominum extis coniiciunt quod sagis opperiunt; praeterea quam haruspex eos sub exta percusserit, primum ex cadaveris lapsu futura praedicunt. Captivorum manus dextras amputant, diisque consecrant (página 128, col. 2.ª: Strabonis *Geographica*... Parisiis, editore Ambrosio Firmin Didot... 1853).

El verso de Silio Itálico es el 344 del libro 3.º:
Fibrarum, et pennae divinarumque Sagacem
Flammarum, misit dives Gallaecia pubem.
(Página 62 de la edición Bipontina, 1748.)

De los gallegos dice el mismo Estrabón (III 16, página 136): «Quidam Gallaicos perhibent nihil de diis sentire: Celtiberos autem et qui ad septentrionem eorum sunt vicini, innominatum quemdam Deum noctu, in plenilunio, ante portas, cum totis familiis, choreas ducendo totamque noctem festam agendo, venerari» (página 136).
Del promontorio Sacro cuenta Artemidoro, referido por Estrabón (III 4.º): «Sed ibi neque fanum Herculis monstrari (id enim Ephorum finxisse) neque aram... sed lapides multis in locis ternos aut quaternos esse compositos ("dólmenes" sin duda), qui ab eo venientibus, ex more a maioribus tradito, convertantur translarique fingantur (coronentur factisque libationibus transferantur?). Fas ibi non esse sacrificare, neque noctu eum locum adire, quod ferant eum nocturno tempore a Diis teneri: sed qui spectatum veniant, eos in vicino pago pernoctare, interdiu accedere, aquam secum, qua locus ille caret, afferentes» (página 114).
«Maxime capros edunt, et Marti aprum immolant, praetereaque captivos et equos. Quin et ritu graeco hecatombas cuiusque generis instituunt:... certamina etiam gymnica... Talis ergo vita est montanorum, eorum dico qui septentrionale Hispaniae latus terminant... omnes enim eodem vivunt modo.» (III, III 7, página 128)
«Inter Sucronem et Carthaginem tria sunt Massiliensium oppida, non procul a fluvio: inter quae celeberrimum est Hemeroscopium, habens in promontorio fanum Dianae Ephesiae magna religione cultum... Nomen est ei Dianium.» (III, IV 6, página 131)
Y, hablando de Ampurias, añade (página 132): «Ibi et Emporii Dianant Ephesiara colunt».

recorría toda la escala natural, desde los frutos de la tierra hasta las víctimas humanas. Practicaban asimismo el culto de los muertos, según consta por varias inscripciones, y se ha sostenido con plausibles conjeturas que tampoco les era desconocido el del fuego.

Estrabón dice que era una la manera de vivir de los galaicos, astures y cántabros hasta los vascones y el Pirineo. El celticismo dejó huellas en toda esta zona septentrional. Quedan como reliquias de la lengua o de las lenguas algunos nombres de localidades, especialmente en nuestra montaña de Santander; quedan en varias partes, como memorias del culto externo, dólmenes y semidólmenes, trilitos y menhires, túmulos o mámoas, no en gran número, pero bastantes a testificar el hecho; queda como reminiscencia más profunda una mitología galaico-asturiana, de que algo habré de decir en otro capítulo. El naturalismo de los celtas, anatematizado repetidas veces por los concilios, se mezcló con elementos clásicos, y en una u otra forma ha llegado a nuestros días, constituyendo en ciertas épocas un foco de heterodoxia, al paso que hoy se reduce a sencillas tradiciones, inofensivas casi, porque su origen y alcance se han perdido.

¿Cómo conciliar con este naturalismo el gran número de divinidades gallegas y lusitanas que cada día nos revelan las inscripciones de aquellas dos comarcas indisputablemente celtas? Ya en el siglo pasado se conocían ocho o diez; hoy pasan de cincuenta. ¿Dónde colocar a Vagodonnaego, Neton y su mujer Neta, Endovélico, Vérora, Tullonio, Togotis, Suttunio, Poemana... y tantos otros enigmáticos númenes adorados por nuestros mayores? La cuestión es compleja, y solo pudiera resolverse distinguiendo varios períodos en la vida religiosa de los celtas. El panteísmo, tal como le profesaban aquellas razas, tiende a convertirse en politeísmo cuando se pierde la clave o queda en manos de los sacerdotes tan solo. De la adoración de los objetos naturales, como partícipes de la esencia divina, pasa fácilmente la imaginación popular a la apoteosis personal y distinta de cada objeto o fuerza. Así, de la veneración a las fuentes nació entre nuestros celtas el culto de la diosa Fontana. Pero a este natural desarrollo de sus ideas religiosas debe añadirse la influencia de los cultos extranjeros: la dudosa influencia fenicia, la indudable griega, la más honda y duradera romana. Obsérvense dos cosas: 1.ª, que esas inscripciones aparecen en Portugal y en Galicia, regiones visitadas por los mercaderes e invasores, extraños, y no en

Asturias y en Cantabria, donde no pusieron la planta hasta muy tarde. No sé que se conozcan divinidades cántabras ni asturianas; 2.ª, que todas esas inscripciones (a lo menos las que yo he visto impresas) están en latín, por lo cual no pueden dar verdadera idea del primitivo culto galaico, sino del modificado y mixto que se conservaba en tiempos de los romanos. Además, ese catálogo de divinidades pugna con el texto de Estrabón, que supone ateos a los gallegos, quizá porque no tenían templos ni altares al modo de los griegos y romanos. No eran ateos, sino panteístas. Celtas y celtíberos adoraban al Dios desconocido (Dios anónimo le llama Estrabón), como si dijéramos, al alma del mundo. Quizá el Endovélico invocado en Portugal y en otras partes no era distinto de este *Deus ignotus*. Los demás nombres parecen, o de númenes semejantes a la Dea Fontana, o de divinidades forasteras, traducidas a lengua céltica, como el de Bandúa, a quién llaman compañero de Marte. No debía de ser de estirpe muy gallega la divinidad Neta Civeilferica, puesto que le hizo votos un tal Sulpicio Severo, nombre romano por cualquier lado que le miremos. Las divinidades clásicas recibían en cada país nuevas denominaciones, y mientras no tengamos otra cosa es imposible declarar indígenas a esos singulares númenes. ¿No es más natural suponer que los celtas, al tomar los dioses romanos, los bautizaron en su lengua?[51]

d) La que llaman invasión fenicia, y fue solo una expedición de mercaderes a algunos puestos de la costa bética y lusitana, importó el culto panteísta de Baal y de Astarté, que todavía duraba con el nombre de Salambó cuando el martirio de las santas Justa y Rufina. En Gades levantaron los fenicios un templo a Melkarte. Los cartagineses o libio-fenices contribuirían eficazmente a extender la religión de su antigua metrópoli.

---

[51] Puede consultarse, no sin utilidad, el opúsculo del padre Fidel Fita, *Restos de la declinación céltica y celtibérica en algunas lápidas españolas* (Madrid 1878), como también los que ha escrito don Joaquín Costa, *Cuestiones celtibéricas. Religión* (Huesca 1877) y *Organización política, civil y religiosa de los celtíberos* (Madrid 1879).[c]

c Los trabajos del señor Costa a que en esta, páginase alude han sido refundidos en su importante obra *Poesía popular española y mitología y literatura celto-hispanas* (Madrid, Imprenta de la Revista de Legislación, 1881, 4.º).
El libro de Pérez Pastor sobre Endovélico fue impreso por Ibarra (don Joaquín) en 1770.

e) Las colonias griegas, sobre todo las de la costa de Levante (Ampurias, Rosas, Sagunto, Denia, etc.), introdujeron el politeísmo clásico, allanando el camino a la civilización romana. Del culto de Artemis de Éfeso y de los templos levantados en su honor, del de Hermes Eiduorio, etc., tenemos bastantes recuerdos.

f) Romanización absoluta de la Bética, donde impera el politeísmo greco-latino y se borra todo rastro de los antiguos cultos: romanización imperfecta de Celtiberia y de Lusitania, donde en una u otra forma sigue reinando el viejo naturalismo. Los cántabros y astures van perdiendo la lengua, pero conservan tenazmente las costumbres célticas. La población turania o ibero-turania, ni la lengua pierde, porque la asimilación era imposible.

Con la religión oficial latina penetraron en España muchos ritos y supersticiones de origen oriental y egipcio, de magos y caldeos, etc.; pero el que más se extendió fue el de Isis, muy en boga entre las mujeres romanas por los tiempos de Tibulo. Hay buen número de inscripciones a la diosa egipcia procedentes de Tarragona, de Sevilla, de Guadix, de Antequera y aun de Braga.

Cómo se fueron verificando todas estas metamorfosis maravillosas, pero indudables, es lo que no puedo decir con seguridad, ni interesa derechamente al asunto. Basta dejar consignada la situación religiosa de España al tiempo que los primeros trabajadores de la mies del Señor llegaron a nuestras costas.[52]

I. Propagación del cristianismo en España

¿Quién fue el primero que evangelizó aquella España romana, sabia próspera y rica, madre fecunda de Sénecas y Lucanos, de Marciales y Columelas? Antigua y piadosa tradición supone que el apóstol Santiago el Mayor esparció la santa palabra por los ámbitos hespéricos: edificó el primer templo a orillas del Ebro, donde la santísima virgen se le apareció sobre el Pilar, y extendió sus predicaciones a tierras de Galicia y Lusitania. Vuelto a Judea, padeció martirio, antes que ningún otro apóstol, cerca del año 42, y sus siete discípulos transportaron el

---

52 Sobre las divinidades de la España romana hizo el primer trabajo R. Caro en *Deorum antiquorum manes atque reliquiae*. Véase Pérez Pastor (don Miguel), *Disertación sobre el dios Endovélico y noticia de otras deidades gentílicas de la España antigua* (Madrid 1769). Freret, *Recherches sur le dieu Endovellique...* (en el tomo 3 de las Memorias de la Academia de Inscripciones y Bellas Letras, París 1723), etc.

santo cuerpo en una navecilla desde Jope a las costas gallegas.[53] Realmente, la tradición de la venida de Santiago se remonta, por lo menos, al siglo VII, puesto que san Isidoro la consigna en el librillo *De ortu et obitu Patrum*, capítulos LXXI y LXXXI; y, aunque algunos dudan que esta obra sea suya, es indudable que pertenece a la época visigoda. Viene en pos el testimonio del oficio del misal que llaman Gótico o Muzárabe en estos versos de un himno:

Magni deinde filii tonitrui
adepti fulgent prece matris inclytae
utrique vitae culminis insignia
regens Ioannes dextra solus Asiam,
eiusque frater potitus Spaniam.
O vere digne sanctior Apostole,
caput refulgens aureum Spaniae,
tutorque vernulus, et Patronus
vitando pestem esto salus caelitus.[54]

Si a esto agregamos un comentario sobre el profeta Nahum, que se atribuye a san Julián y anda con las obras de los padres toledanos, tendremos juntas casi todas las autoridades que afirman pura y simplemente la venida del apóstol a nuestra Península. Más antiguas no las hay, porque Dídimo Alejandrino en el libro II, capítulo IV, *De trinitate* y san Jerónimo, sobre el capítulo XXXIV de Isaías, ni siquiera nombran al hijo del Zebedeo, diciendo solamente que un apóstol estuvo en España. *Alius ad Hispaniam... ut unusquisque in Evangelii sui atque doctrinae provincia requiesceret* (D. Hierony). Los autores de la Compostelana

---

53 Dicen que desembarcó en Iria y que fue depositado el santo cuerpo en una heredad llamada Liberum Domini, ocho millas de allí. De nada de esto hay autoridad anterior al papa León III.

54 No pongo esta cita antes de la de san Isidoro, por más que escritores doctísimos hagan remontar este himno al siglo IV. El padre Flórez demostró que el himno era anterior a la invasión arábiga, pero no que precediese al cuarto concilio Toledano, en que se uniformó la liturgia.

no hacen mención de la venida.[55] Temeridad sería negar la predicación de Santiago, pero tampoco es muy seguro el afirmarla. Desce el siglo XVI anda en tela de juicio. El cardenal Baronio, que la había admitido como tradición de las iglesias de España en el tomo I de sus *Anales*, la puso en duda en el tomo IX, y logró que Clemente VIII modificase en tal sentido la lección del breviario. Impugnaron a Baronio muchos españoles, y sobre todo Juan de Mariana en el tratado *De adventu B. Iacobi Apostoli in Hispaniam*, escrito con elegancia, método y serenidad de juicio.[56] Urbano VIII restableció en el breviario la lección antigua; pero las polémicas continuaron, viniendo a complicarse con la antigua y nunca entibiada contienda entre Toledo y Santiago sobre la primacía y con la relativa al patronato de santa Teresa. La cuestión principal adelantó poco.[57] En

---

55 El padre Daniel Farlatti publicó a fines del siglo pasado la vida de san Clemente, escrita por Hesichio, obispo de Salona en el siglo V, el cual dice terminantemente que Santiago fue enviado a España por san Pedro (Maceda, *Actas de san Saturnino*).[e]

e El libro del padre Maceda se titula *Actas sinceras nuevamente descubiertas de los santos Saturnino, Honesto y Fermín, apóstoles de la nueva Vasconia* (Madrid, im. Real, 1798), página 308. Hesichio, contemporáneo y amigo de san Jerónimo, da por corriente en la iglesia de Sirmio la tradición de la venida de Santiago; pero ¿será auténtico su libro, que casi nadie alega ni toma en cuenta? Prescinden absolutamente de él los señores Fernández-Guerra y Fita en su reciente y eruditísima obra *Recuerdos de un viaje a Santiago de Galicia* (Madrid, Lezcano, 1880), que ha fortificado mucho mis opiniones favorables a la tradición de Santiago.

56 *Ioannis Marianae e Societate Iesu Tractatus VII., lib. De adventu B. Iacobi. Apostoli in Hispaniam... Coloniae Agrippinae. Sumptibus Antonii Hierati... Anno 1609*, fol. 1 a 31.

57 El padre Flórez resume la discusión anterior y esfuerza todos los argumentos en pro de la venida de Santiago (*España sagrada*, tomo 3, 1748), excepto el de Dídimo, cuya obra *De Trinitate* fue publicada la primera vez por el padre Mingarelli en 1769 (Bolonia). Véase además el padre Tolrá, Venida de Santiago a España (Madrid 1797), que pasa por clásico en la materia. Entre los impugnadores señalóse Natal Alejandro (tomo 3, disert. 15), a quien respondió el marqués de Mondéjar (Zaragoza 1682).[f]

f El libro de Dídimo se publicó con este título: *Didymi Alexandrini de Trinitate, libri tres, nunc primum, ex Passioneo Codice graece, editi, latine conversi, ac notis illustrati a don Ioanne Aloysio Mingarellio Bononiae* (1769). De su testimonio se hizo cargo el padre Risco al principio del tomo 33 de la *España sagrada* (hojas sin foliar).
El padre Flórez se hizo cargo de todos los demás testimonios en el tomo 3, cap. 3 de la *España sagrada*, que debe leerse íntegro.

cuanto a las tradiciones que se enlazan con la venida de Santiago, hay mayor inseguridad todavía. La del Pilar, en sus monumentos escritos, es relativamente moderna. En 1155, el obispo de Zaragoza, don Pedro Librana, habla de un antiguo templo de la Virgen en esta ciudad, pero sin especificar cosa alguna. «Era 1156, año 1118: Beatae et Gloriosae Virginis Mariae Ecclesiam quae dicitur (proh dolor!), subiacuit Saracenorum ditioni liberari satis audivistis, quam beato et antiquo nomine sanctitatis ac dignitatis pollere novistis.»[58]

Si la venida de Santiago a España no es de histórica evidencia, la de san Pablo descansa en fundamentos firmísimos y es admitida aun por los que niegan o ponen en duda la primera.[59] El Apóstol de las Gentes, en el capítulo 15 de su *Epístola a los Romanos*, promete visitarlos cuando se encamine a España. El texto está expreso: δι ὑμῶν εἰς Σπανίαν (por vosotros, es decir, pasando por vuestra tierra a España). Y adviértase que dice Σπανίαν y no Iberia, por lo que el texto no ha de entenderse en modo alguno de los iberos del Caúcaso. Fuera de que para el Apóstol, que escribía en Corinto, no era Roma camino para la Georgia, y sí para España. No cabe, por tanto, dudar que san Pablo pensó venir a España. Como las *Actas de los Apóstoles* no alcanzan más que a la primera prisión del ciudadano de Tarso en Roma, no leemos en ellas noticia de tal viaje, ni de los demás que hizo en los ocho últimos años de su vida. De su predicación en España responden, como de cosa cierta y averiguada, san Clemente (discípulo de san Pablo), quien asegura que su maestro llevó la fe hasta el término o confín de Occidente (*Epístola ad Corinthios*); el Canon de Muratori, tenido generalmente por documento del siglo II; san Hipólito, san Epifanio (*De haeresibus*, cap. 27), san Juan Crisóstomo (homilía 27, *in Matthaeum*), san Jerónimo en dos o tres lugares, san Gregorio Magno, san Isidoro y muchos más, todos en términos expresos y designando la Península por su nombre menos anfibo-

---

58 Per Anton Béuter dice que halló escrita la historia del Pilar en un libro de letra antigua de la Biblioteca de la Minerva de Roma. ¡Buena manera de citar y buena autoridad la de Béuter! Se referirá a algún códice del siglo XIII o XIV, como el documento que publicó Risco en el tomo 30 de la *España sagrada*.

59 Cayetano Cenni (*De antiquitate Ecclesiae Hispaniae diss.* 1, cap. 2) llega a decir que hoy nadie se atreverá a negarla: «In Hispaniam profectum esse hodie negare ausit nemo». Véase además la disertación del padre agustino fray Miguel de Santa María, *De unico Evangelii in Hispania praedicatore*, en la Colección de los documentos de la Academia de Historia Portuguesa (1722).

lógico. No se trata de una tradición de la Iglesia española como la de Santiago, sino de una creencia general y antiquísima de la Iglesia griega y de la latina, que a maravilla concuerda con los designios y las palabras mismas del Apóstol y con la cronología del primer siglo cristiano.[60]

Triste cosa es el silencio de la historia en lo que más interesa. De la predicación de san Pablo entre los españoles, nada sabemos, aunque es tradición que el Apóstol desembarcó en Tarragona. Simeón *Metafrastes* (autor de poca fe), y el Menologio griego le atribuyen la conversión de Xantipa, mujer del prefecto Probo, y la de su hermana Polixena.

Algo y aun mucho debió de fructificar la santa palabra del antiguo Saulo, y así encontraron abierto el camino los siete varones apostólicos a quienes san Pedro envió a la Bética por los años de 64 o 65. Fueron sus nombres Torcuato, Ctesifón, Indalecio, Eufrasio, Cecilio, Hesichio y Secundo. La historia, que con tanta fruición recuerda insípidas genealogías y lamentables hechos de armas, apenas tiene una página para aquellos héroes, que llevaron a término en el suelo español la metamorfosis más prodigiosa y santa. Imaginémonos aquella Bética de los tiempos de Nerón, henchida de colonias y de municipios, agricultora e industriosa, ardiente y novelera, arrullada por el canto de sus poetas, amonestada por la severa voz de sus filósofos; paremos mientes en aquella vida brillante y externa que en Corduba y en Hispalis remedaba las escenas de la Roma imperial, donde entonces daban la ley del gusto los hijos de la tierra turdetana, y nos formaremos un concepto algo parecido al de aquella Atenas donde predicó san Pablo. Podemos restaurar mentalmente el agora (aquí foro), donde acudía la multitud ansiosa de oír cosas nuevas, y atenta escuchaba la voz del sofista o del retórico griego, los embelecos o trapacerías del hechicero asirio o caldeo, los deslumbramientos y trampantojos del importador de cultos orientales. Y en medio de este concurso y de estas voces, oiríamos la de alguno de los nuevos espíritus generosos, a quienes Simón Barjona había confiado el alto empeño de anunciar la nueva ley al peritus iber de Horacio, a los compatriotas de Porcio Latrón, de Balbo, y de Séneca, preparados quizá a recibirla por la luz que da la ciencia, duros y obstinados acaso, por el orgullo que la ciencia humana infunde y por los vicios y flaquezas que nacen de la prosperidad y de la opulencia. ¿Qué lides hubieron de sostener los enviados del Señor? ¿En qué

---

60 *España sagrada*, tomo 3, páginas 5-39.

manera constituyeron la primitiva Iglesia? ¿Alcanzaron o no la palma del martirio? Poco sabemos, fuera de la conversión prestísima y en masa del pueblo de Acci, afirmada por el oficio muzárabe.

Plebs hic continuo pervolat ad fidem.
Et fit catholico dogmate multiplex...[61]

A Torcuato se atribuye la fundación de la iglesia Accitana (de Guadix), a Indalecio la de Urci, a Ctesifón la de Bergium (Verja), a Eufrasio la de Iliturgi (Andújar), a Cecillo la de Iliberis, a Hesichio la de Carteya y a Secundo la de Ávila, única que está fuera de los límites de la Bética. En cuanto al resto de España, alto silencio. Braga tiene por su primer obispo a san Pedro de Rates, supuesto discípulo de Santiago. Astigis (Écija) se gloría, con levísimo fundamento, de haber sido visitada por san Pablo. Itálica repite el nombre de Geroncio, su mártir y prelado. A Pamplona llega la luz del Evangelio del otro lado de los Pirineos con el presbítero Honesto y el obispo de Tolosa Saturnino. Primer obispo de Toledo llaman a san Eugenio, que padeció en las Galias, durante la persecución de Decio. Así esta tradición como las de Pamplona están en el aire, y por más de ocho siglos fueron ignoradas en España. De otras iglesias, como las de Zaragoza y Tortosa, puede afirmarse la antigüedad, pero no el tiempo ni el origen exactos. No importa: ellas darán buena muestra de sí cuando arrecie el torbellino de las persecuciones.

Una inscripción que se dice hallada cerca del Pisuerga, e incluida por primera vez en la sospechosa colección aldina de 1571, ha conservado memoria de los rigores ejercidos en tiempo de Nerón contra los primeros cristianos españoles: *his qui novam generi humano superstitionem inculcabant*; pero parece apócrifa,[62] y casi nadie la defiende. Hasta el siglo III no padeció martirio en Tolosa de Aquitania el navarro san Firmino o Fermín. En tiempo de nuestro español Trajano ponen la muerte de san Mancio, obispo de Évora,

---

61 A la desembarcación de los varones apostólicos hizo una bella canción el doctor Agustín de Tejada (Véase *Flores de poetas ilustres*, de P. Espinosa, Valladolid 1605).

62 Véase con el n.º 172 en la colección de Masdéu (tomo 5 de la *Historia crítica de España*, página 86). Ambrosio de Morales la insertó también, aunque no tenía de ella toda certidumbre que quisiera por no haberla visto (lib. 9, cap. 16, página 465 de la edición de Benito Cano, 1791). También Muratori la da por sospechosa.

segunda ciudad lusitana que suena en la historia eclesiástica. A la época de los Antoninos refiere con duda Ambrosio de Morales el triunfo de los santos Facundo y Primitivo en Galicia; pero otros lo traen (y con fundamento) mucho más acá, a la era de Heliogábalo o a la de Gordiano II. Pérez Bayer puso en claro la patria aragonesa de san Laurencio o Lorenzo, diácono y tesorero de la Iglesia de Roma, que alcanzó la palma en la octava persecución, imperando Valeriano. La memoria del espantoso tormento del confesor oscense vive en un valiente himno de Prudencio:

> Mors illa sancti martyris
> mors vera templorum fuit...[63]

Los versos de aquel admirable poeta son la mejor crónica del cristianismo español en sus primeros tiempos. El himno VI del *Peristephanon* describe con vivísimos colores la muerte del obispo de Tarragona, Fructuoso, y de los diáconos Augurio y Eulogio, que dieron testimonio de su fe por los años de 259:

> Felix Tarraco, Fructuose, vestris
> attollit caput ignibus coruscum,
> levitis geminis procul relucens.
> Hispanos Deus aspicit benignus,
> arcem quandoquidem potens Iberam
> trino martyre Trinitas coronat.

Y torna a recordarlos en aquella brillante enumeración con que abre el himno de los confesores cesaraugustanos, en versos que hace tiempo traduje así:

> Madre de santos, Tarragona pía,
> triple diadema ofrecerás a Cristo,
> triple diadema que en sutiles lazos

---

63   M. Aurelii Clementis *Prudentii Carmina* (Romae 1789, edición de Arévalo, tomo 2, página 928). Pérez Bayer, *Damasus et Laurentius Hispanis asserti et vindicati...* (Romae 1756). Todavía a principios del siglo pasado acertó a poner nobles acentos en boca del diácono oscense el notable historiador y poeta don Gabriel Álvarez de ̄oledo (Véase *Líricos del siglo XVIII*, por don L. A. de Cueto, tomo 1, páginas 5-6).

liga Fructuoso.
Cual áureo cerco las preciadas piedras,
ciñe su nombre el de los dos hermanos:
de entrambos arde en esplendor iguales
fúlgida llama.

Ya lo dijo Prudencio: A cada golpe del granizo, brotaban nuevos mártires. Viose clara esta verdad en la última y más terrible de las persecuciones excitadas contra el Evangelio, la de Diocleciano y Maximiano (año 301). Vino a España con el cargo de gobernador o presidente (*praeses*) un cierto Daciano, de quien en los martirologios y en los himnos de Prudencio hay larga y triste, aunque para nuestra Iglesia gloriosa memoria. No hubo extremo ni apartado rincón de la Península, desde Laietania a Celtiberia, desde Celtiberia a Lusitania, donde no llegase la cruenta ejecución de los edictos imperiales. En *Gerunda* (Gerona), pequeña pero rica por tal tesoro, según dice Prudencio, fueron despedazados.

Los santos miembros del glorioso Félix

A los ocho días padeció martirio en Barcelona su hermano Cucufate, muy venerado en Cataluña con el nombre de San Cugat, y poco después, y en la misma ciudad, la virgen Eulalia, distinta de la santa de Mérida, a quien celebró Prudencio. Pero ninguna ciudad, *ni Cartago ni Roma* (afirma el poeta), excedieron a Zaragoza en el número y calidad de los trofeos. Hay que leer todo el himno *prudenciano* para entender aquella postrera y desesperada lid entre el moribundo paganismo y la nueva ley, que se adelantaba radiante y serena, sostenida por el indomable tesón y el brío heroico del carácter celtíbero. Aquellos aragoneses del siglo III y comienzos del IV sucumbían ante los verdugos de Daciano con un valor tan estoico e impasible como sus nietos del siglo XIX ante las legiones del Corso, rayo de la guerra. Y por eso cantó Prudencio, poeta digno de tales tiempos y de tales hombres:

La pura sangre que bañó tus puertas
por siempre excluye la infernal cohorte:
purificada la ciudad, disipa
densas tinieblas.

Nunca las sombras su recinto cubren:
huye la peste del sagrado pueblo,
y Cristo mora en sus abiertas plazas,
Cristo do quiera.
De aquí ceñido con la nívea estola,
emblema noble de togada gente,
tendió su vuelo a la región empírea
coro triunfante.
Aquí, Vicente, tu laurel florece:
aquí, rigiendo al animoso Clero,
de los Valerios la mitrada estirpe
sube a la gloria.

Aragonés era, y en Zaragoza fue ungido con el óleo de fe y virtud aquel Vicente a cuya gloria dedicó Prudencio el quinto de sus himnos, y de quien en el canto triunfal que he citado vuelve a hablar en estos términos:

Así del Ebro la ciudad te honra.
Cual si este césped te cubriera amigo,
cual si guardara tus preciados huesos
tumba paterna.
Nuestro es Vicente, aunque en ciudad ignota
logró vencer y conquistar la palma:
tal vez el muro de la gran Sagunto
vio su martirio.

El mismo Prudencio tejió corona de imperecederas flores a la virgen Encrates o Engracia en otro pasaje, que, traducido malamente, dice así:

Aquí los huesos de la casta Engracia
son venerados: la violenta virgen
que despreciara del insano mundo
vana hermosura.
Mártir ninguno en nuestro suelo mora

cuando ha alcanzado su glorioso triunfo:
sola tú, virgen, nuestro suelo habitas,
vences la muerte.
Vives, y aun puedes referir tus penas,
palpando el hueco de arrancada carne:
los negros surcos de la horrible herida
puedes mostrarnos.
¿Qué atroz sayón te desgarró el costado,
vertió tu sangre, laceró tus miembros?
Cortado un pecho, el corazón desnudo
viose patente.
¡Dolor más grande que la muerte misma!
Cura la muerte los dolores graves,
y al fin otorga a los cansados miembros
sumo reposo.
Mas tú conservas cicatriz horrible,
hinchó tus venas el dolor ardiente,
y tus medulas pertinaz gangrena
sorda roía.
Aunque el acero del verdugo impío
el don te niega de anhelada muerte,
has obtenido, cual si no vivieras,
mártir, la palma.
De tus entrañas una parte vimos
arrebatada por agudos garfios:
murió una parte de tu propio cuerpo,
siendo tú viva.
Título nuevo, de perenne gloria,
nunca otorgado, concediera Cristo
a Zaragoza, de una mártir viva
ser la morada...

En esta poesía de hierro, a pesar de su corteza horaciana; en estas estrofas, donde parece que se siente el estridor de las cadenas, de los potros y de los ecúleos, hemos de buscar la expresión más brillante del catolicismo español, armado siempre para la pelea, duro y tenaz, fuerte e incontrastable, ora lidie contra el gentilismo en las plazas de Zaragoza, ora contra la Reforma del siglo XVI en los campos de Flandes y de Alemania. Y en esos himnos quedó también bautizada nuestra poesía, que es grande y cristiana desde sus orígenes. ¡Cómo ha de borrarse la fe católica de esta tierra que para dar testimonio de ella engendró tales mártires y para cantarla produjo tales poetas!

Con santa Engracia vertieron su sangre por Cristo otros dieciocho fieles, cuyos nombres enumera Prudencio, no sin algunas dificultades y tropiezos rítmicos, en las últimas estrofas de su canto. Y a todos éstos han de añadirse los confesores Cayo y Cremencio,

> Llevando en signo de menor victoria
> palma incruenta.

Y, finalmente, los innumerables, de cuyas nombres pudiéramos decir con el poeta:

> Cristo los sabe, y los conserva escritos
> libro celeste.

Ninguna ciudad de España dejó de dar frutos para el cielo y víctimas a la saña de Daciano. Muchos nombres ha conservado Prudencio en el himno referido para que los escépticos modernos, incapaces de comprender la grandeza y sublimidad del sacrificio, no pusieran duda en hechos confirmados por autoridad casi coetánea y de todo punto irrecusable. De Calahorra nombra a los *dos guerreros* Emeterio y Celedonio, a quienes dedicó himno especial, que es el primero del *Peristephanon*; de Mérida *a la noble Eulalia*, que tiene asimismo canto aparte, señalado con el número tercero; de Compluto a les niños Justo y Pastor; de Córdoba a Acisclo, a Zoylo y a Victoria (*las tres coronas*). Dejó de hacer memoria de otros mártires y confesores que tienen oficio en el misal y breviario de san Isidoro o están mencionados en antiguos martirologios y santorales, cuales son Leucadia o Leocadia (*Blanca*), de Toledo; Justa y Rufina, de Sevilla; Vicente, Sabina y Cristeta, de Ávila; Servando y Germán, de Mérida; el centurión Marcelo y sus doce hijos, de León. De otros muchos se hallará noticia en los libros de Ambrosio de Morales, del padre Flórez y del doctor La Fuente, que recogieron los datos relativos a esta materia y trabajaron en distinguir y separar lo cierto e histórico de lo legendario y dudoso.

Juzgaron los emperadores haber triunfado de la locura de la cruz (*insania crucis*), y atreviéronse a poner ostentosamente en sus inscripciones: Nomine Christianorum deleto qui rempublicam evertebant. Superstitione Christianorum ubique deleta et cultu Deorum propagato[64] epígrafes que muestran el doble carácter de aquella persecución tan política como religiosa. Pero calmóse al fin la *borrasca antigua*, y la nave que parecía próxima a zozobrar continuó segura su derrotero, como la barca de san Pedro en el lago de Tiberíades. Constantino dio la paz a la Iglesia, otorgándole el libre ejercicio de su culto y aun cierta manera de protección, merced a la cual cerróse, aunque no para siempre, la era de la persecución y del martirio y comenzó la de controversias y herejías, en que el catolicismo, por boca de sus concilios y de sus doctores, atendió a definir el dogma, fijar la disciplina y defenderlos de todo linaje de enemigos interiores y exteriores.

La *insania crucis*, la religión *del sofista crucificado*, que decía impíamente Luciano, o quien quiera que fuese el autor del *Philopatris* y del *Peregrino*, había triunfado en España, como en todo el mundo romano, de sus primeros adversarios. Lidió contra ella el culto oficial, defendido por la espada de los emperadores, y fue vencido en la pelea, no solo porque era absurdo e insuficiente y habían pasado sus días, sino porque estaba, hacía tiempo, muerto en el entendimiento de los sabios y menoscabado en el ánimo de los pueblos, que del politeísmo conservaban la superstición más bien que la creencia. Pero lidió Roma en defensa de sus dioses, porque se enlazaban a tradiciones patrióticas, traían a la memoria antiguas hazañas y parecían tener vinculada la eternidad del imperio. Y de tal suerte resistió, que, aun habida consideración al poder de las ideas y a la gran multitud (*ingens multitudo*) de cristianos, no se entiende ni se explica, sin un evidente milagro, la difusión prestísima del nuevo culto. Por lo que hace a nuestra Península, ya en tiempos de Tertuliano se había extendido hasta los últimos confines (*omnes termini*),[65] hasta los montes cántabros y astu-

---

64   De la autenticidad de estas inscripciones dudan muchos.
65   L. *Contra Iudaeos*, cap. 7.

rianos, inaccesibles casi a las legiones romanas (*loca inaccessa*). *Innumerables* dice Arnobio que eran los cristianos en España.[66] El antiguo culto (se ha dicho) era caduco: poco debía costar el destruirlo cuando filósofos y poetas le habían desacreditado con argumentos y con burlas. Y no reparan los que esto dicen que el cristianismo no venía sencillamente a levantar altar contra altar, sino a herir en el corazón a la sociedad antigua, predicando nueva doctrina filosófica, nunca enseñada en Atenas ni en Alejandría, por lo cual debía levantar, y levantó contra sí, todos los fanatismos de la escuela: predicando nueva moral, que debía sublevar, para contrarrestarla, todas las malas pasiones, que andaban desencadenadas y sueltas en los tiempos de Nerón y Domiciano. Por eso fue larga, empeñada y tremenda la lucha, que no era de una religión vieja y decadente contra otra nueva y generosa, sino de todos los perversos instintos de la carne contra la ley del espíritu, de los vicios y calamidades de la organización social contra la ley de justicia, de todas las sectas filosóficas contra la única y verdadera sabiduría. En torno del fuego de Vesta, del templo de Jano Bifronte o del altar de la Victoria no velaban solo sacerdotes astutos y visionarios, *flamines y vestales*. De otra suerte, ¿cómo se entiende que el politeísmo clásico, nunca exclusivo ni intolerante, como toda religión débil y vaga, persiguiese con acerbidad y sin descanso a los cristianos? Una nueva secta que hubiese carecido del sello divino, universal e infalible del cristianismo habría acabado por entrar en el fondo común de las creencias que no se creían. Poco les costaba a los romanos introducir en su Panteón nuevos dioses.

Pero basta de consideraciones generales, puesto que no trato aquí de la caída del paganismo, tema ya muy estudiado, y que nunca lo será bastante. Volvamos a la Iglesia española, que daba en la cuarta centuria larga cosecha de sabiduría y de virtudes, no sin que germinasen ya ciertas semillas heréticas, ahogadas al nacer por la vigilancia de los santos y gloriosos varones que en todo el Occidente produjo aquella era. Entramos de lleno en el asunto de estas investigaciones.

II. Herejes libeláticos: Basílides y Marcial

Durante la persecución de Decio (antes de 254) cupo la triste suerte de inaugurar en España el catálogo de los apóstatas a los obispos Basílides de Astorga

---

66   L. 1 *Contra gentes.*

y Marcial de Mérida; caída muy ruidosa por las circunstancias que la acompañaron. Cristianos pusilánimes y temerosos de la persecución, no dudaron aquellos obispos en pedir a los magistrados gentiles lo que se llamaba el *libelo*, certificación o patente que los ponía a cubierto de las persecuciones, como si hubiesen idolatrado. Miraban con horror los fieles esta especie de apostasía, aun arrancadas por la fuerza, y a los reos de tal pecado llamaban *libeláticos*, a diferencia de los que llegaban a adorar a los ídolos y recibían por ende el deshonroso nombre de *sacrificados* o *sacrifículos*. Aunque la abjuración de los dos obispos había sido simulada y obtenida con dinero para no verse en el riesgo de idolatrar o de padecer el martirio, no se detuvieron aquí Marcial y Basílides. El primero hizo actos públicos de paganismo, enterrando a sus hijos en lugares profanos, asistiendo a los convites de los gentiles y manchándose con sus abominaciones, y, finalmente, renegó de la fe ante el procurador *ducenario* de su provincia. Basílides blasfemó de Cristo en una grave enfermedad. Confesos uno y otro de sus delitos, las iglesias de Astorga y de Mérida acordaron su deposición, y reunidos los obispos comarcanos, *cum assensu plebis*, como era uso y costumbre, eligieron por sucesor de Basílides a Sabino, y por obispo de Mérida a Félix.[67] Fingió Basílides someterse, fue admitido a la comunión laical

---

67   Elección de los obispos por el clero y el pueblo y asistencia de los metropolitanos.

Constitutiones Apostolicae VIII 4: «Ordinandum esse episcopum inculpatum in omnibus, electum a populo ut praestantissimum» (Galland, tomo 3; Mansi, I).

San Cipriano (epístola 68): «Propter quod diligenter de traditione divina et apostolica observatione servandum est et tenendum, quod apud nos quoque et fere per provincias universas tenetur, ut ad ordinationes rite celebrandas ad eam plebem, cui praepositus ordinatur, episcopi eiusdem provinciae proximi quique conveniant, et episcopus eligatur plebe praesente, quae singulorum, vitam plenissime novit, et uniuscuiusque actum de eius conversatione perspexit...».

San León Magno (epístola 10, cap. 6): «Qui praefuturus est omnibus ab omnibus eligatur... Mirantes tantum apud vos, per occasionem temporis impacati, aut ambientium praesumptionem, aut tumultum valuisse populorum, ut indignis quibusque et longe extra sacerdotale meritum constitutis pastorale fastigium et gubernatio Ecclesiae crederetur. Non est hoc consulere populis sed nocere, nec praestare regimen, sed augere discrimen: integritas enim praesidentium salus est subditorum...» (S. Leonis Magni, *Opera*, edición Ballerini, tomo 1, páginas 639 y 658).

Concilio Niceno, canon 4: «Quum quis iam episcopum constituere animo habuerit, quando is super regionem, aut civitatem, aut pagum, sub metropolitano constitui petit, oportet ut ad constitutionem illius synodus episcoporum provinciae, quia circa eum sunt, sub potes-

y mostró grande arrepentimiento de sus pecados y voluntad de ofrecer el resto de su vida a la penitencia; pero duróle poco el buen propósito, y, determinado a recobrar su silla, fuese a Roma, donde con artificios y falsas relaciones engañó al papa Estéfano I, que mandó restituirle a su obispado, por ser la deposición anticanónica. Ésta es la primera apelación a Roma que encontramos en nuestra historia eclesiástica. Animóse Marcial con el buen éxito de las pretensiones de Basílides, y tentó por segunda vez tornar a la silla emeritana. En tal conflicto, las iglesias españolas consultaron al obispo de Cartago, san Cipriano, lumbrera de la cristiandad en el siglo III. Entre España y lo que después se llamó Mauritania Tingitana, las relaciones eran fáciles y continuas. Recibidas las cartas de Mérida que trajeron Sabino y Félix, consultó san Cipriano a treinta y seis obispos de África, y fue decisión unánime que la deposición de los apóstatas era legítima, sin que pudiese hacer fuerza en contrario el rescripto pontificio, dado que estaba en vigor la constitución del papa san Cornelio que admitía a los *libeláticos* a penitencia pública, pero no al ministerio sacerdotal. Y conforme a esta decisión, respondió san Cipriano *al presbítero Félix y a los fieles de León y Astorga, así como al diácono Lelio y pueblo de Mérida*, en una célebre epístola, que es la 68 de las que leemos en sus obras. Allí censura en términos amargos a los obispos que habían patrocinado la causa de Basílides y de Marcial, nota expresamente que el rescripto había sido arrancado *por subrepción* y exhorta a los cristianos a no comunicar con los dos prevaricadores. Esta carta fue escrita en 254, imperando Valeriano, y es el único documento que tenemos sobre el

---

tate metropolitae eius aut patriarchae congregetur: vel si illud iis difficile fuerit, tres omnino episcopi ad cura conveniant, vel duo, vel unus saltem necessario...».

Concilio de Antioquía, año 341, canon 16: «Si quis episcopus vacans in Ecclesiam vacantem prosiliat, sedemque pervadat absque integro perfectoque concilio, hic abiiciatur necesse est, etsi cunctus populus, quem diripuit eum habere delegerit. Perfectum vero concilium illud est, ubi interfuerit metropolitanus Antistes».

Concilio Cartaginense IV, año 398, cap. 1: «Quum in his omnibus (quum sit natura prudens, docilis, moribus temperatis, vita castus, etc.) examinatus inventus fuerit plene instructus, tum cum consenso clericorum et laicorum maximeque metropolitani vel auctoritate vel praesentia, ordinetur episcopus» (Alzog, II, página 115).

asunto. Es de presumir que el Pontífice, mejor informado, anulase el rescripto y que Félix y Sabino continuasen en sus prelacías.[68]

Alguna relación tuvo con la causa que se ha referido, y mayor gravedad que ella, la cuestión de los *rebautizantes*, en que san Cipriano apareció en oposición abierta con el Pontífice, y después de escribir varias cartas, alguna de ellas con poca reverencia, juntó en Cartago un concilio de ochenta obispos africanos, en 258, y decidió que debía *rebautizarse* a los bautizados antes por apóstatas y herejes.[69] Los enemigos de la autoridad pontificia han convertido en arma aquellas palabras del obispo de Cartago: *Neque enim quisquam, nostrum Episcopum se esse Episcoporum constituit, aut tyrannico terrore ad obsequendam necessitatem collegas suos adigit, quando habeat omnis Episcopus pro licentia libertatis arbitrium proprium iudicare*. Mas esta enconada frase ha de achacarse solo a la vehemencia y acritud que la contienda excita, y ni es argumento contra la Santa sede, pues el mismo san Cipriano, en su tratado

---

68 Alzog, I 313.
   Cismas de Novato en Cartago y de Novaciano en Roma.
   Sobre los *libelli pacis* dice san Cipriano (epístola 11): «Audio enim quibusdam sic libellos fieri, ut dicatur, communicet ille cum suis; quod numquam omnino a martyribus factum est, ut incerta et caeca petitio invidiam nobis postmodum cumules».

69 San Cipriano, Rebautizantes.
   Revue des Questions historiques, 1.º de abril de 1907.
   La question baptismale au temps de St. Ciprien. Art. de A. d'Alès. Bibliografía especial del asunto:
   L. Roche, *De la controverse entre saint Etienne et saint Cyprien au sujet du baptême des hérétiques* (París 1858); S. B. Thibaud, *Question du baptême des hérétiques, discutée entre le propre saint Etienne 1.er et saint Cyprien de Carthago* (París 1863); Mr. Freppel, en *S. Cipriano*; J. Peters, *Der heilige Cyprian von Karthago* (Ratisbona 1877); B. Fechtrup, *Der heitige Cyprian, sein Leben und seine Lehere dargestellt* (Münster 1878); H. Grisar, *Cyprians «Oppositionskonzil» gegen Papst Stephan: Zeitschrift für Katholische Theologie* (1881) 193-281; V. Ritschl, *Cyprian von Karthago und die Verfassung der Kirche* (Göttinge 1885); E. W. Benson, *Cyprian his file, his times, his work* (Londres 1897); J. Ernest, una serie de artículos en el *Zeitschrift für Katholische Theologie*, años 1893, 94, 95, 96, 1900, 1905, 1906 (Mainz 1901); lib. Nelke, *Die Chronologie der Korrespondenz Cyprians und der pseudocyprianischen Schriften ad Novationum und Liber de rebaptismate* (Thorn 1902); P. Monceaux, *Histoire littéraire de l'Afrique chrétienne*, tomo 2, *St. Cyprien et son temps* (París 1902); J. Ernest, *Papst Stephan I und der Ketzertaufstreit* (Mainz 1905) (réplica a Nelke); J. Duchesne, *Histoire ancienne de l'Église*, tomo 1, cap. 20 (París 1906); san Cipriano, edición de Hartel (Viena 1868-1871) 3 tomos 8.º

140

De unitate Ecclesiae, escribió: *Qui cathedram Petri, super quam fundata est Ecclesia, deserit, in Ecclesia non est: qui vero Ecclesiae unitatem non tenet, nec fidem habet*; ni puede acusarse de rebeldía al santo obispo africano, ya que no mostró verdadera pertinacia en la cuestión de los *rebautizantes*, ni el Pontífice le separó nunca de la comunión de los fieles, como hizo con Firmiliano de Cesarea por el mismo error sostenido con pertinacia después de condenado.

En cuanto a los *libeláticos*, punto que más derechamente nos interesa, tampoco hubo verdadera discordia entre los obispos de África y España y el Pontífice, puesto que no se trataba de dogma ni decisión *ex cathedra*, sino de un punto de hecho, en que Estéfano había sido mala y siniestramente informado, como advirtió san Cipriano. Y nótese que ni él ni los demás obispos negaban ni ponían en duda la autoridad de Roma, antes se apoyaban en una constitución pontificia, la de san Cornelio, que por su carácter universal no podía ser anulada en virtud de un rescripto o de unas letras particulares obtenidas por malas artes.[70] [71]

---

70 Fuentes para el caso de Basílides y Marcial: *S. Caecilii Cipriani Opera omnia ilustrata studio ac labore Stephani Baluzii...* Epístola 68. *Ad clerum et plebes in Hispania consistentes*, col. 281 y siguientes, y en el tomo 4 de la *España sagrada*, página 271. Véase nuestro Apéndice.

España sagrada, tomo 13 (Iglesia de Mérida), artículo de Marcial y Félix (páginas 133-139).

71 Primacía del obispo de Roma.

San Ireneo (*Contra haereses* III 3, n.º 2): «Ad hanc enim Ecclesiam propter potentiorem principalitatem, necesse est omnem convenire Eclesiam, hoc est, eos qui sunt undique fideles; in qua semper ab his qui sunt undique, conservata est ea quae ab Apostolis traditio».

San Cipriano (epístola 70): «Quando et baptisma unum sit et Spiritus Sanctus unus, et una Ecclesia a Chr. Domino super Petrum origine unitatis et ratione fundata».

Epístola 71: «Nec Petrus, quem primum Dominus elegit, et super quem aedificavit Ecclesiam suam, quum secum Paulus de circumcisione postmodum disceptaret, virdicavit sibi aliquod insolenter aut arroganter assumpsit ut diceret se primatum tenere et obtemperari a novellis et posteris sibi potius oportere».

Epístola 35. «Navigare audent, et ad Petri cathedram atque ad Ecclesiam principalem unde unitas sacerdotalis exorta est...».

Koch (Hugo), *Cyprian und der römische Primat. Eine kirchen und dogmengeschichtliche Studie*. (*Text und Untersuchungen zur altchristlichen Literatur*, edición O. Von Gebbardt y A. Harnack, 3.ª s. Tomo 5 fasc. 1) (Leipzig, Hinrichs, 1910, 8.º).

III. Errores respecto a la Encarnación del Verbo

De cierta falsa decretal atribuida al papa san Eutiquiano y dirigida al obispo Juan y a otros prelados andaluces, parece deducirse que algunos herejes habían sembrado en la Bética errores acerca de la encarnación del Hijo de Dios. La decretal está datada en el consulado de Aureliano y Tito Annonio Marcelino, que corresponde al 276 de la era cristiana; pero es apócrifa, y por tal reconocida, y no hace fe. El hecho de la herejía puede, sin embargo, ser cierto, y adelante veremos retoñar más de una heterodoxia sobre el mismo artículo.

IV. Concilio Iliberitano

El concilio de Ilíberis, primero de los celebrados en España cuyas actas se han conservado, merece por varios títulos veneración señalada y detenido estudio. Reunióse en los primeros años del siglo IV, comienzos del imperio de Constantino, unos veinticuatro años antes del sínodo Niceno. Asistieron al de Ilíberis diecinueve obispos de varias provincias españolas, enumerados así en la suscripción final: Accitano, Hispalense, Evagrense, Mentesano, Urcitano, Cesaraugustano, Toledano, Ossonobense, Eliocrocense, Malacitano, Cordubense (éralo el insigne Osio), Castulonense, Tuccitano, Iliberitano, Emeritense, Legionense o Asturicense, Salariense, Elborense y Bastetano. Fuera de Osio, solo uno de estos obispos tiene nombre conocido: Valerio el de Zaragoza, perteneciente a la casa mitrada, *domus infulata*, de que habló Prudencio.

En 81 cánones dieron los padres de Ilíberis su primera constitución a la sociedad cristiana española, fijándose, más que en el dogma, que entonces no padecía contrariedad, en las costumbres y en la disciplina. Condenaron, no obstante, algunas prácticas heréticas o supersticiosas y tal cual vestigio de paganismo: de todo lo cual importa dar noticia, sin perjuicio de insistir en dos o tres puntos cuando hablemos de las artes mágicas.

Trataron, ante todo, nuestros obispos de separar claramente el pueblo cristiano del gentil y evitar nuevas apostasías, caídas escandalosas y simuladas conversiones. No estaba bastante apagado el fuego de las persecuciones para que pudiera juzgarse inútil una disciplina severa que fortificase contra el

---

Habla del caso de Basílides y Marcial.

peligro. Para condenar a los apóstatas, escribióse el canon 1, que excluye de la comunión, aun en la hora de la muerte, al cristiano adulto que se acerque a los templos paganos e idolatre.[72] Igual pena se impone a los *flámines* o sacerdotes gentiles que, después de haber recibido el bautismo, tornen a sacrificar o se manchen con homicidio y fornicación;[73] pero a los que no sacrifiquen con obras de carne ni de sangre, sino que se limiten a ofrecer dones, otórgales el perdón final, *hecha la debida penitencia.* Prueban estos cánones el gran número de sacerdotes gentiles que abrazaban la cristiana fe y lo frecuente de las recaídas, y lo mismo se deduce del 4, que manda admitir al bautismo al *flamen* catecúmeno que por tres años se haya abstenido de profanos sacrificios. Solo después de diez años volverá al seno de la Iglesia el bautizado que haya subido al templo de Jove Capitolino para adorar (canon 59). Impónense dos años de penitencia al *flamen* que lleve las coronas del sacrificio[74] y uno al jugador, quizá porque el juego traía consigo la invocación de las divinidades gentílicas, grabadas en los dados (canon 79).

Para evitar todo contacto de paganismo, veda el canon 40 que los fieles reciban cosa alguna de las que hayan sido puestas en ofrenda a los dioses, separando de la comunión al infractor por cinco años, y amonestando en el 41 a los dueños de esclavos que no consientan adoración de ídolos en su casa.[75]

Prohíbe otro artículo[76] los matrimonios de cristianos con *gentiles, herejes o judíos, porque no puede haber sociedad alguna entre el fiel y el infiel*, y con más severidad condena aún a quien case sus hijas con sacerdotes paganos, puesto que le excluye de la comunión *in articulo mortis*, al paso que, en las

---

72 «Placuit inter eos, qui post fidem baptismi salutaris, adulta aetate, ad templum idoli idola-turus accesserit, et fecerit quod est crimen capitale... nec in finem eum in communionem suscipere.»

73 «Flamines qui post fidem lavacri et regenerationis sacrificaverunt, eo quod geminaverint scelera, accedente homicidio, vel triplicarint facinus cohaerente moechia, placuit eos nec in finem accipere communionem.»

74 Can. 55: «Sacerdotes qui tantum coronas portant».

75 «Admoneri placuit fideles, ut quantum possint, prohibeant ne idola in domibus suis habeant. Si vero vim metuunt servorum, vel seipsos puros conservent. Si non fecerint, alieni ab Ecclesia habeantur.»

76 «Gentilibus minime in matrimonium dandae sunt virgines christianae...» (canon 15.) «Haeretici si se transferre noluerint, nec ipsis catholicas dandas puellas, sed neque Iudaeis... eo quod nulla possit esse societas fidelis cum infideli» (canon 16).

demás ocasiones análogas, impone solo una penitencia de cinco años.[77] Para los conversos de *herejía* dictóse el canon 22, que admite en el gremio de la Iglesia al que haga penitencia de su error por diez años.[78] El cristiano apóstata que se aleje de la Iglesia por tiempo indefinido, pero que no llegue a idolatrar, será recibido a penitencia con las mismas condiciones (canon 46). El apóstata o *hereje* converso no será promovido al sacerdocio, y, si antes fuere clérigo, será depuesto (canon 51). Con esta decisión vino a confirmar el concilio de Ilíberis lo que san Cipriano y los demás obispos de África habían opinado en el sínodo Cartaginense a propósito de Basílides y de Marcial.

Deseoso de refrenar el celo indiscreto, prohibió el concilio de Elvira en el canon 60 que se contase en el número de los mártires al que hubiese derribado los ídolos y sufriese muerte por ello, porque *ni está escrito en el Evangelio ni se lee nunca que los apóstoles lo hiciesen*.

Solo una doctrina heterodoxa encontramos condenada por aquellos padres en términos expresos. Refiérese a la celebración de Pentecostés, que era entonces manzana de discordia entre las iglesias orientales y occidentales. *Celebremos todos la Pascua*, dicen, *según la autoridad de las Sagradas Escrituras, y el que no lo haga será considerado como fautor de una nueva herejía*.[79] Manda también ayunar el sábado, condenando el error de los que no lo hacían, por juzgarlo quizá costumbre judaica.[80]

Las malas artes y hechicerías aparecen vedadas en el canon 6, que aparta de la comunión, aun en la hora de la muerte, al que con maleficios cause la muerte de otro, porque tal crimen no puede cometerse sin invocaciones idolátricas.[81] No el *arte augural*, como algunos interpretaron, sino el de los *aurigas* o cocheros del circo, juntamente con la *pantomima*, incurre asimismo en la

---

77 «Si qui forte sacerdotibus idolorum filias suas iunxerint, placuit nec in finem eis dandam communionem...» (canon 17).

78 «Si quis de catholica Ecclesia ad haeresem transitum fecerit... placuit huic poenitentiam non esse denegandam, eo quod cognoverit peccatum suum, qui etiam decem annis agat poenitentiam» (canon 22).

79 «Pravam institutionem emendari placuit iuxta auctoritatem Scripturatum, ut cuncti diem Pentecostes celebremus. Ne si quis non facerit quasi novam haeresem induxisse notetur» (canon 43).

80 «Errorem placuit corrigi ut omni sabbati die superpositiones celebremus» (canon 26).

81 «Si quis vero maleficio interficiat alterum, eo quod sine idololatria perficere scelus non potuit, nec in finem impartiendam esse illi communionem.»

reprobación conciliar, disponiéndose en el canon 62[82] que todo el que ejercite tales artes deberá renunciar a ellas antes de hacerse cristiano, y, si torna a usarlas, será arrojado de la Iglesia. La prohibición de las pantomimas se enlaza con la de los juegos escénicos, que entonces eran foco de idolatría y alimento de lascivia, según se deduce de las invectivas de los santos padres contra *aquella comedia libertina*, que para la historia del arte sería curiosa, y de la cual apenas tenemos noticia. Ninguna cristiana ni catecúmena (leemos en el canon 67) se casará con histriones o representantes, so pena de ser apartada de la comunión de los fieles.[83]

Las antiguas supersticiones duraban, y el concilio acudió a extirparlas. El canon 34 prohíbe encender durante el día cirios en los cementerios, *para no perturbar las almas de los santos*, y el 35 se opone a que las mujeres velen en los cementerios so pretexto de oraciones, por los inconvenientes y pecados que de aquí resultaban.[84] Las dos costumbres eran paganas, en especial la de la vela. Recuérdese en el *Satyricon* de Petronio aquel gracioso y profundamente intencionado cuento de la *Matrona de Efeso*. Él demostraría, a falta de otras pruebas, que no eran soñados los peligros y males de que se queja nuestro concilio.[85]

---

82 «Si auriga aut pantomimus credere voluerint, placuit ut prius artibus suis renuntent, et tunc demum suscipiantur ut ulterius non revertantur. Quod si facere contra interdictum tentaverint, proiiciantur ab Ecclesia.»

83 «Prohibendum ne qua fidelis vel catechumena aut comatos aut viros cinerarios habeant: quaecumque hoc fecerint, a communione fidelium arceantur.» Algunos traducen *et habere viros* por tener en su compañía, pero creo que yerran. El comatos y el viros cinerarios es oscuro; algunos lo entienden por peluqueros; no satisface.

84 «Cereos per diem placuit in coemeterio non incendi: inquietandi enim Sanctorum spiritus non sunt. Qui haec non observaverint, arceantur ab Ecclesiae communione. Placuit prohiberi ne foeminae in coemeterio pervigilent, eo quod saepe sub obtentu orationis, scelera latenter committunt.»
«Prohibendum etiam ne lucernas publice accendant. Si facere contra interdictum voluerit, abstineant a communione.»

85 Las vigilias, no en los cementerios, pero sí en las iglesias, persistían aún y daban ocasión a no leves escándalos a mediados del siglo XVI, según se infiere de las constituciones del sínodo celebrado por el arzobispo de Valencia santo Tomás de Villanueva en 12 de junio de 1548, cap. 16: «Cum domum Domini sanctitudo deceat, et laicis in ecclesia vigilantibus multa *passim* in ecclesia fiant profana, atque decori domus Domini indecentia: proinde ecclesiarum rectoribus atque vicariis nostrae dioecesis S. S. A. sub poenis excommunicationis et decem librarum districte mandamus, ne illos ad dictas vigilias admittant, et ne

Muchos y muy mezclados con la población cristiana debían de andar en esta época los judíos, dado que nuestros obispos atendieron a evitar el contagio, prohibiendo a los clérigos y a todo fiel comer con los hebreos, bajo pena de excomunión (canon 51); mandando a los propietarios en el 49 que en ninguna manera consintiesen a los judíos bendecir sus mieses, para que no esterilizasen la bendición de los cristianos, y excomulgando de nuevo (en el 78) al fiel que pecase con una judía (o gentil), crimen que solo podía borrarse con una penitencia de cinco años.

Establecidas así las relaciones de la Iglesia con paganos, judíos y herejes, atendió el concilio a la reforma de las costumbres del clero y del pueblo, procediendo con inexorable severidad en este punto. En catorce cánones, relativos al matrimonio, conminó con la acostumbrada y espantosa pena de negar la comunión, aun *in hora mortis*, a la mujer bígama (canon 8), al incestuoso (66), al adúltero pertinaz (47 y 48), a la infanticida (63), siempre que haya recibido el bautismo, puesto que la catecúmena era admitida a comunión *in fine* (68); al marido consentidor en el adulterio de su esposa (70); e impuso penas rigurosísimas, aunque no tan graves, a la viuda caída en pecado (72), a la mujer que abandone a su consorte (9), a los padres que quiebren la fe de los esponsales (54) y aun a las casadas que dirijan en nombre propio a los laicos cartas amatorias o indiferentes (81). Excluye para siempre de la comunión al reo de pecado nefando (71), a las meretrices y lenas o terceras (12), al clérigo fornicario (18)[86]

---

in festis SS. Nicolai et MM. Innocentium seu aliis, prophani ad populum sermones seu actos in ecclesiis fieri permittant. Quamobrem si qui de vigilando in aliqua ecclesia votum emiserint aut emittent in posterum, votum huiusmodi in alia pietatis opera commutandi propriis eorum sacerdotibus hoc hoc nostro statuto facimus facultatem» (Villanueva, *Viaje literario*, tomo 1, página 198).

En Segorbe duraron estas vigilias por lo menos hasta 1592, según se infiere del capítulo 54 del sínodo que en aquella fecha celebró don Juan Bautista Pérez (*Viaje literario*, tomo 3, página 127).

86   Celibato del clero.

Canones Apostolici (*Corpus Iuris Canonici*, Alzog, I, páginas 338 y siguientes):

Can. 5: «Episcopus, aut Presbyter, aut Diaconus uxorem suam praetextu religionis non abiicito: si abiicit, segregator a communione. Si perseverat, deponitur».

Can. 17: «Qui viduam duxit, aut divortio separatam a viro, aut meretricem, aut ancillam, aut aliquam, quae publicis mancipata sit spectaculis, Episcopus, Presbyter, aut Diaconus, aut denique ex consortio sacerdotali esse non potest».

a la virgen ofrecida a Dios que pierda su virginidad y no haga penitencia por toda la vida (13); niega el subdiaconado a quien haya caído en impureza (30), manda a los obispos, presbíteros, diáconos, etc., *in ministerio positi*, abstenerse de sus mujeres (33),[87] y les prohíbe tenerlas propias o extrañas en su casa, como no sean hermanas o hijas *ofrecidas a Dios* (27). Impone siete años de penitencia a la mujer que con malos tratamientos mate a su sierva (5): muestra notable del modo como la Iglesia atendió desde sus primeros pasos a disminuir y mitigar aquella plaga de la esclavitud, una de las más lastimosas de la sociedad antigua. Singulares y característicos de la época son los cánones 19 y 20, que prohíben a los clérigos ejercer la usura, aunque les permiten el comercio *ad victum conquirendum*, con tal que no abandonen sus iglesias para negociar. Otro linaje de abusos vino a cortar el 24, que veda conferir las órdenes al que se haya bautizado en tierras extrañas, cuando de su vida cristiana no haya bastante noticia, así como el 25, que reguló el uso de las cartas *confesorias*, dadas por los mártires y confesores a los que estaban sujetos a penitencia pública, cartas que debían ser examinadas por el obispo *primae cathedrae*, conforme dispuso el canon 58. Los que llevan los números 73, 74, 75 y 52 condenan a los delatores,

---

Can. 25: «Es his qui coelibes in Clerum pervenerunt, iubemus, ut Lectores tantum et Cantores (si velint) nuptias contrahant».

Los cánones llamados apostólicos resumen la disciplina de los tres primeros siglos.

87 Concilio de Ilíberis.

Celibato del clero. Para ilustrar el canon 33 del concilio iliberitano: «Placuit in totum prohiberi episcopis, et presbyteris, et diaconibus, vel omnibus clericis positis in ministerio, abstinere se a coniugibus suis et non generare filios: quicumque fecerit, ab honore clericatus exterminetur».

La primera mención del celibato como ley obligatoria se encuentra en los escritos montanistas de Tertuliano. Los cánones apostólicos que contienen la disciplina de la Iglesia en los siglos II y III imponen el celibato como deber al clero superior.

El concilio de Aneyra (314), posterior en pocos años al de Ilíberis, expresa también el deseo de que los que se hubiesen casado antes de la ordenación se abstuviesen de sus mujeres. «Quicumque diaconi ordinantur, si in ipsa ordinatione protestati sunt et dixerunt se velle coniugio copulari, quia sic manere non possunt: hi si postmodum, uxores duxerint, in ministerio maneant propterea quod eis episcopus licentiam dederit. Quicumque sane tacuerint et susceperint manus impositionem, professi continentiam, et postea nuptiis obligati sunt, a ministerio cessare debebunt.»

El de Neocesarea (314), que es del mismo año, canon 1, decreta la deposición del sacerdote casado: «Presbyter, si uxorem duxerit, ab ordine suo illum deponi debere».

a los falsos testigos, a quien acuse a un clérigo sin probarlo y a quien ponga en la Iglesia libelos infamatorios. Cinco años de penitencia se impone al diácono de quien se averigüe haber cometido un homicidio antes de llegar a las órdenes, y tres a los que presten sus vestidos para ceremonias profanas[88] y acepten ofrendas del que esté separado de la comunión de los fieles (canon 28). El *energúmeno* no tendrá ministerio alguno en la Iglesia (canon 29).

Acerca de la excomunión tenemos el canon 32, que reserva a los obispos la facultad de imponerla y absolver de ella, previa la oportuna penitencia, y el 53, que impide a un obispo la comunión al excomulgado por otro.

Sobre la administración de sacramentos versan el 38, que concede a todos los fieles, excepto a los bígamos, el poder de administrar el bautismo en caso de necesidad, con tal que, si sobrevive el bautizado, reciba la imposición de manos del obispo; el 48, que prohíbe lavar los pies a los bautizados, como se hacía en otras iglesias, ni recibir sus limosnas; el 39, que versa sobre la confirmación, y los que directa o indirectamente se refieren a la penitencia o a la eucaristía, y quedan ya a otro propósito enumerados.

Finalmente, haré mención del 36, que prohíbe las pinturas en las iglesias, como inductivas a la idolatría, prohibición natural tratándose de gentes educadas en el paganismo y poco capaces, por ende, de comprender el sentido que en la nueva y verdadera religión tenían las imágenes.[89]

He referido con tanto detenimiento los cánones de este concilio, aunque no todos vengan derechamente al propósito de esta historia, porque son el más antiguo y completo de los códigos disciplinarios de nuestra Iglesia y muestran, mejor que lo harían largas disertaciones, el estado de la sociedad cristiana de la Península antes de la herejía de Prisciliano. Vemos hasta ahora unidad en el dogma, fuera de algunos restos gentílicos y de ciertos vislumbres más supersticiosos que heréticos; orden y rigor notables en la disciplina. Censurado ha sido por algunos el rigor draconiano de los cánones de Elvira; pero ¿cómo proceder de otra suerte, si había de mantenerse el vigor y la pureza de la ley en medio de un pueblo tan mezclado como el de la Península, cristiano ya en su mayor parte, pero no inmune de las relajaciones y malos hábitos del paganismo, y expuesto

---

88   Véanse los cánones 76 y 57.

89   «Placuit picturas in Ecclesia esse non debere, ne quod colitur aut adoratur, in parietibus depingatur» (este canon ha dado lugar a las más contradictorias interpretaciones).

a continuas ocasiones de error y de pecado por la convivencia con gentes de culto extraño o enemigo? La misma gravedad de las penas con que todo lapsus se castiga, son prueba indudable, no de una corrupción tan profunda y general como opinan muchos (dado que delitos de aquel género existen y han existido siempre, y no son patrimonio ni afrenta de una época sola), sino indicación manifiesta del vigor y recio temple de los horribles que tales cosas exigían y de tal modo castigaban toda cobarde flaqueza. Derecho tenían a ser inexorables con los apóstatas y sacrílegos aquellos Osios y Valerios, confesores de Cristo, los cuales mostraban aún en sus miembros las huellas del martirio cuando asistieron al sínodo iliberitano. En cuanto a la negación de la eucaristía a los moribundos, no llevaba envuelta la negación de la penitencia sacramental, por más que el padre Villanuño y otros hayan defendido esta opinión, que parece durísima y opuesta a la caridad cristiana, en que sin duda rebosaban los padres reunidos en Ilíberis. Séanos lícito admirar la sabiduría y prudencia de sus decisiones, a pesar de las dificultades que ofrece la recta interpretación de aquel precioso y envidiado monumento de nuestra primitiva Iglesia.[90]

---

90   Véanse las actas del iliberitano en el tomo 1 de la *Collectio maxima conciliorum Hispaniae et Novi Orbis...* (Roma 1693) y las disertaciones sobre él en el 2;[n] Albaspineo (Gabriel), *Notae in concilium Illiberitanum...*, en el tomo 2 de la *Collectio maxima conciliorum omnium Hispaniae... Curante Iosepho Catalano* (Romae 1753); Binio, *Notae in Concilium Iliberitanum*, en el tomo 2 de la misma colección; Loaysa, *Annotationes in concil. Illiberit.* ibíd.; Mendoza (don Fernando), *De concilio Illiberitano confirmando libri tres*, en el tomo 2 de la misma colección; Arjona (don Manuel M.), *Defensa e ilustración latina del concilio Iliberitano* (manuscrito); Villanuño (padre Matías de), *Summa conciliorum Hispaniae, notis novisque dissertationibus adornata* (Madrid 1785) 4 vols.; Masdéu, *Historia crítica de España*, tomo 8 ilust. 13, Eucaristía negada a los moribundos; la Fuente (don Vicente), *Historia eclesiástica de España* 2.ª edición, tomo 1.

---

n   El texto más puro y correcto de las actas del concilio iliberitano es el que se lee en la edición de nuestra Biblioteca Real (*Collectio Canonum Ecclesiae Hispanae, ex probatissimis ac pervetustis codicibus nunc in lucem edita a publica Matritensi Bibliotheca Matriti, ex Typographia Regia, anno Domini 1808* (no circuló hasta 1820). 679 + 196 páginas, sin las LX de preliminares. [Muy incorrecta es la edición de Loaysa reproducida por Aguirre.])

149

V. Osio en sus relaciones con el arrianismo. Potamio y Florencio

No precisamente para vindicarle, que no lo necesita, pues ya lo han hecho otros, especialmente Flórez y el padre Miguel José de Maceda,[91] sino por lo enlazada que está su historia con la del arrianismo, y por ser propósito no omitir en esta obra personaje alguno que con fundamento o sin él haya sido tildado de *heterodoxia*, voy a escribir brevemente del grande Osio, aprovechando tan favorable ocasión para refrescar la memoria de aquel ornamento de nuestra Iglesia, varón el más insigne que toda España produjo desde Séneca hasta san Isidoro.

El nombre de Osio (santo) es griego, pero el que lo llevó pertenecía a la raza hispanolatina, puesto que en el concilio Niceno tuvo que explicarse por intérpretes, según resulta de las actas.[92] Nació Osio en Córdoba, si hemos de estar al irrecusable testimonio de san Atanasio[93] y al de Simeón *Metafrastes*,[94] hacia el año de 256, puesto que murió en 357, a los ciento un años de edad con escasa diferencia. Fue electo obispo de Córdoba por los años de 294, puesto que en 355 llevaba sesenta de obispado, según san Atanasio.[95] Confesor de la fe durante la persecución de Diocleciano, padeció tormento, cuyas huellas mostraba aún en Nicea,[96] y fue enviado al destierro, conforme testifica el santo obispo de Alejandría (*Apolog. de fuga sua*). De la confesión habla el mismo Osio en la carta a Constancio: *Ego confessionis munus explevi, primum cum persecutio moveretur ab avo tuo Maximiano*. Asistió después al concilio de Ilíberis, entre cuyas firmas viene en undécimo lugar la suya, como que no llevaba más que nueve o diez años de obispado. Salió de España, no sabemos si llamado por Constantino, a quien acompañaba en Milán el año 313.[97] El emperador tenía en mucha estima sus consejos, sobre todo en cosas eclesiásticas,

---

91   En su disertación *Hosius vere Hosius* (Osio verdaderamente santo), impresa en Bolonia (1790) por Laelius A. Vulpe, 4.º, XVI + 492 páginas. Comprende tres disertaciones: la 1.ª, *De commentitio... Hosii lapsu*; la 2.ª, *De sanctitate et cultu legitimo Hosii*; en la 3.ª vindica a Potamio.

92   L. 2, *De eo quod oportet tres personas intelligi*, etc.

93   «Reversus in patriam suam» (*epístola Ad. Solitarios*).

94   «Corduba... urbs Hispaniae de ea se iactabat» (*Narratio eorum quae gesta sunt Niceae a Synodo*).

95   Todas estas fechas fueron concordadas y puestas en claro por Flórez (*España sagrada*, tomo 10, páginas 200 y siguientes).

96   Niceph., lib. 8, cap. 14.

97   Véase carta de Constantino a Ceciliano, obispo de Cartago, en Euseb., lib. 10, cap. 6.

y parece indudable que Osio le convirtió al cristianismo o acabó de decidirle en favor de la verdadera religión, pues el pagano Zósimo[98] atribuye la conversión del césar *a un egipcio de España*, debiéndose entender la palabra *egipcio* en el sentido de *mago, sacerdote o sabio*, como la interpretan casi todos los historiadores, quienes asimismo convienen en identificar a Osio con el *egipcio*, por no saberse de otro catequista español que siguiese la corte de Constantino en aquella fecha.

Levantóse por el mismo tiempo en África la herejía de los donatistas, sostenida por la española Lucila, de quien daré noticia en párrafo aparte. Depusieron aquellos sectarios al obispo de Cartago Ceciliano, acusándole de *traditor*, es decir, de haber entregado a los gentiles en la última persecución los libros sagrados, eligieron anticanónicamente a Mayorino. Llegó el cisma a oídos del papa Melquiades, quien, llamando a Roma a Ceciliano con doce de los suyos y otros tantos donatistas, pronunció sentencia en favor del legítimo obispo, previa consulta a tres prelados de las Galias y a quince italianos (año 313). Apelaron los donatistas, fueron condenados de nuevo al año siguiente, y recurrieron a Constantino, el cual, lejos de oírlos, les amenazó con sus rigores. Vengáronse acusando a Osio, consejero del emperador, y al papa Melquiades de *traditores*, partidarios y cómplices de Ceciliano. Pero ya dijo san Agustín, en el salmo *Contra donatistas*:

> Sed hoc libenter finxerunt quod se noverunt fecisse,
> quia fama iam loquebatur de librorum traditione,
> sed qui fecerunt latebant in illa perditione:
> inde alios infamaverunt ut se ipsos possint celare.

De suerte que el crimen estaba de parte de los donatistas. Decían de Osio que había sido convicto de *tradición* por los obispos españoles y absuelto por los de las Galias, y que él era el instigador de Constantino contra los de la facción de Donato. San Agustín (lib. 1, cap. 5, *Contra epistolam Parmeniani*) declara calumniosas ambas acusaciones, y en verdad que riñen con todo lo que sabemos de la persecución sufrida por Osio; siendo además de advertir que sus enemigos los arrianos nunca repitieron el cargo formulado por los donatistas. En

---

98 L. 2, *Hist.*, página 685, edición de Francfort 1590.

punto a su proceder con estos sectarios, san Agustín advierte que Osio torció *in leniorem partem* el ánimo del emperador, enojado con las cabezas y fautores del cisma.

De la sana y enérgica influencia de Osio en el ánimo de Constantino, responde la ley de *manumissionibus in Ecclesia*, a él dirigida, que se lee en el código Teodosiano (lib. 4, tít. 7).

Mayor peligro que el del cisma de Donato fue para la Iglesia la herejía de Arrio, presbítero alejandrino, cuya historia y tendencias expondré cuando lleguemos a la época visigoda. Aquí basta recordar lo que todo el mundo sabe, es decir, que Arrio negaba la divinidad del Verbo y su consustancialidad con el Padre. Enviado Osio a Alejandría para calmar las disensiones entre Arrio y san Atanasio, vio imposible reducir al primero y opinó por la celebración de un concilio.[99] Juntóse éste en Nicea de Bitinia el año 325, con asistencia de 318 obispos, presididos por el mismo Osio, que firma el primero después de los legados del papa, en esta forma: *Hosius episcopus civitatis Cordubensis, provinciae Hispaniae, dixit: Ita credo, sicut superius dictum est. Victor et Vincentius presbyteri urbis Romae pro venerabili viro papa et Episcopo nostro Sylvestro subscripsimus*, etc. Aquel concilio, el primero de los ecuménicos, debe ser tenido por el hecho más importante de los primeros siglos cristianos, en que tanto abundaron las maravillas. Viose a la Iglesia sacar incólume de la aguda y sofística dialéctica de Arrio el tesoro de su fe, representado por uno de los dogmas capitales, el de la divinidad del *Logos*, y asentarle sobre fundamentos firmísimos, formulándose en términos claros y que cerraban la puerta a toda anfibología. La Iglesia, que jamás introduce nueva doctrina, no hizo otra cosa que *definir* el principio de la consustancialidad tal como se lee en el primer capítulo del *Evangelio de san Juan*. La palabra *homoousios* (consustancial), empleada la primera vez por el Niceno, no es más que una paráfrasis del *Verbum erat apud Deum et Deus erat Verbum*. El cristianismo no ha variado ni variará nunca de doctrina. ¡Qué gloria cabe a nuestro Osio por haber dictado la

---

99 Arrianismo.

Osio. Alzog II 40.

«En un principio, Constatino Magno solo había considerado esta discusión. (la del arrianismo) como una vana disputa teológica; pero Osio, obispo de Córdoba, le explicó toda su trascendencia después de haber conferenciado acerca del asunto con el obispo Alejandro.»

profesión de fe de Nicea, símbolo que el mundo cristiano repite hoy como regla de fe y norma de creencia! «Creemos en un Dios, Padre omnipotente, hacedor de todas las cosas visibles e invisibles, y en Jesucristo, hijo de Dios, unigénito del Padre, esto es, de la sustancia del Padre, Dios de Dios, luz de luz, Dios verdadero de Dios verdadero, nacido, no hecho, *homoousios*, esto es, *consustancial* al Padre, por quien han sido hechas todas las cosas del cielo y de la tierra...» Que Osio redactó esta admirable fórmula, modelo de precisión de estilo y de vigor teológico, afírmalo expresamente san Atanasio (epístola *Ad solitarios*): Hic formulam fidei in Nicaena Synodo concepit. La suscribieron 318 obispos, absteniéndose de hacerlo cinco arrianos tan solo. En algunos cánones disciplinarios del concilio Niceno, especialmente en el 3 y en el 18, parece notarse la influencia del concilio Iliberitano, y por ende la de Osio.[100]

Asistió éste en 324 al concilio Gangrense, celebrado en Paflagonia. Firma las actas pero no en primer lugar. Los cánones se refieren casi todos a la disciplina.

Muerto Constantino en 337, dícese que Osio tornó a España. En los últimos años de su vida había parecido inclinarse el emperador al partido de los arrianos, y hasta llegó a desterrar a Tréveris a san Atanasio, el gran campeón de la fe nicena, aunque es fama (y así lo advierte Sozomeno) que en su testamento revocó la orden y encargó el regreso de Atanasio. Vuelto a su diócesis de Alejandría el ardiente e indomable atleta, levantáronse contra él los arrianos, y en el conciliábulo de Antioquía, en 341, depusieron a Atanasio, eligiendo en su lugar a *Gregorio*. El nuevo obispo penetró en Alejandría con gente armada,

---

100 Osio. Concilio de Nicea.

Véase *Gelasius Cyzicenus historia concilii Nicaeni*, lib. 3, de los que falta el tercero (Mansi, tomo 2, páginas 754-945).

Según Gelasio, Osio debió presidir el concilio en representación del papa Silvestre: «Ipse etiam Osius Hispanus nominis et famae celebritate insignis, qui Silvestri, Episcopi Maximi Romae, locum obtinebat una cum romanis presbyteris Victore et Vincentio cum aliis multis in consensu illo adfuit».

En las suscripciones se encuentra el primero el nombre de Osio.

A. Tillemont, tomo 6, n.º 3 sobre el concilio de Nicea. Texto del Símbolo Niceno en la nota de la misma, página. Termina así: «Dicentes autem erat, quando non erat, aut non erat, antequam fieret, et quia ex non exstantibus factus est aut ex altera substantia vel essentia dicentes esse, aut creatum, aut convertibilem Filium Dei, hos tales anathematizat Catholica et Apostolica Ecclesia» (Athan. epístola de decreto synodi Nicaeni: Opera, edición de los Benedictinos, Padua, 1777, tomo 1, páginas 162-190).

y san Atanasio hubo de retirarse a Roma, donde alcanzó del papa san Julio la revocación de aquellos actos anticanónicos; pero el emperador Constancio persiguió de tal suerte al santo obispo, que éste se vio precisado a mudar continuamente de asilo, sin dejar de combatir un punto a los arrianos de palabra y por escrito. Convocóse al fin un concilio en Sardis, ciudad de Iliria, el año 347. Concurrieron 300 obispos griegos y 76 latinos. Presidió nuestro Osio, que firma en primer lugar, y propuso y redactó la mayor parte de los cánones, encabezados con esta frase: *Osius Episcopus dixit.* El sínodo respondió a todo: *Placet.* San Atanasio fue restituido a su silla, y condenados de nuevo los arrianos. Otra vez en España Osio, reunió en Córdoba un concilio provincial, en el cual hizo admitir las decisiones del Sardicense y pronunció nuevo anatema contra los secuaces de Arrio.[101] No se conservan las actas de este sínodo.

Por este tiempo habíase puesto resueltamente Constancio del lado de los arrianos, y consentía en 355 que desterrasen al papa Liberio por no querer firmar la condenación de Atanasio. No satisfechos con esto el emperador y sus allegados, empeñáronse en vencer la firmeza de Osio, de quien decían, según refiere san Atanasio: «Su autoridad sola puede levantar el mundo contra nosotros: es el príncipe de los concilios; cuanto él dice se oye y acata en todas partes; él redactó la profesión de fe en el sínodo Niceno; él llama herejes a los arrianos».[102] A las porfiadas súplicas y a las amenazas de Constancio, respondió el gran prelado en aquella su admirable carta, la más digna, valiente y severa que un sacerdote ha dirigido a un monarca.[103] «Yo fui confesor de la fe (le decía) cuando la persecución de tu abuelo Maximiano. Si tú la reiteras, dispuesto estoy a padecerlo todo, antes que a derramar sangre inocente ni ser traidor a la verdad. Mal haces en escribir tales cosas y en amenazarme... Acuérdate que eres mortal, teme el día del juicio, consérvate puro para aquel día, no te mezcles en cosas eclesiásticas ni aspires a enseñarnos, puesto que debes recibir lecciones de nosotros. Confióte Dios el Imperio, a nosotros las cosas de la

---

101 «Quapropter Cordubae Episcopus Sanctissimus, Osius, Synodum Divinam et Sanctam Episcoporum sua in Civitate convocans, divinitus expositam illustravit doctrinam, condemnans eosdem quos Sardicensis abdicaverat Synodus, et quos ea absolverat recipiens» (*Libell. synod. in Fabricii Bibliotheca Graeca*, tomo 11, página 185). Es documento del siglo IX, pero sobre originales más antiguos.
102 Epístola *Ad Solitarios.*
103 Véase *Apéndices.*

Iglesia. El que usurpa tu potestad, contradice a la ordenación divina; no te hagas reo de un crimen mayor usurpando los tesoros del templo. Escrito está: Dad al César lo que es del César y a Dios lo que es de Dios. Ni a nosotros es lícito tener potestad en la tierra, ni tú, emperador, la tienes en lo sagrado. Escríbote esto por celo de tu salvación. Ni pienso con los arrianos ni les ayudo, sino que anatematizo de todo corazón su herejía; ni puedo suscribir la condenación de Atanasio, a quien nosotros y la Iglesia romana y un concilio han declarado inocente.»[104] Separación maravillosa de los límites de las dos potestades *como tales*, anticipado anatema a los desvaríos de todo príncipe teólogo, llámese Constancio o León el Isáurico, Enrique VIII o Jacobo I: firmeza desusada de tono,

---

104 Para comparar con la carta de Osio a Constancio.

San Atanasio (*Historia Arianorum*, n.º 51 y 52, edición de los Benedictinos [Padua 1777], tomo 1, páginas 296 y siguientes): «Quis canon tradidit Comites ecclesiasticis praeesse rebus aut edicto iudicia eorum, qui episcopi vocantur promulgare? Si namque illud episcoporum decretum est, quid illud attinet ad imperatorem? Quando nam a saeculo res huiusmodi audita est? Quandonam Ecclesiae decretum ab imperatore accipit auctoritatem, aut pro decreto illud habitum est?».

San Hilario de Poitiers (*Ad Const.*, lib. 1, n.º 2 y 6. edición de los Benedictinos [Venecia 1750], tomo 2, página 422): «Idcirco laboratis (Caesares) et salutaribus consiliis rempublicam regitis, ut omnes, quibus imperatis, dulcissima libertate potiantur. Certe vox exclamantium a tua mansuetudine exaudiri debet, catholicus sum, nolo esse haereticus: christianus sum, non arianus: et melius mihi in hoc saeculo mori, quam alicuius privati potentia dominante castam veritatis virginitatem corrumpere. Aequumque debet videri sanctitati tuae ut qui timent Dominum Deum et divinum iudicium non polluantur aut contaminentur exsecrandis blasphemiis, sed habeant potestatem ut eos sequantur episcopos et praepositos, qui et inviolata conservant foedera caritatis et cupiut perfectam et sinceram habere pacem. Nec fieri potest, nec ratio patitur ut repugnantia congruant, dissimilia conglutinentur, vera et falsa misceantur...».

El mismo san Hilario (*Ad Const.*, n.º 4-7, tomo 2, páginas 445 y siguientes): «Atque utinam illud potius omnipotens Deus actati meae et tempori praestitisses, ut hoc confessionis meae in te atque in Unigenitum tuum ministerium Neronianis Decianisve temporibus explessem! At nunc pugnamus contra persecutorem fallentem, contra hostem blandientem, contra Constantium Antichristum, qui Christum confitetur ut neget, unitatem procurat ne pax sit, haereses comprimit ne christiani sint, sacerdotes honorat ne episcopi sint, Ecclesiae tecta struit ut fidem destruat. Proclamo tibi, Constanti, quod Neroni locuturus fuissem, quod ex me Decius et Maximinus audirent: contra Deum pugnas, contra Ecclesiam saevis, sanctos persequeris, praedicatores Christi odis, religionem tollis, tyrannus non iam humanorum sed divinorum Antichristum praevenis et arcanorum mysteria eius operaris».

indicio seguro de una voluntad de hierro; hondo sentimiento de la verdad y de la justicia, todo se admira en el pasaje transcrito, que con toda la epístola nos conservó san Atanasio. Cien años tenía Osio cuando escribió esta carta, que hizo bramar de cólera al altivo y pedante emperador, el cual mandóle comparecer en Syrmio, ciudad de la Pannonia. En el concilio allí celebrado, hiciéronse esfuerzos sobrehumanos para doblegar la constancia del obispo cordobés; pero se negó tenazmente a firmar contra Atanasio, limitándose su condescendencia a comulgar o *comunicar* con los arrianos Ursacio y Valente, debilidad de que se arrepintió luego, como testifica san Atanasio. *Verum ne ita quidem eam rem pro levi habuit: moriturus enim quasi in testamento suo vim protestatus est, et Arianam haeresim condemnavit, vetuitque eam a quoquam probari aut recipi.* Y es lo cierto que Osio murió el mismo año 357, a la edad de ciento un años, después de haber sido azotado y atormentado por los verdugos de Constancio, conforme testifica Sócrates Escolástico (lib. 2, cap. 31).[105] [106]

Increíble parece que a tal hombre se le haya acusado de heterodoxo. ¡Al que redactó el símbolo de Nicea, y absolvió a san Atanasio en el concilio Sardicense, y a los cien años escribió al hijo de Constantino en los términos que hemos visto! Y, sin embargo, es cosa corriente en muchas historias que Osio claudicó al fin de su vida, y que, no contento con firmar una profesión de fe arriana, vino a la Bética, donde persiguió y quiso deponer a san Gregorio Iliberitano, que no quería comunicar con él. Y cierran toda la fábula con el célebre relato de la muerte repentina de Osio, a quién *se torció la boca con feo visaje*[107] cuando iba a pronunciar sentencia contra el santo prelado de Ilíberis.

Cuento tan mal forjado ha sido deshecho y excluido de la historia por el mayor número de nuestros críticos, y, sobre todo, por el padre Flórez en su *Disertación apologética*, y por Maceda, en la suya *Hosius vere Hosius*, ya citada.

---

105 En estas noticias biográficas de Osio sigo principalmente a Flórez y a Maceda.
106 Constancio. Osio.
       Caracterización del emperador Constancio por Amiano Marcelino (*Historia* XXI 16): «Christianam religionem absolutam et simplicem anili superstitione confundens: in qua scrutanda perplexius quam componenda gratia, excitavit dissidia plurima, quae progressa fusius aluit concertatione verborum: ut catervis Antistitum iumentis publicis ultro citroque discurrentibus per synodos, quas appellant, dum ritum omnem ad suum trahere conantur arbitrium, rei vehiculariae succideret nervos».
107 Palabras de Mariana.

No hay para qué detenernos largamente en la vindicación. Las acusaciones contra Osio se reducen a estos tres capítulos:

a) *Comunicó con los arrianos Ursacio y Valente*. Así lo dice un texto que pasa por de san Atanasio: *Ut afflictus, attritusque malis, tandem aegreque cum Ursacio et Valente communicavit, non tamen ut contra Athanasium scriberet.*[108] Dando por auténticas estas palabras, discurrían así los apologistas de Osio, incluso Flórez: en el trato con herejes excomulgados, severamente prohibido por los antiguos cánones, cedió Osio a una violencia nevitable, de la cual se arrepintió después amargamente; pero ni pecó contra la fe ni suscribió con los arrianos. Hizo, en suma, lo que san Martín de Tours, que (como veremos en el capítulo siguiente) consintió en comunicar con los obispos itacianos, para salvar de los rigores imperialistas a los priscilianistas, aunque después tuvo amargos remordimientos de tal flaqueza, y *moestus ingemuit*, dice Sulpicio Severo. El hecho de Osio, en todo semejante, lo refiere san Atanasio sin escándalo, y no fue óbice para que él diese repetidas veces el nombre de santo al obispo de Córdoba.

El padre Maceda fue más adelante; sostuvo que el texto de la epístola *Ad solitarios* no podía menos de estar interpolado (lo cual ya habían indicado los apologistas del papa Liberio), porque resultarían, si no, contradicciones cronológicas insolubles, verbigracia, la de suponer vivo en 358[109] al obispo de Antioquía Leoncio y porque no enlaza ni traba bien con lo que precede ni con lo que sigue. Y como son tres los pasajes de san Atanasio (en las dos *Apologías* y en la epístola *Ad solitarios*) donde se dice de Osio que flaqueó un momento (*cessit ad horam*), el padre Maceda declara apócrifos los tres, ya que la primera *Apología* parece escrita el año 350, y la segunda en 356. Pero ¿no pudo san Atanasio intercalar después estas narraciones? La verdad es que en todos los códices se hallan, y siempre es aventurado rechazar un texto por meras conjeturas, aunque desarrolladas con mucho ingenio. Ni la defensa de Osio requiere tales extremos. Constante el apologista en su plan, dedica largas, páginas a invalidar por apócrifos los testimonios de san Hilario, cuando bastaba advertir (como advierte al

---

108 Μή τπογράψαι δέ κατά Αθανασιου (epístola *Ad Solitarios*).

109 El argumento de Maceda es éste: o la epístola *Ad Solitarios* fue escrita antes del 357, y en este caso no pudo hablar en ella san Atanasio de la caída de Osio, o fue escrita después, y entonces no pudo mencionar a Leoncio como a persona viva. Maceda se inclina, con buenas razones, a la primera opinión.

principio), que, desterrado aquel padre en Frigia y poco sabedor de las cosas de Osio, se dejó engañar por las calumnias que Ursacio y Valente habían propalado y tuvo por auténtica la segunda fórmula de Sirmio.

b) *Firmó en Sirmio una profesión de fe arriana.* En ninguna parte lo indica san Atanasio, que debía de estar mejor informado que nadie en asuntos que tan de cerca le tocaban. Se alega el testimonio de san Epifanio (*Adversus haereses* 3 haer. 73, n.º 14); pero estas palabras no son suyas, sino interpoladas por algún copista, que las tomó del *Hypomnematismo* de Basilio Ancyrano y Jorge de Laodicea.[110] Allí se habla de las cartas que los arrianos cazaron o arrancaron por fraude al venerable obispo Osio: *Quo nomine Ecclesiam condemnare se posse putarunt in litteris quas a Venerabili viro Episcopo Hosio per fraudem abstulerunt.* El silencio de san Atanasio es prueba segura de que no hubo carta firmada por Osio, aunque los arrianos lo propalaran y el rumor llegase a los autores del *Hypomnematismo.* Además, si la firma fue arrancada *por fraude*, es como si no hubiera existido.

Cierto que san Hilario, en el libro *De Synodis*, al transcribir la herética fórmula de Sirmio, encabézala con estas palabras: *Exemplar blasphemiae apud Syrmium per Hosium et Potamium conscriptae*; pero semejante rótulo riñe con el contexto de la fórmula, donde ésta se atribuye a Ursacio, Valente y Germinio, nunca a Osio ni a Potamio, obispo de Lisboa.[111] Parece evidente que san Hilario (o su interpolador, según el mal sistema del padre Maceda) cedió a la opinión vulgar difundida en Oriente por los arrianos en menoscabo del buen nombre de Osio y Potamio. Y que no pasó de *rumor*, lo confirma Sulpicio Severo: *Opinio fuit.* ¿Hemos de creer, fiando en el testimonio de Sozomeno,[112] que Osio juzgó prudente prescindir de las voces *homoousio* y *homoiousio, por amor de paz,*

---

110 Véase Maceda, páginas 176 y siguientes, y D. Petavio, *Animadversiones in Epiphanium.*
111 «Quoniam de fide placuerat disceptationem fieri, omnia cum sedulitate inquisita et examinata fuere Syrmii, in praesentia Valentis, Ursacii, Germinii, caeterorumque omnium. Constitit ergo unum esse Deum Omnipotentem, sicuti in universo orbe praedicatur, et unum eius unigenitum filium, Dominum nostrum Iesum Christum, ex eo ante saecula genitum... Caeterum quae multos commovet vox, latine quidem dicta substantia, graece autem ousia, hoc est (ut diligentius cognoscatur) illud quod homousion aut homoiousion dicitur, nullam eorum vocum mutationem debere fieri neque de iis sermocinandum in Ecclesia censemus, quod de iis nihil sit scriptum in sacris litteris, et quod illa hominum intellectum et mentem transcendunt...», etc.
112 L. 4, cap. 12 y 15.

158

para atraer a los herejes y disipar la tormenta? El padre Maceda no anca muy distante de este sentir, y defiende a Osio con ejemplos de san Hilario y san Basilio Magno, quienes, en ocasiones semejantes, se inclinaron a una prudente *economía*, sacrificando las *palabras a las cosas*. Admitido esto, todo se explica. La condescendencia de Osio fue mal interpretada, por ignorancia o por malicia, y dio origen a las fábulas de arrianos y luciferianos.[113]

c) San Isidoro, en los capítulos 5 y 14 *De Viris Illustribus*, refiere, con autoridad de Marcelino, la portentosa muerte del sacrílego Osio, que iba a dar sentencia de deposición contra san Gregorio, después de haber trabajado con el vicario imperial para que desterrase a aquel obispo, que se negaba a la comunión con él teniéndole por arriano. Esta narración queda desvanecida en cuanto sepamos que Osio no murió en España, como supone san Isidoro, sino desterrado en Sirmio, a lo que se deduce del *Menologio* griego: ἐν ἐξορία τον δίον χατέλυσε (acabó la vida en el destierro), y se convence por las fechas. Constancio salió de Roma para Sirmio el día 4 de las calendas de junio de 357. Allí atormentó a Osio para que consintiese en la comunicación con Ursacio y Valente. Osio murió dentro del mismo año 357, según san Atanasio, y el día 27 de agosto, como afirma el *Menologio* griego. En mes y medio escasos era muy difícil en el siglo IV de nuestra era hacer el viaje de Sirmio a España, aunque prescindamos del tiempo que tardó Constancio en su viaje a la Pannonia y del

---

113 Osio. Alzog, II. Véase Segunda fórmula de Sirmio: «Allí se redactó de nuevo un símbolo... la segunda fórmula de Sirmio (la primera databa del 351) a la cual se atribuyó falsamente a Osio, a la sazón desterrado. Este símbolo rechaza las expresiones homoousios y *homoiousios* como no bíblicas, y que por lo mismo no debían ser empleadas. Y, por más que declarasen que la determinación del Hijo sobrepujaba el humano conocimiento, decidió, sin embargo, que el Padre está más elevado que el Hijo en gloria, en dignidad y en dominación, solo por su nombre, y que el Hijo le está subordinado del todo».

Tercera fórmula de Sirmio: «Queriendo Constancio poner término a estas controversias, formó Ursacio en una asamblea de su partido (358) la tercera fórmula de Sirmio, en la cual se pronunciaba, en términos oscuros pérfidamente calculados, por los semiarrianos, declarando que, según la Escritura, el Hijo es en todo semejante al Padre: mas se pasó prudentemente en silencio la sustancia. Semejante perfidia llegó a engañar al anciano Osio, desterrado aún, de manera que se allanó a suscribir la segunda fórmula de Sirmio».[a]

---

a La segunda fórmula de Sirmio, en Hilario, *De synodis*, n.º 11; Athanas., *De synodis*, n.º 28; Walch, *Bibliotheca Symbolica*, páginas 133 y siguientes

que se necesitaba para la celebración del concilio. Y en mala disposición debió de estar Osio para viajes tan rápidos con ciento un años de edad y afligido con azotes y tormentos por orden de Constancio.

La autoridad de san Isidoro tampoco hace fuerza, porque su narración es de referencias al escrito de Marcelino. Este Marcelino, presbítero luciferiano, en unión con otro de la misma secta, llamado Faustino, presentó a los emperadores Valentiniano y Teodosio un *Libellus Precum*, que mejor diríamos *libelo infamatorio*, donde pretendían justificar su error, consistente en no admitir a comunión ni tener trato alguno con el obispo o presbítero que hubiese caído en algún error aun después de tornado al gremio de la Iglesia. El escrito de los luciferianos ha sido fuente de muchas imposturas históricas, especialmente del relato de la *tradición* del papa san Marcelino. Lo que se refiere a Osio, a Potamio y a Florencio, españoles todos, merece traducirse siquiera como curiosidad histórica, muy pertinente al asunto de este libro.[114]

114 «Potamius Ulyssiponae civitatis episcopus, primum quidem fidem Catholicata vindicans, postea vero praemio fundi fiscali quem habere concupiverat, fidem praevaricatus est. Hunc Osius de Corduba apud Ecclesias Hispaniarum et detexit et repulit ut impium haereticum. Sed et ipse Osius, Potamii querela accersitus ad Constantium regem minisque perterritus, et metuens, ne senex et dives exilium proscriptionemve pateretur, dat manus impietati et post tot annos praevaricatur in fidem, et regreditur in Hispanias maiore cum auctoritate, habens regis terribilem iussionem, ut si quis eidem Episcopus iam facto praevaricatori minime velit communicare, in exilium mitteretur. Sed ad Sanctum Gregorium, Eliberitanae Civitatis Episcopum constantissimum, fidelis nuntius detulit impiam Osii praevaricationem. Unde non acquievit, memor sacrae fidei ac divini iudicii, in eius nefariam communionem... Erat autem tunc temporis Clementinus Vicarius qui ex conventione Osii, et generali praecepto Regis, Sanctum Gregorium per officium Cordubam iussit exhiberi. Interea fama in cognitionem rei cunctos inquietat, et frequens sermo populorum est: quinam est ille Gregorius qui audet Osio resistere? Plurimi enim et Osii praevaricationem adhuc ignorabant, et quinam esset Sanctus Gregorius nondum bene compertum habebant. Erat etiam apud eos qui illum forte noverant, rudis adhuc Episcopus... Sed ecce ventum est ad Vicarium... et Osius sedet iudex... et Sanctus Gregorius... ut reus adsistit... Magna expectatio singulorum ad quam partem victoria declinaret. Et Osius quidem auctoritate nititur suae aetatis, Gregorius vero nititur auctoritate veritatis. Ille quidem fiducia regis terreni, iste autem fiducia regis sempiterni. Et Osius scripto imperatoris nititur, sed Gregorius scripta divinae vocis obtinet. Et cum per omnia Osius confutatur, ita ut suis vocibus quas... scripserat, vindicaretur, commorus ad Clementinum Vicarium: «Non, inquit, cognitio tibi mandata est, sed executio: vides ut resistit praeceptis regalibus; exequere ergo quod mandatum est, mitte eum in exilium». Sed Clementinus, licet non esset Christianus,

Potamio, obispo de Lisboa, defensor de la fe católica al principio, prevaricó luego por amor de un *fundo fiscal* que deseaba adquirir. Osio, obispo de Córdoba, descubrió su maldad e hizo que las iglesias de España le declarasen impío y hereje. Pero el mismo Osio, llamado y amenazado por el emperador Constancio, y temeroso, como viejo y rico, del destierro y de la pérdida de sus bienes, ríndese a la impiedad, prevarica en la fe al cabo de tantos años y vuelve a España con terrible autoridad regia para desterrar a todo obispo que no admitiese a comunión a los prevaricadores. Llegó a oídos del santo Gregorio, obispo de Ilíberis, la nueva de la impía prevaricación de Osio, y negóse con fe y constancia a su nefanda comunicación... El vicario Clementino, a ruegos de Osio, y obedeciendo al mandamiento imperial, llamó a Gregorio a Córdoba..., y decían las gentes: ¿Quién es ese Gregorio que se atreve a resistir a Osio? Porque muchos ignoraban la flaqueza de

---

tamen exhibens reverentiam nomini Episcopatus... respondit Osio: «Non audeo (inquiens) Episcopum in exilium mittere, quandiu in Episcopi nomine perseverat. Sed da tu prior sententiam, cum de Episcopatus honore deiiciens, et tunc demum exequat in cura quasi privatum quod ex praecepto Imperatoris fieri desideras». Ut autem vidit Sanctus Gregorius quod Osius vellet date sententiam, appellat ad verum et potentem iudicem Christum, totis fidei suae viribus exclamans: «Christe Deus, qui venturus es iudicare vivos et mortuos, ne patiaris hodie humanam proferri sententiam adversum me, minimum servum tuum, qui pro fide tui nominis ut reus assistens spectaculum praebeo. Sed ipse, quaeso, in causa tua hodie iudica: ipse sententiam proferre dignaveris per ultionem. Non hoc quasi metuens exilium fieri cupio, cum mihi pro tuo nomine nullum supplicium non suave sit; sed ut multi praevaricationis errore liberentur, cum praesentem et momentaneam videant ultionem». Et cum multo invidiosius et sanctius Deum verbis fidelibus interpellat, ecce repente Osius, cum sententiam conatur exponere, os vertit, distorquens pariter et cervicem, defessus in terram eliditur, atque illic expirat, aut, ut quidam volunt obmutuit. Inde tamen effertur ut mortuus... Sed et Potamio non fuit inulta sacrae fidei praevaricatio. Denique cum ad fundum properat, quem pro impia fidei subscriptione ab Imperatore meruerat impetrare, dans novas poenas linguae per quam blasphemarat, in via moritur, nullus fructus fundi vel visione percipiens... Sed et Florentius, qui Osio et Potamio iam praevaricatoribus in loco quodam communicavit, dedit et ipse nova supplicia. Nam cum in conventu plebis sedet in throno, repente eliditur et palpitat, atque foras sublatus vires resumpsit. Et iterum et alia vice cum ingressus sedisset, similiter patitur... Nihilominus postea cum intrare perseverasset, ita tertia vice de throno excutitur, ut quasi indignus throno repelli videretur, atque elisus in terram, ita palpitans torquebatur, ut cum quadam duritia et magnis cruciatibus eidem spiritus extorquerentur. Et inde iam tollitur, non ex more resumendus, sed sepeliendus», etc. (*Libellus Precum*, en Flórez, *España sagrada*, tomo 10 apéndice II).

161

Osio y no tenían bien conocida la virtud del santo Gregorio, a quien juzgaban prelado novel y bisoño... Llegan a la presencia del vicario, Osio como juez, Gregorio como reo... Grande inquietud en todos por ver el fin de aquel suceso. Osio, con la autoridad de sus canas; Gregorio, con la autoridad de la virtud. Osio, puesta su confianza en el rey de la tierra; Gregorio, la suya en el rey sempiterno. El uno se fundaba en el rescripto imperial, el otro, en la divina palabra... Y viendo Osio que llevaba lo peor en la disputa, porque Gregorio le refutaba con argumentos tomados de sus propios escritos, gritó al vicario: "Ya ves cómo éste resiste a los preceptos legales; cumple lo que se te ha mandado, envíale al destierro". El vicario, aunque no era cristiano, tuvo respeto a la dignidad episcopal, y respondió a Osio: "No me atrevo a enviar un obispo al destierro: da tú antes sentencia de deposición". Viendo san Gregorio que Osio iba a pronunciar la sentencia, apeló al verdadero y poderoso juez, Cristo, con toda la vehemencia de su fe, clamando: "Cristo Dios, que has de venir a juzgar a los vivos y a los muertos, no permitas que hoy se dé sentencia contra mí, indigno siervo tuyo, que soy perseguido por la confesión de tu nombre. No porque yo tema el destierro, pues todo suplicio me es dulce por tu amor, sino para que muchos se libren de la prevaricación al ver tu súbita y prestísima venganza". Y he aquí que repentinamente a Osio, que iba a dar la sentencia, se le torcieron la boca y el cuello y cayó en tierra, donde expiró, o, *como otros dicen*, quedó sin sentido. Cuentan luego que el vicario se echó a los pies del santo, suplicándole que le perdonase.

No quedó impune (prosigue diciendo) la prevaricación de Potamio. Murió cuando iba a aquel *fundo* que había obtenido del emperador en pago de una suscripción impía, y no vio, ni por asomos, los frutos de su viña. Murió de un cáncer en aquella lengua impía con que había blasfemado.

También fue castigado con nuevo género de suplicio Florencio (obispo de Mérida), que había comunicado con los prevaricadores Osio y Potamio. Cuando quiso ocupar su silla delante del pueblo fue arrojado de ella por un poder misterioso y comenzó a temblar. Intentó otra vez y otra, y siempre fue rechazado como indigno, y, caído en tierra, torcíase y retemblaba como si interiormente y con gran dureza le atormentasen. De allí le sacaron para enterrarle.»

¿Qué decir de todas estas escenas melodramáticas, que, por otra parte, no dejan de acusar fuerza de imaginativa en sus autores? Ese Osio que viene *revestido de terrible autoridad*, ese san Gregorio Bético que pide y alcanza *súbita y terrible venganza*, plegaria tan ajena de la mansedumbre y caridad, y aun de la justicia, tratándose de Osio, columna de la Iglesia, aun dado caso que hubiese incurrido en una debilidad a los cien años; ese vicario, que es pagano y tiene tanto respeto a la dignidad episcopal, cuando en tiempos de Constancio era cosa frecuentísima el desterrar obispos, y luego pide a Osio que deponga a Gregorio, como si para él variase la cuestión por una fórmula más o menos; esa duda, finalmente, en que los autores del libelo se muestran, ignorando si Osio cayó muerto o desmayado, ¿qué es todo esto sino el sello indudable de una torpe ficción? Adviértase, además, que la muerte o castigo de Florencio se parece exactamente a la de Osio, coincidencia natural, puesto que las dos relaciones son de la misma fábrica. Hasta terminan con la misma protesta: «Bien sabe toda España que no fingimos esto (*scit melius omnis Hispania, quod ista non fingimus*); esto lo sabe toda Mérida: sus ciudadanos lo vieron por sus propios ojos». Pero no hay que insistir en las contradicciones y anacronismos de una ficción que por sí misma se descubre.

De Florencio y Potamio poco más sabemos, y por eso no hago de ellos capítulo aparte. Probablemente fueron buenos obispos, libres de la terquedad y bárbara intolerancia de los cismáticos luciferianos. San Febadio habla de una epístola, *De possibilitate Dei*, que los herejes fotinianos hicieron correr a nombre de Potamio.[115]

Contra ese cuento absurdo que llama *avaro* y *tímido* al Osio autor de la carta a Constancio y dos veces confesor de la fe, hemos de poner el testimonio brillante de san Atanasio, que con él lidió bizarramente contra los arrianos: «Murió Osio protestando de la violencia, condenando la herejía arriana y prohibiendo que nadie la siguiese ni amparase... ¿Para qué he de alabar a este santo viejo, confesor insigne de Jesucristo? No hay en el mundo quien ignore que Osio fue desterrado y perseguido por la fe. ¿Qué concilio hubo donde él no presidiese? ¿Cuándo habló delante de los obispos sin que todos asintiesen a su parecer? ¿Qué iglesia no fue defendida y amparada por él? ¿Qué pecador se le acercó

---

115 ¿Será este Potamio persona distinta del Lisbonense? El padre Maceda sostiene la identidad.

163

que no recobrase aliento o salud? ¿A qué enfermo o menesteroso no favoreció y ayudó en todo?».[116]

La Iglesia griega venera a Osio como santo el 27 de agosto. La latina no le ha canonizado todavía, quizá por estar en medio el *libellus* de los luciferianos.[117]

Los escritos de Osio que a nosotros han llegado son brevísimos y en corto número, pero verdaderas joyas. Redúcense a la *profesión de fe* de Nicea, a la carta a Constancio y a quince cánones del concilio de Sardis.[118] San Isidoro le atribuye, además, una carta a su hermana, *De laude virginitatis*, escrita, dice, en hermoso y apacible estilo, y un tratado sobre la interpretación de *las vestiduras de los sacerdotes* en la Ley Antigua.[119] San Atanasio parece aludir a escritos polémicos de Osio contra los arrianos. Pensó en traducir al latín el *Timeo* de Platón, pero no llegó a realizarlo, y encargó esta tarea a Calcidio, que le dedico su versión, señalada en la historia de la filosofía por haber sido casi el único escrito platónico que llegó a noticia de la Edad media.

¡Hasta en los estudios filosóficos ha sido benéfica la influencia de Osio, representante entre nosotros del platonismo católico de los primeros padres![120]

---

116 Ποιας γάρ ού καθηγήσατο συνόδου; καί λέγων όρθως ού παντας έπειβε; ποια τις Εχχλεσία τής τούτου προστασίας όυκ έχει μνημεϊα τά κάλλιστα; τίς λυπόυμενός ποτε προσήλθην αύτώ, καί ού χαίρων άπήλθε παρ΄αύτού; τίς ήτησε δεόμενος, καί όυκ ανεχω-ρησε τυχών ών ήθέλησε...
(Apología *De fuga sua*).

117 Sobre la santidad y el culto inmemorial de Osio, véase la segunda disertación de Maceda.

118 Osio.
Concilio de Sárdica (347), que algunos consideran como ecuménico, aunque no fue recibido como tal en la Iglesia de Oriente (cán. 3, 4, 7, sobre las apelaciones al papa).
Osio y los sacerdotes romanos Vito y Vicente representan al papa en el concilio de Nicea.

119 «Hosius Episcopus Cordubensis Ecclesiae civitatis Hispaniarum, eloquentiae viribus exercitatus, scripsit ad sororem suam *De laude virginitatis*, epistolam pulchro ac disserto comptam eloquio. Composuitque aliud opus *De interpretatione vestium sacerdotalium*, quae sunt in Veteri Testamento, egregio quidem sensu et ingenio elaboratum» (*De Viris Illustribus*).
El padre Maceda (según su costumbre) duda que sean de san Isidoro estos capítulos.

120 Al tratar de Osio, no he hecho mérito de la carta de Eusebio Vercellense a Gregorio Iliberitano, donde se leen estas palabras: *Transgressori te Hosio didici restitisse et pluribus cedentibus Arimino in communicatione Valentis et Ursatii...*, porque esta carta es tenida por apócrifa; y bastaría a demostrarlo el anacronismo de suponer vivo a Osio en la fecha del concilio de Rímini, cuando dormía en el sepulcro desde 357.

VI. Los donatistas: Lucila

He hablado incidentalmente de los donatistas. Aquí conviene añadir unos renglones sobre el cisma que promovieron. Vivía en Cartago una española[121] rica, llamada Lucila, mujer altiva y devota, pero no muy escrupulosa en sus devociones. Aborrecía de muerte a Ceciliano, obispo de Cartago, porque éste le había reprendido el culto casi idolátrico que tributaba a las reliquias de un mártir no canonizado. Enojada Lucila, *potens et factiosa femina*, como la llama Optato Milevitano, unióse al bando de Donato de las Casas Negras y otros descontentos por la elección de Ceciliano, compró gran número de partidarios, prodigando su dinero a manos llenas, y produjo un cisma que por muchos años dividió la Iglesia africana.

Juntos los cismáticos en número de unos setenta, celebraron conciliábulo en Cartago, depusieron a Ceciliano y nombraron en su lugar a Mayorino, criado de Lucila, acusando a Ceciliano de *traditor*, para cohonestar su atropello. Al cisma unieron algunos errores dogmáticos, como el de afirmar que solo en su partido y secta estaba la verdadera Iglesia, de lo cual deducían que debía ser rebautizado todo el que viniese a ellos, *porque fuera de la Iglesia no es válido el bautismo*. En lo de los *rebautizantes* no hacían más que convertir en sustancia la antigua decisión de los obispos africanos, que sostuvieron tenazmente la misma opinión respecto a los apóstatas y herejes. La iglesia donatista, levantada contra Roma, fue una de las infinitas formas del espíritu de rebeldía en todos tiempos, pero dogmáticamente influyó poco. Ya hemos hecho mérito de los primeros concilios que la condenaron y de las voces que los cismáticos esparcieron contra Osio. Entre los impugnadores de su temeridad distinguióse Olimpio, obispo de Barcelona, que en compañía de Eunomio pasó al África, comisionado por el emperador para apaciguar aquellos escándalos. En los cuarenta días que estuvieron en Cartago dieron audiencia a entrambas partes y sentenciaron contra

---

Vindicaron a Osio, además de Flórez y de Maceda, el cardenal Baronio, el doctor Aldrete, don Francisco de Mendoza, el cardenal Aguirre, Gómez Bravo, Sánchez de Feria y otros españoles y extranjeros, entre éstos Josafat Massaro.

121 Véanse acerca de Lucila las epístolas de san Agustín, y especialmente las que llevan los números 43, 47, 57, 58, 60, 61, 70; 108, 109, 110, 111, 112, 120, etc., en la edición maurina.

los donatistas.[122] Ni con esto cesó la contienda. A Mayorino había sucedido un segundo Donato, hombre de agudo ingenio, que esparció doctrinas arrianas. San Agustín tuvo aún no poco que hacer para acabar con los restos de esta herejía. Recuérdese su curiosísimo salmo *Contra donatistas*:

Omnes qui gaudetis pace, modo verum iudicate:
homines multum superbi, qui iustos se dicunt esse,
sic fecerunt scissuram et altare contra altare:
diabolo se tradiderunt, cum pugnant de traditione
et crimen quod commiserunt in alios volunt transferre,
ipsi tradiderunt libros et nos audent accusare,
ut peius committant scelus quam commiserunt ante.

Esta especie de salmodia, que es muy larga, y debía recitarse en el tono de los cantos de iglesia, hubo de contribuir mucho a arruinar el crédito de los últimos donatistas entre el pueblo de Hipona, de Tagaste y de Cartago.

Con varias alternativas, duró el donatismo en África cerca de siglo y medio, y es muy curiosa la historia de aquella polémica teológica, que a veces degeneró en lucha sangrienta y a mano armada en los campos y en las plazas.[123] Lidióse con toda la vehemencia del carácter africano; pero no me incumbe proseguir tal historia, contentándome con señalar de pasada el papel de Lucila en tales disturbios.[124] Al pie van los pasajes de Optato Milevitano que se refieren a ella.[125]

---

122 Donatistas.
   Primer recurso a la autoridad secular. Le interpuso Mayorino. Véase Tillemont, tomo 6, n.º 4. *Historia de los donatistas*.
   Constantino admitió la apelación e hizo que el asunto se examinase en Milán (315).
123 Turbas donatistas. Los *circumcelliones, circelliones* o *milites Christi agnostici*.
124 Leyes de Honorio (404) contra los donatistas.
125 «Hoc apud Carthaginem post ordinationem Caeciliam factum esse, nemo est qui nesciat: per Lucillam scilicet, nescio quam, feminam factiosam, quae ante concussam persecutionis turbinibus pacem, dum adhuc in tranquillo esset Ecclesia, cum correctionem Archidiaconi Caeciliani ferre non posset, quae ante spiritualem cibum et potum, os nescio cuius Martyris, si tamen Martyris, libare dicebatur, et cum praeponeret calici salutari os nescio cuius hominis mortui, etsi Martyris sed necdum vindicati, correpta, cum confusione, irata discessit. Irascenti et dolenti, ne disciplinae succumberet, occurrit subito persecutionis irata tempestas...» Sigue contando la elección de Ceciliano, y añade: «Convocantur supra

166

VII. Luciferianos: Vincencio

Cuando en el conciliábulo de Rímini, celebrado en 359, suscribieron algunos prelados una profesión de fe arriana, prodújose notable escándalo en el orbe cristiano, y muchos obispos excomulgaron a los prevaricadores. *Lucifero*, obispo de Cáller en Cerdeña, fue más lejos, y se negó a comunicar con los arrianos ni a recibirlos en modo alguno a penitencia. Sostenida con pertinencia esta opinión, realmente opuesta al espíritu evangélico, que no quiere que el pecador muera, sino que se convierta y viva, nació una secta más cismática que herética, la cual fue refutada por san Jerónimo en el diálogo *Adversus Luciferianos*. Han querido suponer algunos que san Gregorio Bético perteneció a esta secta, apoyados en el libelo de Marcelino, del cual di noticias al hablar de Osio; en la carta de Eusebio Vercellense, pieza a todas luces apócrifa, y, finalmente (y es el único testimonio de peso), en estas palabras de san Jerónimo: *Lucifer Calaritanus Episcopus moritur, qui cum Gregorio Episcopo Hispaniarum et Philone Lybiae, numquam se Arianae miscuit pravitati*. Resulta de aquí que Gregorio y Filón no se mezclaron con los arrianos ni cayeron en su impiedad, pero no que asintiesen con *Lucifero* en negarles la penitencia. De *Lucifero* solo, no de los demás, prosigue diciendo san Jerónimo: *Ipse a suorum communione descivit*.

No sé qué pensar del presbítero Vicente, cuya historia se cuenta así en el libelo de los luciferianos: «¡Cuánto sufrió en España Vicente por no consentir en la maldad de los prevaricadores, ni querer seguirles en ella, y por ser de la comunión del santo Gregorio! Le acusaron primero ante el gobernador consular de la Bética. Acudieron luego un domingo, con gran multitud, a la iglesia, y no encontraron a Vicente, que ya sospechaba y había anunciado al pueblo lo que iba a acontecer... Pero ellos, que venían preparados a la venganza, por no dejar

---

memorati seniores qui faucibus avaritiae commendatam ebiberant praedam. Cum recedere cogerentur, subduxerunt communioni plebem. Non minus et ambitores quibus et ordinari non contigit, necnon et Lucilla... cum omnibus suis, potens et factiosa femina, communioni miscere noluit... Schisma igitur illo tempore confusae mulieris iracundia peperit, ambitus nutrivit, avaritia roboravit... Sic exitum est foras et altare contra altare erectum est, et ordinatio illicite celebrata, et Maiorinus qui Lector in Diaconio Caeciliani fuerat, domesticus Lucillae, ipsa suffragante, Episcopus ordinatus est a traditoribus qui in Concilio Numidiae...» etc. (S. Optati Afri., *De schismate Donatistarum*, lib. 1, en el tomo 4, n.º 344, col. 2.ª de la Max. Coll. Vet. Pat., Lugd. 1677.)

sin empleo su furor, golpearon con estacas a ciertos ministros del Señor, que no tardaron en expirar».[126] Cuentan luego los autores del libro que aquellos arrianos hicieron prender a algunos de los principales de la ciudad y mataron a poder de hambre y frío a uno de ellos que se mantuvo constante en la fe. Autores de este tumulto, y aun de la profanación de la iglesia, fueron los dos obispos Lucioso e Higino. La plebe se retiró con Vicente y levantó templo aparte en un camino vecino a la ciudad. Con lo cual, irritados de nuevo los malos obispos, llamaron en su ayuda a los decuriones y a la plebe, y, dirigiéndose a la capilla recién fundada, quebraron las puertas, robaron los vasos sagrados y pusieron el altar cristiano a los pies de un ídolo.

Todo esto debe de ser historia arreglada por los luciferianos a medida de su deseo, pues en ninguna otra parte hay noticia de semejantes atropellos, ni se dice en qué ciudad acontecieron. Hubo un Higino, obispo de Córdoba, que sonará bastante en el capítulo de los priscilianistas. El presbítero Vicente o Vincencio es tan oscuro, que no hay para qué detenernos en su vindicación, cuando faltan datos suficientes y no podemos afirmar ni negar que fuese luciferiano. Poco importa.

De alguno de los relatos anteriores hemos de inferir que ya por estos tiempos había arrianos en España; pero no se conservan más noticias que las indicadas, y por eso no les dedico capítulo aparte.

En este momento, pues, cuando la discordia crecía entre nuestros obispos y se aflojaba el lazo de unión entre las iglesias; cuando el grande *Osio* había muerto y sus sucesores se hacían encarnizada guerra, y (si hemos de creer al libelo de Marcelino) arrianos y luciferianos convertían en campo de pelea el templo mismo, y de África llegaban vientos donatistas, levantó la cabeza el priscilianismo, la primera de las grandes calamidades que ha tenido que superar la Iglesia española en el largo y glorioso curso de su historia. Verémoslo en el capítulo siguiente.[127]

---

126 *Libellus Precum*, en Flórez, tomo 10, apéndices.

127 Acerca de san Gregorio Bético, véase Nicolás Antonio, *Bibliotheca Hispana Vetusta*, página 138; Flórez, *España sagrada*, tomo 12, tr. 37, cap. 3.

Capítulo II. Siglos IV y V (Continuación de la España romana)

I. Gnosticismo. II. Los *agapetas* (Marco, Elpidio, Agape). III. Prisciliano y sus secuaces. IV. El priscilianisrno después de Prisciliano. V. Literatura priscilianista. VI. Exposición del priscilianismo: su importancia en la historia de las herejías y en la de la ciencia española. VII. Reacción antipriscilianista: los italianos. VIII. *Opúsculos* de Prisciliano y modernas publicaciones acerca de su doctrina. IX. El origenismo (Avitos). X. De la polémica teológica en la España romana: Prudencio, Orosio, etc., refutan a diversos herejes de su tiempo.

I. Orígenes y desarrollo de las escuelas gnósticas

Las sectas heterodoxas que con los nombres de *agapetas* y *priscilianistas* se extendieron por la España romana eran los últimos anillos de la gran serpiente *gnóstica* que desde el primer siglo cristiano venía enredándose al robusto tronco de la fe, pretendiendo ahogarle con pérfidos lazos. Y el *gnosticismo* no es herejía particular o aislada, sino más bien un conjunto o *pandemonium* de especulaciones teosóficas, que concuerdan en ciertos principios y se enlazan con dogmas anteriores a la predicación del cristianismo. Conviene investigar primero las doctrinas comunes y luego dar una idea de las particulares de cada escuela, sobre todo de las que en alguna manera inspiraron a Prisciliano.

Todos estos heresiarcas respondían al dictado general, y para ellos hono-rífico, de *gnósticos.* Aspiraban a la ciencia perfecta, a la *gnosis*, y tenían por rudos e ignorantes a los demás cristianos. *Llámanse gnósticos*, dice san Juan Crisóstomo, *porque pretenden saber más que los otros.* Esta portentosa sabi-duría no se fundaba en el racionalismo[128] ni en ninguna metódica labor intelec-tual. Los *gnósticos* no discuten, afirman siempre, y su ciencia *esotérica*, o vedada a los profanos, la han recibido o de la tradición apostólica o de influjos y comu-nicaciones, sobrenaturales. Apellídense *gnósticos* o *pneumáticos*, se apartan siempre de los *psyquicos*, sujetos todavía a las tinieblas del error y a los estí-mulos de la carne. El *gnóstico* posee la sabiduría reservada a los iniciados. ¿Era nueva la pretensión a esta ciencia misteriosa? De ninguna suerte: los sacerdotes orientales, brahmanes, magos y caldeos, egipcios, etc., tenían siempre, como

---

128 Bórrese la palabra racionalismo, porque es anfibológica y puede inducir a contradicción. Los *gnósticos* no procedían dialécticamente, pero eran racionalistas, en cuanto que todo lo fiaban a la razón.

depósito sagrado, una doctrina no revelada al vulgo. En Grecia, los misterios eleusinos por lo que hace a la religión, y en filosofía las iniciaciones pitagóricas y la separación y deslinde que todo maestro, hasta Platón, hasta Aristóteles, hacía de sus discípulos en *exotéricos* y *esotéricos* (externos e internos), indican en menor grado la misma tendencia, nacida unas veces del orgullo humano, que quiere dar más valor a la doctrina con la oscuridad y el simbolismo, y en otras ocasiones, del deseo o de la necesidad de no herir de frente las creencias oficiales y el régimen del Estado. Lo que en Oriente fue orgullo de casta o interés político, y en Grecia procedió de alguna de las causas dichas o quizá de la intención *estética* de dar mayor atractivo a la enseñanza, bañándola en esa media luz que suele deslumbrar más que la entera, no tenía aplicación plausible después del cristianismo, que por su carácter universal y eterno habla lo mismo al judío que al gentil, al ignorante que al sabio, y no tiene cultos misteriosos ni enseñanzas arcanas. Si en tiempos de persecución ocultó sus libros y doctrinas, fue a los paganos, no a los que habían recibido el bautismo, y pasada aquella tormenta los mostró a la faz del orbe, como quien no teme ni recela que ojos escudriñadores los vean y examinen. La *gnosis*, pues, era un retroceso y contradecía de todo punto a la índole *popular* del cristianismo.

Base de las doctrinas *gnósticas* fue, pues, el orgullo desenfrenado, la aspiración a la sabiduría oculta, la tendencia a poner iniciaciones y castas en un dogma donde no caben. El segundo carácter común a todas estas sectas es el *misticismo*: misticismo de mala ley y heterodoxo, porque, siendo dañado el árbol, no podían ser santos los frutos. Los *gnósticos* parten del racionalismo para matar la razón. Es el camino derecho. No prueban ni discuten, antes construyen sistemas *a priori*, como los idealistas alemanes del primer tercio de este siglo. Si encuentran algún axioma de sentido común, alguno de los elementos esenciales de la conciencia que parece pugnar con el sistema, le dejan aparte o le tuercen y alteran, o le tienen por hijo del entendimiento *vulgar* que no llegó aún a la *gnosis*, como si dijéramos, *a la visión de Dios en vista real*. Admitían en todo o en parte las Escrituras, pero aplicándoles con entera libertad la *exégesis*, que para ellos consistía en rechazar todo libro, párrafo o capítulo que contradijese sus imaginaciones, o en interpretar con violencia lo que no rechazaban. Marción fue el tipo de estos exegetas.

El gnosticismo, por sus aspiraciones y procedimientos es una *teosofía*. Los problemas que principalmente tira a resolver son tres: el origen de los seres, el principio del mal en el mundo, la redención. En cuanto al primero, todos los *gnósticos* son *emanatistas*, y sustituyen la creación con el desarrollo eterno o temporal de la esencia divina. Luego veremos cuántas ingeniosas combinaciones imaginaron para exponerle. Por lo que hace a la causa del mal, todos los *gnósticos* son *dualistas*, con la diferencia de suponer unos eternos el principio del mal y el del bien y dar otros una existencia inferior y subordinada, como dependiente de causas temporales, a la *raíz* del desorden y del pecado. En lo que mira a la redención, casi todos los *gnósticos* la extienden al mundo intelectual o celeste, y en lo demás son *dóketos*, negando la unión hipostática y la humanidad de Jesucristo, cuyo cuerpo consideran como una especie de fantasma. Su *christología* muestra los matices más variados y las más peregrinas extravagancias. En la moral difieren mucho los *gnósticos*, aunque no especularon acerca de ella de propósito. Varias sectas proclaman el ascetismo y la maceración de la carne como medios de vencer la parte *hylica* o material y emanciparse de ella, al paso que otras enseñaron y practicaron el principio de que, siendo todo puro para los puros, después de llegar a la perfecta *gnosis*, poco importaban los descarríos de la carne. En este sentido fueron precursores del *molinosismo* y de las sectas *alumbradas*.

En las enseñanzas como en los símbolos, el gnosticismo era doctrina bastante nueva, pero no original, sino *sincrética*, por ser el sincretismo la ley del mundo filosófico cuando aparecieron estas herejías. En Grecia (y comprendo bajo este nombre todos los pueblos de lengua griega) estaba agotada la actividad creadora: más que en fundar sistemas, se trabajaba en unirlos y concordarlos. Era época de erudición y, como si dijéramos, de senectud filosófica; pero de grande aunque poco fecundo movimiento. Las escuelas antiguas habían ido desapareciendo o transformándose. Unas enseñaban solo moral, como los estoicos, que habían ido a sentar sus reales a Roma, y los epicúreos, que en el campo de la ética les hacían guerra, bastante olvidados ya de sus teorías físicas y cosmológicas, a las cuales no mucho antes había levantado Lucrecio imperecedero monumento. Fuera de esto, la tendencia era a mezclarse con el platonismo, que se conservaba vivo y pujante aun después de las dos metamorfosis *académicas*. Pero no se detuvo aquí el sincretismo, antes se hizo más amplio y rico (si la acumulación de teorías es riqueza) al tropezar en Alejandría con los dogmas del Egipto, de Judea, de Persia y aun de la India, aunque éstos de segunda mano. Así nacieron el *neoplatonismo* y la *gnosis*, sistemas paralelos y en muchas cosas idénticos, por más que se hiciesen cruda guerra, amparados los *gnósticos* por la bandera del cristianismo, que entendían mal y explicaban peor, y convertidos los últimos neoplatónicos en campeones del paganismo simbólicamente interpretado. La primera escuela *sincrética* de Alejandría anterior al gnosticismo fue la de los judíos helenistas Aristóbulo y Filón, que, enamorados por igual de la ley mosaica y de la filosofía griega, trataron de identificarlas, dando sentidos alegóricos a la primera, de la cual decían ser copia o reflejo la segunda. Aristóbulo intentó esta conciliación respecto del *peripatetismo*, que cada día iba perdiendo adeptos. Filón, más afortunado o más sabio, creó el *neoplatonismo*. Violenta los textos, da tormento a la Biblia y encuentra allí el *logos* platónico, las *ideas arquetipas*, el mundo intelectual κόσμος νοητός, la eterna *Sophia*, los δαιμονες: afirma que en el alma hay un principio irracional, ἄλογον, que no procede de Dios, sino de los espíritus inferiores, y enseña la purificación por sucesivas transformaciones, una vez libre el espíritu de la cárcel de la materia. Para Filón hay lid entre la luz y las tinieblas, entre el bien y el mal, pero lid que comenzó por el pecado, hijo de la parte inferior del alma, y que terminará con el restablecimiento del orden, gracias a los auxilios de la divina *Sophia* y de los buenos δαιμονες, que él asimila a los ángeles de la Escritura. El sincretismo *judaico-platónico* de Filón encomia la vida ascética, y con él se enlaza la secta hebraica de los terapeutas. Filón es progenitor de la *gnosis*, no solo por sus vislumbres *emanatistas* y *dualistas*, sino también y principalmente por la *ciencia arcana* que descubre en la Escritura y por las iluminaciones y éxtasis que juzga necesarios para conocer algo de la divina esencia.

Entre los precedentes de la *gnosis* han contado muchos (y el mismo Matter en la primera edición de su excelente libro) la *Cabala*, cuyos principios tienen realmente grandísima analogía con los que vamos a estudiar. El rey de la luz, o *Ensoph*, de quien todo ha emanado; los *Sephirot*, o sucesivas emanaciones: el *Adam Kadmon*, tipo y forma de la existencia universal, creador y conservador del mundo; el principio maléfico, representado por los *Klippoth* y su caudillo Belial, principio que ha de ser absorbido por el del bien, resultando la *palingenesia* universal; la distinción de los cuatro principios (*Nephes* o apetitivo, *Ruaj* o afectivo, *Nesjamah* o racional y *Jaiah* o espiritual) en el alma del hombre; el concepto de la materia como cárcel del espíritu..., todo esto semeja la misma cosa con el πατὴρ ἄγνωστος; de los *gnósticos*, con los *eones* y el *pleroma*, con la *Sophia* y el *Demiurgo*, con las dos raíces del *maniqueísmo* y con la separación del πνεῦμα, de la φυΧή y de la ὕλη en el principio vital humano. Pero hoy, que está demostrado *usque ad evidentiam* que la Cábala no se sistematizó y ordenó hasta los tiempos medios y que el más famoso de los libros en que se contiene, el *Zohar*, fue escrito por Moisés de León, judío español del siglo XIII, [129] aunque las doctrinas cabalísticas tuvieran antecedentes en los tiempos más remotos del judaísmo, habremos de confesar que la Cábala es un residuo y mezcla no solo de zoroastrismo y de tradiciones talmúdicas, sino de gnosticismo y neoplatonismo, en cuya transmisión debió de influir no poco el libro emanatista de nuestro Avicebrón intitulado *Fuente de la vida*.

En el *gnosticismo* sirio entraron por mucho doctrinas persas y, sobre todo, la reforma *mazdeísta*, ya modificada por el parsismo. El *Zrwan Akarana* (eternidad) equivale al πατὴρ ἄγνωστος; el dualismo de sus emanaciones, Ormud y *Ahrimanes*, está puntualmente copiado en casi todas las herejías de los cuatro primeros siglos; los espíritus buenos Amhaspands, Izeds y Feruers y los maléficos o devas figuran, con diversos nombres, en la Kabala y en la *gnosis*, y la misma similitud hay en la parte atribuida a un espíritu ignorante o malvado, pero siempre de clase inferior (por los *gnósticos* llamado *Demiurgo*), en la creación del mundo y en la del hombre. Otro tanto digo de la restauración del orden, o llámese palingenesia final, que pondrá término al imperio del mal en el mundo.

La *gnosis egipcia*, más rica que la siríaca, se arreó también con los despojos de los antiguos cultos de aquella tierra. También allí había un *dios oculto*, llamado *Ammon* o *Ammon Ra*; pero la jerarquía celeste era mucho más complicada que entre los persas. Los *gnósticos* imitaron punto por punto la distribución popular de las deidades egipcias en *triadas* y en *tetradas*, para lo que ellos llamaron *syzygias*; convirtieron a *Neith* en *Ennota*; conservaron a *Horus*, variando un poco sus atributos; adoptaron los símbolos de *Knuphis* y de *Phta*, y algunas de las leyendas de Hermes, a quien identificaron con su *Christos* antes que hubiesen venido los neoplatónicos a apoderarse del mito *hermético* para

---

129 Véase *La Kabbale ou philosophie religieuse des Hébreux*, por Franck, y los *Diálogos sobre la Cábala y el Zohar* (1852), escritos por el sabio judío Luzzatto

atribuirle libros, ni los alquimistas a suponerle inventor de la piedra filosofal. En resumen, los *gnósticos* de Egipto hicieron una tentativa audaz para cristianizar la antigua y confusa religión de su país, pero el cristianismo rechazó esa doctrina sincrética, cuyos elementos panteístas y dualistas venían a turbar y empañar la pureza de su fe.[130]

En realidad, los *gnósticos* no eran cristianos más que de nombre. No puede darse cosa más opuesta a la sobria y severa enseñanza de las *Epístolas de san Pablo*, al *non magis sabere quam oportet sapere*, que esas teosofías y visiones orientales, que pretenden revelar lo indescifrable. Era destino del cristianismo lidiar en cada una de las dos grandes regiones del mundo antiguo con enemigos diversos. En Occidente tuvo que vencer al paganismo oficial y a la tiranía cesarista. En Oriente, la guerra fue de principios. Y no era la más temible la de los judíos recalcitrantes, ni la de los sacerdotes persas o sirios, ni la de los filósofos alejandrinos, sino la que cautelosa y solapadamente emprendían los *gnósticos* mezclados con el pueblo fiel, y partícipes en apariencia de su lenguaje y enseñanza.

Los primeros vestigios de esta contienda se hallan en el *Nuevo Testamento*. Ya san Pablo describió con vivísimos colores a los *gnósticos* de su tiempo y dijo a Timoteo: *Depositum custodi, devitans prophanas verborum novitates et oppositiones falsi nominis scientiae* (καινοφονςας dice el texto griego), condenando en otro lugar de la misma epístola los *mitos* y *genealogías* interminables, que deben ser los *eones-sephirot* de los *gnósticos*, conforme sienten los antiguos expositores. En la *Epístola a los Colosenses* refuta más de propósito opiniones que, si no pertenecen a los *gnósticos*, han de atribuirse a los padres y maestros inmediatos de tales herejes. El *Evangelio de san Juan*, sobre todo en el primer capítulo, va dirigido contra los nicolaítas y los cerintianos, dos ramas del primitivo gnosticismo.

---

130 *Gnosticismo.* Schmidt, *Die griechischen christlichen Schriftsteller: koptischgnostiche Schriften: erster Band: Die Pistis Sophia, die beiden Bächber des Jeu, Undekantes altgnostiches Werk, von Lic. Carl Schmidt* (Leipzig, 1905, 4.º).

No voy a hacer la historia de éste, tratada ya por Matter con método y riqueza de datos, aunque con excesivo entusiasmo por aquellas sectas.[131] Quien desee conocer las fuentes, deberá consultar la *Pistis Sophia*, atribuida por error al heresiarca Valentino; algunos evangelios apócrifos, en que han quedado vestigios de los errores de que escribo; los cinco libros de san Ireneo contra las herejías, los *Stromata* de Clemente Alejandrino, las obras de Orígenes contra Celso y Marción, los *Philosophoumena*, que con escaso fundamento se le atribuyen; los himnos antignósticos del sirio san Efrén, el tratado de las *Herejías* de san Epifanio, el de las *Fábulas* heréticas de Teodoreto; y, por lo que hace a los latines (que en esta parte son de poco auxilio), los libros de Tertuliano[132] contra Valentino y Marción y los catálogos de *herejías* compilados por Filastro de Brescia y san Agustín. Si a esto se agrega la refutación de las doctrinas gnósticas hecha por el neoplatónico Plotino y las colecciones de piedras y amuletos usados por los partidarios de la *gnosis* egipcia,[133] tendremos apuntados todos los materiales puestos hasta ahora a contribución por los historiadores de estas herejías. Yo daré brevísima noticia de las sectas principales, como preliminar indispensable para nuestro estudio.

Considérase generalmente como primer caudillo de los *gnósticos* a Simón de Samaria, conocido por Simón el Mago, aquél de quien en las *Actas de los Apóstoles* leemos que pretendió comprar a san Pedro el don de conferir el *pneuma* mediante la imposición de manos. Este Simón, tipo de las especulaciones teosóficas y mágicas de su tiempo, fue, más que todo, un teurgo semejante a Apolonio de Tiana. En Samaria le llamaban el gran poder de Dios (ἡ δύναμις τοῦ θεοῦ ἡ μεγάλη). Él mismo se apellidó, después de su separación de los apóstoles, *Virtud de Dios*, *Verbo de Dios*; *Paráclito*, *Omnipotente*, y aun llegó a decir en alguna ocasión: *Ego omnia Dei*, como pudiera el más cerrado

---

131 *Histoire critique du gnosticisme et de son influence sur les sectes religieuses et philoso-phiques des six premiers siècles de l'ère chrétienne...*, par Jacques Matter (París 1828), tres tomos en 8.º La segunda edición, Estrasburgo, viuda Levrault, tres tomos en 8.º, está muy aumentada.

132 *Gnósticos*. Tertuliano (*De Praescriptionibus haereticorum*, cap. 17): «Ista haeresis non recipit quasdam Scripturas (sacras); et si quas recipit, non recipit integras; adiectionibus et detractionibus ad dispositionem instituti sui intervenit: et si alicuatenus integras praestat nihilominus diversas expositiones commenta convertit».

133 Matter trae buen número en el tercer tomo de su obra.

panteísta germánico de nuestro siglo. El *Ser inmutable y permanente* tenía, en concepto de Simón el Mago, diversos modos de manifestarse en las cosas perecederas y transitorias; se parecía a la *Idea* hegeliana, en torno de la cual todo es variedad y mudanza. Asemejábase también a la *sustancia* de Espinosa, cuyos atributos son la *infinita materia* y el *pensamiento infinito*, puesto que, según el taumaturgo de Samaria, la *raíz del universo se determina* (como ahora dicen) en dos clases de *emanaciones* o desarrollos, *materiales e intelectuales*, visibles e invisibles. En otros puntos hace Simón una mezcla de cristianismo y platonismo, atribuyendo la creación a la εννοια, *logos* o pensamiento divino. De esta εννοια hizo un mito semejante al de *Sophia*, suponiéndola desterrada a los cuerpos humanos, sujeta a una serie de transmigraciones y de calamidades hasta que torne a la celeste esfera, y la simbolizó o, mejor dicho, la supuso encarnada en una esclava llamada *Helena*, que había comprado en la Tróade y hecho su concubina. Parece indudable que los discípulos de Simón confundían la εννοια con el *Pneuma* y con la *Sophia*. Por lo demás, el mago de Samaria era a todas luces de espíritu sutil e invencionero. Hasta adivinó el principio capital de la pseudo-reforma del siglo XVI. Sabemos por Teodoreto que Simón exhortaba a sus discípulos a no temer las amenazas de la ley, sino a que hiciesen libremente cuanto les viniera en talante, porque la *justificación* (decía) *procede de la gracia, y no de las buenas obras* (οὐ διὰ πράξεων ἀγαθῶν, ἀλλὰ διὰ Χάριτος). Veremos cuán fielmente siguieron muchos *gnósticos* este principio. La secta de los *simoníacos* se extendió en Siria, en Frigia, en Roma y en otras partes. De ella nacieron, entre otras ramas menos conocidas, los *dóketos* y *fantásticos*, que negaban que el Verbo hubiese tomado realmente carne humana ni participado de nuestra naturaleza, y los *menandrinos*, así llamados del nombre de su corifeo, que tomó, como Simón, aires de *pseudo-profeta* y se dijo enviado por el *poder supremo* de Dios, en cuyo nombre bautizaba y prometía inmortalidad y eterna juventud a sus secuaces.

Más gnóstico que todos éstos fue el cristiano judaizante Cerinto, educado en las escuelas egipcias, el cual consideraba como revelaciones imperfectas el *mosaísmo* y el *cristianismo*, y tenía entrambos Testamentos por obra e inspiración de espíritus inferiores. Para él, el Χριστός no era de esencia divina como para los demás *gnósticos*, sino un hombre justo, prudente, sabio y dotado de gran poder taumatúrgico. Cerinto era, además, Χιλιαστός, es decir, *milenarista*, como casi todos los judíos de aquella edad, y había escrito un *Apocalipsis* para defender tal opinión.

En el siglo II de nuestra era aparecieron ya constituidas y organizadas las escuelas gnósticas. Pueden considerarse tres focos principales: la *gnosis siria*, la que Matter apellida del *Asia Menor* y de *Italia*, y otros llaman *esporádica*, por haberse extendido a diversas regiones, y, finalmente, la *egipcia*.

Adoctrinados los *gnósticos* sirios por Simón, Menandro y Cerinto, muestran en sus teorías menos variedad y riqueza que los de Egipto, e insisten antes en el principio *dualista*, propio del zoroastrismo, que en la emanación por parejas o *syzygias*, más propia de los antiguos adoradores de la triada de Menfis. El principio del mal no es una negación ni un límite, como en Egipto, sino principio *intelectual* y poderoso, activo y fecundo. Por él fue creado el mundo inferior: de él emana cuanto es materia. Llámasele comúnmente *Demiurgo*.[134]

La escuela siria tiende en todas sus ramas al ascetismo. Saturnino, el primero de sus maestres, parece haber sido hasta místico. En su doctrina, el dualismo se acentúa enérgicamente, y es visible la influencia del Zendavesta. Los siete ángeles creadores y conservadores del mundo visible, y partícipes solo de un débil rayo de la divina lumbre, formaron al hombre, digo mal, a un *Homunculus*, especie de gusano, sujeto y ligado a la tierra e incapaz de levantarse a la contemplación de lo divino. Dios, compadecido de su triste estado, le envió un soplo de vida, un alma, llamada en el sistema de Saturnino no Ψυχή sino *pneuma*. El Satanás de esta teoría es diverso del *Demiurgo* y de los siete ángeles: es la fuente de todo mal como espíritu y como materia. Saturnino enseña la redención en sentido *doketista* y la final palingenesia, volviendo todo ser a la fuente de donde ha emanado. Su moral rígida y sacada de quicios veda hasta el matrimonio, porque contribuye a la conservación de un mundo imperfecto.

Bardesanes, natural de Edesa, hombre docto en la filosofía griega y aun en las artes de los caldeos, empezó combatiendo a los gentiles y a los *gnósticos*, pero más tarde abrazó las doctrinas de los segundos, y para difundirlas compuso ciento cincuenta himnos, de gran belleza artística, que se cantaron en Siria hasta el siglo IV, en que san Efrén los sustituyó con poesías ortodoxas, escritas

---

134 Matter hace notar las relaciones de la *gnosis* siria con la teología y la cosmología de los fenicios, tal como las conocemos por los fragmentos de Sanchoniaton. Yo no puedo detenerme en tantos pormenores.

en iguales ritmos que las heréticas. Modificó Bardesanes la *gnosis* de Saturnino con ideas tomadas de los valentinianos de Egipto, y, como ellos, supuso a la materia madre de Satanás y engendradora de todo mal. De las enseñanzas de Valentino tomó asimismo los *eones* y las *syzygias*, que son siete en su sistema, y con el πατὴρ ἄγνωστος completan la ogdoada o el pleroma (plenitud de esencia). Afirmó la influencia decisiva de los espíritus siderales (resto de sabeísmo) en los actos humanos e hizo inútiles esfuerzos para conciliarla con el libre albedrío.[135] En los himnos de Bardesanes, la creación se atribuía al *Demiurgo*, bajo la dirección de *Sophia Axamoth*, emanación imperfecta, espíritu degenerado del *Pleroma* y puesto en contacto con la materia. Su redención primero y después la de los *pneumáticos* fue verificada por el Χριστός, que no se hizo carne, en concepto de este hereje, sino que apareció con forma de cuerpo celeste (σῶμα οὐράνιο). No había nacido de María, ἐκ Μαριας, sino διὰ Μαριας (por María); miserable sofisma que esforzó Marino, discípulo de Bardesanes. ¡Como si fuera más fácil comprender un *cuerpo humano de origen celeste*, lo cual es más absurdo hasta en los términos que la unión *hipostática* del Verbo! De la historia de los *bardesianistas* sabemos poco. Harmonio, hijo del fundador, acrecentó el sistema con nuevos principios, entre ellos el de la metempsícosis, y escribió gran número de himnos. Más adelante, los discípulos de Bardesanes y los de Saturnino fueron entrando en el gremio ortodoxo, y la *gnosis* siria murió del todo.

Tampoco duró mucho la *sporádica*, o digamos del *Asia Menor* y de *Egipto*, escuela que se distingue por sus tendencias prácticas, espíritu crítico y escasa afición a las nebulosidades teosóficas. Su moral era pura y aun ascética, como la de los sirios. De Siria procedía realmente su fundador, Cerdón, que predicó y fue condenado en Roma. Allí conoció a Marción, natural del Ponto Euxino, hombre piadoso, fanático enemigo de los judíos y de los *xiliastas* o *milenaristas*, que esperaban el reino temporal del Mesías. Poseído de un fervor de catecúmeno sobre toda regla y medida, empeñóse en demostrar que la revelación cristiana no tenía parentesco alguno con la ley antigua; negó que Cristo fuese el Emmanuel esperado por los judíos; rechazó el *Antiguo Testamento* como *inspirado por el Demiurgo*, ser ignorante e incapaz de comprender lo mismo que hacía, por lo cual este mundo, que él creara, salió tan malo; confundió a este

---

135 Distinguiendo entre el hombre *hylico* y el *pneumático*.

178

Demiurgo con el Dios de los judíos, sin identificarle, no obstante, con el principio del mal, y escribió, con el título de *Antítesis*, un libro enderezado a señalar las que él suponía profundas y radicales entre el *Jehovah* de los profetas y el *Padre* revelado por Cristo. Aún llegó más allá su audacia: persuadido de que la nueva fe estaba alterada con reminiscencias de judaísmo, anunció el propósito de tornarla a su pureza; y como los libros del *Nuevo Testamento* eran un obstáculo para sus fines, los rechazó todos, excepto el *Evangelio de san Lucas* y diez epístolas de san Pablo; pero mutilándolos a su capricho, en términos que no los hubiesen conocido el Apóstol de las Gentes ni su discípulo si hubieran tornado al mundo. Baste decir, para muestra de tales alteraciones, que los dos primeros capítulos de san Lucas fueron del todo suprimidos por Marción, que, como todos los *gnósticos*, era *dóketos*, y no asentía al dogma de la encarnación, ni menos al del nacimiento de Cristo de una virgen hebrea. Comienza, pues, su Evangelio por la aparición de Jesús en la sinagoga de Cafarnaúm.

Continuaron los discípulos de Marción el audaz trabajo *exegético* (si tal puede llamarse) de su maestro, y Marco, Luciano, Apeles, introdujeron en el sistema alteraciones de poca monta, exagerando cada vez más las antítesis y el dualismo. Esta doctrina duró hasta el siglo IV, y tuvo secuaces, y hasta obispos, en todo el orbe cristiano, como que era la reacción más violenta contra las sectas judaizantes. Todavía hubo quien los excediera en este punto.

Tales fueron algunos partidarios de la *gnosis* egipcia, la menos cristiana, menos judía y más panteísta de todas, como nacida y criada al calor de la escuela alejandrina. Pero ha de notarse que el fundador de esta secta, como el de la itálica, fue un sirio, porque en Siria está la cuna de toda enseñanza gnóstica. Basílides, compañero de Saturnino y discípulo tal vez de Simón y de Menandro, llevó a Egipto la tradición arcana, que pretendía haber aprendido de Glaucias, discípulo de san Pedro; enlazóla con las creencias del país, alteradas por el influjo griego, y dio nueva forma al pitagorismo y platonismo de Aristóbulo y de Filón. La doctrina amasada con tales elementos, y sostenida en las falsas revelaciones proféticas de Cham y de Barchor, fue expuesta en los veinticuatro libros de *Exegéticas* o *Interpretaciones*, hoy perdidos, fuera de algunos retazos. Basílides, como era natural, aparece mucho más dualista que los posteriores heresiarcas egipcios: supone eternos los dos principios, contradiciendo en esta parte al Zendavesta; establece la *ogdoada*, que con el *padre ignoto* forman sus siete atributos hipostáticos: *nous* (entendimiento), *logos* (verbo), *phronesis* (prudencia o buen juicio), *sophia* (sabiduría), *dynamis* (fuerza), *dikaiosune* (justicia); y añade a esta primera serie o corona una segunda, que es su reflejo, y después otra, y así sucesivamente hasta completar el número de trescientas sesenta y cinco inteligencias, expresado con la palabra *abracas*, que se convirtió luego en amuleto, y encuéntrase grabada en todas las piedras y talismanes *basilídicos*. Las inteligencias van degenerando, según sus grados en la escala; pero la armonía no se rompió hasta que el imperio del mal y de las tinieblas invadió el de la luz. Para restablecer el orden y hacer la separación o *diakrisiz* entre los dos poderes, una inteligencia inferior, el ἄρΧων, equivalente al *Demiurgo* de otras sectas, creó (inspirado por el Altísimo) el mundo visible, lugar de expiación y de pelea. Aquí el *Pneuma*, emanación de la luz divina, va peregrinando por los diversos grados de la existencia *hylica*, dirigido siempre por las celestes inteligencias, hasta purificarse del todo y volver al foco de donde ha procedido. Pero, encadenada a la materia y ciega por las tinieblas de los sentidos, no cumpliría sus anhelos si el Padre no se hubiera dignado revelar al mundo su primera emanación, el *nous*, la cual se unió al hombre Jesús cuando éste fue bautizado por el Precursor (que para Basílides era el *último profeta del Archon* o *Demiurgo*) a orillas del Jordán. Su *cristología* es *doketista* y no ofrece particular interés.

Basílides estableció en su escuela el silencio pitagórico; dividía en clases a sus sectarios, según los grados de iniciación, y reservaba las doctrinas más sublimes para los εκλεκτοι o elegidos. Pero muy pronto se alteró el sistema, y ya en los días de Isidoro, hijo del fundador, penetraron en aquella cofradía doctrinas *cerintianas* y, sobre todo, *valentinianas*. Estas últimas, con su lozanía y riqueza, ahogaron las modestas teorías de Basílides y cuantas nacieron a su lado. Solo como sociedad secreta vivió oscuramente el *basilismo* hasta el siglo V por lo menos.

A decir verdad, la escuela de Valentino (año 136) es la expresión más brillante y poética de la *gnosis*. En teorías como en mitos, recogió lo mejor de las heterodoxias y sistemas filosóficos anteriores, llevando a sus últimos límites el sincretismo, con lo cual, si perdía en profundidad, ganaba en extensión y podía influir en el ánimo de mayor número de secuaces. Como buen gnóstico, tenía Valentino enseñanzas esotéricas que hoy conocemos poco. La parte simbólica y externa de su doctrina, expuesta fue en la *Pistis Sophia* (sabiduría fiel), libro realmente perdido, por más que dos veces se haya anunciado su descubrimiento y anden impresos dos libros *gnósticos*, uno de ellos muy importante, con este título.[136] De qué manera entendió Valentino la causa del mal y la generación de los *eones*, diralo el siguiente resumen que he procurado exponer en términos claros y brevísimos.

En alturas invisibles e inefables habita desde la eternidad el Padre (βυθός o abismo), acompañado de su fiel consorte, que es cierto poder o inteligencia de él emanada, y tiene los nombres de Ennoia, Χάρις (felicidad) o σιγή (silencio). Estos dos *eones* engendraron en la plenitud de los tiempos a *Nous* y Αλήθεια (*entendimiento* y *verdad*). A estas primeras *syzygias* o parejas siguen *Logos* y *Zoe* (el verbo y la vida), *Anthropos* y *Ecclesia* (el hombre y la Iglesia), constituyéndose así la *ogdoada*, primera y más alta manifestación de *Bythos*. La segunda generación del *Pleroma* es la *década*, y la tercera, la *dodécada*, de cuyos individuos haré gracia a mis lectores, fatigados sin duda de tanta genealogía mítica, bastando advertir que la última emanación de la *dodécada* fue *Sophia*. Y aquí comienza el desorden en el universo, pues devorada esta *Sophia* por el anhelo de conocer a *Bythos*, de cuya vista le apartaban las inteligencias colocadas más altas que ella en la escala, anduvo vagando por el espacio, decaída de su prístina excelencia, hasta que el Padre, compadecido de ella, envió en su auxilio al *eon Horus* que la restituyera al *Pleroma*.[137] Mas, para restablecer la armonía fue necesaria la emanación de dos nuevos *eones*: Χριστός y el *Pneuma*, los cuales procedieron de *Nous* y de *Aletheia*. Gracias a ellos fue restaurado el mundo intelectual y redimido el pecado de *Sophia*.

La cual, durante su descarriada peregrinación, había producido, no se dice cómo, un *eón* de clase inferior, llamado *Sophia Axamoth*, que reflejaba y reproducía, aunque menoscabados, los atributos de su madre. Y esta *Axamoth*, excluida del *Pleroma* y devorada siempre por el anhelo de entrar en él, vagaba por el espacio exhalando tristes quejas, hasta preguntar a su madre: *¿Por qué me has creado?* Esta hija de adulterio dio el ser a muchos *eones*, todos inferiores a su madre, cuales fueron el *Alma del mundo*, el *Creador* o *Demiurgo*, etc., y a la postre fue conducida al *Pleroma* por *Horus* y redimida por *Christos*, que la hizo *syzygia* suya, celebrando con ella eternos esponsales y místicos convites.

---

136 *Dictionnaire des Apocryphes*, del abate Migne, tomo 2.

137 ¡Hermosa alegoría de la ciencia humana, perdida siempre por investigar más de lo justo!

El *Demiurgo*, nacido de *Sophia Axamoth*, creó el mundo, separando el principio *psyquico* del *hylico*, confundidos antes en el caos, y estableció seis esferas o regiones, gobernadas por sendos espíritus. Creó después al hombre, a quien *Sophia* comunicó un rayo de divina luz, que le hizo superior al *Demiurgo*. Celoso éste, le prohibió tocar el árbol de la ciencia, y como el hombre infringiese el precepto, fue arrojado a un mundo inferior, y quedó sujeto al principio *hylico* y a todas las impurezas de la carne. Dividió Valentino a los mortales en *pneumáticos*, *psyquicos* e *hylicos*. La redención de los primeros se verifica por la unión con el *Christos*. No hay para qué insistir en el *doketismo* que Valentino aplicó a la narración evangélica, ni en la manera como explicaba la unión de sus tres principios en Jesucristo. En lo esencial no difiere de otros *gnósticos*.

Para los *hylicos* no admitía rescate: los *psyquicos* se salvan por los méritos de la crucifixión padecida por el hombre Jesús después que se apartó de él el *Pneuma* o el *Christos*. El sistema termina con la acostumbrada palingenesia y vuelta de los espíritus al πλήρωμα, de donde directa o indirectamente han emanado.

En esta teoría, el principio del mal entra por muy poco. Es puramente negativo; redúcese a las *tinieblas*, al *vacío*, a esa materia inerte y confusa de que es artífice el *Demiurgo*. El desprecio de la materia llega a su colmo en las sectas gnósticas, y de ahí esa interminable serie de *eones* o inteligencias secundarias, hasta llegar a una que degenere y participe del elemento *hylico* y pueda, por tanto, emprender esa desdichada obra de la creación, indigna de que el *padre ignoto* ni sus primeras emanaciones pongan en ella las manos. La creación, decían con frase poética, aunque absurda, los valentinianos, es *una mancha en la vestidura de Dios*. Y no reparaban en la inutilidad de esos *eones*, puesto que, siendo atributos de Dios, o, como ellos decían, *Dios mismo*, tan difícil era para *Sophia* o para el *Pneuma* ponerse en contacto con la materia como para *Bythos* o para *Logos*. ¡A tales absurdos y contradicciones arrastra la afirmación de la eternidad e independencia de la materia y el rechazar la creación *ex nihilo*!

El *valentinianismo* tuvo innumerables discípulos en todo el mundo romano, pero muy pronto se dividieron, formando sectas parciales, subdivididas hasta lo infinito. Cada gnóstico o *pneumático* se creyó en posesión de la ciencia suprema con el mismo derecho que sus hermanos, y, como es carácter de la herejía el variar de dogmas a cada paso, surgieron escuelas nuevas y misteriosas asociaciones. Ni Epifanio, ni Marco, ni Heracleon siguieron fielmente las huellas de Valentino.

Mucho menos los *ofitas*,[138] así llamados por haber adoptado como símbolo la serpiente, que consideraban cual espíritu bueno enviado por la celeste *Sophia* al primer hombre para animarle a quebrantar los tiránicos preceptos de *Jaldabaoth*, o sea el *Demiurgo*. El dualismo, la antítesis y el odio a las instituciones judaicas crecen en esta secta, pero no llegan al punto de delirio que en la de los *cainitas*, cuyos adeptos emprendieron la vindicación de todos los criminales del *Antiguo Testamento* (Caín, los habitantes de Sodoma, Coré, Datán y Abirón, etc.), víctimas, según ellos, de la saña del vengativo y receloso *Demiurgo* o *Jehovah* de los judíos. La moral de esta secta (si tal puede llamarse) iba de acuerdo con sus apreciaciones *históricas*. Hacían gala de cometer todos los actos prohibidos por el Decálogo, ley imperfecta, como emanada de un mal espíritu, y seguir lo que ellos llamaban *ley de la naturaleza*. Pero todavía les excedieron los *carpocratianos*, que proclamaron absoluta comunidad de bienes y de mujeres y dieron rienda suelta a todos los apetitos de la carne. Por lo que hace a dogmas, los *carpocratianos* reducían toda la *gnosis* a la contemplación de la *mónada primera*, reminiscencia platónica que no dice muy bien con el resto del sistema.

La decadencia y ruina de la *gnosis* llega a su postrer punto en las escuelas de borborios, phibionistas, adamitas y pródicos, pobrísimas todas en cuanto a doctrina y brutalmente extraviadas en lo que hace a moral. Los adamitas celebraban su culto enteramente desnudos. Apenas es lícito repetir en lengua vulgar lo que de estas últimas asociaciones dijo san Epifanio. Difícilmente lograron los edictos imperiales acabar con los nocturnos y tenebrosos misterios de cainitas, nicolaítas y carpocracianos.

Así murió la *gnosis* egipcia, mientras que la de Persia y Siria, no manchada por tales abominaciones, legó su *negro manto*[139] a otros herejes, si herejes fueron al principio y no teósofos, educados fuera de la religión cristiana y del judaísmo. Tales fueron los *maniqueos*, de quienes he de decir poco, porque su sistema no

---

138 Los *ofitas* tenían una representación gráfica (*schema*, que dicen los pedantes krausistas) del mundo intelectual, según su sistema. Llamábase *diagramma*; la describe Orígenes (lib. 6 *Contra Celso*) y la reproduce en una lámina Matter.

139 Frase del célebre poeta Tomas Moore (*Travels of irish gentleman in research of relæion*).

es complicado, y de él tiene noticia todo el que haya recorrido, cuando menos, las obras de san Agustín.

Pasa por fundador de esta doctrina el esclavo Manes, educado en el *magismo*, si no en las enseñanzas del Zendavesta cuyos principios alteró con los de la *gnosis*, que había aprendido en los escritos de un cierto Scythiano. Como Simón el Mago y otros pseudoprofetas, apellidóse *Paráclito* y *Enviado de Dios*, y anunció la *depuración* del cristianismo, que, según él, había degenerado en manos de los apóstoles. Redúcese la teoría maniquea a un dualismo resuelto y audaz: el bien contradice al mal, las tinieblas a la luz; Satanás, príncipe de la materia, al Dios del espíritu. Los dos principios son eternos: Satanás no es ángel caído, sino el genio de la materia, o más bien la materia misma. En el imperio de la luz establece Manes una serie de espíritus o *eones*, que en último análisis se reducen a Dios y no son más que atributos y modos suyos de existir, infinitos en número. Otro tanto acontece en el imperio de las tinieblas. Y los campeones del Ahrimán maniqueo lidian con los de Ormud incesantemente. Entre los espíritus malos estalló en cierta ocasión la discordia; algunos de ellos quisieron invadir el reino del bien y asimilarse a los *eones*, porque la tendencia a lo bueno y a la perfección es ingénita aun en los príncipes del caos. Dios, para detenerlos, produjo una nueva emanación, la *madre de la vida*, que entrara en contacto con la materia y corrigiera su natural perverso. El hijo de esta madre, el *primer hombre* ($\pi\rho\hat{\omega}\tau o\varsigma$ $\mathring{\alpha}\nu\theta\rho o\pi o\varsigma$), engendra el alma del mundo, que anima la materia, la fecunda y produce la creación. La parte de esta alma que no se mezcla con el mundo visible torna a las celestes regiones, y es el redentor, el salvador, el *Christos*, que tiende siempre a recoger los rayos de su luz esparcidos en lo creado.

El cuerpo del hombre fue creación de los demonios. Ellos le impusieron también el precepto del árbol de la ciencia que Adán quebrantó aconsejado por un espíritu celeste, como en el sistema de los *ofitas*, y crearon a Eva para encadenarle más y más a los estímulos de la carne. En absoluta consecuencia con estos preliminares, condenan los maniqueos el *judaísmo*, como religión llena de errores y dictada por los espíritus de las tinieblas, y someten al hombre a un *fatalismo sideral*, en que los dos principios se disputan, desde los astros donde moran, el absoluto dominio de su voluntad y de su entendimiento. No hay para qué decir que la redención era entendida por los maniqueos en sentido *doketista*; *la luz*, decían, *no puede unirse a las tinieblas*, y por eso las tinieblas no la comprendieron. La cruz fue un símbolo, una apariencia externa para los *psyquicos* (usemos el lenguaje gnóstico), pero no para los elegidos, εκλεκτοι, que en los demás sistemas que hemos apuntado se llaman *pneumáticos*. En punto al destino de las almas en la otra vida, no carece de novedad el *mani-queísmo*. Las almas que en este mundo se han ido desatando de todos los lazos terrestres por el ascetismo, entran en la región de la Luna, donde son bañadas y purificadas en un lago; de allí pasan al Sol, donde reciben el bautismo de fuego. Fáciles son, después de esto, el tránsito a las esferas superiores y la unión íntima con la divinidad; condenadas están, por el contrario, las almas impuras a la transmigración hasta que se santifiquen. Por lo demás, niega Manes la resurrección de los cuerpos y limita mucho la *palingenesia* de los espíritus Será absolutamente aniquilada la materia.

Ascética en grado sumo era la moral de los maniqueos, prohibiendo el matrimonio y el uso de las carnes. Constituían la jerarquía eclesiástica doce llamados *apóstoles* y setenta y dos discípulos, que muy pronto se pusieron en discordia, como era de sospechar. Algunos confundieron a Cristo con *Mithra*, cuando no con Zoroastro o con Buda. En Occidente penetró no poco la doctrina maniquea, porque no era pura especulación teosófica como la *gnosis*, sino que llevaba un carácter muy práctico y quería resolver el eterno y temeroso problema del origen del mal.[140] A espíritus eminentes como san Agustín sedujo la aparente ilación y

---

140 La doctrina maniquea fue expuesta por el maestro mismo en la epístola *Fundamenti*, que nos ha conservado san Agustín en su refutación, y en otra epístola que copia san Epitafio (Haeres. 66). De Fausto hay un escrito, que reproduce san Agustín en el libro contra aquel hereje.

Véanse, además, para la parte histórica, Beausobre, *Histoire critique du Manicheísme*, y Matter, *Histoire critique du gnosticisme*.

Pueden consultarse también con fruto: Lewald, *Commentatio de doctrina gnostica* (Heidelberg 1818); Neander, *Desarrollo genético de los principales sistemas del gnosticismo* (en alemán, Berlín 1818); Bellerman, *Sobre las piedras abraxas* (en alemán, Berlín 1920 y siguientes). Todas estas obras, y aun la primera edición de Matter, son anteriores al descubrimiento de la fuente capital sobre el gnosticismo, que es: *Origenis Philosophumena sive omnium haeresum refutatio. E codice Parisino nunc primum edidit Emmanuel Miller. Oxonii e Typographeo Academico*, MDCCCLI, XII + 348 páginas.

Desde el, lib. 5 en adelante comienza a hablar de los *gnósticos*. Muchos atribuyen esta obra, no a Orígenes, sino a san Hipólito.

claridad del sistema, libre ya de las nebulosidades en que le envolviera la imaginación persa o siria. Pero muy pronto se convencieron de la inanidad y escaso valor científico del dogma de Manes, de su no disimulada tendencia fatalista y de las consecuencias morales que por lógica rigurosa podían deducirse de él. El santo obispo de Hipona fue el más terrible de los contradictores de esta herejía, mostrando evidentísimamente en su tratado *De libero arbitrio*, y en cien partes más, que el mal procede de la voluntad humana y que ella sola es responsable de sus actos. La Providencia, de una parte; la libertad, de otra, nunca han sido defendidas más elocuentemente que en las obras de aquel padre africano. Todo lo creado es bueno, el pecado, fuente de todo mal en el ángel y en el hombre, no basta romper la universal armonía, porque el mal es perversión y decadencia, no *sustancia*, sino *accidente*.

Previos estos indispensables preliminares, que he procurado abreviar, estudiemos el desarrollo de la *gnosis* y del *maniqueísmo* en España.

II. Primeros gnósticos españoles. Los agapetas

A mediados del siglo IV apareció en España, viniendo de la Galia aquitánica, donde había tenido gran séquito, y más entre las mujeres, un egipcio llamado Marco, natural de Menfis, y educado probablemente en las escuelas de Alejandría. Este Marco, a quien en modo alguno ha de confundirse con otros *gnósticos* del mismo nombre, entre ellos Marco de Palestina, discípulo de Valentino,[141] era maniqueo y, además, teurgo y cultivador de las artes mágicas. En España derramó su doctrina, que ha sido calificada de *mezcla singular de gnosticismo puro y de maniqueísmo*,[142] pero de la cual ninguna noticia tenemos precisa y exacta (las de san Ireneo se refieren al otro Marco), y solo podríamos juzgar por inducción sacada del priscilianismo. Atrajo Marco a su partido a diversos personajes de cuenta, especialmente a un retórico llamado Elpidio, de los que tanto abundaban en las escuelas de España y de la Galia narbonense, y a una noble y rica matrona llamada Agape. Es muy señalado el papel de las mujeres en las sectas gnósticas: recuérdense la *Helena* de Simón Mago, la *Philoumena* de Apeles, la *Marcellina* de los carpocracianos, la *Flora*

---

141 Véase en el apéndice lo que san Ireneo dice de este teósofo Marco, para que se compare su doctrina con la de los *gnósticos* españoles.

142 Exposición de Matter (tomo 2, página 311).

de Ptolomeo; y, aun saliendo del gnosticismo, encontraríamos a la *Lucilla* de los donatistas y a la *Priscilla* de Montano.

Fundaron Marco y Agape la secta llamada de los *agapetas*, quienes (si hemos de atenernos a los brevísimos y oscuros datos de los escritores eclesiásticos) se entregaban en sus nocturnas zambras a abominables excesos, de que había dado ejemplo la misma fundadora. Esto induciría a sospechar que los *agapetas* eran *carpocracianos* o *nicolaítas*, si por otra parte no constara su afinidad con los priscilianistas. Fuera de estar averiguado que todas las sectas gnósticas degeneraron en sus últimos tiempos hasta convertirse en sociedades secretas, con todos los inconvenientes y peligros anejos a semejantes reuniones, entre ellos el de la murmuración (a veces harto justificada) de los profanos. *Qui male agit, odit lucem.*

Si los discípulos de Marco fueron realmente *carpocracianos*, como se inclina a creer Matter, nada de extraño tiene que siguiesen *la ley de la naturaleza* y enseñasen que todo era *puro para los puros*. Esto es cuanto sabemos de ellos, y no he de suplir con conjeturas propias el silencio de los antiguos documentos.[143]

---

143 «Qui (gnostici) per Marcum Aegyptium Galliarum primum circa Rhodanum, deinde Hispaniarum nobiles foeminas deceperunt» (*In Isaiam*, cap. 64). Esto dice san Jerónimo con referencia a san Ireneo (lib. 1, cap. 9), que indudablemente se refiere al otro Marco: «Talia autem dicentes et operantes... et in iis quoque, quae sunt secundum nos regiones Rhodanenses, multas seduxerunt mulieres.

»Primus eam (gnosticorum haeresim) intra Hispanias Marcus intulit Aegypto profectus, Memphi ortus. Huius auditores fuere Agape quaedam non ignobilis mulier et rhetor Helpidius. Ab his Priscillianus est institutus...» (Severo Sulpicio, *Hist. Sac.*, lib. 11).

«In Hispania Agape Elpidium, mulier virum, caecum caeca duxit in foveam, successore-mque sui Priscillianum habuit» (san Jerónimo, epístola *Ad Ctesiphontem*, 43 en la edición de san Mauro).

«Ostendens... Marcum quemdam, Memphiticum, magicae artis scientissimum, discipulum fuisse Manis et Priscilliani magistrum» (san Isidoro, *De Viris Illustribus*, cap. 15). Dice esto el doctor de las Españas refiriéndose a Itacio.

Paréceme que el mismo san Jerónimo no está libre de confusión en lo que se refiere a los dos Marcos; el primero vivió en el siglo II, al paso que el maestro de Prisciliano debió florecer en los principios del siglo IV. Claro es que san Ireneo no podía hablar de él como no fuera en profecía. Todo lo que dice de Marco tiene que referirse al discípulo de Valentino. Girvés los distingue bien, y le sigue Ferreiro.

Si san Jerónimo no los confundió, hay que admitir forzosamente que también el primitivo Marco estuvo en las Galias y en España. Véase, si no, este párrafo de la carta de san

III. Historia de Prisciliano

¡Lástima que la autoridad casi única en este punto sea el extranjero y retórico Sulpicio, y que hayamos de caminar medio a tientas por asperezas y dificultades, sin tener seguridad en nombres ni en hechos! Procuraré apurar la verdad, dado que tan pocas relaciones quedan.

En el consulado de Ausonio y de Olybrio (año 379)[144] comenzó a predicar doctrinas heréticas un discípulo de Elpidio y de Agape llamado Prisciliano, natural de Galicia, de raza hispanorromana, si hemos de juzgar por su nombre, que es latino de igual suerte que los de *Priscus* y *Priscilla*. El retrato que de él hace Sulpicio Severo nos da poquísima luz, como obra que es de un pedagogo del siglo V, servilmente calcada, hasta en las palabras, sobre aquella famosa *etopeya* de Catilina, por Salustio. Era Prisciliano, según le describe el retórico de las Galias, de familia noble, de grandes riquezas, atrevido, facundo, erudito, muy ejercitado en la declamación y en la disputa; feliz, ciertamente, si no hubiese echado a perder con malas opiniones sus grandes dotes de alma y de cuerpo. Velaba mucho: era sufridor del hambre y de la sed, nada codicioso, sumamente parco. Pero con estas cualidades mezclaba gran vanidad, hinchado con su falsa y profana ciencia, puesto que había ejercido las artes mágicas

---

Jerónimo a Teodora, viuda de Lucinio (53 de la edición de san Mauro): «Et quia haereseos semel fecimus mentionem qua Lucinius noster dignae eloquentiae tuba praedicari potest, qui spurcissima per Hispanias Basilidis haeresi saeviente et instar pestis et mortis totas intra Pyrenaeum et Oceanum vastante provincias, fidei ecclesiasticae tenuit puritatem, nequaquam suscipiens Armagil, Barbelon, Abraxas, Balsamum, et ridiculum Leusiboram, caeteraque magis portenta quam nomina quae ad imperitorum, et muliercularum animos concitandos, et quasi de Hebraicis fontibus hauriunt barbaro simplices quosque terrentes sono, ut quod non intelligunt, plus mirentur? Refert Irenaeus, vir Apostolicorum temporum, et Papiae auditoris Evangelistae Johannis discipulus. Episcopusque Ecclesiae Lugdunensis, quod Marcos quidam de Basilidis Gnostici stirpe descendens, primum ad Gallias venerit, et eas partes per quas Rhodanus et Garumna fiuunt, sua doctrina maculaverit; maxime nobiles feminas, quaedam in occulto mysterio repromittens hoc errore seduxerit, magicis artibus et secreta corporum voluptate amorem sui concilians. Inde Pyrenaeum transiens, Hispanias occupavit, et hoc studio habuerit ut divitum domus, et in ipsis feminas maxime appeteret...» (y se refiere a la obra *Adversus omnes haereses*).

144 Consta esta fecha por el *Cronicón* de san Próspero de Aquitania.

desde su juventud.[145] De esta serie de lugares comunes, solo sacamos en limpio dos cosas: primero, que Prisciliano poseía esa elocuencia, facilidad de ingenio y varia doctrina necesaria a todo corifeo de secta; segundo, que se había dado a la magia desde sus primeros años. Difícil es hoy decidir qué especie de magia era la que sabía y practicaba Prisciliano. ¿Era la superstición céltica o druídica, de que todavía quedaban, y persistieron mucho después, restos en Galicia? ¿O se trata de las doctrinas arcanas del Oriente, a las cuales parece aludir san Jerónimo cuando llama a Prisciliano *Zoroastris magi studiosissimum*?[146] Quizá puedan conciliarse entrambas opiniones, suponiendo que Prisciliano ejercitó primero la magia de su tierra y aprendió más tarde la de Persia y Egipto, que en lo esencial no dejaba de tener con la de los celtas alguna semejanza. Sea de esto lo que se quiera, consta por Sulpicio Severo que Prisciliano, empeñado en propagar la *gnosis* y el *maniqueísmo*, no como los había aprendido de Marco, sino con variantes sustanciales, atrajo a su partido gran número de nobles y plebeyos, arrastrados por el prestigio de su nombre, por su elocuencia y el brillo de su riqueza. Acudían, sobre todo, las mujeres, ansiosas siempre de cosas nuevas, víctimas de la curiosidad, y atraídas por la discreción y cortesanía del heresiarca gallego, blando en palabras, humilde y modesto en el ademán y en el traje: medios propios para cautivar el amor y veneración de sus adeptos.[147] Y no solo mujeres, sino obispos, seguían su parecer, y entre ellos Instancio y Saviano, cuyas diócesis no expresa el historiador de estas alteraciones. Extendióse rápidamente el priscilianismo de Galaecia a Lusitania, y de allí a la Bética, por lo cual, receloso el obispo de Córdoba Adygino o Higino, sucesor de Osio,[148] acudió en queja a *Idacio* o *Hydacio*, metropolitano de Mérida, si hemos de leer en el texto de Sulpicio *Emeritae civitatis, o sacerdote anciano*, si leemos, como otros

---

145 «Ab his Priscillianus est institutus, familia nobilis, praedives opibus, acer, inquiens, facundus, multa lectione eruditus, disserendi ac disputandi promptissimus. Felix profecto si non pravo studio corrupisset optimum ingenium: prorsus multa in eo animi et corporis bona cerneres. Vigilare multum, famem ac sitim ferre poterat, habendi minime cupidus, utendi parcissimus. Sed idem vanissimus et plus iusto inflatior prophanarum scientia: quin et magicas artes ab adolescentia eum exercuisse creditum est» (Sulpicio Severo, *Historia Sagrada*, lib. 2, en el tomo 16 de la *Bibliotheca Veterum Patrum*). Sigo la edición lugdunense.

146 Epístola *Ad Ctesiphontem adversus Pelagium*.

147 Dábales Prisciliano nombres simbólicos, v. gr., Bálsamo, Barbelón, Tesoro, Leusibora.

148 Véase acerca de este obispo el tomo 10 de la *España sagrada*, páginas 208-212.

quieren, *emeritae aetatis*. Comenzó Idacio a proceder contra los priscilianistas de Lusitania con extremado celo, lo cual, según el parecer de Sulpicio Severo, que merece en esto escasa fe, por ser enemigo capital suyo, fue causa de acrecentarse el incendio, persistiendo en su error Instancio y los demás *gnósticos* que se habían conjurado para ayudar a Prisciliano. Tras largas y reñidas contiendas, fue necesario, para atajar los progresos de la nueva doctrina, reunir (año 380) un concilio en Zaragoza. A él asistieron dos obispos de Aquitania y diez españoles, entre ellos Idacio, que firma en último lugar. Excomulgados fueron por este sínodo los prelados Instancio y Salviano y los laicos Helpidio y Prisciliano.[149] Los ocho cánones en Zaragoza promulgados el 4 de octubre de dicha era, únicos que hoy conocemos, más se refieren a la parte externa de la herejía que a sus fundamentos dogmáticos. El primero veda a las mujeres la predicación y enseñanza, de igual modo que el asistir a lecciones, prédicas y conventículos *virorum alienorum*. El segundo prohíbe ayunar, por *persuasión* o *superstición*, en domingo, ni faltar de la iglesia en los días de Cuaresma, *ni celebrar oscuros ritos en las cavernas y en los montes*. Anatematizóse en el tercero al que reciba en la iglesia y no consuma el cuerpo eucarístico. Nadie se ausentará de la iglesia (dice el cuarto) desde el 16 de las calendas de enero (17 de diciembre) hasta el día de la Epifanía, ni estará oculto en su casa, ni irá a la aldea, ni *subirá a los montes*, ni andará descalzo... so pena de excomunión. Nadie se arrogará el título de doctor, fuera de aquellas personas a quienes está concedido. Las vírgenes no se velarán antes de los cuarenta años. Téngase en cuenta todas estas indicaciones, que utilizaremos en lugar oportuno. Ahora basta fijarse en la existencia de conciliábulos mixtos de hombres y mujeres, en el sacrílego fraude con que muchos recibían la comunión y en la enseñanza confiada a legos y mujeres, como en la secta de los *agapetas*. De otro canon hizo ya memoria Sulpicio Severo: el que prohíbe a un obispo recibir a comunión al excomulgado por otro; copia textual de uno de los decretos de Ilíberis. Contra el ascetismo que afectaban los priscilianistas se endereza el sexto, que aparta de la Iglesia al clérigo que, *por vanidad y presunción de ser tenido en más que los otros*, adoptase las reglas y austeridades monásticas.

---

149 Dícelo Sulpicio Severo, pero no está en los cánones que hoy tenemos (Véase *Collectio Canonum Ecclesie Hispanae*, edición 1808, página 303), señal indudable de haberse perdido algunos.

Firman las actas Fitadio, Delfino, Eutiquio, Ampelio, Augencio, Lucio, Itacio, Splendonio, Valerio. Symposio, Carterio e Idacio. La notificación y cumplimiento del decreto que excomulgaba a los priscilianistas con expresión de sus nombres, como textualmente afirman los padres del primero Toledano, confióse a Itacio, obispo ossonobense, en la Lusitania, a quien hemos de guardarnos de confundir con Idacio el de Mérida, a pesar de la semejanza de sus nombres y doctrinas y vecindad de obispados.[150]

No se había mantenido constante en la fe el obispo de Córdoba Higino, que fuera el primero en apellidar alarma contra los priscilianistas; antes prevaricó con ellos, razón para que Itacio le excomulgase y depusiese, apoyado en el decreto conciliar, sin que sepamos el motivo de la caída del prelado bético, natural, sin embargo, dentro de las condiciones de la humana flaqueza, y no difícil de explicar, si creemos que Prisciliano era tan elocuente y persuasivo como nos le describen sus propios adversarios.

Si con la deposición de Higino perdían un obispo, otro pensaron ganar los *gnósticos* Instancio y Salviano, elevando anticanónica y tumultuariamente a la silla de Ávila[151] a su corifeo Prisciliano, persuadidos del no leve apoyo que sus doctrinas alcanzarían si armasen con la autoridad sacerdotal a aquel heresiarca hábil y mañoso. Redoblaron con esto la persecución Idacio e Itacio, empeñados

---

150 La fecha del concilio *Cesaraugustano* es en las colecciones de Loaysa y de Labbe la de 380 (era 418), aunque ni el códice Emilianense ni el Vigilano tienen ninguna. Binio y Girves la ponen en 381; Mansi, en 379. Pagi, Tillemont (*España sagrada*, tomo 30; siguen la común opinión, que parece verosímil, puesto que Prisciliano había comenzado a esparcir su herejía en 379, siendo cónsules Ausonio y Olybrio (*S. Prosperi Aquitani Chronicon*).

Vanamente dudó Ambrosio de Morales (que también sabían pecar de exceso de duda nuestros historiadores del gran siglo) que el concilio cuyas actas tenemos fuese el mismo que se celebró contra los priscilianistas. Cierto que en los cánones conservados (que de seguro no son todos, porque es imposible que los padres cesaraugustanos dejasen de condenar la parte dogmática de la herejía) no se nombra a Prisciliano; pero se alude evidentísimamente a sus errores, según todo lo que de ellos sabemos (Véase Morales, lib. 10, cap. 44). Los obispos de que hace memoria Sulpicio como perseguidores de Prisciliano, suscriben las actas de Zaragoza, juntamente con algunos de Aquitania; circunstancia conforme también con la narración del historiador eclesiástico (Véase Risco, tomo 30, página 234).

151 *Abulensi*, no *Labinensi*, ha de leerse en el texto de Sulpicio Severo, que está lleno de errores en los nombres españoles (*Sossubensi por Ossonobensi*, etc.).

en descuajar la mala semilla, y acudieron (*parum sanis consiliis*, dice Severo) a los jueces imperiales. Éstos arrojaron de las iglesias a algunos priscilianistas, y el mismo emperador Graciano, a la sazón reinante, dio un rescripto (en 381) que intimaba el destierro *extra omnes terras* a los herejes españoles. Cedieron algunos, ocultáronse otros, mientras pasaba la tormenta, y apareció dispersarse y deshacerse la comunidad prisciliana.

Pero no eran Prisciliano, Instancio ni Salviano hombres que se aterrasen por decretos emanados de aquella liviana corte imperial, en que era compra y venta la justicia.[152] Esperaban mucho en el poder de sus artes y de sus riquezas, bien confirmado por el suceso. Obcecábalos de otra parte el error, para que ni de grado ni por fuerza tornasen al redil católico. Salieron, pues, de España con el firme propósito de obtener la revocación del edicto y esparcir de pasada su doctrina entre las muchedumbres de Aquitania y de la península Itálica. Muchos prosélitos hicieron entre la plebe *Elusana* y de Burdeos[153] pervirtiendo en especial a Eucrocia y a su hija Prócula, en cuyas posesiones dogmatizaron por largos días. Entrambas los acompañaron en el viaje a Roma, y con ellas un escuadrón de mujeres (*turpis pudibundusque comitatus*, dice Sulpicio), con las cuales es fama que mantenían los priscilianistas relaciones no del todo platónicas ni edificantes. De Prócula tuvo un hijo el mismo autor y fautor de la secta, entre cuyas ascéticas virtudes no resplandecía por lo visto la continencia, aun después de haber ceñido su cabeza con las sagradas ínfulas, por obra y gracia de sus patronos lusitanos.[154]

En la forma sobredicha llegó el nuevo obispo a Roma, viaje en verdad excusado, puesto que el gran pontífice san Dámaso, que, como español, debía de tener buena noticia de sus intentos, se negó a oír sus excusas ni a darle audiencia. Solo quien ignore la disciplina de aquellos siglos podrá extrañar que se limitase a esto y no pronunciase nuevo anatema contra los priscilianistas. ¿A qué había de interponer su autoridad en causa ya juzgada por la Iglesia española reunida en concilio, constándole la verdad y el acierto de esta decisión y

---

152 *Cuncta venalia erant*, dice Sulpicio.
153 El obispo san Delfino se negó a admitirlos, y entonces se dirigieron a las heredades de Prócula.
154 Dicen (y Sulpicio lo apunta) que Prócula acudió al aborto por medio de hierbas para ocultar su deshonra. *Fuit in sermone hominum... partum sibi graminibus abegisse.*

siendo notorios y gravísimos los errores de los *gnósticos* que tiraba a resucitar Prisciliano?

Nuevo desengaño esperaba a nuestros herejes en Milán, donde encontraron firmísima oposición en san Ambrosio, que les cerró las puertas del templo como se las había de cerrar al gran Teodosio. Pero tenían Prisciliano y los suyos áurea llave para el alcázar de Graciano, y muy pronto fue sobornado Macedonio, *magister officiorum*, que obtuvo del emperador nuevo rescripto, a tenor del cual debía ser anulado el primero y restituidos los priscilianistas a sus iglesias ¡Tan desdichados eran los tiempos y tan funestos resultados han nacido siempre de la intrusión del poder civil (resistida donde quiera por la Iglesia) en materias eclesiásticas! Pronto respondió la ejecución al decreto. El oro de los galaicos amansó a Volvencio, procónsul de Lusitania, antes tan decidido contra Prisciliano; así éste como Instancio volvieron a sus iglesias (Salviano había muerto en Roma), y dio comienzo una persecución anticatólica, en que sobre todo corría peligro Itacio, el más acre y resuelto de los contradictores de la herejía. Oportuno juzgó huir a las Galias, donde interpuso apelación ante el prefecto Gregorio, el cual, por la autoridad que tenía en España, llamó a su tribunal a los autores de aquellas tropelías, no sin dar parte al emperador de lo acontecido y de la mala fe y venalidad con que procedían sus consejeros en el negocio de los priscilianistas.

Supieron éstos parar el golpe, porque a todo alcanzaban los tesoros de Prisciliano y la buena voluntad de servirle que tenía Macedonio. Por un nuevo rescripto quitó Graciano el conocimiento de la causa al prefecto de las Galias y remitióla al vicario de España, en cuyo foro no era dudosa la sentencia. Y aún fue más allá Macedonio, sometido dócilmente a los priscilianistas. Envió gente a Tréveris para prender a Itacio, que se había refugiado en aquella ciudad so la égida del obispo Pritanio o Britanio. Allí supo burlarlos hábilmente, mientras acontecían en la Bretaña señaladas novedades, que habían de influir eficazmente en la cuestión priscilianista.

La anarquía militar, eterna plaga del imperio romano, contenida en Oriente por la fuerte mano de Teodosio, cayó de nuevo sobre el Occidente en los últimos y tristes días de Graciano, bien diversos de sus loables principios. Las legiones de Britania saludaron emperador al español Clemente Máximo, que tras breve y simulada resistencia aceptó la púrpura, y pasó a las Galias al frente de 130.000 hombres. Huyó Graciano a *Lugdunum* (Lyón) con pocos de sus partidarios, y fue muerto en una emboscada, dúdase si por orden y alevosía de Máximo, cegado entonces por la ambición, aunque le adornaban altas prendas. El *tirano español* entró victorioso en Tréveris, y su compatriota Teodosio, que estaba lejos y no podía acudir a la herencia de Graciano, tuvo que tratar con él y cederle las Galias, España y Britania para evitar mayores males. Corría el año de 384, consulado de Ricimero y Clearco.

Era Máximo muy celoso de la pureza de la ortodoxia, aunque de sobra aficionado, como todos los emperadores de la decadencia, a poner su espada en la balanza teológica. Sabía aquella virtud y este defecto nuestro Itacio, que trató de aprovecharlos para sus fines, dignos de loa si no los afeara el medio; y le presentó desde luego un escrito contra Prisciliano y sus secuaces, lleno de *mala voluntad y de recriminaciones*, según dice con su habitual dureza Sulpicio Severo. Bastaba con la enumeración de los errores gravísimos anticatólicos y antisociales de aquella secta gnóstica para que Máximo se determinara al castigo; pero más prudente que Itacio, remitió la decisión al sínodo de Burdeos, ante el cual fueron conducidos Instancio y Prisciliano. Respondió el primero en causa propia, y fue condenado y depuesto por los padres del concilio, a quienes no parecieron suficientes sus disculpas. Hasta aquí se había procedido canónicamente; pero, temeroso Prisciliano de igual sentencia, prefirió (enhorabuena para él) apelar al emperador, a cuyos ministros esperaba comprar como a los de Graciano; y los obispos franceses, *con la inconstancia propia de su nación* (dícelo Sulpicio, que era galo), consintieron en que pasase una causa eclesiástica al tribunal del príncipe, a quien solo competía en último caso la ejecución de los decretos conciliares. Fortuna que Máximo era católico, y aquella momentánea servidumbre de la Iglesia no fue para mal, aunque sí para escándalo y discordia. Debieron los obispos (dice Severo) *haber dado sentencia en rebeldía contra Prisciliano, o si los recusaba por sospechosos, confiar la decisión a otros obispos, y no permitir al emperador interponer su autoridad en causa tan manifiesta*, y tan apartada de la legislación civil, añadiremos. En vano protestó san Martín de Tours contra aquellas novedades, y exhortó a Itacio a que desistiese de la acusación, y rogó a Máximo que no derramase la sangre de los priscilianistas. Mientras él estuvo en Tréveris, pudo impedirlo y aun obtener del emperador formal promesa en contrario, pero, apenas había pasado de las puertas de la ciudad, los obispos Magno y Rufo redoblaron sus instancias con

Máximo, y éste nombró juez de la causa al prefecto Evodio, *varón implacable y severo*. Prisciliano fue convicto de crímenes comunes, cuales eran el *maleficio*, los conciliábulos obscenos y nocturnas reuniones de mujeres, el orar desnudo y otros excesos de la misma laya, semejantes a los de los carpocracianos y adamitas. Remitió Evodio las actas del proceso a Máximo; abrió éste nuevo juicio, en que apareció como acusador, en vez de Itacio, Patricio, oficial del fisco, y a la postre fueron condenados a muerte y decapitados Prisciliano, los dos clérigos Felicísimo y Armenio, neófitos del priscilianismo; Asarino y el diácono Aurelio, Latroniano y Eucrocia.

De todos estos personales tenemos escasísimas noticias y la rápida narración de Sulpicio Severo no basta para satisfacer la curiosidad que despiertan algunos nombres. Aún es más breve el relato del *Chronicon* atribuido a san Próspero de Aquitania, que tiene a lo menos la ventaja de señalar la fecha: En el año del Señor 385, siendo cónsules Arcadio y Bauton..., fue degollado en Tréveris Prisciliano, juntamente con Eucrocia, mujer del poeta Delfidio; con Latroniano y otros cómplices de su herejía.[155]

¡Ojalá tuviéramos algunos datos acerca de Latroniano o Matroniano! San Jerónimo le dedica este breve y honroso artículo en el libro *De Viris Illustribus* (cap. 122): «Latroniano, de la provincia de España, varón muy erudito y comparable en la poesía con los clásicos antiguos, fue decapitado en Tréveris con Prisciliano, Felicísimo, Juliano, Eucrocia y otros del mismo partido. Tenemos obras de su ingenio, escritas en variedad de metros». ¡Lástima grande que se hayan perdido estas poesías, que encantaban a san Jerónimo, juez, tan delicado en materias de gusto!

De Eucrocia, madre de aquella Prócula que sirvió de Tais a Prisciliano, y mujer del retórico y poeta de Burdeos Delfidio, hay memoria en otros dos escritores, Ausonio y Latino Pacato. Ausonio, en el quinto de los elegantes elogios que dedicó a los profesores bordeleses, llama afortunado a Delfidio, porque murió antes de ver el error de su hija y el suplicio de su mujer:

Minus malorum munere expertus Dei,

---

155 Reproduzco, en el apéndice de documentos relativos al priscilianismo, los textos de Sulpicio, san Jerónimo, san Próspero, etc., evitando así notas y referencias que distraigan la atención al pie de cada, página.

medio, quod aevi raptus es,
errore quod non deviantis filiae,
poenaque laesus coniugis.[156]

En el *Panegírico de Teodosio* aprovechó Pacato la remembranza del suplicio de Eucrocia para ponderar la clemencia teodosiana, en cotejo con la crueldad de Máximo, ya vencido y muerto en Aquilea. *Exprobrabatur mulieri viduae*, dice, *nimia religio et diligentius culta divinitas.*[157] Esta afectación de religiosidad y de ascetismo, que podía deslumbrar a un declamador gentil como Pacato, era común en los priscilianistas.

A la ínsula *Sylina*, una de las Británicas[158] fueron relegados Instancio y Tiberio Bético. Valióle al primero haber sido condenado por el sínodo, pues de otra suerte hubiera padecido igual suplicio que Prisciliano. Tértulo, Potamio, Juan y otros priscilianistas de ninguna cuenta quedaron sometidos a temporal destierro en las Galias. Urbica, discípula de Prisciliano, fue apedreada en Burdeos por el pueblo.[159]

Tiberiano Bético tiene capítulo (que es el 123) en *Los varones ilustres de san Jerónimo*: Escribió (dice el santo) un apologético en hinchado y retórico estilo, para defenderse de la acusación de herejía; pero vencido por el cansancio del destierro, mudó de propósito, e hizo casar a una hija suya, que había ofrecido a Dios su virginidad. Este pasaje es oscuro, aun dejando aparte la interpretación de los que han leído absurdamente matrimonio *«sibi» copulavit*. Como los priscilianistas condenaban el matrimonio, parece que con casar a su hija quiso dar Tiberiano muestras de que había vuelto la espalda a sus antiguos errores, aunque incurrió en el de no respetar los votos. Por eso dijo de él san Jerónimo que *había tornado como perro al vómito (canis reversus ad vomitum)*.

No se extinguió con la sangre derramada en Tréveris el incendio priscilianista. Pero antes de proseguir la historia de esta herejía, quieren el orden de tiempo y el de razón que demos noticia de sus exagerados adversarios los

---

156 *Decimi Magni Ausonii Burdigalesis Opera, Iacobus Tollius recensuit...* (Parisiis 1693).

157 *Panegyrici Veteres...* (Parisiis 1767, edición de la Baùne), página 334, n.º 29 del *Panegírico* de Latino Pacato. Léase todo.

158 No se puede adivinar cuál fue, quizá por lo corrompido de los nombres en el texto de Sulpicio. Dice que estaba *ultra Britanniam*.

159 *S. Prosperi Chronicon.*

itacianos y de los graves sucesos que siguieron en las Galias al suplicio de los *gnósticos* españoles.

IV. El Priscilianismo después de Prisciliano. Concilios y abjuraciones. Cisma luciferiano. Carta del papa Inocencio. Cartas de Toribio y san León. Concilio Bracarense. Fin de esta herejía

La deposición de Itacio fue mirada por los priscilianistas como un triunfo. Galicia, Lusitania y alguna otra región de la Península estaban llenas de partidarios de su doctrina. Ellos trajeron a España los restos de Prisciliano y demás heresiarcas degollados en Tréveris y comenzaron a darles culto como a mártires y santos. No se interrumpieron los nocturnos conciliábulos, pero hízose inviolable juramento de no revelar nunca lo que en ellos pasaba, aun a trueque de la mentira y del perjurio que muchos doctores de la secta, entre ellos Dictinio, declaraban lícitos. *Iura, periura, secretum prodere noli*, era su máxima. Unidos así por los lazos de toda sociedad secreta, llegaron a ejercer absoluto dominio en la iglesia gallega, cuya liturgia alteraron, hicieron anticanónicas elecciones de obispos en gentes de su bandería y produjeron, en suma, un verdadero cisma. Los demás obispos de España excomulgaron a los prevaricadores, y siguióse un breve período de anarquía, en que a la Iglesia sustituyeron las *iglesias*, dándose el caso de haber dos y aun más prelados para una sola diócesis y hasta de crearse obispos para sedes que no existían. El principal fautor de estas alteraciones era *Sinfosio* (a quien se supone obispo de Orense), acérrimo en la herejía, aunque había firmado las actas del concilio de Zaragoza. Seguía y amparaba los mismos errores su hijo *Dictinio*, escritor de cuenta entre los suyos, a quien su padre había hecho obispo de Astorga con asentimiento de los demás priscilianistas. A la silla de Braga había sido levantado otro hereje: *Paterno*. La confusión crecía, y, temerosos los mismos sectarios de las resultas, o arrepentidos, en parte, del incendio que por su causa abrasaba a Galicia, determinaron buscar un término de avenencia y proponérselo al grande obispo de Milán, san Ambrosio, para que con palabras conciliadoras persuadiese a nuestros prelados católicos a la concordia, previas por parte de los galaicos ciertas condiciones de sumisión, siendo la primera el abjurar todos sus errores. San Ambrosio había presenciado las dolorosas escenas de Tréveris, donde se negó a comulgar con los itacianos, y él mismo escribe haber visto con honda pena de qué suerte llevaban al destierro al anciano obispo de Córdoba Higino.[160] Hallábase, pues, su ánimo dispuesto a la clemencia, y, juzgando sinceras las palabras de los priscilianistas y aceptables sus condiciones, sin mengua del dogma ni de la disciplina, escribió a los obispos de España (aunque la carta no se conserva), aconsejándoles que recibiesen en su comunión a los conversos *gnósticos y maniqueos*. Uno de los capítulos de concordia que san Ambrosio proponía era la deposición de *Dictinio* y (sin duda) de los demás obispos tumultuariamente elegidos, que debían quedar en el orden de presbíteros.[161] Conforme a las cartas del obispo de Milán y a los consejos del papa Siricio, reunieron nuestros prelados en 396 un concilio en Toledo. Sinfosio, con los suyos, se negó a asistir, y con visible cautela dijo que ya había dejado los errores de Prisciliano y de los *mártires* (así llamaban a los degollados en Tréveris); pero sin hacer abjuración formal, ni dar otra muestra de su arrepentimiento, ni cumplir condición alguna de las propuestas por san Ambrosio. Y supieron los padres del concilio que la conversión era simulada, puesto que Sinfosio y los restantes seguían haciendo uso de libros apócrifos y aferrábanse tenazmente a sus antiguas opiniones, por lo cual nada se adelantó en este sínodo, si ya la falta de sus actas y el silencio de los demás testimonios no nos hacen andar a oscuras en lo que le concierne.

A pesar de haberse frustrado la avenencia, el priscilianismo debía ir perdiendo por días favor y adeptos, sin duda por la tendencia unitaria y católica de nuestra generosa raza. Solo así se comprende que cuatro años más tarde, en 400, abjurasen en masa, y con evidentes indicios de sinceridad, los que poco antes se mostraban reacios, y no eran constreñidos ni obligados por fuerza alguna superior a tal acto. Verificóse este memorable acontecimiento en el concilio primero Toledano, con tal número designado por no conservarse más que el recuerdo del que debió precederle. Este sínodo es tanto o más importante que el tercero de los toledanos, por más que (¡inexplicable casualidad!) no haya obtenido la misma fama. Si en el concilio de 589 vemos a una raza

---

160 «Dolore percitus quod Hyginum Episcopum senem in exilium duci comperi, cui nihil iam nisi extremus superesset spiritus. Cum de eo convenirem comites eius, ne sine veste, sine plumatis paterentur extradi, extrusus ipse sum» (*S. Ambrosii Opera* epístola 36).

161 Circunstancias que constan, lo mismo que las siguientes, en la sentencia definitiva del primer concilio Toledano (Véase apéndice de este capítulo). En ellas se habla vagamente de un concilio de Zaragoza, al cual asistió solo un día Sinfosio, siendo excomulgado él y sus compañeros por el sínodo. Ferreiro le supone celebrado en 396.

bárbara e invasora doblar la frente ante los vencidos, y proclamar su triunfo, y adorar su Dios, y rendirse al predominio civilizador de la raza hispanorromana, de la verdadera y única raza *española*; no hemos de olvidar que, ciento ochenta y ocho años antes, otro concilio toledano había atado con vínculo indisoluble las voluntades de esa potente raza, le había dado la *unidad* en el dogma, que le aseguró el triunfo contra el arrianismo visigótico y todas las herejías posteriores; la *unidad* en la disciplina, que hizo cesar la anarquía, y a las *iglesias* sustituyó la Iglesia, modelo de todas las occidentales en sabiduría y en virtudes.

Que era obra de *unidad* la suya, bien lo sabían los padres toledanos, y por eso *Patruino*, obispo de Mérida, que los presidía, abrió el concilio con estas memorables palabras: «Como cada uno de nosotros ha comenzado *a hacer en su iglesia cosas diversas*, y de aquí han procedido tantos escándalos que llegan hasta el cisma, decretemos, si os place, la norma que han de seguir los obispos en la ordenación de los clérigos. Yo opino que deberíamos guardar perpetuamente las constituciones del concilio Niceno y no apartarnos de ellas jamás». Y respondieron los obispos: «Así nos place; y sea excomulgado todo el que obre contra lo prevenido en los cánones de Nicea».[162] Nótese bien: en los *Cánones de Nicea*, en la disciplina universal (*católica*) de Oriente y de Occidente; porque la Iglesia española, fiel a las tradiciones del grande Osio, nunca aspiró a esa independencia semicismática que algunos sueñan.

Cuatro partes claramente distintas encierra el primer concilio Toledano, tal como ha llegado a nosotros: los *Cánones disciplinares*, la *Assertio fidei contra priscillianistas*, las fórmulas de abjuración pronunciadas por Sinfosio, Dictinio, etc., y la sentencia definitiva, que los admite al gremio de la Iglesia. La autenticidad y enlace de todos estos documentos fue invenciblemente demostrada por el doctísimo padre Flórez (tomo 6 de la *España sagrada*).

Los cánones son veinte, y en ellos me detendré poco. El 14 se dirige contra los priscilianistas que recibían la comunión sacrílegamente, sin consumir la

---

162 «Quoniam singuli coepimus in Ecclesiis nostris facere diversa, et inde tanta scandala sunt quae usque ad schisma perveniunt, si placet, communi consilio decernamus quid ab omnibus Episcopis in ordinandis clericis sit sequendum. Mihi autem placet constituta primitus Nicaeni Concilii perpetuo esse servanda, nec ab his esse recedendum. Universi Episcopi dixerunt: Hoc nobis placet, ita ut si quis, cognitis gestis Nicaeni Concilii aliud quam statutum est, facere praesumpserit... hic excommunicatus habeatur...» (*Collectio Canonum Ecclesiae... Hispanae*, edición de la Biblioteca Real, 1808, página 321).

sagrada forma. El 20 manda que solo el obispo, y no los presbíteros (como se hacía en algunas provincias), consagren el crisma. De los restantes, unos tienden a evitar irregularidades en las ordenaciones (1, 2, 3, 4, 8 y 10), vedando el 2 que los penitentes públicos pasen de *ostiarios* o de *lectores* (y esto en caso de necesidad absoluta), a no ser que sean subdiáconos antes de haber caído en el pecado; otros intiman a los clérigos la asistencia a sus iglesias y al sacrificio cotidiano; les prohíben pasar de un obispado a otro, a no ser que de la herejía tornen a la fe y separan del gremio de la Iglesia al que comunique con los excomulgados (cán. 5, 12 y 15). Relación, aunque indirecta, parece tener con las costumbres introducidas por los priscilianistas el canon 6, a tenor del cual las vírgenes consagradas a Dios no deben asistir a convites ni reuniones, ni tener familiaridad excesiva con su confesor, ni con lego o sacerdote alguno. Una prohibición semejante vimos en el concilio de Zaragoza.

A continuación de los *Cánones* viene la *Regula fidei contra omnes haereses, maxime contra priscillianistas*, documento precioso, que tiene para nuestra Iglesia la misma o parecida importancia que el símbolo Niceno para la Iglesia universal. Testimonio brillante de la pureza de la fe española en aquel revuelto siglo, prenda de gloria y de inmortalidad para los obispos que la suscribieron es la *Regula fidei*, obra de tal naturaleza e interés para nuestro trabajo, que conviene traducirla íntegra, y *de verbo ad verbum*,[163] sin perjuicio de comentar, más adelante, algunas de sus cláusulas:

Creemos en un solo y verdadero Dios omnipotente, Padre, Hijo y Espíritu santo, Hacedor de todas las cosas visibles e invisibles, del cielo y de la tierra. Creemos que hay un solo Dios, y una Trinidad de la sustancia divina; que el Padre no es el Hijo; que el Hijo no es el Padre, pero el Hijo de Dios es de la naturaleza del Padre; que el Espíritu santo, el *Paráclito*, no es el Hijo ni el Padre, pero precede del Padre y del Hijo. Es, pues, no engendrado el Padre, engendrado el Hijo, no engendrado el Espíritu santo, pero procedente del Padre y del Hijo. El Padre es aquél cuya voz se oyó en los cielos: *Éste es mi hijo amado, en quien tengo todas mis complacencias: oídle a Él*. El Hijo es aquél que decía: *Yo procedí del Padre y vine de Dios a este mundo*. El *Paráclito* es el Espíritu santo, de quien habló el Hijo: *Si*

163 Pongo su texto latino en el apéndice.

yo no tornare al Padre, no vendrá el Espíritu. Afirmamos esta Trinidad distinta en personas, una en sustancia, indivisible y sin diferencia en virtud, poder y majestad.

»Fuera de ésta, no admitimos otra naturaleza *divina*, ni de ángel ni de espíritu, ni de ninguna virtud o fuerza que digan ser *Dios*.[164] Creemos que el Hijo de Dios, Dios nacido del Padre antes de todo principio, santificó las entrañas de la Virgen María, y de ella tomó, sin obra de varón, verdadero cuerpo, no imaginario ni fantástico, sino *sólido* y verdadero.[165] Creemos que dos naturalezas, es a saber, la divina y la humana, concurrieron en una sola persona, que fue Nuestro Señor Jesucristo, el cual tuvo hambre y sed, y dolor y llanto, y sufrió todas las molestias corporales, hasta que fue crucificado por los judíos y sepultado, y resucitó al tercero día. Y conversó después con sus discípulos, y cuarenta días después de la resurrección subió a los cielos. A este Hijo del hombre le llamamos también Hijo de Dios, e Hijo de Dios y del hombre juntamente. Creemos en la futura resurrección de la carne, y decimos que el alma del hombre no es de la sustancia divina ni emanada de Dios Padre, sino hechura de Dios creada por su libre voluntad.[166] Si alguno dijere o creyere que el mundo no fue creado por Dios omnipotente, sea anatema. Si alguno dijere o creyere que el Padre es el Hijo o el Espíritu santo, sea anatema. Si alguno dijere o creyere que el Hijo es el Padre o el Espíritu santo, sea anatema. Si alguno dijere o creyere que el Espíritu santo es el Padre o el Hijo, sea anatema. Si alguno dijere o creyere que el Hijo de Dios tomó solamente carne y no alma humana, sea anatema. Si alguno dijere o creyere que Cristo no pudo nacer, sea anatema. Si alguno dijere o creyere que la divinidad de Cristo fue *convertible* y *pasible*, sea anatema. Si alguno dijere o creyere que es uno el Dios de la Ley Antigua y otro el del Evangelio, sea anatema.[167] Si alguno dijere o creyere que este mundo fue hecho por otro Dios que aquél de quien está escrito: *En el principio creó Dios el cielo y la tierra*, sea anatema. Si alguno dijere o creyere que los cuerpos humanos no resucitarán después de la muerte, sea anatema. Si alguno dijere o creyere que el alma humana es una parte de Dios o de la sustancia de Dios, sea anatema. Si alguno dijere o creyere que han de recibirse y venerarse otras Escrituras fuera de las que tiene y venera la Iglesia católica, sea anatema.

---

164 Los *eones gnósticos*.

165 Condenación del *doketismo*.

166 Condenación del panteísmo y del sistema de la emanación.

167 *Las antítesis*, de Marción.

Si alguno dijere que la divinidad y la humanidad forman una sola naturaleza en Cristo, sea anatema. Si alguno dijere o creyere que fuera de la Trinidad puede extenderse la esencia divina, sea anatema. Si alguno da crédito a la astrología o a la ciencia de los caldeos, sea anatema. Si alguno dijere o creyere que es execrable el matrimonio celebrado conforme a la ley divina, sea anatema. Si alguno dijere o creyere que las carnes de las aves y de los pescados que nos han sido concedidos para alimento son execrables, sea anatema. Si alguno sigue en estos errores a Prisciliano y, después de haber sido bautizado, cree algo contra la Sede de san Pedro, sea anatema.

Así resonó en el año postrero del siglo IV, bajo las bóvedas de la primitiva basílica toledana, la condenación valiente del *panteísmo*, del *antitrinitarismo*, del *doketismo* y de las *antítesis* de Marción. Propuestos estos cánones por Patruino, y aprobados por los demás obispos, se transmitieron a todas las iglesias de España, que desde entonces conservan esta fe con inviolable pureza. Obsérvese haber sido éste el primer concilio que definió la procedencia del Espíritu santo del Padre y del Hijo, sin que haga fuerza en contrario la opinión de Pagi, Quesnel y otros críticos que suponen intercalada posteriormente la partícula *Filioque*.[168]

Faltaba la sumisión de los obispos gallegos asistentes al sínodo. Movióles Dios a penitencia y buen entendimiento, y en la tercera sesión levantóse Dictinio y dijo de esta manera, según refieren las actas: «Oídme, excelentes sacerdotes; corregidlo todo, pues a vosotros es dada la corrección. Escrito está: *Vobis datae sunt claves regni caelorum*. Yo os pido que se me abran las puertas del cielo y no las del infierno. Si os dignáis perdonarme, lo pondré todo a vuestros ojos. Me arrepiento de haber dicho que es una misma la naturaleza de Dios y la del hombre. No solo me someto a vuestra corrección, sino que abjuro y depongo todo error de mis escritos. Dios es testigo de que así lo siento. Si erré, corregidme. Poco antes lo dije y ahora lo repito: cuanto escribí en mi primer entendimiento y opinión, lo rechazo y condeno con toda mi alma. Exceptuando el nombre de Dios, lo anatematizo todo. Cuanto haya dicho contra la fe, lo condeno todo, juntamente con su autor».

---

168 Véanse las atinadas observaciones de Flórez, *España sagrada*, tomo 6.

Después de Dictinio, dijo Sinfosio: «Condeno la doctrina de los dos princ pios, o la que afirma que el Hijo *no pudo nacer*, según se contiene en una cédula que leíamos hace poco. Anatematizo esa secta y a su autor. Si queréis, la condenaré por escrito». Y escribió estas palabras: «Rechazo todos los libros heréticos, y en especial la doctrina de Prisciliano, donde dice que el Hijo no pudo nacer (*innascibilem esse*)».

Siguióle el presbítero *Comasio*, pronunciando estas palabras: «Nadie dudará que yo pienso como mi prelado, y condeno todo lo que él condena, y nada tengo por superior a su sabiduría sino solo Dios. Estad ciertos todos de que no haré ni pensaré otra cosa que lo que él ha dicho, y, por tanto, como dijo mi obispo, a quien sigo, cuanto él condenó, yo lo condeno».

En otra sesión confirmaron todos sus abjuraciones, añadiendo Comasio: «No temo repetir lo que otra vez dije, para gozo mío: Acato la autoridad y sabiduría de mi obispo el anciano Sinfosio. Pienso lo mismo que ayer; si queréis, lo pondré por escrito. Sigan este ejemplo todos los que quieran participar de vuestra comunión». Y leyó una cédula que decía así: «Como todos seguimos la católica fe de Nicea, y aquí hemos oído leer una escritura que trajo el presbítero Donato, en la cual Prisciliano afirmaba que el Hijo no pudo nacer, lo cual consta ser contra el símbolo Niceno, anatematizo a Prisciliano, autor de ese perverso dicho, y condeno todos los libros que compuso». Y añadió Sinfosio: «Si algunos libros malos compuso, yo los condeno». Y terminó Dictinio: «Sigo el parecer de mi señor padre, engendrador y maestro Sinfosio. Cuanto él ha hablado, yo lo repito. Escrito está: *Si alguno os evangeliza de otra manera que como habéis sido evangelizados, sea anatema*. Y por eso, todo lo que Prisciliano enseñó o escribió mal, lo condenamos».

En cuanto a la irregular elección de Dictinio y demás obispos prisciliaristas, confesó Sinfosio haber cedido a la voluntad casi unánime del pueblo de Galicia (*totius Galiciae plebium multitudo*). Paterno, prelado bracarense, dijo que de tiempo atrás había abandonado los errores de Prisciliano, gracias a la lectura de las obras de san Ambrosio. Otros dos obispos, *Isonio*, recientemente consagrado, y *Vegetino*, que lo había sido antes del Concilio de Zaragoza, suscribieron la abjuración de Sinfosio.[169] En cambio, Herenas, Donato, Acurio, Emilio y varios presbíteros rehusaron someterse, y repitieron en alta voz que Prisciliano

---

169 A Isonio, cuando aún era catecúmeno, le había hecho obispo Sinfosio.

había sido católico y mártir, perseguido por los obispos itacianos. El concilio excomulgó y depuso a los rebeldes, convictos de herejía y de perjurio por el testimonio de tres obispos y muchos presbíteros y diáconos.[170]

La *sentencia definitiva* admite, desde luego, a la comunión a *Vegetino* y a *Paterno*, que no eran *relapsos*. Sinfosio, Dictinio y los demás conservarían sus sillas, pero sin entrar en el gremio de la Iglesia hasta que viniesen el parecer del Pontífice y el de san Simpliciano, obispo de Milán y sucesor de san Ambrosio, a quienes los padres habían consultado su sentencia. Mientras no recibieran esta absolución final, se abstendrían de conferir órdenes. Y de igual suerte los demás obispos gallegos que adoptasen *la regla de fe*, condición indispensable para la concordia. Vedáronse, finalmente, los libros apócrifos y las reuniones en casa de mujeres y se mandó restituir a Ortigio la sede de que había sido arrojado por los priscilianistas.

No se atajaron al pronto con este concilio los males y discordias de nuestra Iglesia. Muchos obispos desaprobaron la absolución de los priscilianistas, y más que todo, el que continuasen en sus diócesis Sinfosio, Dictinio y los restantes. Así retoñó el cisma de los luciferianos. Galicia volvió a quedar aislada, y en lo demás de la Península, tirios y troyanos procedieron a consagraciones y deposiciones anticanónicas de prelados. Los de la Bética y Cartaginense fueron tenacísimos en no comunicar con los gallegos. En medio de la general confusión, un cierto Rufino, hombre turbulento, y que ya en el concilio Toledano había logrado perdón de sus excesos, ordenaba obispos para pueblos de corto vecindario y *llenaba las iglesias de escándalos*. Otro tanto hacía en Cataluña Minicio, obispo de Gerona, mientras en Lusitania era depuesto de su sede emeritana Gregorio, sucesor de Patruino. Forzoso era atajar el desorden, y para ello los obispos de la Tarraconense, de una parte, y de otra Hilario, uno de los padres del Concilio Toledano, y con él el presbítero Helpidio, acudieron (por los años de 404) al papa Inocencio. El cual dirigió a los obispos de España una decretal famosa,[171] encareciendo las ventajas de la unión y de la concordia, afirmando que en el mismo seno de la fe había sido violada la paz, confundida la disciplina, hollados

---

170　Las firmas de este concilio aparecen por el orden siguiente: Patruinio, Marcelo, Afrodisio, Liciniano, Iucundo, Severo, Leonas, Hilario, Olympio, Orticio, Asturio, Lampio, Sereno, Floro, Leporio, Eustoquio, Aureliano, Lampadio, Exuperancio.

171　Jacobo Sirmond la publicó íntegra por primera vez. Puede leerse en el apéndice 3, tomo 6 de la *España sagrada*, páginas 325-330.

los cánones, puestos en olvido el orden y las reglas, rota la unidad con usurpación de muchas iglesias.[172] Duras palabras tiene el Pontífice para la terquedad e intolerancia de los luciferianos. «¿Por qué se duelen de que hayan sido recibidos en el gremio de la Iglesia Sinfosio, Dictinio y los demás que abjuraron la herejía? ¿Sienten acaso que no hayan perdido algo de sus primeros honores? Si esto les punza y mortifica, lean que san Pedro Apóstol tornó, después de las lágrimas, a ser lo que había sido. Consideren que Tomás, pasada su duda, no perdió nada de sus antiguos méritos. Vean que el profeta David, después de aquella confesión de su pecado, no fue destituido del don de profecía... Congregaos cuanto antes en la unidad de la fe católica los que andáis dispersos; formad un solo cuerpo, porque, si se divide en partes, estará expuesto a todo linaje de calamidades.»[173] Manda luego deponer a los obispos elegidos, contra los cánones de Nicea, por Rufino y Minicio, y separar de la comunión de los fieles a todo luciferiano que se niegue a admitir la concordia establecida por el concilio de Toledo. Resulta, finalmente, de esta carta que algunos de los obispos intrusos habían sido militares, curiales y hasta directores de juegos públicos.

El emperador Honorio incluyó a los priscilianistas en el rescripto que dio contra los maniqueos, donatistas y paganos en 15 de noviembre de 408.[174] En 22 de febrero de 409 (consulado de Honorio y Teodosio) hizo aún más severa la penalidad, persuadido de que «este género de hombres, ni por las costumbres ni por las leyes debe tener nada de común con los demás», y de que «la herejía ha de considerarse como un crimen público contra la seguridad de todos». Todo priscilianista convicto era condenado a perdimiento de bienes (que debían pasar a sus herederos, siempre que no hubiesen incurrido en el

---

172 Et in ipso sinu Fidei violatam intra provinciam pacem, disciplinae rationem esse confusam, et multa contra Canones Patrum, contempto ordine, regalisque neglectis, in usurpatione Ecclesiarum fuisse commisa.

173 «Quaero enim, quare doluerint Symphosium atque Dictinium, aliosque qui detestabilem haeresim damnaverunt, receptos in fidem Catholicam tunc fuisse? Num quod non aliquid de honoribus amiserint quos habebant? Quod si quos hoc pungit aut stimulat, legant Petrum Apostolum post lacrymas hoc fuisse quod fuerat, considerent Thomam post dubitationem illam nihil de prioribus meritis omisisse; denique David Prophetam egregium post manifestam confessionem suam, prophetiae suae meritis nos fuisse privatum. Quare... in unitate Catholicae Fidei omnes qui dispersi sunt congregentur, et esse inexpugnabile unum corpus incipiat, quod si separetur in partes, ad omnes patebit lacerationis in urias.»

174 *Cod. Theodosiano*, lib. 43.

mismo crimen) e inhabilitado para recibir herencias y donaciones, así como para celebrar contratos o testar. El siervo que delatase a su señor quedaba libre; el que le siguiese en sus errores sería aplicado al fisco. El administrador que lo consintiese era condenado a trabajos perpetuos en las minas. Los prefectos y demás oficiales públicos que anduviesen remisos en la persecución de la herejía pagarían multas de 20 o de 10 libras de oro.

En 409 los bárbaros invadieron la Península, y el priscilianismo continuó viviendo en Galicia, sometida a los suevos, gracias a lo separada que por este hecho se mantuvo aquella comarca del resto de las tierras ibéricas. En obsequio al orden lógico, quebrantaré un tanto el cronológico para conducir a sus fines la historia de esta herejía.

Cerca de la mitad del siglo V, santo Toribio, llamado comúnmente de *Liébana*, que había peregrinado por diversas partes, según él mismo refiere, llegando, a lo que parece, hasta Tierra santa, tornó a Galicia, donde fue elegido obispo de Astorga, y se aplicó a destruir todo resto de priscilianismo, quitando de manos de los fieles los libros apócrifos. Con tal fin escribió a los obispos Idacio y Ceponio una epístola, *De non recipiendis in auctoritatem fidei apocryphis scripturis, et de secta Priscillianistarum*, que transcribo en el apéndice.[175] Mas no le pareció suficiente el remedio y acudió a la silla apostólica, remitiendo a san León el Magno dos escritos, hoy perdidos, el *Commonitorium* y el *Libellus*, catálogo el primero de los errores que había notado en los libros apócrifos y refutación el segundo de las principales herejías de los priscilianistas. En entrambos libros, dice Montano, obispo de Toledo: *Hanc sordidam haeresim explanavit* (Toribius), *aperuit, et occultam tenebris suis perfidiaeque nube velatam, in propatulo misit.* El diácono *Pervinco* entregó a san León las epístolas de Toribio, a las cuales respondió el papa en 21 de julio del año 447, consulado de Alipio y Ardaburo. Su carta es una larga exposición y refutación de los desvaríos *gnósticos*, dividida en dieciséis capítulos. La inserto como documento precioso en el apéndice, y tendrémosla en cuenta al hacer la exposición dogmática del priscilianismo. Ordena san León, como último remedio, un concilio nacional, si puede celebrarse, o a lo menos un sínodo de los obispos de Galicia, presididos por Idacio

---

175 También la inserta traducida al castellano el señor López Ferreiro (*Estudios histórico-críticos sobre el priscilianismo...*, Santiago 1878). Obra excelente que ha llegado a mis manos en el momento de revisar este capítulo. Es más exacta y completa que la de Girvés.

y Ceponio. Que se llevó a término esta providencia, no cabe duda. Imposible era la celebración del concilio general, por las guerras de suevos y visigodos, pero se reunieron los obispos de la Bética, Cartaginense, Tarraconense y Lusitania para confirmar la regla de fe y añadirle quizá alguna cláusula. Las actas de este sínodo han perecido, aunque sabemos que la *Assertio fidei* fue transmitida a Balconio, metropolitano de Braga, y a los demás obispos gallegos, quizá reunidos en sínodo provincial a su vez. Todos la admitieron, así como la decretal de san León, pero algunos de mala fe (*subdolo arbitrio*, dice el *Cronicon* de Idacio). Este sínodo es el que llaman *De Aquis-Celenis*.[176]

Durante todo un siglo, la Iglesia gallega lidió heroica, pero oscuramente contra el arrianismo de los suevos, menos temible como herejía extranjera, y contra el priscilianismo, que duraba y se sostenía con satánica perseverancia, apoyado por algunos obispos. Parece que debieran quedar monumentos de esta lucha; pero, desgraciadamente, las tormentas del pensamiento y de la conciencia humana son lo que menos lugar ocupa en las historias. ¡Cuántas relaciones de conquistas y de batallas, cuántos catálogos de dinastías y de linajes pudieran darse, por saber a punto fijo cuándo y de qué manera murió en el pueblo de Galicia la herejía de Prisciliano! Pero quiere la suerte que solo conozcamos el himno de triunfo, el anatema final que en 567, más de cien años después de la carta de san León, pronunciaron los padres del primer concilio Bracarense, vencedores ya de sus dos enemigos, y no por fuerza de armas ni por intolerancia de suplicios, sino por la incontrastable fortaleza de la verdad y el imperio de la fe cristiana, que mueve de su lugar las montañas. ¡Con qué íntimo gozo hablan del priscilianismo como de cosa pasada, y, no satisfechos con la *regla de fe*, añaden los diecisiete cánones siguientes contra otros tantos errores de nuestros *gnósticos*!:

Si alguno niega que el Padre, el Hijo y el Espíritu santo son tres personas, de una sola sustancia, virtud y potestad, y solo reconoce una persona, como dijeron Sabelio y Prisciliano, sea anatema.

»Si alguno introduce otras personas divinas fuera de las de la Santísima trinidad, como dijeron los *gnósticos* y Prisciliano, sea anatema.

---

176 El padre Flórez duda de su existencia. El señor Ferreiro, muy inclinado a multiplicar concilios, la admite.

»Si alguno dice que el Hijo de Dios y Señor nuestro no existía antes de nacer de la Virgen, conforme aseveraron Paulo de Samosata, Fotino y Prisciliano, sea anatema.

»Si alguien deja de celebrar el nacimiento de Cristo según la carne, o lo hace simuladamente ayunando en aquel día y en domingo, por no creer que Cristo tuvo verdadera naturaleza humana, como dijeron Cerdón, Marción, Maniqueo y Prisciliano, sea anatema.

»Si alguien cree que las almas humanas o los ángeles son de la sustancia divina, como dijeron Maniqueo y Prisciliano, sea anatema.

»Si alguien dice con Prisciliano que las almas humanas pecaron en la morada celeste, y que por esto fueron encerradas en los cuerpos, sea anatema.

»Si alguien dice que el diablo no fue primero ángel bueno creado por Dios, y que su naturaleza no es obra de Dios, sino que ha salido de las tinieblas y es eterno principio del mal, según afirman los maniqueos y Prisciliano, sea anatema.

»Si alguien cree que el diablo hizo algunas criaturas inmundas, y que él produce el trueno, el rayo, las tempestades y la sequedad, como dijo Prisciliano, sea anatema.

»Si alguno cree, con los paganos y Prisciliano, que las almas humanas están sujetas fatalmente a las estrellas, sea anatema.

»Si alguno afirma, al modo de Prisciliano, que los doce signos del Zodíaco influyen en las diversas partes del cuerpo y están señalados con nombres de los patriarcas, sea anatema.

»Si alguien condena el matrimonio y la procreación,[177] sea anatema.

»Si alguno dice que el cuerpo humano es fábrica del demonio y que la concepción en el útero materno es símbolo de las obras diabólicas, por lo cual no cree en la resurrección de la carne, sea anatema.

»Si alguien dice que la creación de toda carne no es obra de Dios, sino de los ángeles malos, sea anatema.

»Si alguno, por juzgar inmundas las carnes que Dios concedió para alimento del hombre, y no por mortificarse, se abstiene de ella, sea anatema.

»Si algún clérigo o monje vive en compañía de mujeres que no sean su madre, hermana o próxima parienta, como hacen los priscilianistas, sea anatema.

---

177 Suprimo la acostumbrada fórmula, como los maniqueos y Prisciliano dijeron, porque de aquí adelante no varía.

»Si alguno en la feria quinta de Pascua, que se llama *Cena del Señor*, a la hora legítima después de la nona, no celebra en ayunas la misa en la iglesia, sino que (según la secta de Prisciliano) celebra esta festividad después de la hora de tercia con misa de difuntos y quebrando el ayuno, sea anatema.

Si alguno lee, sigue o defiende los libros que Prisciliano alteró según su error, o los tratados que Dictinio compuso antes de convertirse, bajo los nombres de patriarcas, profetas y apóstoles, sea anatema.

El canon 30 de los disciplinares de este concilio prohíbe que en la iglesia se canten otros himnos que los *Salmos* del *Antiguo Testamento*.

Puede afirmarse que el concilio de Braga enterró definitivamente al priscilianismo. Matter afirma que *como secta secreta duró esta herejía hasta la invasión de los árabes*, pero no aduce pruebas de tal opinión. Por oculta que estuviese la secta, ¿se comprende que los concilios toledanos no la anatematizasen alguna vez? Todo induce a sospechar que en los siglos VII y VIII el priscilianismo pertenecía a la historia, por más que durasen algunas supersticiones, últimos efectos de la epidemia.[178]

Esto es cuanto sé del priscilianismo históricamente considerado. Veamos su literatura y sus dogmas en los párrafos siguientes.[179]

---

178 Por ejemplo, el concilio IV de Toledo condena a los lectores que en Galicia no se tonsuraban y llevaban el pelo largo, con una coronilla en medio de la cabeza, según costumbre de los herejes.
  El concilio Bracarense III (era 713) habla de los que consagraban con leche o uvas, y no con vino, y de los que llevaban la profanación hasta servirse la comida en vasos sagrados, todo lo cual se califica expresamente de resabio de priscilianismo.
  El Toledano IV habla de la costumbre que en algunas iglesias de Galicia se observaba de cerrar las puertas de las basílicas el Viernes santo y no celebrar los oficios ni guardar el ayuno, antes comer opíparamente a la hora de nona. En otras iglesias no se bendecían los cirios ni las lámparas el día de Pascua (cán. 7, 8 y 9). San Braulio escribía a san Fructuoso, que estaba en Galicia: Cavete autem illius patriae venenatum Priscilliani dogma (*España sagrada*, tomo 30, ap. 3, epístola 44).

179 Fuentes que he consultado para la historia del priscilianismo: *Sulpicii Severi Historia Sacra. Dialogi* (en el tomo 6 de la *Collectio maxima Veterum Patrum*. Lugduni 1677); *S. Prosperi Aquitani Chronicon*, en el tomo 8 de las obras de san Jerónimo, edición de Vallart (Verona 1738); *S. Hieronymi Opera*, edición citada, tomo 1, Epistolar. clas. 3.ª, carta 75; *De Viris Illustribus*, cap. 121, 122 y 123 (tomo 2) y en el tomo 2, *Dialogus adversus Pelagianos*, etc.; Idatii *Chronicon*, en el tomo 4 de la *España sagrada*; Concilios de Zaragoza, Toledo y

V. Literatura priscilianista

Bajo este título comprendemos no solo las obras compuestas por los sectarios de esta herejía, sino también los libros apócrifos de que hacían uso y las impugnaciones.

Justo es comenzar por los escritos del padre y dogmatizador de la secta. Se han perdido hasta sus títulos, aunque consta la existencia de varios opúsculos por el testimonio de san Jerónimo (*De Viris Illustribus*) y por las actas del primer concilio Toledano. Pero en el *Commonitorium* de Orosio se conserva un curiosísimo fragmento de cierta epístola de Prisciliano. Dice así: «Ésta es la primera sabiduría: reconocer en los *tipos* de las almas divinas las virtudes de la naturaleza y la disposición de los cuerpos. En lo cual parecen ligarse el cielo y la tierra, y todos los principados del siglo trabajan por vencer las disposiciones de los santos. Ocupan los patriarcas el primer círculo, y tienen el sello (*chirographum*) divino, fabricado por el consentimiento de Dios, de los ángeles y de todos los espíritus, el cual se imprime en las almas que han de bajar a la tierra y les sirve como de escudo en la milicia». (Haec prima sapientia est, in animarum typis divinarum[180] virtutes intelligere naturae et corporis dispositionem. In quo obligatum videtur caelum et terra, omnesque principatus saeculi videntur astricti

---

Braga, en el tomo 2 de la Collectio maxima de Aguirre o en el 3 de la de Catalani (Roma 1753); S. Isidori, *De Viris Illustribus*, cap. 15 (Itacio), en la edición de Arévalo; la decretal del papa Inocencio (epístola 23 ad Toletanos), en el tomo 3 de la Colección de concilios de Mansi y en el 6 de la *España sagrada*; Girvés, *De secta Priscillianistarum dissertatio* (Romae 1750) apud Ioannem Generosum. (Es el mejor trabajo sobre la materia); Flórez, *España sagrada*, tomo 6 (Iglesia de Toledo: Concilios), 13 (Iglesia de Mérida), 14 (Iglesias de Ávila, Ossonoba, etc.), 15 (Iglesia Bracarense), 16 (Iglesia de Astorga), y por incidencia en las de Orense, Lugo y otras; Risco, *España sagrada*, tomo 30 (Iglesia d e Zaragoza); la Fuente (don Vicente), *Historia eclesiástica de España*, tomo 1 edición 2.ª (Obra excelente); Murguía, *Historia de Galicia*, tomo 2 (por apéndice lleva el rescripto de Honorio), etc.; Matter, *Histoire critique du gnosticisme*, tomo 2 edición 2.ª; omito a Tillemont, Baronio y demás historiadores generales.

Añádase la reciente obra del señor don Antonio López Ferreiro, intitulada *Estudios histórico-críticos sobre el priscilianismo*, por don..., canónigo de la S. I. C. de Santiago (Santiago 1878) 4.º, 254 páginas. Esta preciosa monografía se publicó primero como folletín en *El Porvenir*, diario católico de aquella ciudad.

180 Algunos leen *divinarum virtutum intelligere naturas*, lo cual altera en buena parte el sentido.

sanctorum dispositiones superare. Nam primum Dei circulum et mittendarum in carne animarum divinum *chirographum*, angelorum et Dei et omnium animorum consensibus fabricatum patriarchae tenent, quae contra formalis militiae opus possident.)[181] Adelante procuraré utilizar este breve pero notable resto ce las obras del heresiarca gallego.

La segunda producción priscilianista de que haya memoria es el *Apologético* de Tiberiano Bético, mencionado asimismo por san Jerónimo (*De Viris Illustribus*), e igualmente perdido. El estilo era hinchado y lleno de afectación, al decir del santo.

No se conservan tampoco las poesías de Latroniano, elogiadas por el solitario de Belén como iguales a las de los clásicos antiguos.

Mayor noticia hay de las obras de Dictinio, obispo de Astorga, que, arrepentido después de sus errores, llegó a morir en olor de santidad. Cuando seguía la doctrina de Prisciliano compuso un tratado, que tituló *Libra*, por ir repartido en doce cuestiones, a la manera que la *libra* romana se dividía en doce onzas. Sosteníase en aquel libro, entre otros absurdos, la licitud de la mentira por causa de religión, según nos refiere san Agustín en el libro *Contra mendacium*, que escribió para refutar esta parte del de Dictinio.[182] Sus tratados heréticos se leían aún con veneración de los de la secta por los tiempos de san León el Magno, que dice de los priscilianistas: «No leen a Dictinio, sino a Prisciliano; aprueban lo que escribió errado, no lo que enmendó arrepentido: síguenle en la caída, no en la reparación».

En apoyo de su error capital aducía Dictinio el texto de san Pablo (Eph. 4, 25): *Loquimini veritatem unusquisque cum proximo suo*, infiriendo de aquí que la verdad solo debía decirse a los *prójimos* y correligionarios. También le servían de argumentos las ficciones y simulaciones de Rebeca, Tamar, las parteras de Egipto, Rahab la de Jericó y Jehú, y hasta el *finxit se longius ire* de san Lucas, hablando del Salvador. San Agustín contesta que algunos de estos casos se cuentan como *hechos*, pero no se recomiendan para la imitación; que en otros se calla la verdad, pero no se dice cosa falsa, y que otros, finalmente, son modos de decir alegóricos y figurados.

---

181 Este final es oscuro y la lección varía en las diversas ediciones. Paréceme la más acertada la que va en el texto.

182 *Occultandae religionis causa esse mentiendum.*

El obispo gallego Consencio envió a san Agustín (hacia el año 420), por medio del clérigo Leonas, la *Libra* y otros escritos priscilianistas, así como algunas refutaciones católicas y una carta suya, en que le daba cuenta de las revelaciones que sobre los priscilianistas le había hecho Frontón, *siervo de Dios*. Esta carta, que sería importantísima, se ha perdido. Allí preguntaba al santo, entre otras cosas, si era lícito fingirse priscilianista para descubrir las maldades de aquellos sectarios. A él le parecía bien, pero otros católicos lo desaprobaban.

San Agustín (en el citado libro *Contra mendacium, ad Consentium*, dividido en veintiún capítulos)[183] reprueba enérgicamente semejante inmoralidad, aunque alaba el celo de Consencio, su elocuente estilo y su conocimiento de las Sagradas Escrituras: *¡Cómo!, exclama, ¿ha de ser lícito combatir la mentira con la mentira?... ¿Hemos de ser cómplices de los priscilianistas en aquello mismo en que son peores que los demás herejes?... Más tolerable es la mentira en los priscilianistas que en los católicos; ellos blasfeman sin saberlo, nosotros a sabiendas; ellos contra la ciencia, nosotros contra la conciencia... No olvidemos aquellas palabras: «Quicumque me negaverit coram hominibus, negabo eum coram Patre meo...». ¿Cuándo dijo Jesucristo: «Vestíos con piel de lobos para descubrir a los lobos, aunque sigáis siendo ovejas?...».* Si no hay otro modo de descubrirlos, vale más que sigan ocultos. Añade que, en materias de religión sobre todo, no es lícita la más leve mentira, y que otras redes hay para coger a los herejes, en especial la predicación evangélica y la refutación de les errores de la secta. Aconseja, sobre todo, que combata la *Libra* de Dictinio.

Más adelante, Consencio volvió a consultar a san Agustín sobre cinco puntos, que tenían relación remota con los dogmas de Prisciliano: 1.º, si el cuerpo del Señor conserva ahora los huesos, sangre y demás formas de la carne; 2.º, cómo ha de interpretarse aquel lugar del Apóstol: *Caro et sanguis regnum Dei non possidebunt*; 3.º, si cada una de las partes del cuerpo humano ha sido formada por Dios; 4.º, si basta la fe, en los bautizados, para lograr la eterna bienaventuranza; 5.º, si el hálito de Dios sobre el rostro de Adán creó el alma de éste o era la misma alma.

A la primera pregunta contesta el obispo hiponense que es dogma de fe el que Cristo conserva en el cielo el mismo cuerpo que tuvo en la tierra; a la segunda, que las obras de la carne son los vicios; a la tercera, que la naturaleza

---

183 Tomo 6 de la edición maurina.

obra y produce dirigida por el Creador; a la cuarta, que la fe sin las obras es muerta; a la quinta, que basta afirmar que el alma no es partícula de la sustancia divina y que todo lo demás es cuestión ociosa.

Todavía hay otra carta de Consencio preguntando algunas dudas sobre el misterio de la Trinidad.[184]

Los priscilianistas se distinguían de los demás *gnósticos* en admitir por entero las Sagradas Escrituras, así del Antiguo como del *Nuevo Testamento*. Pero introducían en los textos osadas variantes, según advierte san León: Multos CORRUPTISSIMOS eorum codices... invenimus: Curandum ergo est et sacerdotali diligentia maxime providendum ut falsati codices, et a sincera veritate discordes, in nullo usu lectionis habeantur. Todavía en el siglo VII vio san Braulio algunos de estos libros. Qué alteraciones tenían, no hallamos dato alguno para determinarlo. Pero sabida cosa es que cada secta *gnóstica* alteró la Biblia conforme a sus particulares enseñanzas, puesto que la tenían por colección de libros *exotéricos*, inferior en mucho a los *apócrifos* que ellos usaban.

El rótulo de *libros apócrifos* se ha aplicado a producciones de muy diverso linaje. Como la cizaña en medio del trigo aparecieron desde el primer siglo de la Iglesia, mezclados con los *Evangelios*, actas y epístolas canónicas, innumerables escritos, dirigidos unas veces a dar sano alimento a la devoción de los fieles, y otras a esparcir cautelosamente diversos errores. Prescindiendo de las obras compuestas por judíos a nombre de patriarcas y profetas de la Ley Antigua, como el *Libro de Henoc*, la *Vida de Adán*, el *Testamento de los doce patriarcas*, etc., los libros apócrifos de origen cristiano pueden reducirse a cuatro clases: 1.ª Libros canónicos, completamente alterados, por ejemplo, el *Evangelio de san Lucas* y las *Epístolas de san Pablo*, tales como las refundió Marción. Todas estas falsificaciones fueron obra de sectas heterodoxas. 2.ª Libros apócrifos del todo heréticos y con marcada intención de propaganda. Han perecido casi todos, verbigracia, el *Evangelio de Judas Iscariote*, compuesto por los cainitas; el *Evangelio de perfección*, el *Grande y Pequeño interrogatorio de María*, etc. 3.ª Libros que, sin contener una exposición dogmática, ni mucho menos de las doctrinas de ninguna secta, encierran algunos errores. A este género pertenecen casi todos los que conocemos, advirtiendo que algunos de ellos han sufrido varias refundiciones al pasar de unas sectas a otras, y aun de los heterodoxos al

---

184 Cartas 205 y 210 de san Agustín.

pueblo católico, hasta el punto de contener hoy muy pocas herejías. Una de las obras más conocidas de este grupo son las *Actas de san Pablo y Tecla*, escritas para confirmar la doctrina de los que atribuían a las mujeres la facultad de predicar y aun de conferir el bautismo. Pero el fruto más sazonado de esta parte de la literatura apócrifa es el libro de las *Clementinas* o *Recognitiones*, compuesto o alterado por los ebionitas, el cual pudiera calificarse de verdadera joya literaria. 4.ª Apócrifos ortodoxos y fabricados con el fin de satisfacer la curiosidad de los fieles en los puntos que tocan de pasada la narración evangélica, o la de las *Actas de los Apóstoles*. Son generalmente posteriores a los libros heréticos, con cuyos manejos se arrearon más de una vez. El más conocido y el que menos vale de estos apócrifos cristianos es la compilación del falso Abdías, formada quizá en el siglo VI.

El interés histórico y literario de todos estos libros, aun de los medianos, es grandísimo. Allí están en germen cuantas leyendas y piadosas tradiciones encantaron la fantasía de la Edad media; allí se derramó por primera vez en el arte el sentimiento cristiano, y a las veces con una esplendidez y un brío que asombran.

Los priscilianistas de España se valieron de los *apócrifos* de muchas sectas anteriores, aumentados con nuevas falsificaciones. Para formar en lo posible el catálogo servirán la epístola de santo Toribio a Idacio y Ceponio y las de Orosio a san Agustín.

I. *Actas de san Andrés*. Citadas por Toribio. Eran las atribuidas a Leucio. Hoy conocemos un texto griego de las *Actas*, que puede leerse en la colección de Tischendorf (páginas 105-131),[185] pero es distinto del de Leucio, o a lo menos refundido por algún católico que le quitó los resabios de *maniqueísmo*, aprovechando la parte narrativa. Pruébase la diversidad de los textos por faltar en el que poseemos el singular pasaje que cita san Agustín (*Contra Manichaeos*, cap. 38), relativo a aquella *Maximilla* que, por no pagar a su marido el débito conyugal, que juzgaba pecado, incurrió nada menos que en el de *lenocinio* o tercería. Sábese que los maniqueos y priscilianistas condenaban el matrimonio

---

185 *Acta Apostolorum Apocrypha ex triginta antiquis codicibuss graecis* (Leipzig 1851).
Sigo constantemente esta edición, que parece la más completa en lo relativo a apócrifos griegos. Pueden verse además: J. Alberti Fabricii, *Codex Pseudepigraphus Novi Testamenti* (Hamburgo 1703), y la *Nova Collectio*, de Thilo (Leipzig 1832).

y la propagación de la especie. La refundición, hoy conocida, de las *Actas* debe de ser antigua, puesto que san Beato de Liébana y Eterio de Osma citan con elogio un pasaje en su impugnación de la herejía de Elipando.

II. *Actas de san Juan.* En la misma colección de Tischendorf, desde la página 226 a la 276, se lee el texto griego de estas Actas, que deben de ser las atribuidas por Toribio a Leucio, y convienen poco o nada con el relato de Abdías. San Agustín, en el tratado CXXIV *In Ioannem,* cita y censura un pasaje de nuestras *Actas,* en que se afirma que el apóstol no murió como los demás hombres, sino que duerme en el sepulcro aguardando la venida del Salvador, y a las veces remueve con su aliento el polvo que le cubre. Gran riqueza de fantasía mostró el autor de estas *Actas.* Allí aparecieron por vez primera la historia del capitán de forajidos convertido por san Juan y otra que literariamente tiene más valor e importancia, la de aquel Calímaco de Efeso, furiosamente enamorado de la cristiana Drusila, hasta el punto de desenterrar con intentos sacrílegos su cadáver. De allí tomó la célebre Hroswita, monja de Gandersheim, el argumento de uno de sus dramas, el *Calímaco,* verdadera maravilla literaria del siglo X, si fuera auténtico, que muchos lo dudan.

III. *Actas de santo Tomás.* Conocemos dos textos, uno griego y otro siríaco. El segundo tiene muchas más huellas de *gnosticismo* que el primero, y no fue estampado hasta 1871, en que le dio cabida W. Wright en sus *Actas apócrifas de los Apóstoles,* publicadas según los manuscritos sirios del Museo británico.[186] Estas Actas parecen traducidas del griego, pero no del texto que hoy poseemos, sino de otro más antiguo y mucho más gnóstico. En el griego faltan dos himnos curiosísimos, especialmente el de la *perla de Egipto,* hermosa fábula, de las que tanto empleaban aquellos sectarios, y no desemejante de la de *Sophia.* Tampoco hay huella de este himno en la bárbara redacción latina que lleva el nombre de Abdías.

Las Actas de santo Tomas refieren la predicación del apóstol en la India, y parecen haber sido escritas para recomendar la más absoluta continencia. Cristo se aparece a dos esposos y les exhorta a perseverar en la castidad. La secta ascética de los apotactistas o cátaros (puros), una de las ramas de los

---

186 *Apocryphal Acts of the Apostles, edited from Syriac manuscripts in the British Museum and other libraries by W. Wright* (Londres 1871). Tomo 1: textos siríacos. Tomo 2, traduc. inglesa, páginas 146-298: están las *Actas de Judas,* Tomás.

encratitas, o discípulos de Taciano, hizo grande uso de estas Actas, que por la comunidad de principios adoptaron los maniqueos, priscilianistas y otras muchas disgregaciones del gnosticismo.

Pero como cada cual había puesto mano en aquel texto, resultó sembrado de doctrinas que admitían unos y rechazaban otros. En las Actas que llaman de santo Tomás (escribe Toribio) es digna de nota y de execración el decir que el apóstol no bautizaba con agua, sino con aceite, lo cual siguen los maniqueos, aunque no los priscilianistas. (Specialiter in illis actibus, quae Sancti Thomae dicuntur, prae caeteris notandum atque execrandum est quod dicit eum non baptizare per aquam, sicut habet dominica praedicatio, sed per oleum solum: quod quidem isti nostri non recipiunt, sed manichaei sequuntur.)

El pasaje que parece haber dado ocasión a santo Toribio para esta censura, dice así en el texto griego de la colección de Tischendorf,[187] después de referir la conversión de un rey de la India y de su hermano: Καὶ κατάμιξον αὐτοὺς εἰς τὴν σὴν ποιμνην παθαρισας αὐτούς τῷ σῷ λουτρῷ καὶ ἄλειΨας αὐτοὺς τῷ σῷ ελαιῷ. (Recíbelos en tu redil, después de haberlos purificado con tu bautismo y ungido con tu óleo.) Thilo, ateniéndose a la autoridad del santo obispo de Astorga, cree que aquí se trata del bautismo. Otros lo entienden de la *confirmación*, y, a la verdad, el texto los favorece, puesto que distingue claramente entre el *bautismo* que lava y el *óleo* que unge. Aún es más claro lo que sigue. Piden los neófitos al apóstol que les imprima el *sello divino* después del bautismo, y entonces él εκελεψσε προσενεγκειν αὐτούς ελαιον ινα διὰ τοῦ ελαιοψ δεςονται την σφραγιδα ἤνεγκαν οὖν τὸ ελαιον. (Mandóles que trajesen aceite, para que por el aceite recibiesen el signo divino. Trajeron, pues, óleo.) En lo cual parece evidente que se alude a la confirmación, según el rito griego. Guardémonos, sin embargo, de afirmar ligeramente que santo Toribio erró tratándose de un texto que tenía a mano y debía conocer muy bien. Quizá el que a nosotros ha llegado es refundición posterior, en que se modificó con

---

187 También está en la de Thilo, y en el *Dictionnaire des Apocryphes* del abate Migne, compilación extensa, pero incompleta, y que, por desgracia, no incluye los textos originales, sino la traducción francesa.

arreglo a la ortodoxia este pasaje,[188] como desaparecieron el himno de *la perla* y la plegaria de santo Tomás en la prisión, con tener esta última bastante sabor católico.

No eran estas solas las *Actas apócrifas* conocidas por los priscilianistas. Santo Toribio añade: *Et his similia*, en cuyo número entraban, sin duda, las de *san Pedro* y *san Pablo*, que con las tres antes citadas componían el libro que Focio en su Mirobiblion llamaba περιοδος τῶν ἁγιων Ἀποστόλων y atribuye a *Leucio*. Este *Leucio* o *Lucio Charino*, a quien el papa Gelasio, en el decreto contra los libros apócrifos, llama *discípulo del diablo*, fue un maniqueo del siglo IV, que (a mi entender) no compuso, sino que recopiló, corrigió y añadió varios apócrifos que corrían antes entre la familia *gnóstica*. Fue, digámoslo así, el *Homero* de aquellos rapsodas.

De la misma fuente leuciana parecen haberse derivado las *Actas de san Andrés y san Mateo en la ciudad de los antropófagos*, que pueden verse en la colección de Fabricio. Tienen mucho carácter gnóstico y maniqueo, pero no sé si las leerían los priscilianistas.

IV. *Memoria Apostolorum*. Este libro, que sería curiosísimo, ha perecido. Santo Toribio dice de él: *In quo ad magnam perversitatis suae auctoritatem, doctrinam Domini mentiuntur: qui totam destruit Legem Veteris Testamenti, et omnia quae S. Moysi de diversis creaturae factorisque divinitus revelata sunt, praeter reliquas eiusdem libri blasphemias quas referre pertaesum est.* (En el cual, para autorizar más su perversa doctrina, fingen una enseñanza del Salvador que destruye toda la ley del *Antiguo Testamento* y cuanto fue revelado a Moisés sobre la criatura y el Hacedor, fuera de las demás blasfemias del mismo libro que sería largo referir.) Algo más explícito anduvo Orosio en la carta a san Agustín. «Y esto lo confirman con cierto libro que se intitula *Memoria Apostolorum*, donde, rogado el Salvador por sus discípulos para que les muestre al Padre Ignoto, les contesta que, según la parábola evangélica *Exiit seminans seminare semen suum* (salió el sembrador a sembrar su semilla), no fue sembrador bueno (el creador o *Demiurgo*), porque si lo fuese no se hubiera mostrado tan

---

188 En otra publicación de Tischendorf (*Apocalyses Apocryphae Mosis, Esdrae, Pauli, Ioannis*, etc. [Lipsiae, Mendelssohn, 1866], páginas 156-161) se insertan fragmentos de otro texto griego de las *Actas de santo Tomás*, conservados en un códice de la Biblioteca de Munich y en otro de la Bodleiana.

negligente, echando la semilla junto al camino, o entre piedras, o en terrenos incultos. Quería dar a entender con esto que el verdadero sembrador es el que esparce almas castas en los cuerpos que él quiere.» Curioso es este pasaje, como todos los del *Commonitorium* de Orosio, riquísimo en noticias. Vese claro que los priscilianistas reproducían la antítesis establecida por Marción entre la ley antigua y la nueva, entre Jehová y el Dios del Evangelio, doctrina que vimos condenada en la *Regula Fidei* del concilio Toledano.

V. *De principe humidorum et de principe ignis.* (Del principio del agua y del principio del fuego.) Tampoco de éste hay otra noticia que la que da Orosio. Según él, Dios, queriendo comunicar la lluvia a los hombres, mostró la virgen *luz* al *príncipe de lo húmedo*, que, encendido en amores, comenzó a perseguirla, sin poder alcanzarla, hasta que con el sudor copioso produjo la *lluvia* y con un horrendo mugido engendró el *trueno.* El libro en que tan rudas y groseras teorías meteorológicas se encerraban debió de ser parto de los priscilianistas, de igual suerte que la *Memoria Apostolorum.*

Vimos, además, que el concilio de Braga prohíbe los tratados compuestos por Dictinio a nombre de patriarcas y profetas; de todo lo cual no queda otra memoria. Tampoco puede afirmarse con seguridad si las *Actas de san Andrés, santo Tomás* y *san Juan* circularon en griego o en latín entre los herejes de Galicia. Más probable parece lo segundo.

Observación es de santo Toribio que solo una pequeña parte de las teorías priscilianistas se deducía de los apócrifos, y añade: *Quare unde prolata sint nescio, nisi forte ubi scriptum est per cavillationes illas per quas loqui Sanctos Apostolos mentiuntur, aliquid interius indicatur, quod disputandum sit potius quam legendum, AUT FORSITAN SINT LIBRI ALII QUI OCCULTIUS SECRETIUSQUE SERVENTUR, solis, ut ipsi aiunt, PERFECTIS paterentur.* Hemos de inferir, pues, que tenían enseñanza *esotérica* y libros ocultos, como todas las demás sectas derivadas de la *gnosis.*[189]

Alteraron estos herejes la liturgia de la iglesia gallega, introduciendo multitud de himnos, hasta el extremo de haber de prohibir el concilio de Braga que se cantase en las iglesias otra cosa que los *Salmos.* ¡Lástima que se hayan perdido los himnos priscilianistas! Si los compusieron Latroniano y otros poetas de

---

189 J. Flamion, *Les Actes Apocryphes de Pierre*, páginas 230 y siguientes. Importante discusión sobre los libros apócrifos usados por los priscilianistas.

valía, de fijo eran curiosos e interesantes para la historia de nuestra literatura. ¿Se asemejarían a los hermosos himnos de Prudencio o a los posteriores del *Himnario* visigodo?[190] Aunque tengo para mí que las canciones de nuestros *gnósticos* debían de mostrar gran parecido con las de Bardesanes y Harmonio y quién sabe si con las odas del neoplatónico Sinesio. Panteístas eran unos y otros, aunque por diversos caminos, y quizá los nuestros exclamaron más de una vez con el sublime discípulo de Hipatia:

> De terrena existencia
> rotos los férreos lazos
> has de volver, humana inteligencia,
> con místicos abrazos,
> a confundirte en la divina esencia [191]

Lo que san Jerónimo refiere de las nocturnas reuniones de estos sectarios, esto es, que al abrazar a las hembras repetían aquellos versos de las *Geórgicas* (libro II):

> Tum Pater omnipotens foecundis imbribus Aeter
> coniugis in gremium laetae descendit, et omnes
> magnus alit, magno commixtus corpore, foetus:

debe tenerse por reminiscencia erudita, muy natural en boca del santo, pero no si la aplicamos a los priscilianistas. Lo que éstos cantaban debía de ser algo menos clásico y más característico.[192]

---

190 Como testimonio de la antigüedad de los himnos en las comunidades cristianas alegan algunos el texto de Plinio el Joven (Epístola, lib. 10 epístola 97): «Carmenque Christo tamquam Deo dicere secum invicem, seque sacramento non in scelus aliquod obstringere, sed ne furta, ne latrocinia, ne adulteria committerent, ne fidem fallerent, ne depositum appellati abnegarent...».

191 Sinesio, himno, lib. Traducción del que esto escribe.

192 En una reciente memoria sobre la poesía religiosa, leída en ese Ateneo de Madrid donde tantos buenos ingenios naufragan y se pierden, he visto que se censura a la Iglesia por haber acabado con los himnos de nuestros heterodoxos, y especialmente con los de los *gnósticos*, en sus ramas montanista, maniquea y priscilianista. Con haberme dedicado un poco a estas investigaciones, ignoraba, hasta que leí esto, que en España hubiese habido

Uno de los restos más notables de la liturgia priscilianista, y la única muestra de sus cantos, es el *Himno de Argirio*, del cual nos ha conservado algunos retazos san Agustín en su carta a Cerecio.[193] A la letra dicen así:

Himno que el Señor dijo en secreto a sus apóstoles según lo que está escrito en el Evangelio (Mt. 26, 30): *Dicho el himno, subió al monte*. Este himno no está puesto en el canon, a causa de aquéllos que sienten según su capricho, y no según el espíritu y verdad de Dios, porque está escrito (*Job* 12, 7): Bueno es ocultar el *Sacramento* (misterio) del rey; pero también es honorífico revelar las obras del Señor:

I. Quiero desatar y quiero ser desatado.
II. Quiero salvar y quiero ser salvado.
III. Quiero ser engendrado.
IV. Quiero cantar: saltad todos.
V. Quiero llorar: golpead todos vuestro pecho.
VI. Quiero adorar y quiero ser adorado.
VII. Soy lámpara para ti que me ves.
VIII. Soy puerta para ti que me golpeas.
IX. Tú que ves lo que hago, calla mis obras.

---

montanistas, y que los montanistas fuesen *gnósticos*, cuando precisamente Tertuliano, el más célebre de ellos, fue el mayor enemigo del gnosticismo. Ignoraba asimismo que en España hubiese habido otros maniqueos que los priscilianistas, puesto que Pacencio fue extranjero y no tuvo secuaces. Cada día averigua uno cosas nuevas y estupendas. ¿Qué montanistas españoles serían ésos que tenían himnos? Muchas veces he dicho, y lo repito, que el Ateneo es la mayor rémora para nuestra cultura, por lo que distrae los ánimos de nuestra juventud, habituándola a hablar y discurrir de todo sin preparación suficiente y con lugares comunes. Y esto sea dicho en general, no por lo que hace relación al autor de la memoria, amigo mío, a quien hago aquí el mayor favor que puedo en no nombrarle. ¡Él, que ha hecho la historia de santuarios y de imágenes, convertido ahora en eco de la impiedad y del volterianismo trasañejo! ¡Dios nos tenga de su mano! Y repito que la advertencia es amistosa.
193 Epístola 237 de la edición de san Mauro, tomo 2.

X. Con la palabra engañé a todos y no fui engañado del todo.[194]

Según el comentario que de esta enigmática composición hacían los prisci-lianistas, su sentido no podía ser más inocente. El *solvere* aludía al desligarse de los lazos carnales: el *generare*, a la generación espiritual, en el sentido en que dice san Pablo: *Donec Christus formetur in nobis*. El *ornare* venía a ser aquello del mismo Apóstol: *Vos estis templum Dei*. Finalmente, a todas las palabras del himno hallaban concordancia en las Sagradas Escrituras.

Pero el sentido arcano era muy diverso de éste. La que quiere desatar es la sustancia única, como *divinidad*; la que quiere ser desatada es la misma sustancia en cuanto *humanidad*, y así sucesivamente, la que quiere salvar y ser salvada, adornar y ser adornada, etc. El Verbo *illusi cuncta* envuelve quizá una profesión de *doketismo*.

En dos libros expuso Argirio la interpretación de este himno y de otros apócrifos priscilianistas. El obispo Cerecio remitió un ejemplar a san Agustín para que le examinase y refutase. Así lo hizo el santo en una larga epístola.[195] Si todo lo contenido en el himno era santo y bueno, ¿por qué hacerlo materia de enseñanza arcana? Las exposiciones de Argirio (conforme siente san Agustín) no servían para aclarar, sino para ocultar el verdadero sentido y deslumbrar a los

---

194 «Hymnus Domini, quem dixit secrete Sanctis Apostolis discipulis suis, quia scriptum est in Evangelio (Mt 26, 30): Hymno dicto ascendit in montem, et qui in Canone non positus est propter eos qui secundum se sentiunt et non secundum spiritum et veritatem Dei; eo quod scriptum est: Sacramentum Regis bonum est abscondere, opera autem Dei revelare honorificum est.»
I. Solvere volo et solvi volo.
II. Salvare volo et salvari volo.
III. Generari volo.
IV. Cantare volo, saltate cuncti.
V. Plangere volo, tundite vos omnes.
VI. Ornare volo et ornari volo.
VII. Lucerna sum tibi, ille qui me vides.
VIII. Janua sum tibi, quicumque me pulsas.
IX. Qui vides quod ago, tace opera mea.
X. Verbo illusi cuncta, et non sum illusus in totum.
195 Epístola 237 de la edición maurina, tomo 2.

profanos. Solo de uno de los dos volúmenes de Argirio se hace cargo el obispo de Hipona, porque el otro se le había extraviado sin saber cómo.

Para traer a la memoria de los adeptos su doctrina, empleaban las sectas gnósticas otro medio fuera de los libros y de los cantos; es a saber, los *abracas* o amuletos, de que largamente han discurrido muchos eruditos. En la copiosa colección de Matter hallo muy pocos que puedan referirse a los priscilianistas. El más notable, y que sin género de duda nos pertenece, representa a un guerrero celtíbero bajo la protección de los doce signos del Zodíaco. Conocida es la superstición sideral de los discípulos de Prisciliano.[196] La ejecución de esas figuras es esmerada. Otros talismanes astrológicos pueden aplicarse con menos probabilidad a España.[197]

¿Censuraremos a la Iglesia por haber destruido los monumentos literarios y artísticos, los libros o las piedras de los priscilianistas? En primer lugar, no sabemos, ni consta en parte alguna, que los destruyese. En segundo, si se perdieron las obras de Prisciliano, igual suerte tuvieron las de Itacio y otros contradictores suyos. En tercero, si lo hizo, bien hecho estuvo, por, que sobre todo está y debe estar la *unidad*, y nuestras aficiones y curiosidades literarias de hoy nada significan ni podían significar para los antiguos obispos, si es que las adivinaron, puestas en cotejo con el peligro constante que para las costumbres y la fe del pueblo cristiano envolvían aquellos repertorios de errores.

Poco diré de las obras de los impugnadores del priscilianismo, porque casi todas han perecido. El libro de Itacio no se halla en parte alguna. El obispo *Peregrino*, citado por algunos escritores como autor de *muchos cánones contra Prisciliano*, ha de ser el Patruino, obispo de Mérida, que presidió el concilio de Toledo y propuso todos los *cánones* que allí se aprobaron, o más bien el *Bachiarius peregrinus*, de que hablaré más adelante. El *Commonitorium* y el Libelo de santo Toribio de Liébana se han perdido, y solo queda su breve carta a Idacio y a Ceponio, que versa especialmente sobre los libros apócrifos. Los dos más curiosos documentos relativos a esta herejía son el *Commonitorium*, o carta de Orosio a san Agustín, y la epístola de san León el Magno a Toribio.

---

196 *Histoire critique du Gnosticisme.* Planches, planche 8 fig. 8.

197 La llamada Cruz de los Ángeles, de Ovidio, tiene dos de estos amuletos o piedras basilí-dicas o priscilianistas, según la opinión más probable (edición Monumentos arquitectó-nicos de España).

Entrambos van en el apéndice. El libro de san Agustín *Contra priscillianistas et origenistas*, de los primeros habla poco o nada, y mucho de los segundos, como veremos adelante.[198]

Orosio y san León, la *Regula fidei* y los cánones del Bracarense, junto con otros indicios, serán nuestras fuentes en el párrafo que sigue, enderezado a exponer los dogmas e influencia del gnosticismo en España.

VI. Exposición y crítica del priscilianismo

No son oscuros ni ignorados los orígenes de la doctrina de Priscliano. Tuvieron cuidado de advertirlos sus impugnadores. *Los priscilianistas mezclan los dogmas de gnósticos y maniqueos*, dice san Agustín (*De haeresibus*, cap. 70). Y el mismo santo añade que a esta herejía refluyeron, *como a una sentina*, los desvaríos de todas las anteriores: *Quamvis et ex aliis haeresibus in eas sordes, tanquam in sentinam quandam, horribili confusione confluxerint*. Lo cual repite y explana san León el Magno en su célebre epístola: *Nihil est enim sordium in quorumcumque sensibus impiorum, quod in hoc dogma non confluxerit: quoniam de omni terrenarum opinionum luto, multiplicem sibi foeculentiam*

---

198 Lucinio Bético, que debe de ser el marido de Teodora, gran perseguidor de priscilianistas, consultó a san Jerónimo por los años de 396: 1.º, si era obligatorio ayunar todos los días; 2.º, si debía recibirse diariamente la Eucaristía, como se practicaba en algunas iglesias. El doctor estridonense respondió que se siguiera la tradición de cada provincia, y que «la Eucaristía debe tomarse siempre que la conciencia no nos remuerda».[f]

Opina el señor Ferreiro que las preguntas de Lucinio tenían que ver con las cuestiones priscilianistas.

En lo que no estoy conforme con el moderno historiador de esta herejía, es en suponer que fuesen españoles Casulano, Januario y Máximo, que dirigieron a san Agustín consultas sobre el ayuno del sábado,[a] a la comunión frecuente, los oficios de Jueves santo, el día de la celebración de la Pascua, las suertes evangélicas, o adivinación por medio de las páginas del Evangelio, y el dogma de la Encarnación. No hay en las respuestas de san Agustín alusión positiva a España, ni se nombra más que una vez, y de pasada, a los priscilianistas, ni las cuestiones de que se trata eran debatidas únicamente por éstos. Por lo que hace a Casulano, sabemos que su consulta nació de un opúsculo del maniqueo Romano. Maniqueos y priscilianistas profesaban en esto de los ayunos los mismos principios.

---

f Véase epístola 52, tomo 5.

a Véase epístola 36 (tomo 2 de la edición maurina), 54 y 55 (*Ab inquisitionis Ianuarii...*) Y epístola 264.

miscuerunt: ut soli totum biberent, quidquid alii ex parte gustassent. Afirma una y otra vez aquel Pontífice el carácter sincrético de las enseñanzas priscilianistas: Si recordarnos, dice, cuantas herejías aparecieron en el mundo antes de Prisciliano, apenas hallaremos un error de que él no haya sido contagiado. (*Denique si universae haereses, quae ante Priscilliani tempus sunt, diligentius retractantur, nullus pene invenitur error, de quo non traxerit impietas ista contagium.*) Sulpicio Severo limítase a decir que Prisciliano resucitó la herejía de los *gnósticos*, y no advierte de cuáles. San Jerónimo (diálogo *Adversus pelagianos*, prólogo) coloca a nuestro heresiarca al lado de los *maniqueos* y de los *massalianos*, y en el tratado de *De Viris Illustribus* le supone discípulo de Basílides y de Marco, no sin advertir que algunos lo niegan. De todo lo cual podemos deducir que el fondo del priscilianismo fue la doctrina de los maniqueos modificada por la *gnosis* egipcia. Curioso *sincretismo*, especie de conciliación entre las doctrinas de Menfis y las de Siria, tiene bastante interés en la historia de las lucubraciones teosóficas para que tratemos de fijar con la posible distinción sus dogmas.

Por dicha, los testimonios que nos quedan, aunque no en gran número, merecen entera fe: Orosio, por español y contemporáneo; los padres que formularon la *Regula fidei*, por idénticas razones, y san León, porque reproduce con exactitud las noticias que le comunicó Toribio, a quien hemos de suponer bien informado a lo menos de la doctrina externa de los priscilianistas, puesto que él mismo nos dice que había amaestramientos y ritos arcanos. San Agustín, en el capítulo LXX *De haeresibus*, se atiene por la mayor parte a los datos de Orosio. Filastrio de Brescia no hace memoria de los discípulos de Prisciliano, aunque alude claramente a *gnósticos* de España. El concilio Bracarense se atiene a la carta de san León hasta en el número y orden de los anatemas.

Comenzando por el tratado *De Deo*, no cabe dudar que los priscilianistas eran antitrinitarios y, según advierte san León (y con él los padres bracarenses), *sabelianos*. No admitían distinción de personas, sino de atributos o modos de manifestarse en la esencia divina: *Tanquam idem Deus nunc Pater, nunc Filius, nunc Spiritus Sanctus nominetur.* Por eso la *Regula fidei* insiste tanto en el dogma de la Trinidad. ¿Pero hemos de dar un origen *sabeliano* a la herejía de los priscilianistas en este punto? No lo creo necesario: en toda *gnosis* desaparecía el misterio de la Trinidad, irreconciliable siempre con el panteísmo y el dualismo, que más o menos profesaban aquellas sectas, y con la indeterminada sucesión de sus *eones*. ¿Cómo ha de avenirse la concepción del Dios uno y trino, y por esto mismo personal, activo y creador, con esos sistemas que colocan allá en regiones inaccesibles y lejanas al *padre ignoto*, sin comunicarse con el mundo, que él no crea, sino por una serie de emanaciones que son y no son su propia esencia o el reflejo de ella, enfrente de las cuales están los principios maléficos, emanados asimismo de un poder, a veces independiente, a veces subordinado, y no pocas confundido con la materia? Por eso los priscilianistas, al negar la Trinidad, no se distinguían de los demás herejes del mismo tronco como no fuera en ser *patri-passianos* (como san León afirma), es decir, en enseñar que el Padre había padecido muerte de cruz. Parece esto contrario al *doketismo* que todas las ramas gnósticas adoptaron, teniendo por figurativa y simbólica, no por real, la crucifixión. Pero ¿quién pide consecuencia a los delirios humanos?[199]

Enseñaban los priscilianistas la procesión de los *eones*, emanados todos de la esencia divina e inferiores a ella en dignidad y en tiempo (*De processionibus quarumdam virtutum ex Deo, quas habere coeperit, et quas essentia sui ipse praecesserit*). Uno de estos *eones* era el Hijo, por lo cual san León los apellida *arrianos* (*Dicentium quod Pater Filio prior sit, quia fuerit aliquando sine Filio, et tunc Pater coeperit quando Filium genuerit*). *¡Como si a la esencia divina pudiese faltarle desde la eternidad algo!*, dice profundamente el mismo papa.

No tenemos datos para exponer la generación de las *virtudes* o *potestades* según Prisciliano. Dos de ellas serían el *príncipe de lo húmedo* y el *príncipe del fuego*, que vimos figurar en uno de los libros apócrifos.

Aseguraban los priscilianistas que era el demonio esencial e intrínsecamente malo; principio y sustancia de todo mal, y no creado por Dios, sino nacido del caos y de las tinieblas. La misma generación le daban los valentinianos, y sobre todo los maniqueos de Persia, como en su lugar vimos. San León refuta, con su acostumbrada sobriedad, el sistema de los dos principios y del mal eterno: *Repugna y es contradictorio a la esencia divina el crear nada malo y no puede haber nada que no sea creado por Dios.*

---

199 Orosio confirma el antitrinitarismo de los priscilianistas: «Trinitatem autem solo verbo loquebatur, nam unionem absque ulla existentia aut proprietate asserens, sublato et Patre et Filio et Spiritu Sancto, hunc esse unum Christum dicebat» (*Commonitorium*).

La *cosmología* de los secuaces de nuestro heresiarca era sencilla, más sencilla que la de los maniqueos; porque no les aterraba el rigor lógico ni temían las consecuencias. El mundo, según ellos, había sido creado, no por un *Demiurgo* o agente secundario de la Divinidad, sino por el demonio, que le mantenía bajo su imperio y era causa de todos los fenómenos físicos y meteorológicos. (*A quo istum mundum factum volunt*, dice san Agustín.) Muy pocos *gnósticos*, fuera de los *ofitas*, *cainitas* y otros *pensadores* de la misma laya, se atrevían a aceptar este principio, aunque el sistema llevase a él irremediablemente. Ningún *pesimista* moderno ha ido tan lejos, ni puede llevarse más allá el olvido o desconocimiento de la universal armonía.

La doctrina *antropológica* de Prisciliano era consecuencia ineludible de estos fundamentos. *El alma* del hombre, como todo espíritu, es una parte de la sustancia divina, de la cual procede por emanación. (*Animas eiusdem naturae atque substantiae cuius est Deus*. San Agustín.) Pero no es *una*, como debiera y debe serlo en toda concepción panteísta, sino *múltiple*: nueva contradicción de las que el error trae consigo. Dios imprime a estas almas su sello (*chirographum*) al educirlas o sacarlas de su propia esencia, que Prisciliano comparaba con un almacén (*promptuario*) de *ideas o de formas*.[200] Promete el espíritu, así *sellado*, lidiar briosamente en la arena de la vida, y comienza a descender por los círculos y regiones celestes, que son siete, habitados cada cual por una inteligencia, hasta que traspasa los lindes del mundo inferior y cae en poder del príncipe de las tinieblas y de sus ministros, los cuales encarcelan las almas en diversos cuerpos, porque el cuerpo, como todo lo que es materia, fue creación demoníaca.

Esta peregrinación del alma era generalmente admitida por las escuelas gnósticas. Lo que da alguna originalidad a la de Prisciliano es el *fatalismo* sideral, cuyos gérmenes encontró en la teoría de Bardesanes y en el *maniqueísmo*. Pero no se satisfizo con decir que los cuerpos obedecían al influjo de las estrellas, como afirmaron sus predecesores, sino que empeñóse en señalar a cada parte o miembro humano un poder celeste del cual dependiera. Así distribuyó los doce signos del Zodíaco: el *Aries* para la cabeza, el *Toro* para la cerviz, *Géminis* para los brazos, *Cáncer* para el pecho, etc. Ni se detuvo en

---

200 Toda esta exposición se funda en los textos de Orosio, san Agustín, san León, etc., que van en el apéndice, y que no cito a cada paso para evitar prolijidad.

esta especie de *fisiología astrológica*. Esclavizó asimismo el alma a las potencias celestes, ángeles, patriarcas, profetas..., suponiendo que a cada facultad, o (como él decía) *miembro* del alma, corresponde un personaje de la ley antigua: Rubén, Judá, Leví, Benjamín, etc.

¿Dónde quedaba la libertad humana en esta teoría? Esclavizado el cuerpo por los espíritus malos y las estrellas, sierva el alma de celestes influjos, ni se resolvía el dualismo ni el sello o *chirographo* divino podía vencer al *chirographo* del diablo. Pues aunque el alma fuera inducida al bien por sus patronos, no solo estaba enlazada y sujeta al cuerpo, sino que cada una de sus facultades era súbdita del miembro en que residía, y por eso la cabeza sufría el contradictorio influjo de Rubén y del *Aries*. El hombre priscilianista era a la vez esclavo de los doce hijos de Jacob y de los doce signos del Zodíaco, y no pedía mover pie ni mano sino dirigido y gobernado por unas y otras potestades. Al llevar el dualismo a extremo tan risible, ¿entendieron los priscilianistas salvar una sombra de libre albedrío y de responsabilidad, dando al hombre una menguada libertad de elección entre dos términos fatalmente impuestos? No es seguro afirmarlo.

¿Y de dónde procedía esta intolerable esclavitud? Del pecado original; pero no cometido en la tierra, sino en las regiones donde moran las inteligencias. Las almas que pecaron, después de haber sido emanadas, son las únicas que, como en castigo, descienden a los cuerpos; doctrina de sabor platónico, corriente entre los *gnósticos*. En la tierra están condenadas a *metempsicosis*, hasta que se laven y purifiquen de su pecado y tornen a la sustancia de donde procedieron.

La *cristología* de los priscilianistas no se distingue en cosa esencial del *doketismo*. Para ellos, Cristo era una personalidad fantástica, un *eón* o atributo de Dios, que se mostró a los hombres *per quandam illusionem* para destruir o clavar en la cruz el *chirographum* o signo de servidumbre. Pero al mismo tiempo se les acusa de afirmar que Cristo no existía hasta que nació de la Virgen. Esta que parece contradicción, se explica si recordamos que los *gnósticos* distinguían entre el *eón Christos*, poder y virtud de Dios, y el hombre Jesús, a quien se comunicó el *Pneuma*. Al primero llamaban los priscilianistas ingénito (ἀγέννητος), y al segundo, *Unigénito*, no por serlo del Padre, sino por ser el único nacido de virgen.

En odio a la materia negaban los priscilianistas la resurrección de los cuerpos. En odio al judaísmo contradecían toda la doctrina del *Antiguo Testamento*, admitiéndole, no obstante, con interpretaciones alegóricas.

Grande incertidumbre reina en cuanto a la moral de estos herejes. Cierto que en lo externo afectaron grande ascetismo, condenando, de igual suerte que los maniqueos, el matrimonio y la comida de carnes. Cierto que profesaban un principio, en apariencia elevado y generoso, pero que ha extraviado a muchos y nobles entendimientos: creían que la virtud y ciencia humanas pueden llegar a la perfección, y no solo a la similitud, sino a la igualdad con Dios.[201] Pero esta máxima contenía los gérmenes de todo extravío moral, puesto que los priscilianistas afirmaron que, en llegando a esa perfección soberana, eran imposibles, ni por pensamiento ni por ignorancia, la caída y el pecado. Agréguese a esto la envenenada teoría fatalista, y se entenderá bien por qué en la práctica anduvieron tan lejanos nuestros *gnósticos* de la severidad que en las doctrinas afectaban. Matter sospecha que *la secreta licencia de costumbres atribuida a los priscilianistas es una de esas acusaciones que el odio profiere siempre contra los partidos que se jactan de un purismo especial*: pero Matter es demasiado optimista y propende en toda ocasión a defender las sectas gnósticas, como encariñado con su asunto. No es acusación vulgar la que repiten en coro Sulpicio Severo, enemigo de los itacianos; san Jerónimo, santo Toribio, san León el Magno; la que dos veces, por lo menos, fue jurídicamente comprobada, una en Tréveris por Evodio, otra en Roma por san León, que narra el caso de esta suerte: *Sollicitissimis inquisitionibus indagatam (OBSCOENITAS ET TURPITUDO) et Manichaeorum qui comprehensi fuerant confessione detectam ad publicam fecimus pervenire notitiam: ne ullo modo posset dubium videri quod in iudicio nostro cui non solum frequentissima praesentia sacerdotum, sed etiam illustrium virorum dignitas et pars quaedam senatus ac plebis interfuit, ipsorum qui omne facinus perpetrarent, ore reseratum est... Gesta demonstrant.* (Habiendo indagado con solicitud y descubierto por confesión de muchos maniqueos que habían sido presos sus obscenidades y torpezas, hicímoslo llegar a pública noticia para que en ningún caso pareciera dudoso lo que en nuestro tribunal, delante de muchos sacerdotes y varones ilustres y de gran parte del Senado y del pueblo, fue descubierto por boca de los mismos

---

201 San Jerónimo, diálogo Adversus Pelagianos.

228

que habían perpetrado toda maldad... Las actas del proceso lo demuestran.) Algo más que hablillas vulgares hubo, pues, sobre la depravación de maniqueos y priscilianistas.

El secreto de sus reuniones, la máxima de *iura, periura, secretum proderi noli*, la importancia que en la secta tenían las mujeres, mil circunstancias, en fin, debían hacer sospechar de lo que san León llama *execrables misterios e incestissima consuetudo* de los discípulos de Prisciliano, semejante en esto a los de Carpócrates, a los cainitas y a todos los vástagos degenerados del tronco *gnóstico*.

De sus ritos poco o nada sabemos. Ayunaban fuera de tiempo y razón, sobre todo en los días de júbilo para el pueblo cristiano. Juraban por el nombre de Prisciliano. Hacían simulada y sacrílegamente las comuniones, reservando la hostia para supersticiones que ignoramos.[202] En punto a la jerarquía eclesiástica, llevaron hasta el extremo el principio de *igualdad* revolucionaria. Ni legos ni mujeres estaban excluidos del ministerio del altar, según Prisciliano. La consagración se hacía no con vino sino con uva y hasta con leche, superstición que duraba en 675, fecha del tercer concilio Bracarense, que en su canon 1 lo condena.

No hay que encarecer la importancia de la astrología, de la magia y de los procedimientos teúrgicos en este sistema. Todos los testimonios están conformes en atribuir a Prisciliano gran pericia en las artes goéticas, pero no determinan cuáles. En el único fragmento suyo que conocemos, vese claro lo mucho

---

202 «La Iglesia, a pesar de la franqueza con que en sus primeros días permitió a los fieles que tocasen la santa Eucaristía, y la llevasen a sus casas, y que con la sangre del Señor, luego que la recibían, se ungiesen la frente y los ojos, como lo atestigua san Cirilo (*Catech. mystag.* V), viendo el abuso que de esta práctica hacían con sus encantos y supersticiones los priscilianistas y otros herejes, la cortó enteramente, hasta el extremo de no manifestar el santísimo sacramento durante el mismo sacrificio con especialidad en el Occidente, donde dice san Gregorio de Tours (lib. 7, cap. 22) que, acabada la consagración, se ocultaba la hostia debajo del corporal; de cuya práctica, observada en parte aún en el siglo XII, hace memoria un célebre escritor de aquel tiempo, diciendo: statim post... elevationem demitti Sacramentum a Sacerdote solitum, et operiri sindone» (Guibert, *De pignor. Sanct.*, cap. 2).
Nota de don Joaquín Lorenzo Villanueva, en el tomo 1 del *Viaje literario a las iglesias de España*, de su hermano fray Jaime, página 64.

que estimaba la observación astrológica, que para él debía de sustituir a cualquier otra ciencia, puesto que daba la clave de todo fenómeno antropológico.

Tal es la ligera noticia que podemos dar de las opiniones priscilianistas reuniendo y cotejando los datos que a ellas se refieren. Si no bastan a satisfacer la curiosidad, dan a lo menos cumplida idea del carácter y fundamentos de tal especulación herética. Réstanos apreciar su influjo en los posteriores extravíos del pensamiento ibérico.

Pero antes conviniera averiguar por qué arraigó tan hondamente en tierra gallega y se sostuvo, más o menos paladina y descubiertamente, por cerca de tres siglos el priscilianismo.[203] Una opinión reciente, defendida por don Manuel Murguía en su *Historia de Galicia*, parece dar alguna solución a este problema. El panteísmo céltico no estaba borrado de las regiones occidentales de la Península aun después de la conversión de los galaicos. Por eso la *gnosis* egipcia, sistema panteísta también, halló ánimos dispuestos a recibirla. Pero se me ocurre una dificultad: el panteísmo de los celtas era *materialista*, inspirado por un vivo y enérgico sentimiento de la naturaleza; en cuanto al espíritu humano, no sabemos ni es creíble que lo identificasen con Dios. Al contrario, el panteísmo que enseñó Prisciliano es *idealista*, desprecia u odia la materia, que supone creada y gobernada por los espíritus infernales.

Más semejanza hay en otras circunstancias. Los celtas admitían la transmigración, y de igual modo los priscilianistas. Unos y otros cultivaban la *necromancia* o evocación de las almas de los muertos. La superstición astrológica, más desarrollada en el priscilianismo que en ninguna de las sectas hermanas, debió de ser favorecida por los restos del culto sidérico, hondamente encarnado en los ritos célticos. El sacerdocio de la mujer no parecía novedad a los que habían venerado a las druidesas. ¿Y esos ritos nocturnos, celebrados *in latebris*, en bosques y en montañas, a que parece aludir el concilio de Zaragoza, y que eran ignorados de los demás *gnósticos*? Claro se ve su origen si la interpretación del canon no es errada.[204]

---

203 Algunos atribuyen la difusión del priscilianismo a lo muy extendido que se hallaba en la Península el culto mithriaco. De esta opinión, que parece verosímil, es el sapientísimo padre Fita.

204 «Nec habitent in latibulis cubiculorum aut montium qui in suspicionibus (quiza superstitionibus) perseverant» (canon 2).

Dejadas aparte estas coincidencias, siempre parece singular que en un rincón del mundo latino naciese y se desarrollase tanto una de las formas de la teosofía greco-oriental. Sabido es que los occidentales rechazaron como por instinto todas las herejías de carácter especulativo y abstracto, abriendo tan solo la puerta a sutilezas dialécticas como las de Arrio; y no es menos cierto que, si alguna concepción herética engendraron, fue del todo práctica y enderezada a resolver los problemas de la gracia y del libre albedrío; la de Pelagio, por ejemplo.

Si de alguna manera ha de explicarse el fenómeno del priscilianismo, forzoso será recurrir a una de las leyes de la heterodoxia ibérica, que leyes providenciales tiene como todo hecho, aunque parezca aberración y accidente. La raza ibérica es *unitaria*, y por eso (aun hablando humanamente) ha encontrado su natural reposo y asiento en el catolicismo. Pero los raros individuos que en ciertas épocas han tenido la desgracia de apartarse de él, o los que nacieron en otra religión y creencia, buscan siempre la *unidad* ontológica, siquiera sea vacua y ficticia. Por eso en todo español no católico, si ha seguido las tendencias de la raza y no se ha limitado a importar forasteras enseñanzas, hay siempre un germen *panteísta* más o menos desarrollado y enérgico. En el siglo V, Prisciliano; en el VIII, Hostegesis; en el XI, Avicebrón; en el XII, Aben-Tofail, Averroes, Maimónides. ¿Y quiénes dieron a conocer en las escuelas cristianas las erradas doctrinas de Avicebrón y de Averroes sino el arcediano Domingo Gundisalvo y más tarde el *español Mauricio*? Esta levadura panteísta nótase desde luego en el más audaz y resuelto de los pensadores que en el siglo XVI siguieron las corrientes reformistas, en Miguel Servet, al paso que la centuria siguiente contempla renacer en diversas formas el mismo espíritu a impulso de David Nieto, de Benito Espinosa (español de origen y *de lengua*) y de Miguel de Molinos. Profundas y radicales son las diferencias entre los escritores nombrados, y rara vez supieron unos de otros; pero ¿quién dudará que un invisible lazo traba libros al parecer tan discordes como *La fuente de la vida*, el *Guía de los extraviados*, el *Filósofo autodidacto*, el tratado de *De la unidad del entendimiento*, el *De processione mundi*, el *Zohar*, el *Christianismi restitutio*, la *Naturaleza naturante*, la *Ética* y hasta la *Guía espiritual*? Y en el siglo pasado, tan poco favorable a este linaje de especulaciones, ¿no se vio una restauración de la cábala y del principio emanatista en el *Tratado de la reintegración de los seres*, de nuestro teósofo Martínez Pascual? A mayor abundamiento, pudiera citarse el hecho de la gran difusión que en nuestra tierra han tenido ciertos panteísmos idealistas, como los de Hegel y Krause, mientras el positivismo, que hoy asuela a Europa, logra entre nosotros escaso crédito, a pesar del entusiasmo de sus secuaces. Porque la gente ibérica, aun cuando tropieza y da lejos del blanco, tiene alteza suficiente para rechazar un empirismo rastrero y mezquino, que ve efectos y no causas, fenómenos y no leyes. Al cabo, el *idealismo*, en cualquiera de sus fases; el *naturalismo*, cuando se funda en una concepción amplia y poderosa de la naturaleza como entidad, tienen cierta grandeza, aunque falsa, y no carecen de rigor científico, que puede deslumbrar a entendimientos apartados de la verdadera luz.

¿Qué valor tiene el priscilianismo a los ojos de la ciencia? Escaso o ninguno, porque carece de originalidad. Es el residuo, el *substratum* de los delirios *gnósticos*. Si por alguna cualidad se distingue, es por el rigor lógico que le lleva a aceptar todas las consecuencias, hasta las más absurdas; el *fatalismo*, verbigracia, enseñado con la crudeza mayor con que puede enseñarlo ninguna secta; el *pesimismo*, más acre y desconsolador que el de ningún discípulo de Schopenhauer.

¿Qué significa a los ojos de la historia? La última transformación de la *gnosis* y del *maniqueísmo* decadentes en dogmas y en moral. Bajo este aspecto, el priscilianismo es importante, como única herejía *gnóstica* que dominó un tanto en las regiones de Occidente. Y aun pudiera decirse que los miasmas que ella dejó en la atmósfera contribuyeron a engendrar en los siglos XII y XIII la peste de los cátaros y albigenses. Lo cual a nadie parecerá increíble (sin que por eso lo afirmemos), puesto que Prisciliano tuvo discípulos en Italia y en *Galia Aquitánica*, y solo Dios sabe por qué invisible trama se perpetuaron y unieron en las nieblas de la Edad media los restos buenos y malos de la civilización antigua. No bastaban los maniqueos venidos de Tracia y de Bulgaria para producir aquel fuego que amenazó devorar el Mediodía de Europa.

Y, si nos limitamos a las *heterodoxias* españolas, hallaremos estrecha analogía entre la tenebrosa secta que hemos historiado y la de los *alumbrados* del siglo XVI, puesto que unos y otros afirmaban que el hombre podía llegar a tal perfección, que no cometiese o no fuera responsable del pecado; doctrina que vemos reproducida por Miguel de Molinos en la centuria XVII. Ni es necesario advertir que la magia y la astrología que el priscilianismo usaba no fueron enterradas con sus dogmas, sino que permanecieron como tentación constante a la flaqueza y curiosidad humanas, ora en forma vulgar de supersticiones demonológicas, ora reducidas a *ciencia* en libros como los de Raimundo de Tárrega o del falso Virgilio Cordobés, según veremos en otros capítulos. Cumple, sí, notar que también Prisciliano, a lo que se deduce de su fragmento conservado por Orosio, daba, como ahora dicen, *sentido científico* a la astrología, no de otro modo que a la *teurgia* los neoplatónicos alejandrinos y sus discípulos italianos del Renacimiento. En cuanto el *chirographum*, o signo de servidumbre que impone el diablo a los cuerpos, fácil es comprender su analogía con los caracteres y señales que la Edad media supuso inseparables del pacto *demoníaco*.

Además, y buscando todas las analogías en el curso de nuestra historia, el priscilianismo, como secta antitrinitaria, precede al *arrianismo*, al *adopcionismo* y a las opiniones de Valdés, Servet y Alfonso Lincurio, ahogadas todas, apenas nacieron, por el salvador espíritu católico que informa nuestra civilización desde el concilio de Elvira.

A todo lo cual ha de añadirse que el priscilianismo abre la historia de las asociaciones secretas en la Península,[205] y que, por las doctrinas de la transmigración y del viaje sidérico, debe contarse entre los antecedentes del espiritismo.

Finalmente, algo representan en la historia de nuestra filosofía las reminiscencias neoplatónicas que entraña la teoría de los *eones*, idéntica en último caso a la de las *ideas*. Y aquí vuelve a enlazarse el priscilianismo con Miguel Servet, que en el siglo XVI resucitó la concepción alejandrina, poniéndola también al servicio de su sistema panteísta y antitrinitario.

Todas estas analogías y otras más son casi siempre fortuitas, y puede sostenerse, sin peligro de errar, que el priscilianismo, *como tal*, murió a los fines del siglo VI, y ha estado desde aquella fecha en completo olvido. Como toda heterodoxia entre nosotros, era aberración y accidente, nube pasajera, condenada a desvanecerse sin que la disipase nadie. Y así sucedió. Si alguna prueba necesitáramos de que la herejía repugna al carácter español, nos la daría el priscilianismo, que ni fue engendrado en España ni la invadió toda, puesto que se vio reducido muy luego a una parte cortísima del territorio, y allí

---

205 Así lo ha estimado el eruditísimo doctor don Vicente de la Fuente, en su *Historia de las sociedades secretas*, tomo 1.

murió ahogado por la conciencia universal, y no por la *intolerancia*, que mal podía ejercerse en medio de la división y anarquía del siglo, V. Ni prueba nada el suplicio de Prisciliano y cuatro o cinco de sus secuaces en Tréveris, dado que precisamente después de aquel suceso retoñó con más vigor la herejía y duró cerca de doscientos años, sin que en este largo período hubiese un solo suplicio de priscilianistas. Ellos, sin que nadie les obligase con amenazas ni hogueras, fueron volviendo al gremio de la Iglesia, y los últimos vástagos de la secta se secaron y murieron por su propia virtud allá en los montes y en las playas de Galicia, en cuyo suelo no ha tornado a caer la semilla del error desde aquellos desventurados días. ¡Y todo esto a pesar de ser panteísta la doctrina de Prisciliano y enlazarse con ritos célticos y tener algunas condiciones de vida por lo ordenado y consecuente de sus afirmaciones! ¿Qué resultados tuvo el priscilianismo? Directamente malos, como toda herejía; indirectamente buenos, como los producen siempre las tempestades que purifican el mundo moral de igual suerte que el físico. Dios no es autor del mal, pero lo permite porque del mal saca el bien, y del veneno la tríaca. Por eso dijo el Apóstol: *Oportet haereses esse ut qui probati sunt manifesti fiant in vobis*. Y los bienes que de rechazo produjo el priscilianismo son de tal cuantía, que nos obligan a tener por bien empleado aquel pasajero trastorno. Nuestra Iglesia, que se había mostrado tan grande desde sus comienzos, ornada con la triple aureola de sus mártires, de sus sabios y de sus concilios, estaba hondamente dividida cuando apareció Prisciliano. Acrecentó éste la confusión y la discordia, separando en el dogma a las muchedumbres ibéricas, antes apartadas solo por cuestiones de disciplina; pero a la vista de tal peligro comenzó una reacción saludable: aquellos obispos, que hacían cada cual en su diócesis *cosas diversas*, se aliaron contra el enemigo común, entendieron lo necesario de la *unidad* en todo y sobre todo y dieron esa unidad al pueblo cristiano de la *última Hesperia* con la *Regula fidei* y con la sumisión incondicional a los cánones de Nicea. Y entonces quedó constituida por modo definitivo la Iglesia española, la de los Leandros, Isidoros, Braulios, Tajones, Julianos y Eugenios, para no separarse ni dividirse nunca, aun en tiempos de bárbaras invasiones, de disgregación territorial, de mudanza de rito o de general incendio religioso, como fue el de la Reforma. La Iglesia es el eje de oro de nuestra cultura: cuando todas las instituciones caen, ella permanece en pie; cuando la *unidad* se rompe por guerra o conquista, ella la restablece, y en medio de los siglos más oscuros y tormentosos de la vida nacional, se levanta, como la columna de fuego que guiaba a los israelitas en su peregrinación por el desierto. Con nuestra Iglesia se explica todo; sin ella, la historia de España se reduciría a fragmentos.

Aparte de esta preciosa *unidad*, alcanzada en el primer concilio de Toledo, contribuyó el priscilianismo al extraordinario movimiento intelectual que en el último siglo del imperio romano y durante todo el visigótico floreció en España. En el capítulo anterior se hizo mérito de las obras del mismo Prisciliano, de Latroniano, Dictinio, Tiberiano y algunos más, notables por lo literario, al decir de san Jerónimo. Los libros apócrifos y los himnos, todo lo que llamo *literatura priscilianista*, promovió contestaciones y réplicas, perdidas hoy en su mayor parte, pero que enaltecieron los nombres de Itacio, Patruino, Toribio. Los dos Avitos y el mismo Orosio, el autor esclarecido de las *Tristezas del mundo* (*Moesta Mundi*), el que puso su nombre al lado de los de san Agustín y Salviano de Marsella, entre los creadores de la *filosofía de la historia*. Quizá el primer ensayo del presbítero bracarense fue su *Commonitorium*, o carta sobre los errores de Prisciliano y de los origenistas. En esta contienda ejerció su poderoso entendimiento y aquel estilo duro, incorrecto y melancólico con que explicó más tarde la ley providencial de los acaecimientos humanos.

¿Y quién sabe si los heréticos cantos de Latroniano y sus discípulos no estimularon al aragonés Prudencio a escribir los suyos inmortales? Algo tendríamos que agradecer en esta parte al priscilianismo, si fue causa, aunque indirecta, de que el más grande de los poetas cristianos ilustrase a España. Aún parece más creíble, por la vecindad a Galicia, que el intento de desterrar aquellas canciones inspirase sus *melodías* al palentino Conancio. Pero ¿adónde iríamos a parar por el ancho campo de las conjeturas?[206]

---

206 Fuentes para la exposición de la doctrina priscilianista:
a) *S. Aurelii Augustini Episcopi operum*, tomus VI, continens... τὰ πολεμικά. *Coloniae Agrippinae, sumptibus A. Hierati*, 1616. En el tratado *De haeresibus*, dedicado al diácono *Quod-vult-Deus*; en la *Consultatio* o *Commonitorium* de Orosio (página 233, col. 1) y en el tratado de san Agustín *Contra Priscillianistas et Origenistas*, que le sirve de respuesta. *S. Leonis Papae Primi opera omnia... auctiora* (Lugduni 1700, edición de Quesnel), páginas 226-232 (epístola a Toribio, seguido por la de éste a Idacio y a Ceponio).▸
b) Aquí cumple notar dos increíbles errores de distinguidos escritores franceses. Rousselot, en su libro *Les mystiques espagnols*, que fuera muy digno de aprecio si

VII. Los itacianos (reacción antipriscilianista). San Martín Turonense

La voz común acusaba a Itacio de ser el primer instigador de los rigores de Máximo contra los priscilianistas, a pesar de lo cual seguían comunicando con él los obispos reunidos en Tréveris, que llegaron a aprobar su conducta, no obstante las protestas de Theognosto.[207] Mas apenas llegó a oídos de san

---

pudiéramos arrancarle las 73, páginas de introducción, llenas de gravísimos yerros sobre nuestra historia científica, dice textualmente (¡asómbrense los lectores!): «Sería inútil recordar los antiguos errores de *Félix de Urgel* y de Prisciliano, *anteriores a la conversión de la España arriana al catolicismo*». Ni cuando Prisciliano dogmatizó habían traído los bárbaros el arrianismo, *ni España ha sido nunca arriana*; porque los visigodos no eran españoles, y la raza hispanorromana no adoptó jamás su religión, ni Félix de Urgel es *anterior* (iii) a la conversión de Recaredo, puesto que vivió en el siglo VIII, después de la conquista árabe.

Matter, en la *Histoire du Gnosticisme* (tomo 2), pondera el priscilianismo, que apareció *cuando la teología se petrificaba en España y los teólogos caían en la más deplorable ignorancia*. Lejos de petrificarse, tenía entonces la ciencia teológica exceso de vida, y la tendencia no era a la inmovilidad, sino a la anarquía y al desorden. Lo de la *deplorable ignorancia de los teólogos españoles*, como si dijéramos de Osio, de san Gregorio Bético, de Olimpio, de Patruino, de Sin Dámaso, de Paciano, de Carterio, de Audencio..., es uno de tantos favores como cada día nos hacen los sabios extranjeros. Esos *deplorables* teólogos firmaban los primeros en los concilios ecuménicos; uno de ellos redactó el Símbolo de Nicea; otro fue encargado de resolver la cuestión donatista; el de más allá infundía temor a san Jerónimo cuando tenía que responder a sus cartas... *et sic de caeleris*. No hay noticia de que viniese ningún francés ni alemán a sacarnos de esa ignorancia. ¡Dios perdone a esos señores tan doctos y tan graves la buena voluntad que nos tienen, y que les hace infringir a la continua el octavo mandamiento de la ley de Dios!

c) No he querido hacer memoria de las fábulas que acerca de Prisciliano y sus discípulos contienen los falsos *Cronicon*es, especialmente el de Dextro. Nicolás Antonio las redujo a polvo en el cap. 5, lib. 2 de su *Bibliotheca Vetus*.

---

[h] *Revue d'Histoire Ecclésiastique*, de la Universidad Católica de Lovaina, año 11, n.º 2, 15 de abril de 1910.

Babut. Priscillien et Paulin de Nole en la *Revue d'histoire religieuse* de mars-avril de 1910. Polybiblion de abril de 1910: Partie technique.

Costa (art. en *España Moderna* de 1.º de mayo de 1910) habla de Prisciliano y de su doctrina.

207   Este obispo Theognosto llegó a excomulgar a Itacio y a los suyos.

Martín Turonense el sangriento castigo de los herejes y la violación de la fe y palabra imperial, cometida por Máximo, encaminóse a la corte, produciendo en todos espanto y terror con la sola noticia de su venida. El día antes había firmado el emperador un rescripto para que fuesen a España jueces especiales (*tribunos* los llama Sulpicio) a inquirir y quitar vidas y haciendas a los herejes que aún quedasen. No era dudoso que la confusión y atropellado rigor de estos decretos iban a alcanzar a muchos inocentes y buenos católicos, cual acontece no rara vez en generales proscripciones. Ni eran aptos tampoco los ministros del emperador para decidir quiénes eran los herejes y qué pena debía imponérseles. Temían Máximo y los obispos itacianos (ya se les daba este nombre como a partidarios de Itacio) que san Martín se apartase de su comunión, y trataban por cualquier medio de convencerle y amansarle. Cuando llegó a las puertas de la ciudad, se le presentaron oficiales de palacio (*magisterii officiales*) a intimarle que no entrase sino *en paz* con los demás obispos. Respondió el santo que entraría con *la paz de Cristo*, y pasó adelante. Estuvo en oración toda aquella noche, y a la mañana presentó al emperador una serie de peticiones. La principal era que detuviese la salida de los tribunos para España y levantase la mano de la persecución priscilianista. Dos días dilató Máximo la respuesta, y entretanto acudieron a él los obispos, acusando a san Martín, no ya de defensor, sino de vengador de los priscilianistas, y clamando por que la autoridad imperial reprimiese tanta audacia. Ruegos, amenazas, súplicas y hasta llanto emplearon los itacianos para decidir a Máximo a la condenación de santo obispo de Tours. Pero no accedió el emperador a tan inicuo ruego, sino que, llamando a Martín, procuró persuadirle que la sentencia de los priscilianistas había sido por autoridad judicial, sin instigaciones de Itacio, a quien pocos días antes el sínodo había declarado inocente. Como no se rindiese Martín a tales argumentos, apartóse Máximo de su presencia y envió a España a los tribunos antedichos. Era muy ferviente la caridad de san Martín hacia sus hermanos para que perseverase en aquella obstinación sin fruto. Acudió súbito al palacio y prometió todo a trueque de la revocación del sanguinario rescripto. Otorgada por Máximo sin dificultad, comulgó san Martín con Itacio y los suyos, aunque se negó a firmar el acta del sínodo. Al día siguiente huyó de la ciudad, avergonzado de su primera flaqueza, e internándose en un espeso bosque comenzó a llorar amargamente. Allí (cuéntalo Sulpicio) oyó de boca de un ángel estas palabras «Con razón te compunges, ¡oh Martín!, pero no pudiste vencer de otra manera; recobra tu virtud y constancia y no vuelvas a poner en peligro la salvación, sino la vida» (*Merito, Martine, compungeris, sed aliter exire nequisti. Repara virtutem, resume constantiam, ne iam non periculum gloriae sed salutis incurreris*). Y dicen que en los dieciséis años que vivió después no asistió san Martín a ningún concilio ni reunión de obispos.[208]

Y aquí tocamos con una cuestión importante y que más de una vez ha de venirme a la pluma en el curso de esta historia, a saber: *la punición temporal de los herejes*, como diría fray Alfonso de Castro. No es éste todavía lugar oportuno para discutirla, pero importa fijarse en las circunstancias de los hechos hasta aquí narrados para no aventurar erradas interpretaciones. El suplicio de Prisciliano es el primer ejemplo de sangre derramada por cuestión de herejía que ofrecen los anales eclesiásticos. ¿Fue injusto en sí y dentro de la legislación de aquella edad? De ninguna manera: el crimen de heterodoxia tiene un doble carácter; cómo crimen político que rompe la unidad y armonía del Estado y ataca las bases sociales, estaba y está en los países católicos penado por leyes civiles, más o menos duras según los tiempos; pero en la penalidad no hay duda. Además, los priscilianistas eran reos de crímenes comunes, según lo que de ellos cuentan, y la pena de muerte, que hoy nos parece excesiva para todo, no lo era en el siglo V ni en muchos después. Como *pecado*, la herejía está sujeta a *punición* espiritual. Ahora bien, ¿en qué consistió el yerro de Itacio y de los suyos? Duro era proclamar que *es preciso el exterminio de los herejes por el hierro y el fuego*; pero en esto cabe disculpa. *Prisciliano*, dice san Jerónimo, *fue condenado por la espada de la ley y por la autoridad de todo el orbe*. El castigo era del todo legal y fue aprobado, aunque se aplicaba entonces por vez primera. ¿En qué estuvo, pues, la ilegalidad censurada y desaprobada por san Martín de Tours y su apasionado biógrafo Sulpicio Severo? En haber solicitado Idacio e Itacio la intervención del príncipe en el santuario. En haber consentido los obispos congregados en Burdeos y en Tréveris que el emperador avocase a su foro la causa no sentenciada aún, con manifiesta violación de los derechos de la Iglesia, única que puede definir en cuestiones dogmáticas y separar al hereje de la comunicación de los fieles. Por lo demás, era deber del emperador cas-

---

208 Sulpicio Severo, diálogo 3 (página 369 de la *Bibliotheca Veterum Patrum*, tomo 6), y en nuestro apéndice a este capítulo.

238

tigar, como lo hizo, a los secuaces de una doctrina que, según dice san León el Magno, *condenaba toda honestidad, rompía el sagrado vínculo del matrimonio y hollaba toda ley divina y humana* con el principio fatalista. La Iglesia no invoca el apoyo de las potestades temporales, pero le acepta cuando se le ofrecen para castigar crímenes *mixtos*. (*Etsi sacerdotali contenta iudicio cruentas refugit ultiones, severis tamen constitutionibus adiuvatur*, dice san León.)

La porfiada intervención de san Martín de Tours en favor de los desdichados priscilianistas es un rasgo honrosísimo para su caridad evangélica, pero nada prueba contra los castigos temporales impuestos a los herejes. De igual suerte hubiera podido solicitar aquel santo el indulto de un facineroso, homicida, adúltero, etc., sin que por esto debiéramos inferir que condenaba el rigor de las leyes contra los delincuentes comunes. ¡Ojalá no se derramase ni se hubiese derramado nunca en el mundo una gota de sangre por causa de religión ni por otra alguna! Pero esto no implica que la pena de muerte deje de ser legítima y haya sido y aun sea necesaria. La sociedad, lo mismo que el individuo, tiene el derecho de propia defensa. ¿Y no es enemigo de su seguridad y reposo el que, en nombre del libre examen o del propio fanatismo, divide a sus hijos y desgarra sus entrañas con el hierro de la herejía? Si lo hacían o no los priscilianistas, verémoslo, pocas, páginas adelante, en la exposición de sus errores.

Esto aparte, no cabe dudar que Itacio (por sobrenombre *Claro*) procedió con encarnizamiento, pasión y animosidades personales, indignas de un obispo, en la persecución contra los priscilianistas, por lo cual fue excomulgado en 389 (según el *Chronicon* de san Próspero), depuesto de su silla, no sabemos por qué concilio, y desterrado durante el imperio de Teodosio el Grande y Valentiniano II, conforme testifican Sulpicio Severo y san Isidoro.[209] Cronológicamente hemos de poner su destierro y muerte entre 388, término del imperio y de la vida para su protector Máximo, y 392, en que murió Valentiniano. No sabemos de nuestro obispo otra cosa. San Isidoro le atribuye un libro, *in quo detestanda Priscilliani dogmata et maleficiorum eius artes libidinumque eius probra demonstrat* pero se ha perdido por desgracia. Hoy nos sería de gran auxilio. Su diócesis fue la *ossonobense* en Lusitania, convento jurídico de Beja, no la *sossubense* ni la *oxo-*

---

209 «Ob necem Priscilliani Ecclesiae communione privatus, exilio condemnatur, ibicue die ultima fungitur, Theodosio Maiore et Valentiniano regnantibus» (san Isidoro, *De Viris Illustribus*, cap. 15).

mense, como dicen por errata las ediciones de Sulpicio Severo,[210] que llaman asimismo *labinense* al obispado abulense, en que fue intruso Prisciliano.

El segundo de los implacables perseguidores del priscilianismo fue Idacio, a quien el *Chronicon* de san Próspero y la traducción latina del libro *De Viris Illustribus*, de san Jerónimo, llaman *Ursacio*, aunque en el texto griego del mismo tratado, y en las actas del primer concilio Toledano, y en Sulpicio Severo se lee constantemente *Idacio*. No podemos determinar con exactitud cuál fuese su obispado, porque el *emeritae* del texto de Sulpicio parece concertar con *aetatis* y no con *urbis* o *civitatis*, como han leído algunos. No fue depuesto como Itacio, cuyo nombre oscurece al suyo en los postreros esfuerzos contra Prisciliano, sino que renunció voluntariamente el obispado. *Nam Idacius, licet minus nocens, sponte se Episcopatu abdicaverat.* Muchas ediciones dicen *Nardatius*, pero debe ser errata, como el *Trachio* de otro pasaje relativo también a Idacio. No duró mucho la penitencia de éste: antes intentó recuperar el obispado, según afirma, sin más aclaración, Sulpicio Severo.[211]

Tercero de los obispos *itacianos* de quienes queda alguna noticia, es Rufo, el que, juntamente con Magno, acabó de vencer los escrúpulos del emperador y le hizo faltar a la palabra empeñada con san Martín Turonense. Este Rufo debía ser hombre de escaso entendimiento, puesto que se dejó engañar por un impostor que fingía ser el profeta Elías y que embaucó a mucha gente con falsos milagros. En pago de su necia credulidad perdió nuestro obispo la mitra.[212] Grande debía de ser el estado de confusión religiosa en que el priscilianismo había puesto la Península, cuando nacían y se propagaban tales imposturas.

No creo muy propio el nombre de secta *itaciana* con que generalmente se designa al grupo de adversarios extremados e intolerantes del priscilianismo. La Iglesia los excomulgó después por sus excesos particulares, pero no se sabe que profesasen ningún error dogmático ni de disciplina que baste para calificarlos de herejes ni de cismáticos, al modo de los luciferianos. Lejos de mí poner la conducta de Itacio y los suyos por modelo; pero entre el yerro de voluntad y la herejía de entendimiento hay mucha distancia. Obraron en parte *mal*, pero no *dogmatizaron*.

---

210 Véase, acerca de Idacio y la iglesia ossonobense, el tomo 14 de la *España sagrada*.

211 Véase acerca de Idacio el tomo 13 de la *España sagrada*.

212 Sulpicio Severo, *De vita B. Martini*, n.º 25.

Triste pintura del carácter de Itacio nos dejó Sulpicio Severo. Descríbele como *hombre audaz, hablador, imprudente, suntuoso, esclavo del vientre y de la gula. Era tan necio, añade, que acusaba de priscilianista a todo el que veía ayunar o leer las Sagradas Escrituras. Hasta se atrevió a llamar hereje a san Martín, varón comparable a los apóstoles.* Esto último era lo que más dolía a Sulpicio; pero ¿hemos de dar entero crédito al sañudo borrón que ha trazado? ¿Sería éste el Itacio *claro por su doctrina y elocuencia,* de que nos habla san Isidoro? ¡Quién lo sabe! Si Sulpicio dijo toda la verdad, admiremos los juicios de Dios, que se valió de tan mezquino instrumento para abatir la soberbia priscilianista.

VIII. Opúsculos de Prisciliano y modernas publicaciones acerca de su doctrina

I

A excepción del concilio Iliberitano, ningún episodio de nuestra primitiva historia eclesiástica (entendiendo por tal la de la España romana) despierta tanto interés ni puede promover tantas controversias como la aparición y desarrollo del priscilianismo a fines del siglo IV. La muy larga, aunque contrastada vida que logró este sistema teológico; las varias condenaciones de que fue objeto; el suplicio en Tréveris de sus principales secuaces (primera sentencia capital por delito de herejía); el movimiento de ideas religiosas que en todo este oscurísimo proceso se refleja; las vagas y aun contradictorias noticias que acerca de él nos transmiten los contemporáneos y, finalmente, el misterio que envuelve todos los actos y opiniones de la secta, bastan para justificar el interés del tema y la importancia de cualquier nuevo dato relativo a él.

El resultado de las investigaciones, que ya podemos llamar antiguas, acerca de esta materia, y que hoy es forzoso rehacer casi por entero, puede encontrarse resumido en la notable disertación de Francisco Girvés *De historia prisci-llianistarum dissertatio in duas partes distributa* (Roma 1750); en la del padre Th. Cacciari, *De priscillianistarum haeresi et historia* (1751); en la de Simón de Vries, *Dissertatio critica de priscillianistis eorumque factis, doctrina et moribus* (*Traiecti ad Rhenum,* 1745); en la *Geschichte des Priszillianismus,* de J. M. Mandernach (1851); en los *Estudios histórico-críticos sobre el prisciiianismo,* del sabio canónigo de Santiago don Antonio López Ferreiro (1878) y en el tomo primero de mi *Historia de los heterodoxos españoles* (1879), sin contar una porción de libros que más incidentalmente tratan de este asunto, tales como las historias eclesiásticas de España de Gams y Lafuente; las historias generales del gnosticismo, como la de Matter (1833) y del *maniqueísmo*, como la de Baur (*Das manichäische Religions System*, 1831) y el importantísimo estudio de Jacobo Bernays sobre la *Crónica* de Sulpicio Severo (Berín 1861).

Claro es que no todos estos trabajos tienen el mismo valor y que, procediendo casi todos de teólogos de diversas comuniones, adolecen más o menos del carácter polémico y del punto de vista *confesional* propio de sus autores. Pero la parte meramente histórica procede siempre de las mismas fuentes (Sulpicio Severo, san Jerónimo, san Agustín, Orosio, Bachiario, Idacio, san León Magno, san Próspero, Montano, santo Toribio, san Isidoro, algunas actas de concilios, etc.), textos que reunió y concordó J. Enr. Bern. Luebkert en su tesis, muy útil, *De haeresi priscillianistarum ex fontibus denuo collatis* (Hauniae 1840).[213]

Estas referencias son evidentemente muy exiguas, aun contando con que muchas de ellas no son de contemporáneos del priscilianismo. Casi todas hablan de los discípulos más bien que del maestro y se fundan en tradiciones orales de muy dudosa procedencia. Sulpicio Severo, que es el que nos ofrece una narración más seguida, escribe de un modo retórico, imitando inoportunamente a Salustio, y hace sospechar de su imparcialidad histórica por el manifiesto empeño que pone en realzar a toda costa la figura de san Martín de Tours y representar con odiosos colores a los obispos españoles que disintieron de su opinión.

Por otra parte, habiendo sido Prisciliano un teólogo, un pensador religioso, un jefe de secta cuyo influjo fue tan hondo que persistió por más de dos siglos, apenas conocíamos su doctrina más que por testimonio de sus adversarios, y el único fragmento que se citaba de sus escritos era tan corto y tan oscuro, que por él era imposible formar juicio de sus ideas ni de las contradictorias acusaciones de que fue víctima. No había, pues, más recurso, y a él habíamos acudido

---

213 Véase la lista completa de los documentos y autores que extracta:
Acta Conciliorum. Ambrosius. Augustinus. Bachiaritis. Damasus. Hieronimus. Idatius. Innocentius. Isidorus. Leo Magnus. Maximus imperator. Montanus. Orosius. Pacatus. Philastrius. Praedestinatus. Prosper. Prudentius. Siricius. Sulpicius Severus. Theodosianus codex. Turribius. Vincentius Lerinensis.

todos los expositores del priscilianismo, que comparar todos estos insuficientes datos con lo que arrojan de sí las fuentes generales del gnosticismo; método muy ocasionado a errores, tanto por la manera fragmentaria con que el dogma priscilianista aparece en los dos escritos que más de propósito le combaten (es a saber, en el *Commonitorium* de Orosio y en la decretal de san León el Magno), cuanto por ser uno y otro posteriores a la edad de Prisciliano y presentarnos acaso una fase secundaria de la herejía, una derivación o recrudescencia de ella, más bien que lo que directamente enseñó el célebre obispo de Ávila.

Es notorio entre los aficionados a estos estudios que desde el año 1851 la historia del gnosticismo entró en una nueva fase con la publicación simultánea de dos monumentos de primer orden: los siete últimos libros de los *Philosophumena*, que primeramente se atribuyeron a Orígenes y luego a san Hipólito, texto griego traído a París por Mynoide Mynas y dado a luz en Oxford, por Miller, y el libro copto de la *Pistis Sophia*, traducido al latín por Schwartze y atribuido por leves conjeturas al heresiarca Valentino, si bien su editor Petermann se inclina más bien a tener tan extraña lucubración por parto de la delirante fantasía de algún afiliado a la secta de los *ofitas*.[214] Pero estos tratados, concernientes a las sutilísimas doctrinas de la primitiva *gnosis* oriental, que solo muy remoto parentesco tenía con la profesada en Galicia, eran para nosotros de muy indirecto auxilio, ni tampoco prestaba nueva luz al español el magnífico *Corpus Haereseologicum*, de Oehler, por muy atentamente que se escudriñasen sus, páginas.

Pero la luz vino por fin, y vino de donde menos podía esperarse. Cualquiera pensaría que las obras de Prisciliano, caso de existir en alguna parte, yacieran escondidas en alguna biblioteca española y más señaladamente en alguna biblioteca de Galicia, centro principal de aquella famosa herejía. Y, sin embargo (¡caso por demás extraño!), los once opúsculos de Prisciliano de cuyo texto

---

214 *Origenis Philosophumena sive omnium heresum Refutatio. E codice Parisino nunc primum edidit Emmanuel Miller. Oxonii, e Typographeo Academico* (1851) 4.º El códice era relativamente de poca antigüedad (siglo XIV).
Pistis Sophia. Opus Gnosticum Valentino adiudicatum, e Codice manuscripto Londinensi. Descripsit et Latine vertit M. G. Schwartze. Edidit H. Petermann. Berolini, in Frid. Duemleri Libraria (1851). Texto copto y traducción latina. Petermann dice en el prólogo: «Tantum abest ut ego Valentinum auctorem agnoscam, ut re ab ullo quidem eius assecla, sed ab ophita quodam seriore potius scriptum esse arbitror».

gozamos hoy han aparecido en una biblioteca de Baviera, la de la Universidad de Würzbourg. Débese este feliz descubrimiento, que no dudamos en calificar de uno de los más curiosos e interesantes para la historia de España que en estos últimos años se han hecho, a la pericia y diligencia del doctor Jorge Schepss, que en 1885 encontró dichos tratados, sin nombre de autor, en un códice de fines del siglo V o principios del VI; y, persuadido por su lectura de que ningún otro que Prisciliano podía ser su autor, divulgó su descubrimiento al año siguiente en una curiosa memoria que comienza con la reproducción en facsímile de una hoja del manuscrito original, que presenta evidentes caracteres de escritura española.[215] El mismo doctor Schepss llevó a término, bajo los auspicios de la Academia Imperial de Viena, la publicación de los escritos priscilianistas en 1889, formando con ellos el tomo XVIII del *Corpus* [*Scriptorum*] *Ecclesiasticorum Latinorum* que con gran provecho de la erudición patrística va dando a luz aquella docta corporación, y en la cual son ya varios los tomos de particular interés para España.[216] Esta edición no solo da a conocer con toda exactitud paleográfica el texto del manuscrito de Würzbourg, que comprende los once tratados, sino que incluye también los *Cánones* del obispo Peregrino (solo en parte publicados antes por el padre Zaccaria y por Angelo Mai) y el *Commonitorium* de Orosio, sobre los errores de priscilianistas y origenistas, ilustrando todas estas piezas con variantes de los diversos códices, anotaciones críticas e índices.

Una publicación de tal novedad no podía menos de suscitar, desde luego, importantes comentarios en las escuelas teológicas de Alemania, donde nunca faltan expositores y defensores para los sistemas más oscuros, para las causas más abandonadas. Un joven profesor del Seminario Evangélico de Tubinga, el doctor Federico Paret, se enamoró de la figura teológica de Prisciliano, le con-

---

215 *Priscillian. Ein Neuaufgefundener Lat. Schriftsteller des 4. Jahrhunderts. Vortrag gehalten am 18 Mai 1886 in de Philologisch-Historischen Gesellschaft zu Würtzburg von doctor Georg Schepss, X. Studienlehrer am Humanist. Gymnasium. Mit einem Blatt in Originalgrösse facsimiledruck des Manuscriptes Würzburg, A. Stuber's Verlagsbuchhandlung* (1886).

216 *Corpus Scriptorum Ecclesiasticorum Latinorum editum consilio et impensis Academiae Litterarum Caesareae Vindobonensis. Vol. XVIII. Priscilliani quae supersunt. Recensuit Georgius Schepss. Accedit Orosii Commonitorium de errore Priscillianistarum et Origenistarum. Vindobonae, F. Tempsky* (1889).

virtió en un santo y en un padre de la Iglesia, emprendió vindicarle de todos sus enemigos y compuso sobre su doctrina un grueso volumen, lleno de erudición y talento,[217] pero en el cual predomina el criterio teológico sobre el histórico y apuntan demasiado las preocupaciones sectarias y escolásticas de su autor.

No sé que en España, a quien en primer término interesa la historia de Prisciliano, haya dado nadie cuenta de estas publicaciones, a pesar del tiempo transcurrido. Tampoco en Francia, a quien secundariamente importan por la difusión que el priscilianismo tuvo en la Galia meridional, se ha hecho alusión a ellos, salvo en dos ligeros artículos, que apenas merecerían recuerdo, a no ser por el crédito y difusión del periódico que los publicó.[218]

Y puesto que otros más competentes que yo en materias teológicas no se deciden a emprender esta tarea árida, ingrata y prolija, cuyas dificultades no quiero ocultar de ningún modo por lo mismo que no tengo la pretensión de vencerlas, intentaré yo, *pro virili parte*, suplir este vacío y cumplir con mi propia conciencia, corrigiendo de paso cuanto encuentre digno de corrección en mi ya antiguo y casi infantil estudio acerca del priscilianismo y afirmándome al propio tiempo en todo aquello que después de los nuevos descubrimientos continúa pareciéndome verdadero.

Para desprenderme enteramente de toda preocupación que en mi ánimo hayan podido dejar ya mis antiguos estudios, ya las novísimas lucubraciones de Paret y otros (que utilizaré, sin embargo, en lo que tienen de comentario), tomaré por única guía la publicación de Schepss, exponiendo minuciosamente el contenido de cada tratado, traduciendo íntegros los principales pasajes en cuanto lo permita la incorrección y la barbarie del estilo de Prisciliano, comparándolo con los datos conocidos antes acerca de esta herejía y procurando formar de todo ello un juicio recto y desapasionado. No disimularé que la labor es poco amena y que quizá los resultados sean exiguos; pero no puedo menos de acometerla, por lo mismo que soy uno de los pocos españoles que, mal o

---

217 *Priscillianus. Ein Reformator des vierten Jahrhunderts. Eine Kirchengeschitliche Studie zugleich ein Kommentar zu den erhaltenen Schriften Priscillians von Friedrich Paret, doctor Phil. Repetent am Evang. Theol. Seminar in Tübingen; Würzburg, A. Stuber's Verlagsbuchhandlung* (1891).

218 *Le Temps*, 17 y 18 de febrero de 1891. *Une Résurrection.* Dos artículos firmados por Andrés Lavertujon.

bien, han tratado modernamente de estas materias y que procuran seguir con atención los progresos de la historia religiosa en lo que a nosotros atañe.

II

El códice de Würzbourg, que contiene los once tratados de Prisciliano, está escrito en hermosas letras unciales de fin del siglo V o principios del VI y consta de dieciocho cuadernos que contienen en todo 146 hojas. Es imposible averiguar ahora qué vicisitudes pudieron llevarle a Alemania. Schepss conjetura que puede ser de la misma procedencia que el códice del *Breviario de Alarico*, existente hoy en la Biblioteca de Munich (22. 501).

Como quiera que sea, es copia y con muchas enmiendas, pero todas o casi todas de la misma letra que el primitivo texto. La escritura es continua, es decir, sin división de palabras. Son rarísimos los puntos, excepto los llamados de excelencia, que se colocan al fin de algunos nombres propios. Pero para suplir la falta de puntuación y facilitar la lectura, el copista dejó frecuentes espacios y marcó con letras mayores la división de los párrafos y el principio de las citas bíblicas. La ortografía es varia y fluctuante, encontrándose una misma palabra escrita de diversos modos. Abundan las abreviaturas. Las enmiendas prueban que el amanuense hizo nuevo cotejo del original que tenía a la vista y aumentó muchos pasajes con tinta más pálida y letra más menuda.

La latinidad de Prisciliano tiene singulares caracteres y llega a un grado de barbarie que parece inverosímil en los siglos IV y, V. Formas espúreas en la declinación y en la conjugación y una sintaxis casi anárquica, especialmente en lo que toca al régimen de las preposiciones y al uso de los casos del nombre, llenan de espinas y abrojos este texto, que no parecería escrito en la patria de Prudencio y de Orosio si no nos hiciésemos cargo de que Prisciliano era un puro teólogo que apenas había saludado la cultura clásica, aunque se jactase de conocer las fábulas antiguas y que escribía en la lengua plebeya y provincial de su tiempo. Quizá por esto mismo pueden ofrecer sus tratados mayor interés filológico; pero ésta es, materia que no hemos de tratar aquí, puesto que nos faltan datos y competencia para dilucidarla.

Gran parte de estos libros son un mosaico de citas de la Sagrada Escritura, debiendo advertirse que estas citas difieren muchas veces (aunque más en el *Antiguo Testamento* que en el *Nuevo*) de la lección de la *Vulgata*, y es de presumir que correspondan al texto bíblico usado en España en tiempo de su autor, lo cual les da grande importancia. Hay también, aunque en mucho menor número, citas y reminiscencias de los santos padres, especialmente de san Hilario, cuyas interpretaciones alegóricas parecen haber sido muy del gusto de Prisciliano.

Previas estas generales observaciones, que pueden verse más detalladamente expuestas en los prolegómenos de Schepss, acometamos ya la difícil empresa de dar cuenta de cada tratado, empezando por los tres más curiosos y de carácter más histórico, que son también los primeros: el *Liber Apologeticas*, el *Liber ad Damasum Episcopum* y el *Liber de fide et de apocryphis*.

Es notorio a cuantos hayan saludado la historia del priscilianismo que a principios de octubre del año 380 se reunió en Zaragoza un concilio de obispos de España y de la Galia aquitánica, al cual concurrieron, entre otros, Fitadio, de Agen; Delfino, de Burdeos; Eutiquio, Ampelio, Auxencio, Lucio, Itacio, de Ossonoba; Splendonio, Valerio, de Zaragoza; Idacio, de Mérida; Sinfosio y Carterio. Allí, al decir de Sulpicio Severo, fue condenada la doctrina del heresiarca gallego y se pronunció sentencia de excomunión no solo contra Prisciliano, sino contra sus discípulos Elpidio, Instancio y Salviano y contra todos los que comunicasen con ellos, dándose a Idacio e Itacio, obispos de la provincia lusitana, especial comisión de proceder contra aquellos sectarios. Pero es singular que en los ocho cánones que tenemos de este concilio, cuyas actas probablemente no se han conservado íntegras, ni una sola vez se nombre a Prisciliano y a sus secuaces, aunque, por otra parte, las prácticas y supersticiones anatematizadas allí son análogas a las que se atribuían a los priscilianistas.

Da a entender Sulpicio Severo, y han repetido los demás, que aquellos herejes no comparecieron ante el concilio y fueron condenados en rebeldía. Pero lo cierto es, según revelan estos opúsculos inéditos, que, si bien Prisciliano no asistió, tuvo conocimiento del libelo de Itacio[219] y se defendió contra él por

219 «Sacrilegii nefas in aures nostras legeris Itacius induxit.» Este pasaje del primer tratado haría creer que Prisciliano oyó leer en el concilio de Zaragoza el libelo de Itacio, si no estuviese contradicho por la declaración mucho más explícita del Liber ad Damasum: «Denique in conventu episcopali qui Caesaraugustae fuit nemo e nostris reus factus tenetur, nemo accusatus, nemo convictus, nemo damnatus est... nemo ut evocaretur non dicam necessitatem sed nec sollicitudinem habuit. Datum nescio quod ab Hydatio ibi commonitum est quod velut agendae vitae poneret disciplinam... Nos tamen, etsi absentes ibi fuimus...».

escrito, presentando una *Apología*, que es el más extenso e importante de los tratados descubiertos por Schepss. Antes de él había escrito otros, a los cuales alude en el prefacio, así como también a los de sus correligionarios Tiberiano y Asarbio.[220]

Estas noticias concuerdan a maravilla con las que san Jerónimo (*De Viris Illustribus*, cap. 123) consignó acerca de un *Apologético*, compuesto en estilo rimbombante y enfático (*tumenti compositoque sermone*) por un Tiberiano Bético, acusado de herejía juntamente con Prisciliano, y que después de la condenación de éste en Tréveris fue relegado a una isla cuyo nombre se lee con variedad en los códices, y, vencido por el tedio y la fatiga del destierro, acabó por abjurar de sus errores. En cuanto a Asarbio, puede muy bien ser la misma persona que otro priscilianista de los decapitados por orden del emperador Máximo, y a quien en las ediciones de Sulpicio Severo se llama generalmente *Asarino*, si bien no falta algún manuscrito que le designa con el nombre de *Asarivo*, mucho más próximo a la forma dada por Prisciliano.

Oigamos lo más sustancial de la vindicación de éste, que comienza por defenderse del cargo de profesar doctrinas secretas y de haber formado tenebrosos conciliábulos,[221] alegando que su enseñanza y su vida están en plena luz y a la vista de todo el mundo y que nunca desmentirá su boca lo que cree su corazón. Con este motivo habla de su persona, de su noble alcurnia, de la posición nada oscura que había ocupado en el mundo antes de entregarse al ascetismo, de su larga experiencia de la vida y hasta de su cultura literaria, mostrando, aunque ligeramente, aquella satisfacción de sí propio de que le motejaba Sulpicio Severo, el cual, por otra parte, le reconocía las mismas cuali-

---

Estas últimas palabras no dejan lugar a ninguna duda.

220 «Etsi fides nostra offendiculis impedita securum catholicae dispositionis iter tenens ad Deum libera sit, tamen quia zabolica (sic) obtrectatione pulsata in eo quod percutitur plus probatur, gloriosum nobis vidimus, beatissimi sacerdotes, ut non redarguente conscientia, quamvis frequentibus libellis locuti fidem nostram, hereticorum omnium docmata (sic) damnaverimus, et libello fratrum nostrorum Tiberiani, Asarbi et ceterorum, cum quibus nobis una fides et unus est sensus, cuncta docmata quae contra Christum videantur esse damnata sint et probata quae pro Christo, tamen etiam nunc quia id vultis, sicut scribtum (sic) est, parati semper ad confessionem omni poscenti nos rationem de fide et spe quae est in nobis, tacere noluimus quod iubetis.»

221 «Nulla tenebrosae conversationis secreta sectemur.»

248

dades que él se otorga en esta curiosa confesión autobiográfica.[222] Aunque no son enteramente claros algunos de los términos de que se vale, y quizá deban entenderse no en sentido literal, sino espiritual y místico, parece inferirse de ellos que Prisciliano había sido gentil o que por largo tiempo no pasó de catecúmeno ni recibió el bautismo hasta la edad madura. Tal interpretación se conformaría bien con la hipótesis que cree reconocer en su doctrina reminiscencias de los antiguos cultos peninsulares. Pero sobre esta materia ardua, y en nuestro concepto, insoluble todavía, ya diremos más adelante lo poco que se nos alcanza. De todos modos, resulta confirmada la semblanza de Prisciliano, noble, rico, erudito, elocuente, que trazó con elegante pluma el cristiano retórico de las Galias, el cual parece haber mirado con simpatía al personaje, aunque le tenía por hereje gnóstico y maniqueo.[223]

El primer cargo teológico de que Prisciliano determinadamente se defiende es el de negar la unidad divina e inclinarse al partido de los que llama *binionitas*.[224] Tal acusación es, en efecto, de las que más frecuentemente se repetían contra él y sus discípulos, acusándolos unas veces de profesar el *dualismo*, y otras, el *docetismo* de algunas sectas gnósticas y suponer que el *Christus* muerto en la cruz era un *eón* de categoría inferior. A una y otra inculpación procura responder Prisciliano con una profesión de fe cuyos términos parecen

---

222 «Quamvis enim gloriari in his quae fuimus non oporteat, tamen non ita obscuro editi ad saeculum loco aut insipientes vocati sumus, ut fides Christi et eruditio credendi mortem nobis potius adferre potuerit quam salutem. Ad haec enim, ut ipsi novitis, peractis omnibus humanae vitae experimentis et malorum nostrorum conversationibus repudiatis, tanquam in portum securae quietis intravimus. Agnoscentes enim quoniam nemo nisi ex aqua et spiritu sancto renatus ascenderet in regna caelorum, castificavimus animas nostras ad obaudiendum fidei per spiritum, et repudiatis prioris vitae desideriis, in quibus erubescebamus, ad innovatae iter gratiae symbolum catholicae observationis accepimus quod tenemus, ut intrantes lavacrum, redemptionem corporis nostri et baptizati in Christo induti Christum, inanem saeculi gloriam respuentes, ipsi uni vitam nostram sicut dedimus dederemus.»

223 «Familia nobilis, praedives opibus, acer, facundus, multa lectione eruditus, disserendi ac disputandi promptissimus.»

224 «Quis enim est qui legat scripturas (sic) et unam fidem, unum baptisma, unum Deum credens, hereticorum dogmata stulta non damnet, qui dum volunt humanis comparare divina, dividunt unitam in Dei virtute substantiam, et magnitudinem Christi tripartito Ecclesiae fonte venerabilem Binionitarum scelere partiuntur?»

enteramente ortodoxos.[225] En términos expresivos anatematiza también la herejía de los *patripasianos*, que sostenían que el Padre, y no el Hijo, había sido crucificado;[226] la de los *novacianos*, que multiplicaban el bautismo como sacramento de penitencia;[227] los nefandos sacrilegios de los nicolaítas[228] y de las sectas misteriosas que empleaban como símbolos «grifos, águilas, asnos, elefantes, serpientes y otras bestias»,[229] y de las que todavía prestaban algún género de culto al Sol y a la Luna, a Jove, a Marte, a Mercurio, a Venus y a Saturno.[230] Es muy de notar, y aun llega a ser sospechosa, la insistencia con

225 «Ipse est enim qui fuit et futurus est et visus a saeculis, verbum caro factum inhabitavit in nobis, et crucifixus, devicta morte, heres effectus est, ac tertia die resurgens factus futuri forma, spem nostrae resurrectionis ostendit, et ascendens in caelos venientibus ad se iter construit, totus in Patre et Pater in ipso.»

226 «Anathema enim sit qui Patripassianae heresis malum credens, catholicam fidem vexat... Nobis autem unus Des Pater, ex quo omnia et nos in ipso, et unus dominus Iesus Christus, per quam omnia et nos per ipsum.»

227 «At quorum stultitiam Novatiana accedit heresis, quasi vero crudescente semper errore peccati repetitis baptismatibus purgarentur, cum unum baptisma, nam fidem, unum Deum apostolica scriptura testetur...»

228 «Qui autem negat Iesum Christum in carnem venisse, hic Antechristus est, et perditio eius non indormiet... Anathema autem sit doctrina Nicholaitorum partemque cum Sodoma habeat et Gomora quisque odibilia Deo sacrilegia aut instituit aut sequitur.»

229 «Anathema sit qui legens grifos, aquilas, asinos, elefantas, serpentes et bestias super-vacuas confusibilis observantiae vanitate captivus, velut mysterium divinae religionis adstruxerit; quorum opera et formarum detestabilitas natura daemoniorum, non divinarum veritas gloriarum est. Hi sunt enim «quorum Deus venter est, et gloria in pudendis eorum»; hi sunt qui dubios evertunt et ad perditionis suae excidia deducunt, et sacramentum vocant quod, secundum scripturas Dei; perditionis nesciunt esse mysterium... Et digni sunt quorum deus Sol sit. Nos autem divinarum Scripturarum edocti verbis, et si scimus quia nihil idolum est in hoc mundo, sed quae sacrificant, daemonis sacrificant, et non Deo, elaboramus tamen ut sicut scribtum (sic) est intellegentes (sic) versutias sermonum et interpraetationes parabolarum, et operantes, quod in Deo sumus, nihil in nobis bestiarum figura habeat, sed totum Christi Dei teneat disciplina.»

230 «Illud autem, beatissimi sacerdotes, quod idolicas formas, Saturnum, Venerem, Mercurium, Iovem, Martem, ceterosque deos gentilium protulerunt, etiam si tam otiosi ad Deum et nulla eruditi per scripturas fide viveremus, tamen cum adhuc in conversatione mundialis scientiae delectaremur, sapientia saeculari licet adhuc inutiles nobis, haec tamen fidei nostrae adversa cognovimus, et deos gentium depraehendentes risimus stultitias sae-culares et infelicitates, quorum tanquam ad ingenii instrumentum opera legebamus. Sed si etiam in his professionis nostrae fides quaeritur, anathema sit et fiat mensa eorum in

que trata estos puntos y particularmente el grandísimo empeño que pone en defenderse de las acusaciones de adhesión a cultos secretos, de reminiscencias de idolatría y paganismo y de interpretar en sentido literal y no parabólico los símiles de monstruos y bestias.

Su procedimiento apologético consiste en acumular sin tasa centones bíblicos; pero, en medio de esta pesada impedimenta, no deja de encontrarse de vez en cuando algún rasgo personal. Así vemos a Prisciliano jactarse de haber leído, cuando andaba en el siglo, las fábulas de la antigua mitología, aunque solo para instrucción y alarde de ingenio y demostrar implícitamente con su testimonio que en España persistía el culto solar y que todavía conservabar adoradores Mercurio, entre los buscadores de tesoros; Venus, entre los libidirosos; la Luna, entre los que supersticiosamente observaban los años, las estaciones, los meses y los días.[231]

Pero todavía es más curioso lo que se refiere al culto de los demonios, que era otro de los capítulos de acusación contra el priscilianismo.[232] La demonología de Prisciliano tiene doble interés, por lo mismo que difiere en parte de la general demonología gnóstica, tal como la conocemos por san Ireneo, Teodoreto y otros apologistas. El catálogo de los espíritus infernales dado por Prisciliano comprende los nombres de *Saclam* (Satán), *Nebroel*, *Samael*, *Belzebuth*,

---

laqueum et in scandalum his qui Solem, et Lunam, Iovem, Martem, Mercurium, Venerem vel Saturnum, omnemque militiam caeli, quos sibi in caerimoniis Sacrorum ritus et ignarus deo gentilium error adscivit, deos dixerit, et qui eos, cum sint idola detestanda gehennae digna, veneratur.»

231 «Dicant deum Solem quibus gehennae ignis habitatio est, et eius se confiteantur aclementum (sic), qui deum Christum nolunt sibi esse principium... Confiteantur in malis suis deum Lunam qui circumducti omni vento doctrinae, dies, tempora et annos et menses observare disponunt... Colant Mercurium deum qui terrenorum thesaurorum tiniantes, saeculos adquirentes, caduceum eius venerantur aut saeculum... Venerem autem velut deum venerentur qui operantur turpitudines et reciprocam mercedem erroris quod oportet expectant.»

232 «Anathema sit qui Saclam, Nebroel, Samael, Belzebuth, Nasbodeum, Beliam omnesque tales, quia daemones sunt, infelici, caeremoniarum sanctificatione venerantur aut dicunt esse venerandos... In qualibet enim se species, formas, nuncupationes zabolus inmutet, scimus quia nihil aliud potest esse quam zabolus, et sive Abaddon hebraice sive Apolleon graece sive latine Exterminans nuncupetur, sive bestia habens septem capita et decem cornua, sive serpens ponatur aut draco, scimus quia zabolus est.»

Nasbodeo (Asmodeo), *Belial, Abaddon* (asimilado con el *Apolleon* griego y con el *Exterminador* latino).

Prosigue nuestro autor anatematizando todas las herejías de que se le acusaba, y con especial ahínco el dualismo maniqueo,[233] las fornicaciones de los nicolaítas; la *perfidia* de los ofitas, a quienes llama «hijos de víboras»[234] y con menos detalle las sectas de Saturnino y Basílides, el arrianismo y los errores de los *homuncionitas, catafrigas* y *borboritas*.[235]

Si por tan viva defensa hemos de juzgar del ataque, resultará confirmado, mucho más que debilitado, lo que acerca del carácter sincrético del priscilianismo nos contaron los padres antiguos, pues apenas hay error alguno de los divulgados hasta su tiempo, aun los más oscuros, de que no crea necesario vindicarse, mostrando al mismo tiempo particular erudición y familiaridad algo sospechosa con todos ellos. Así le vemos mencionar expresamente a los *eones* gnósticos, *Armaziel, Mariame, Ioel, Balsamo* y *Barbilon*,[236] y rechazar la hipótesis de un quinto Evangelio.[237]

---

233 «Anathema sit qui Maneten et opera eius, doctrinas atque instituta non damnat, cuius peculiariter turpitudines persequentes gladio, si fieri posset, ad inferos mitteremus ac si quid est deterius gehenna tormentoque pervigili... Quorum divino iudicio ut impuritas non lateret, etiam saecularibus iudiciis mala prodita sunt. Extra enim ea quae erraticis sensibus adserentes. Solem et Lunam rectores orbis terrarum deos putaverunt... Ita infelicium sacrilegiorum stultitias ampliarunt, ut obpressas caecitate mentes, quo nefarius obligarent, religiosius consecrare se dicerent.»

234 «Anathema sit qui Nicolaitarum fornicationes et multimoda ostensa in scribturis cum discipulis et doctoribus suis daemonia non damnat vel qui eorum opera sectantur. Pereant qui Ofitarum in se perfidiam receperunt et filii viperarum facti, similem deum suum et dominum confitentur.»

235 «Et quia longum est ire per singula, omnes hereses, quas sibi homines mente corrupti et naufragi a fide, vel ex canonicis scripturis vel ex apocrifis fabricarunt supra ea quae scripta sunt, unus adversus alterum inflatus pro alio, et quidquid aut Saturnina heresis induxit aut Novatiana protulit aut Basilide docente monstravit aut Patrepassiana erudiit aut Homuncionita mentita est aut Catafriga persuasit aut arripuit Borborita...»

236 «Nobis autem scientibus quoniam non est aliud nomen praeter Christum Iesum sub coelo datum hominibus, in quo oporteat fieri neque Armaziel neque Mariame neque Ioel neque Balsamus neque Barbilon deus est, sed Christus Iesus.»

237 «Si qui autem inflati sunt nihil scientes et extra quatuor evangelica quintum aliquod Evangelium vel fingunt vel confitentur, cum hoc ad nostram, qui talium respuimus infelicitates, profertur invidiam.»

Pero, entre las acusaciones que contra él había acumulado Itacio, ninguna parece haber conmovido tanto a Prisciliano como la de encantador o *maleficus*, porque llevaba aparejada pena capital, y quizá en ella, todavía más que en la de *maniqueísmo*, se fundó la sentencia condenatoria de Tréveris. Culpábase, pues, a Prisciliano de *encantar* los frutos de la tierra mediante ciertos prestigios y cantares mágicos, consagrándolos al Sol y a la Luna.[238] Y parece, por los términos de su defensa, que estos ritos se enlazaban con cierto concepto teosófico del mundo, suponiendo participación de la naturaleza divina en animales, plantas y piedras y explicando la generación de las cosas por la distinción en el ser de Dios de un principio masculino y otro femenino.[239]

Esto es lo más sustancial que contiene el *Liber Apologeticus*, presentado por Prisciliano al concilio de Zaragoza[240] y que de algún modo suple la pérdida de la parte dogmática de sus actas, puesto que en él tenemos condensadas las denuncias de Itacio y la réplica del acusado. Esta apología no satisfizo a los padres del concilio y probablemente no hizo más que empeorar la causa de Prisciliano. En cambio, a Paret y a Lavertujón y otros modernos les ha parecido triunfante y sincera, bastándoles con ella para dar por calumnioso el relato de Sulpicio Severo, por inicua la condenación de Tréveris y por absurdas todas las noticias del *Commonitorium* y, en suma, para rechazar todos los testimonios de origen antiprisciliano, únicos que se conocían hasta ahora.

Antes de dar mi humilde parecer sobre tan ardua cuestión, tengo que analizar los restantes tratados del códice de Würzbourg. Continuaremos, pues, en

---

238 «Inter quae tamen novum dictum, et non dicam facto, sed et relatione damnabile nec ullo ante hoc heretico auctore prolatum sacrilegii nefas in aures nostras legens Itacius nduxit, magicis praecantionibus primitivorum fructumn vel expiari vel consecrari oportere gustatus unguentumque maledicti Soli et Lunae, cum quibus deficiet, consecrandum: quod qui legit, protulit, credidit, fecit, habuit, induxit, non solum anathema maranhata, sed etiam gladio persequendus est, quoniam scriptum est: "maleficos non sinatis vivere".»

239 «Illi, legentes scripturas, saxeum, corneum, lapideum deum putent: Illis enim, sicut ab infelicibus dicitur, masculo-femina putetur Deus... Opus non erratico et carnis sensu confusibilibus carnalium luxuriarum typis divini sermonis aestimare naturam...»

240 «Et ideo, beatissimi sacerdotes, si satisfactum, damnatis heresibus et dogmatibus et fidei expedita abseveratione, et Deo putatis et vobis, dantes testimonium veritati, invidia nos malivolae obtrectationis absolvite et referentes ad fratres vestros ea quae malecicorum sunt verbis vexata sanate, quoniam fructus vitae est probari ab his qui fidem veri expetunt, non qui sub nomine religiosorum domesticas inimicitias persequuntur.»

el próximo artículo la tarea, nada llana ni agradable, de descifrar el galimatías teológico de Prisciliano.

III

Todavía más interesante bajo el aspecto histórico que el *Apologético*, de Prisciliano, es el segundo de los opúsculos del códice de Würzbourg, que lleva por título *Liber ad Damasum Episcopum*. En él tenemos una relación detallada de todo lo que aconteció desde el concilio de Zaragoza hasta la llegada de Prisciliano a Roma, relación que en parte completa y en parte aclara, más bien que rectifica, lo que escribió Sulpicio Severo. Habla éste vagamente de los *multa et foeda certamina* que entre los priscilianistas y sus adversarios hubo en Galicia y Lusitania, y, según su costumbre, carga la mano a Idacio e Itacio,[241] los cuales, a principio del año 381, solicitaron y obtuvieron del emperador Graciano el rescripto que intimaba a los priscilianistas el destierro *extra omnes terras*, según la enfática expresión del cronista, la cual no ha de tomarse al pie de la letra, sino meramente como destierro de España y acaso únicamente de la provincia lusitana, en que eran obispos Instancio, Salviano y Prisciliano. Los tres se encaminaron a Roma con intento de justificarse ante el papa san Dámaso;[242] pero hicieron el viaje muy despacio, dogmatizando en la Aquitania, especialmente en la ciudad de *Elusa* (cerca de Auch) y en la comarca de Burdeos, donde catequizaron a una noble y rica señora llamada Eucrocia, viuda del retórico y poeta Delpidio. Prescindo, para no escandalizar los castos oídos de los neopriscilianistas (que no quieren admitir en su héroe ni sombra de impureza), de todo lo que Sulpicio añade acerca de esta Eucrecia, y los amores que su hija Prócula tuvo en el camino de Roma con Prisciliano, y el aborto procurado con hierbas, etc. Porque la verdad es que tales maledicencias no las da el cronista por cosa cierta y averiguada, sino que las consigna como un rumor que corrió en su tiempo: *Fuit in sermone hominum.* ¡Y fácil es ahora aquilatar el valor de los rumores malévolos del siglo IV! Abstengámonos, pues, de romper lanzas en pro ni en contra de la honestidad de la andariega doncellita Prócula, para no repetir el chistoso caso de la pendencia de Don Quijote con Cardenio sobre el

---

241 «Parum sanis consiliis iudices saeculares adeunt... Extra omnes terras, propelli iubebantur.»

242 «Ut apud Damasum... obiecta purgarent.»

amancebamiento de la reina Madasima con aquel bellacón del maestro Elisabad, caso que debían tener muy presente siempre los que tratan estas cosas tan viejas, tan oscuras y que en el fondo son de mera curiosidad, con el mismo calor y mal empleado celo que si discutiesen doctrinas o sucesos contemporáneos.

El segundo opúsculo de Prisciliano es precisamente la apología que en Roma presentó a san Dámaso, como en recurso de apelación contra el metropolitano de Mérida. Por tal concepto sería ya curioso este documento en los fastos de la primitiva disciplina eclesiástica, aunque no lo fuese además por las noticias históricas que encierra. Un punto, sin embargo, hay sobre el cual Prisciliano no da explicación alguna. Me refiero a su episcopado de Ávila, que, según la narración de Sulpicio, obtuvo por favor de sus parciales después del concilio de Zaragoza. Los *itacianos* le llamaban *pseudo-episcopus*; pero la verdad es que si fue electo por el clero y el pueblo, único modo de nombramiento episcopal conocido en su tiempo, y no fue intruso en iglesia que tuviese ya legítimo pastor (lo cual en ninguna parte consta), tan obispo fue como cualquier otro, y querer borrar su nombre del episcopologio de Ávila es candidez no menor que la del buen cura de Fruime, de regocijada memoria, que de ningún modo quería pasar por que Prisciliano fuese gallego y se empeñaba en leer *Gallatia* donde Sulpicio Severo dice *Gallecia*.

Daremos a conocer lo más notable de esta segunda vindicación de Prisciliano, que comienza con un formal testimonio de adhesión a la Sede Apostólica[243] y con una nueva profesión de fe ortodoxa.[244] Es evidente que las multiplicaba

243 «Etsi catholica fides dati per Deum symboli iter possidens, credendi gloriam potius expedit quam loquendi, quoniam quae veritate sui enixa interpraetandi ingenium non recuirunt... tamen, temporis necessitate cogente, quam nobi inrogata per Hydatium episcopum imposuit iniuria, licet semper patientiae partes secuti simus fueritque in studio sustinere potius aliquem quam movere, gratulamur sic rerum venisse rationem, ut apud te, qui senior omnium nostrum es et ad Apostolicae sedis gloriam vitae experimentis nutritus beato Petro exhoratore venisti, quod credimus et loquamur.»

244 «In quo et nos, baptizati in Christo Christum induentes, et fidem veri multiplici quidem dispositione sublimem sed unita unius Dei potestate venerabilem, sicut corde credimus, ita ad omnium salutem qui falsiloquo sermonum in scandalum missi sunt confitemur.»
«Cuius symboli iter custodientes, omnes hereses, docrinas instituta vel docmata, cuae sibi altercationem non ingenia, sed studia fecerunt, catholico ore damnamus.
»Et quamvis longum sit ire per singula, et aspernabile sit Christianis sensibus talium miseriarum vel repetere doctrinas, tamen haec ideo apud venerabilem coronam tuam dicimus,

demasiado y que ponía especial ahínco en rechazar toda complicidad con los arrianos, patripasianos, *ofitas*, novacianos y maniqueos, particularmente con estos últimos, a quienes califica no solamente de herejes, sino de idólatras y maléficos, adoradores y siervos del Sol y de la Luna, llegando a invocar el santo nombre de Cristo en testimonio de que solo conocía tales sectas por el rumor del vulgo y no porque con los adeptos hubiese tenido comunicación alguna, ni siquiera para impugnarlos, puesto que aun la controversia con ellos le parecía pecado.[245] No es del caso discutir el valor de esta apología, que, precisamente por lo extremada, pierde algo de su fuerza. Lo que ahora nos interesa, y lo que es completamente nuevo, es la narración que Prisciliano hace de sus disputas con el metropolitano Idacio. Y aquí es preciso traducir casi íntegro el texto, aligerándole solo de repeticiones superfluas. Conviene advertir, para mejor inteligencia de algunas frases, que el *Liber ad Damasum* fue escrito y presentado por Prisciliano no solo en nombre propio, sino también en el de sus correligionarios Instancio y Salviano, puesto que a todos comprendían las mismas acusaciones. Es, pues, un manifiesto de la secta, al mismo tiempo que una vindicación personal. Los priscilianistas se presentan como un grupo de ascetas que, después de haber renunciado a todas las vanidades del mundo y abrazado la vida espiritual, elevados ya unos a la dignidad episcopal y próximos otros a serlo, vivían en católica paz, hasta que surgieran en la Iglesia de España disensiones, o por la necesaria represión que hacían de los vicios y desórdenes ajenos, o por la envidiosa emulación de su vida y costumbres, o por la

---

ut si in ea quae damnamus incurrimus, opsa libelli nostri professione damnentur.

»Quis enim potest catholicis auribus Arrianae heresis nefas credere, qui dividentes quod unum est et plures volentes Deos, profetici sermonis lumen incestant?...

»Quis Patripassianos hereticos ferat... quorum tanta infelicitas est, ut etiam daemoniaca confessione damnentur?... Quis Ofitas vel insipiens incidat volens Deum habere serpentem?... Quis velit Novatianorum baptismata repetita, cum scribtum (sic) sit: una fides, unum baptisma, unus Deus.»

245 «Quarum tamen sectarum infelicitatem testes deo Christo quia ex fabulis vulgi, non ex aliqua contentionis conlatione cognovimus, quia cum his vel contendisse peccatum est, unum hoc scientes, quod qui sibi sectarum nomen imponunt Christiani nomen amittunt: inter quae tamen omnia Manicacos, iam non hereticos, sed idolatras et maleficios servos Solis et Lanae... cum omnibus auctoribus. Nobis enim Christus Deu Dei Filius passus in carnem secundum fidem symboli baptizatis et electis ad sacerdotium in nomine Patris et Filii et Spiritus Sancti tota fides, tota vita, tota veneratio est.»

intervención de la potestad secular. Se jactan, sin embargo, de que ninguno de los que presentaban al papa aquel documento había sido acusado de vida reprensible, ni mucho menos sometido a juicio por tal causa y que en el concilio de Zaragoza ninguno de ellos había aparecido como reo, ni había sido convicto ni condenado, ni siquiera citado para que compareciese. Es cierto que Idacio había leído allí un *Commonitorium* en que se trazaba cierta regla y norma de vida religiosa y se reprendía de paso a los priscilianistas; pero en el concilio había prevalecido la autoridad de una epístola del mismo san Dámaso, que ordenaba no proceder contra los ausentes sin oírlos.[246]

Da a entender el obispo de Ávila que el principal motivo de la enemiga del metropolitano Idacio y de los suyos consistía en la rígica censura que los priscilianistas fulminaban contra sus malas costumbres y torpe modo de vivir, en contraposición al cual hacían ellos alarde de practicar la vida ascética, formando congregaciones en las cuales se daba mucha participación a los laicos.[247]

---

246 «Nam cum ante conplures annos vivi lavacri regeneratione reparati et sordentes saecularium actuum tenebra respuentes totos nos dedissemus Deo, legentes quod qui quemquam amplios quam Deum diligeret discipulus eius esse non potest, alii nostrum iam, in ecclesiis electi Deo, alii vita elaborantes ut eligeremur, catholicae pacis sequebamus quietem; verum cum repente sive necessaria redargutione sive aemulatione vitae seu novissimi temporis potestate orirentur contentiones, nos charitatem Christi dei optantes et pacem, etsi conscientia confidebamus, timebamus tamen, ne quid, sicut factum est, contentio animorum faceret quod pax ecclesiastica non teneret. Deo tamen qui unus et in omnibus verus est inter haec gratias quod nullus e nostris qui libellum tradidimus usque in hoc tempus vel accusatorem reprehensibilis adhuc vitae potuit habere vel iudicem, licet obtrectari non semper nocentium sit, sed sit aliquotiens quietorum. Denique in conventu episcopali qui Caesaraugustae fuit nemo e nostris reus factus tenetur, nemo accusatus, nemo convictus, nemo damnatus est, nullum nomini nostro vel proposito vel vitae crimen obiectum est, nemo ut evocaretur, non dicam necessitatem sed nec sollicitudinem habuit datum nescio quod ab Hydatio ibi commonitoritun est quod velut agendae vitae poneret disciplinam: nemo illic nostrum inter illa repraehensus, tua notissimum epistula contra improbos praevalente, in qua iuxta evangelica iussa praeceperas, ne quid in absentes et inauditos decerneretur.»

247 «Nos tamen, etsi absentes ibi fuimus, semper hoc in ecclesiis et admonuimus et admonemus, ut improbi mores et indecentia instituta vivendi vel quae contra Christi dei fidem pugnant probabilis et Christianae vitae amore damnentur, nec prohibere si quis contemptis parentibus, liberis, facultatibus, dignitate et adhuc et anima sua Deum malluerit amare quam saeculum, nec spent veniae tollere his, qui, si ea quae prima sunt non queunt, vel in mediis tertiisque consistant... etiamsi adimplendi perfecti operis non habeant facultatem.»

Y prosigue diciendo nuestro autor que cuando Idacio volvió del sínodo de Zaragoza comenzó a desatarse en furibundas diatribas contra algunos sufragáneos suyos con quienes había comunicado hasta entonces, y que por nadie habían sido canónicamente condenados. Pero aquí Prisciliano, aun escribiendo como sectario, levanta una punta del velo y demuestra que él y sus discípulos no eran tan inocentes corderos como al principio ha querido pintarlos. Al contrario, exasperados con la denuncia que el metropolitano de Mérida había presentado contra ellos en el concilio Cesaraugustano, y con los cánones de este concilio (que, aun suponiendo que no fueran más que los que hoy tenemos, iban derechamente contra ellos) intentaron pronta y escandalosa venganza, haciendo que en plena iglesia un presbítero de Mérida, afiliado probablemente a la secta o quizá instrumento de los rencores ajenos, entablase una acción contra Idacio y que a los pocos días se presentasen libelos contra él en diversas iglesias de Lusitania con acusaciones todavía más graves que las del presbítero y, finalmente, que se apartasen de su comunión muchos clérigos mientras no apareciese purgado de los graves delitos que se le imputaban.[248]

En tal estado las cosas, Prisciliano, que probablemente era quien atizaba todo este incendio, se dirigió en consulta a dos prelados que manifiestamente eran ya partidarios suyos: Hygino, obispo de Córdoba, y Symposio, de una de las diócesis de la provincia gallega (el segundo de los cuales había asistido al concilio de Zaragoza), pidiéndoles remedio para acabar con el cisma y restablecer la paz en la Iglesia española.[249] Respondieron ambos obispos que, en

---

248 «In hac ergo veritate fidei et in hac simplicitate viventibus nobis, a Caesaraugustana synhodo Hydatius redit, nihil contra nos referens, quippe quos et ipse in ecclesiis nostris secum etiam communicantes demiserat et quos nemo nec absentes quidem praesumpta accusatione damnaverat. Sed ut sciat corona venerabilitatis tuae, unde excandescentiae eius dolor, unde debachans toto orbe etiam in ecclesias furor fuerit: reversus e synhodo et in media ecclesia sedens, reus a presbytero suo actis ecclesiasticis petitur; datus etiam post dies parvos in ecclesiis nostris a quibusdam libellus, et deteriora quam prius a praesbytero obiecta fuerant obponuntur; segregant se de clericis ipsis plurimi, profitentes non nisi purgato sacerdoti se communicaturos.»

249 «Hinc nos conventi damus id Hyginurn et Symposium episcopos; quorum vitam ipse novisti, huiusmodi litteras: omnia subito fuisse turbata, provideri oportere, qualiter ecclesiarum pax composita duraret. Rescribtum est, ut verbis ipsis loquamur: quantum ad laicos pertineret, si illis suspectus Hydatius esset, sufficeret apud nos sola de catholica professione testatio. De reliquo dandum pro ecclesiarum pace concilium; nullum autem

cuanto a los laicos, podía recibírseles a comunión, aunque rechazasen como sospechoso al metropolitano Idacio, bastándoles con una mera profesión de fe católica, y que para resolver las demás cuestiones debía reunirse nuevo concilio, puesto que en Zaragoza no había sido condenado nadie.

Hizo más el obispo de Ávila, y fue dirigirse a Mérida con intentos de paz y concordia, según él dice, pero que no debieron de parecerle tales a los amigos y secuaces de Idacio, puesto que una turba de pueblo amotinado en su favor no solo impidió a Prisciliano y a los suyos la entrada en el presbiterio, sino que los maltrató gravemente de palabra y de obra, llegando hasta azotarlos o apalearlos.[250]

Tan estúpidas violencias acabaron de irritar los ánimos y de hacer imposible la reconciliación, si es que de buena fe la buscaban ni los unos ni los otros. Prisciliano, convertido en cabeza del cisma, se puso al frente de un movimiento laico en las iglesias de Lusitania y comenzó a llenarlas de partidarios suyos, a quienes confería democráticamente el sacerdocio sin más requisitos que lo que él llamaba profesión de fe ortodoxa y la propuesta o petición por la plebe. De todo dio cuenta en una especie de circular a sus *coepiscopos*, al mismo tiempo que Idacio solicitaba y obtenía el rescripto imperial no contra los priscilianistas, cuyos nombres callaba, sino contra los *pseudo-obispos y maniqueos* que eran los dictados con que más podía dañarlos.[251] De toda la relación de aquellos disturbios, tejida a su modo, informó por epístolas a san Ambrosio y a san Dámaso, sacando de su *armario* o archivo ciertas escrituras (que eran probablemente los libros apócrifos y esotéricos de que se valían los priscilianistas) y envolviendo

---

in Caesaraugustana synhodo fuisse damnatum. Quis non consacerdotibus crederet, praesertim cum in eadem synhodo vir religiosus qui haec scribebat Symposius adfuisset?»

250 «Capimus tamen inter ista consilium, ut euntes ad Hemeretensium civitatem praesentes ipsi videremus Hydatium, pacis potius, Deo teste, quam contentionis auctores. Si enim iniuria et non obsequium fuit consulere potius praesentem tamquam fratrem velle quam velut reum evocare, rei sumus; sin vero venientes er ingredientes in ecclesiam turbis et populis concitatis non solum in presbyterium non admissi, sed etiam adflicti verberibus sumus, putamus caedentem potius iniuriam fecisse, non caesos.»

251 «Nos tamen quibus cordi pax erat, accipientes professionem laicorum, quam reprobare, quia esset Catholica, non poteramus, ad omnes prope coepiscopos nostros, quid sacerdotalis reverentia passa fuisset scribsimus (sic) mittentes etiam gesta rerum et fidem professionum, nec hoc tacentes quod multi ex his post professionem ad sacerdotium peterentur. Rescribitur ad nos dandum super ista Concilium: credendum habitae professioni, et sicut

a Hygino en las mismas acusaciones de herejía que a Prisciliano. Éste, por su parte, envió al Pontífice romano letras comunicatorias suscritas por todo el clero y el pueblo de su diócesis, solicitando un juicio en que se depurasen las acusaciones de Idacio.[252] Todo esto precedió al viaje del heresiarca a Roma y todo esto es preciso para comprenderle, aunque haya sido ignorado hasta ahora. Tampoco sabíamos a punto fijo, hasta que explícitamente lo hemos visto declarado en este *Libellus*, qué es lo que solicitaba Prisciliano de san Dámaso; y es punto que no deja de tener interés para la historia de la disciplina, porque envuelve un reconocimiento claro y explícito de la jurisdicción pontificia. Lo primero que el obispo de Ávila reclama es la comparecencia del metropolitano de Mérida ante el tribunal de san Dámaso, y en caso de que éste, por su ingénita benevolencia, no quiera pronunciar sentencia contra nadie, que dirija sus letras

---

dedicationem sacerdotis in sacerdote, sic electionem consistere petitionis (in) plebe. Hinc ille plus quam oportebat timens concinnat preces falso et rei gestae fabulam texens, dissimultatis nominibus nostris, rescribtum contra pseudo-episcopos et manichaeos petit et necessario impetrat...»

252 «Viro etiam spectabili fatri tuo Ambrosio episcopo tota mentitur, et cum relato sibi rescribto sub specie sectae quam nostrum nemo non damnat in omnes tueret Christianos, hereticum etiam Hyginum nobiscum vocans, sicut epistolae ipsius missae ad ecclesias prolocuntur, agens scilicet, ne iudices haberet, si omnes diversis obtrectationibus infamasset, ecclesias nostras commendavimus Deo, quarum communicatorias ad te epistolas detulimus totius clari et plebis suscribtione transmissas, et ad te qui potuimus venientes voluimus quidem absentes supplicare, ut si haberet quod Hydatius obiiceret sacerdotum audientiam postulantes nec refugientes tamen iudicium publicum, si ipse malluiset. De nullo autem metuit audiri qui optat probari; sed studio factum fuerit an malo voto, Deus indicabit, ut quaestor, cum iustas preces diceret, respodere tardaret.

»Nos tamen, non omittentes in causa fidei sanctorum indicium malle quam saeculi, venimus Romam, nulli graves, hoc solum desiderantes ut te primum adiremus, ne taciturnitas metus conscientiae iudicaretur, sed magis libellum tradentes rei gestae ordinem et, quod omnibus maius est, fidem catholicam in qua vivimus panderemus.

»Nam et si scribturis quibusdam, quas Hydatius de armario suo proferens in calumniosas fabulas misit, quaeritur de nobis sententia, id nobis cordi est et semper fuit ut omnia in scribturis sub cuiuslibet apostoli, profetae, episcopi auctoritate prolatis, quae Christum deum Dei filium profetant aut praedicant et consentiunt canoni evangeliis vel profetis non posse damnari: quae autem contra canonem et contra fidem catholicam sentiunt vel loquuntur, cum omnibus doctoribus discipulisque damnanda.» (Sobre esta importante cuestión de los libros apócrifos, trataremos de propósito en el artículo que sigue, puesto que a ella se refiere íntegramente el tercer opúsculo de Prisciliano.)

apostólicas a todos los obispos de España para que, congregados en concilio provincial, juzguen la causa pendiente entre Idacio y los priscilianistas.[253]

IV

Si interesantes son, bajo el aspecto histórico, los dos opúsculos que acabamos de examinar, no lo es menos, para el estudio de la que pudiéramos llamar «literatura priscilianista», el tercero de los tratados del códice de Würzbourg, que lleva por título *Liber de fide et apocryphis*. Sabíase de antiguo que los priscilianistas habían hecho entrar en su canon cierto número de libros seudepígrafos usados ya por sectas anteriores y algunos también de su propia composición que, al parecer, encerraban la parte esotérica su doctrina. Testimonios muy tardíos en verdad, y que se refieren a las últimas evoluciones de aquella herejía; el *Commonitorium*, de Orosio, y la epístola de santo Toribio a Idacio y Ceponio enumeran entre estos libros las *Actas de san Andrés*, las de *san Juan*, las de *santo Tomás* y otras semejantes a éstas (*et his similia*), que serían probablemente las de *san Pedro* y *san Pablo*, pues solían ir juntas con las anteriores en la compilación atribuida al maniqueo Leucio (siglo IV). Orosio menciona, además, cierta *Memoria Apostolorum*, y santo Toribio, una especie de poema cosmogónico, *De principe humidorum et de principe ignis*, obras originales, al parecer; y aun indican que había otros apócrifos más ocultos y que solo se comunicaban a los iniciados y perfectos. Consta, además, que tenían himnos, de los cuales san Agustín, en su carta a Cerecio, conservó el de Argirio. Y finalmente se les acusaba de haber corrompido los códices de la Biblia introduciendo en ellos variantes acomodadas a su sentir doctrinal. *Multos corruptissimos eorum*

---

253 «Propter quod venerabiles sensus tuos petimus, ut, si fides professionis nostrae, secundum quod tu relictam tibi de apostolis tradis, in Deo constat, si ecclesiarum nostrarum testimonia pacificis epistulis scribta (sic) non desunt, si de scribturis aliud nec sentire possumus nec debemus, si nemo nostrum reus factus, nemo auditus, nemo in Concilio depositus, nemo etiam cum esset laicus, obiecti criminis probatione damnatus est, licet noxio sacerdotium nihil prosit et possit sacerdos deponi qui laicus meruit ante damnari, praestes audientiam, deprecamur, quia omnibus senior et primus es; Hydatium facias conveniri, ac si confidet aliquid probare de nobis, coronam aeterni sacerdotii non omittat... Vel si insitae tibi benignitatis adfectu nulli vis iniuriam quam ille nobis imposuit inrogare, des ad fratres tuos Hispanienses episcopos litteras depraecamur. Omnes enim petimus, ne cui iniuriam fecerimus, ut concilio constituto et Hydatio evocato quos reos factos in praesentes egerint, non audiant inauditos.»

codices invenimus, dice la decretal de san León; y estos códices existían todavía en el siglo VII, según afirmación de san Braulio.[254]

El *Liber de fide et apocryphis* está mutilado, por desgracia. No lleva indicio alguno del tiempo en que fue compuesto ni de la persona o tribunal a quien fue presentado, circunstancias que acaso constasen en el encabezamiento, que es precisamente la parte que falta. Pero todo lo sustancial de la argumentación ha quedado, y esta argumentación, que no carece de habilidad dialéctica, es una defensa paladina de la lectura de los apócrifos. Para Prisciliano, el canon bíblico no está cerrado ni mucho menos, y todo su empeño es demostrar que en los mismos libros recibidos por la ortodoxia como sagrados se hace mención de escrituras apócrifas y se concede autoridad a su testimonio. «Veamos (dice) si los apóstoles de Cristo, que deben ser los maestros de nuestra vida y doctrina, leyeron alguna cosa que no está en el canon. El apóstol Judas cita unas palabras del libro de Henoc: *Ecce venit dominus in sanctis militibus facere iudicium et arguere omnem et de omnibus duris quae locuti sunt contra eum peccatores*. ¿Quién es este Henoc a quien invoca san Judas en testimonio de profecía? ¿No tenía otro profeta de quien acordarse más que de éste, cuyo libro hubiera debido condenar canónicamente si fuese cierta la opinión de nuestros adversarios? Pero ¿por ventura no mereció ser llamado profeta Henoc, de quien dijo san Pablo, en la *Epístola a los Hebreos*, *ante translationem testimonium habuisse*: aquél a quien en los principios del mundo, cuando la naturaleza ruda de los primeros hombres, conservando fresca la huella del pecado original, no creía posible la conversión a Dios después de la culpa, quiso el Señor trasladarle entre los suyos y eximirle de la muerte? Y si de esto no hay duda y los apóstoles le tuvieron por tal profeta, ¿quién será osado a condenar a un profeta que predica el nombre de Dios? ¿Por ventura estas materias de que tratamos son de tan poco momento como si jugásemos a los dados o si nos recreásemos

---

254 Véanse en mis *Heterodoxos* [página 215 de la presente edición] el capítulo titulado «Literatura priscilianista», donde trato extensamente esta materia y reúno los textos concernientes a ella, por lo cual excuso repetirlos aquí.

con las ficciones de la escena? ¿Hemos de seguir a los hombres del s glo y despreciar las palabras de los apóstoles?»[255]

Y aunque un solo testimonio sea suficiente para confirmar la fe de los santos, escudríñense con diligencia las Sagradas Escrituras, y se encontrarán otros no menos claros y terminantes. Recuérdese lo que dice el viejo Tobías en los consejos que dio a su hijo: *Nos filii prophetarum sumus; Noe profeta fuit et Abraham et Isac et Iacob et omnes Patres nostri qui ab initio saeculi profetaverunt*. ¿Cuándo en el canon se ha leído libro alguno del profeta Noé ni de Abraham? ¿Quién ha oído hablar nunca de que Isaac profetizase? ¿Quién vio en el canon la profecía de Jacob? Pues si Tobías leyó a esos profetas y dio testimonio de ellos en un libro canónico, ¿por qué, lo mismo que a él le sirvió de mérito y edificación, ha de ser ocasión para que otros sean reprendidos y condenados? Por nuestra parte, preferimos tal condenación en la buena compañía de los profetas de Dios, más bien que arrojarnos a vituperar cosas que son verdaderamente religiosas. ¿Quién no ha de temblar de encontrarse a Noé de acusador ante el tribunal de Dios?[256]

---

255 «Videamus ergo, si apostoli Christi Iesu magistri nostrae conversatonis et vitae extra canonem nil legerunt... Quis est hic Enoc quem in testimonium profetiae apostolus Iudas adsumpsit? An qui profetasset de deo, alium non habebat nisi profetiam huius poneret, quam, si vera dicuntur, canonica ipse ordinatione damnasset? Aut fortassis Enoc profeta esse non meruit quem Paulus in epistula ad Hebreos facta ante translationem testimonium habuisse testatur, aut quem in principio generis, cura achuc mundi forma et natura rudis saeculi, peccatum decepti hominis retinens, futuram conversionem ad deum post peccata non crederet, transferre inter suos deus maluit quam perire. De quo si non ambigitur et apostolis creditur quod profeta est... praedicans deum, propheta damnatur? Aut numquid de trivialibus rebus agimus, et tesserae inter manus nostras sunt aut scaenae ludibria tractamus, ut, dum homines huius saeculi sequimur, apostolcrum dicta damnemus?»
Nótese la curiosa alusión a los espectáculos teatrales, tanto más digna de recogerse cuanto son más raras las alusiones de este género en escritores hispanorromanos de época tan tardía como Prisciliano.

256 «Quando in canone profetae Noe liber lectus est? quis inter profetas dispositi canonis Abrahae librum legit? quis quod aliquando Isac profetasset edocuit? Quis profetiam Iacob quod in canone poneretur audivit? Quos si Tobia legit et testimonium prophetiae in canone promeruit, qualiter, quod illi ad testimonium emeritae virtutis datur, alteris ad occasionem iustae damnationis adscribitur? Inter quae ignoscant singuli quiqui, si damnari cum prophetis dei malumus, quam cum his qui incauta prasumunt ea quae sunt religiosa damnemus. Quis enim accusatore Noe divini iudicii disceptatione non timeat?»

Y por este estilo prosigue declamando.

Aquí ya es patente la sofistería y la mala fe de Prisciliano en esta controversia. Podía deslumbrar la cita de san Judas, aunque pueda disputarse si está tomada del apócrifo libro de Henoc o meramente de la tradición. Pero, de todas suertes, la mera cita no podía canonizar el libro, como no canoniza al poeta cómico Menandro la transcripción que de un verso de su *Thais* hizo san Pablo en la primera *Epístola a los Corintios* (15, 33), ni a Arato aquella sentencia suya recordada por el mismo Apóstol de las Gentes en su discurso de Atenas (Act 17, 28). Pero todavía era recurso de peor ley confundir el don de profecía que tuvieron muchos patriarcas de la Ley Antigua con los escritos proféticos propiamente dichos. No era menester que Noé, Abraham e Isaac hubiesen escrito libros para que se los llamase profetas; y en cuanto a Jacob, ¿qué son sino una continua profecía las bendiciones que da a sus hijos en el penúltimo capítulo del *Génesis*? Había, pues, una profecía de Jacob y estaba realmente en el canon.

Todos estos paralogismos de Prisciliano no llevan más fin que recomendar sin ambages la lectura de los libros apócrifos, sin exceptuar aquéllos que, aun a sus propios ojos, contenían manifiestas herejías, pues nada le parecía más fácil que borrar todo lo que no estuviese conforme con los profetas y los evangelistas, arrancando así la cizaña de en medio del trigo, lo cual estimaba mejor que perder la esperanza de buen fruto por temor a la cizaña.[257]

Defendía y practicaba, pues, Prisciliano, dentro de la teología de su tiempo, cierto género de libre examen, aplicado a la interpretación del texto bíblico; por lo cual el doctor Paret le coloca, no sin fundamento, entre los precursores del protestantismo, si bien ha de advertirse que difiere de los corifeos de la Reforma en un punto muy importante, es a saber, en la ampliación sin límites que quiere dar al canon de las Sagradas Escrituras mediante la introducción de los apócrifos. Su táctica es siempre la misma. En los libros canónicos se alude a cosas cuya narración especificada no se halla en parte alguna de la Biblia;

257 «In quibus tamen omnibus libris non est metus, si qua ab infelicibus hereticis sunt inserta, delere et (quae) profetis vel evangeliis non inveniuntur consentire respuere... Meliusque est zezania de frugibus tollere quam spem boni fructus propter zizania perdidisse, quod proterea cum suis inter sancta zabolus inseruit, ut, nisi sub cauto messore, cum zezaniis frux periret, et bona faceret occidere cum pessimis, una sententia adstringens cum qui pessima cum bonis iungit quam qui bona cum malis perdit.»

debía estar, por tanto, en otros libros de carácter no menos venerable y sagrado. Además, algunos de estos libros u otros semejantes a ellos están alegados clara y terminantemente en la Biblia misma. De aquí parece sacar Prisciliano la extraña consecuencia de que los innumerables apócrifos que corrían en su tiempo, y que cautelosamente se guarda de designar por sus títulos, eran del mismo valor que esos antiguos e ignorados libros y debían leerse con reverencia poco menos que la debida al cuerpo de las Escrituras canónicas, una vez limpios de la cizaña que había sembrado en ellos la mano de los «infelices y diabólicos herejes». Por supuesto que esta selección se dejaba al juicio privado del mismo Prisciliano o de cualquier otro dogmatizante. Pero conviene oír sus propias palabras, que son muy curiosas por tratarse de la más antigua manifestación de la crítica bíblica en España:

Leemos en el Evangelio según san Lucas:[258] *Inquiretur sanguis omnium profetarum qui effusus est a constitutione mundi, a sanguine Abel usque ad sanguinem Zachariae qui occisus est inter altare et aedem...* ¿Quién es este Abel profeta, del cual tomó principio la serie sangrienta de los profetas que acaba en Zacarías? ¿Quiénes son esos profetas intermedios que padecieron muerte violenta? Si es pecado investigar más de lo que se dice en los libros canónicos, no hallaremos en ellos que ningún profeta de los que allí leemos haya muerto mártir; y si fuera de la autoridad del canon nada se puede admitir ni tener por cierto, no podemos fiarnos de tradiciones acaso fabulosas, sino atenernos a la historia escrita. Quizá alguno me haga la objeción de que Isaías fue aserrado; pero, si es de los que condenan mi doctrina, cierre su boca o confiese que para tal afirmación no tiene

---

258 *Kata Lucanum.* Esta forma rara y antigua usada por Prisciliano se halla en códices del *Nuevo Testamento*, tales como el de Viena, publicado por Belshein en 1185; el *Useriano* (edición Abbot 1884), el *Ambrosiano* (edición Ceriani 1861) y el *Germánico* (edición solo en parte, Wordsworth 1883). Véase Schepss, 47 n.º

más testimonios que el de pinturas y de poetas.[259] Cuando el evangelista nos dice *scrutate Scripturas*, es claro que nos invita a leer lo que él mismo había leído.[260]

Que Prisciliano era asiduo lector de la Biblia, lo prueban sus escritos, pues no son, en gran parte, más que centones de ella. Pero es claro que tal estudio no podía menos de resentirse de las imperfecciones que tenía la *Vulgata* latina antes que san Jerónimo la corrigiese. Por culpa de estas malas lecciones caen en falso algunos de sus argumentos. Por ejemplo, lee Prisciliano en *san Mateo* (2, 14. 15): *Surgens autem Ioseph accepit puerum et matrem eius noctu et abiit in Aegyptum et erat ibi usque ad consummationem Herodis, ut adimpleretur quod dictum est a domino per prophetam dicentem: ex Aegypto vocavi filium meum.* Y como en su Biblia no encontraba tal profecía, exclama: «¿Quién es ese profeta a quien no leemos en el canon, a pesar de que el Señor quiso corroborar su testimonio y salir fiador de su promesa cumpliéndola al pie de la letra?».[261] El profeta era Oseas (11, 1); sus palabras, fielmente traducidas de la verdad hebraica, son en la *Vulgata* actual: *Ex Aegypto vocavi filium meum*, exactamente como las citó san Mateo. Pero en la versión griega de los *Setenta*, de la cual procedía la *vetus latina* usada por Prisciliano, había un error de traducción: *Ex Aegypto vocavi filium eius.* Expresamente lo advierte así san Jerónimo en su comentario a este lugar del profeta.

---

259 No necesito encarecer la importancia y novedad de este texto. ¿A qué pintores, a qué poetas aludirá Prisciliano?

260 «Quis est iste Abel profeta, ex quo sanguis profetarum sumpsit exordium, cuius principium in Zacchariam finit? Qui sunt illi medii qui videntur occisi? Si enim omne quod dicitur in libris canonis quaeritur et plus legisse peccare est, nullum ab his in canone constituti sunt profetam legimus occisum, ac si extra auctoritatem canonis nihil vel adsumendum est vel tenendum, non possumus tantum fabulis credere et non historiam scripti factorum probatione retinere. Fortasse enim aliquis exsiliat et dicat Esaiam fuisse dissectum; si quis ille est inter huiusmodi qui ista damnaverint, os suum claudat aut certe historiam factae rei proferens picturis se dicat credere vel poetis, quoniam iam facilius admittunt quod philosophorum studia mentiuntur... Quae si evangelista legens recte ad testimonium protulit dicens: scrutale scribturas, etiam me ut ea legerem quae legerat traxit.»

261 «Quis est iste profeta, quem in canone non legimus, cuius profetiae fidem velut fideiiussor promissi numeris dominus inplevit?»

266

En medio de la gran libertad de interpretación que aplica a los textos sagrados, Prisciliano hace continuos alardes de ortodoxia;[262] pero su cristianismo es puramente bíblico y simbólico: «El símbolo es signatura de cosa verdadera; el símbolo es obra del Señor; el símbolo no es materia de disputa, sino de creencia... La escritura de Dios es cosa sólida, verdadera, no elegida por el hombre, sino entregada al hombre por Dios». El símbolo es su única norma de creencia.[263] De la tradición eclesiástica prescinde en absoluto y jamás invoca el testimonio de ningún doctor anterior a él. Podrá disputarse si era gnóstico o maniqueo; pero en este libro se presenta como un teólogo protestante que no acata más autoridad que la de la Biblia, y se guía al interpretarla por los dictámenes de su propia razón, lo cual no le impide tronar contra las temerarias y heréticas novedades, contra la disquisición de cosas superfluas que infunden estupor y sorpresa a los fieles: «Dios no puede mentir, Dios no puede haber citado en falso a un profeta alegando lo que no dijo. Hay que escudriñar las Escrituras. Nadie tiene derecho a decir: "Condena tú lo que yo no sé, lo que no leo, lo que no quiero investigar por la fuerza de mi entendimiento". "Tengo el tes-

---

262 *Bibliothéque de l'Ecole des Chartes*. Mayo y agosto 1910, páginas 332-334, artículo de Andrés Lesort: «Je n'oserais cependant me porter garant de l'orthodoxie de Priscillien avec autant d'assurance que le fait M. Babut. Concevoir 'la vie chrétienne comme un commerce continuel avec Dieu", ce n'est pas la un trait particulier à Priscillien, mais sa manière de concevoir ce commerce a pu être personnel et l'être même un point de cesser d'être orthodoxe. Assurement il a toujours proclamé la pureté de sa foi et la fermeté de son attachement à la doctrine catholique; mais une telle affirmation ne constitue pas, il s'en faut de beaucoup, une preuve d'orthodoxie, et M. Babut n'est parfois pas bien loin de le reconnaître lui-même. Il rejette, par exemple, l'accusation de manichéisme portée contra Priscillien, mais il avoue que cet auteur a poussé si loin l'antithèse entre le bien et le mal et l'a exprimée dans des termes tels qu'elle paraît presque se confondre avec l'antinomie métaphysique entre deux substances eternelles, et d'autre part, ce droit exclusif que revendiquent les priscillianistes d'interpreter les Ecritures en leur qualité des «saints», n'est il pas en opposition avec l'authorité doctrinale de l'Eglise? D'ailleurs, pour si hostile qu'il ait été à la condamnatio capitale de Priscillien et de ses partisans, saint Ambrose n'hésite pas à reconnaître dans leurs théories des tendances nettement hérétiques».

263 «Scribtura dei res solida, res vera est nec ab homine electa, sed homini de deo tradita... Inde denique heresis, dum singuli quique ingenio suo potius quam deo serviunt et non sequi symbolum, sed de symbolo disputare disponunt, cum, si fidem nossent, extra symbolum nil tenerent. Symbolum enim signatura rei verae est, et designare symbolum est disputare de symbolo malle quam credere: symbolum opus domini est...»

timonio de Dios, el de los apóstoles, el de los profetas; en ellos solamente puedo encontrar lo que pertenece a la profesión del hombre cristiano, al gobierno de la Iglesia y a la propia dignidad de Cristo. No es el temor, sino la fe, quien me hace amar lo bueno y rechazar lo malo."»[264]

Cuidadosamente recoge el obispo de Ávila las menciones de libros que hay esparcidas por el texto de la Biblia, mostrando en esto una erudita curiosidad y ciertos vislumbres de espíritu crítico que sorprenden en época tan remota. En los *Paralipómenos*, sobre todo, encuentra indicadas muchas fuentes históricas, que seguramente aprovechó como documentos el redactor de aquella compilación. Tales son el *Libro de los reyes de Israel*, compuesto por Jehú, hijo de Ananías (página II 20, 34); los escritos del profeta Natán y de Ahías el Silonita y la visión de Addo contra Jeroboam (II 9, 29); las profecías de Semeías (II 12, 15), el *Libro de los días de los reyes de Judá y de Israel* (II 25, 26), los *Sermones* de Ozai (II 33, 19) y otros varios.[265] Fácilmente hubiera podido ampliar esta enu-

---

264 «Quis ergo huiusmodi fluctus patienter accipiat? Hinc una ex parte indocta urgent insania, furor exigit imperitus nihil dicens aliud nisi..., "damna quae ego nescio, damna quod ego non lego, damna quod studio pigriscentis otii non requiro. Hinc ex parte altera divinum urget eloquium: scrutate, inquit, scribturas... Habeo testimonium dei, habeo Apostolorum, habeo profetarum: si quaero quod Christiani hominis est, si quod ecclesiasticae dispositionis, si quod dei Christi, est, in his invenio qui deum predicant, in his invenio qui profetant. Non est timor, fides est, quod diligimus meliora et deteriora respuimus".»

265 Indico estos libros como los cita la *Vulgata* actual; pero creo interesante dar a conocer la forma en que los alega Prisciliano, para que se vean en este ejemplo las profundas diferencias de la versión bíblica que él seguía: «Sic et in libris Paralipomenom Nathan profetam, Achiam Selonitam, visiones Laedam, verba Zeu filii Anani ad fidem veri et eorum quae gesserunt auctoritatem invenimus edicta, dicente scriptura: Et reliqui Sermones Iosafat primi et novissimi ecce scribti sunt in Sermonibus Zeu filii Anani qui prescribsit in libro reges Istrahel. Et haec scripta in libris canonis non legimus, sed recepta a canone comprobamus; sicut et ibi ait: Et reliqui Sermones Solomonis primi et novissimi ecce scribti sunt in verbis Nathae profetae et in verbis Achiae Selonitae et in visionibus Laedam, quae videbat de Heioroboam filio Nabat. Et item ibi: Et reliqui Sermones Roboam primi et novissimi nonne scripti sunt in verbis Sameae profetae et Edom videntis et omnes actus eius? Et item ibi: Et reliqui Sermones Abdiae et actus eius et verba eius scribta sunt in libro Edom profetae. Et item ibi: Et reliqui Sermones Amessiae primi et novissimi nonne ecce scribta sunt in libro dierum regum Iuda? Item ibi: Et reliqui Sermones Mannasse et oratio eius quam oravit ad dominum in nomine dei Istrahel ecce scribta sunt in sermonibus orationis eius et in sermonibus videntium».

meración, recordando, por ejemplo, las tres mil *Parábolas* y mil y cinco (cinco mil según la versión de los *Setenta*) *Cánticos* de Salomón, sus tratados de *Historia natural* (3 Reg 4, 32. 33), y el famoso *Libro de los justos*, dos veces mencionado en *Josué* (10, 13) y en los *Reyes* (2, lib. 18), del cual han creído algunos exegetas encontrar vestigios en el apócrifo hebreo de *Iaschar o de la generación de Adam*, aunque haya llegado a nosotros en forma muy tardía y alterada.

Todo esto prueba que la literatura hebraica era mucho más rica de lo que superficialmente pudiera creerse, y comprendía muchos más libros que los de la Biblia, y no es poco mérito de Prisciliano el haber reparado en esto; pero no prueba de ningún modo lo que él pretende; es a saber, que todos esos libros, ni siquiera los que llevaban nombres de profetas, hubiesen sido compuestos por especial inspiración divina. Dios no hubiera consentido que se perdiese su palabra. La santidad y el don de profecía que tuvieron algunos de esos autores daba, sin duda, grande autoridad a sus libros, que parecen haber sido principalmente históricos: anales, memorias, genealogías; pero nunca penetraron en el canon de los hebreos, que estaba ya fijado en tiempo de *Esdras*, a lo menos según la opinión tradicional y antiquísima, de la cual ciertamente no se apartaba Prisciliano, pues hasta admitía (como algunos padres de los primeros siglos) la fabulosa narración del apócrifo libro cuarto de *Esdras*, en que se atribuye a aquel escriba el haber restaurado milagrosamente en cuarenta días los libros de la Ley por haber perecido todos los ejemplares en el incendio del templo.[266]

Tal es, en su parte sustancial, este tratado, el más importante, sin duda, de los de Prisciliano, hasta por las condiciones del estilo, que en medio de su barbarie cobra inusitado color y elocuencia en algunos pasajes y nos hace entrever las

---

266 «Denique in antiquis librorum monumentis cum testamentum scribturarum diabolus invideret, Hierusalem capta, polluto altario domini, distrui templum satis non fuit; nam, quia facile erat, ut quae manufacta erant in manufactis homo redderet, arca incensa est testamenti, sciente diabolo quod facile natura hominum obligata saeculo fidem perderet, si ad praedicationem divini nominis scribturarum testimonia non haberet. Sed argutior divini mysterii natura quam diabuli, quae, ut quid deus in homine posset ostenderet, reservari Hesdram voluit qui illa quae fuerant incensa rescribsit. Quae si vere incensa et vere credimus fuisse rescribta, quamvis incensum testamentum legatur in canone, rescriptum ab Hesdra in canone non legitur, tamen, quia post incensum testamentum reddi nor potuit nisi fuisset scribtum, recte illi libro fidem damus, qui Hesdra auctore prolatus, etsi in canone non ponitur, ad elogium redditi divini testamenti digna rerum veneratione retinetur; in quo tamen legimus scriptum, Spiritum Sanctum ab initio saeculi et hominum et rerum gesta

condiciones de propagandista que en su autor reconocieron amigos y adversarios, y sin las cuales no se comprendería la rápida difusión de su doctrina y el fanatismo que inspiró a sus adeptos llevándolos hasta el martirio. Estas, páginas son, además, el primero, aunque tenue albor de la exégesis bíblica en España; su respetable antigüedad las hace dignas de consideración aun en la historia general de las ciencias eclesiásticas; y si es verdad que no aportan ningún dato nuevo para determinar los libros apócrifos que leían los priscilianistas, tienen, en cambio, la ventaja de marcar con entera claridad la posición teológica del jefe de la secta en esta cuestión, mucho más importante de lo que a primera vista parece. No quisiéramos falsear su pensamiento ni atribuirle conceptos demasiado modernos; pero nos parece que, a despecho de sus salvedades y de su respeto, quizá afectado, a la letra de la Escritura, lo que Prisciliano reivindica no es solo el libre uso y lectura de los apócrifos en la Iglesia, sino la omnímoda libertad de su pensamiento teológico, lo que él llama la *libertad cristiana*, torciendo a su propósito palabras de san Pablo.[267] Para Prisciliano, además de la revelación escrita de los libros canónicos, hubo otra revelación perenne y continua del Verbo en el mundo. No solamente fue anunciado Cristo por todos los profetas, no solo esperaron en su venida todos los patriarcas de la Ley Antigua, sino que todo hombre tuvo noticia de él y supo o adivinó que Dios había de venir en carne mortal.[268] Siendo la plenitud de la fe el conocimiento de la divinidad de Cristo, solo el que no ama a Cristo merece anatema.

---

retinentem cor electi hominis intrasse et, quod vix ad humanam memoriam scribti forma retineret, ordine numero ratione repetita, cum "per diem loquens et nocte non tacens" scriberet, omnia quae gesta videntur esse vel legimus scribta, ad humanam memoriam condidisse.»

267 «Et ideo, quia ubi libertas ibi Christus, libet me unum clamare pro totis, quia et ego Spiritum Domini habeo.»

268 «Quis enim non delectetur Christum ante saecula non a paucis, sed ab omnibus profetatum? aut quis divinae magnitudinis et tam incredibilis miraculi deum nasci habere et virginalem metram in ministerium divini verbi ad concipiendum vel parturiendum habitaculum corporis patuisse tam sterilis aestimator est, ut putet non in omnem terram atque in omnem hominem divini sensus secreta clamasse, cum scribtum sit omnis lingua confiteatur quoniam dominus Iesus in gloriam dei patris?...

»Cesset invidia diaboli! Ab omnibus adnuntiatus est dominus, ab omnibus profetatus est Christus, ab Adam Sed Noe Abraham Isac Iacob et a ceteris qui ab initio seculi profetaverunt, et intrepidus dico quod invidet diabolus: venturum in carne deum omnis homo

Estas ideas son profundamente gnósticas, aunque, benignamente interpretadas, acaso pudieron caber dentro de aquella *gnosis* cristiana que preconizó Clemente de Alejandría y parezcan tener antecedente más remoto en la doctrina de san Justino (*Apol.* II, cap. 8-10) sobre el *logos spermatikós*, derramado por la Sabiduría Eterna en todos los espíritus, para que pudieran elevarse, aun por las solas fuerzas naturales, a una intuición o conocimiento parcial del Verbo diseminado en el mundo, aunque su completa manifestación y comunicación por obra de gracia solo se cumpla mediante la revelación de Cristo.

Los restantes opúsculos del códice de Würzbourg carecen del interés histórico que tienen los tres primeros, y, como tampoco su valor teológico es grande, podremos hacer de ellos una exposición mucho más sucinta.

V

A falta de otro mérito, tienen los últimos tratados del códice de Würzbourg la importancia de ser trasunto de la enseñanza oral y pública de Prisciliano, puesto que todos están compuestos en forma de exhortaciones y pláticas dirigidas al pueblo, y aun dos de ellos lo declaran en sus títulos (*Tractatus ad populum I, Tractatus ad Populum II*). Pero dentro de esta general categoría hay que distinguir los puramente *parenéticos* (cuales son, además de los dos citados, el *Tractatus Paschae* y la *Benedictio super fideles*) de los exegéticos o expositivos, como son las homilías sobre el *Génesis*, sobre el *Éxodo* y sobre los *Salmos* primero y tercero. La originalidad de estos escritos es muy corta, y ciertamente que en ellos no aparece Prisciliano como el terrible reformador cuya trágica historia teníamos aprendida. Schepss prueba, mediante un cotejo seguido al pie de las, páginas, que Prisciliano tomaba literalmente no solo su doctrina, sino hasta sus frases, de los libros *De Trinitate* de san Hilario, cuyo método alegórico seguía en la interpretación de las Sagradas Escrituras, zurciendo las palabras del santo obispo de Poitiers con los innumerables pasajes bíblicos de que está literalmente empedrado su estilo. Quizá un teólogo muy sabio y atento podrá descubrir en estos opúsculos alguna proposición que tenga que ver con las

---

scivit, non dicam hi quos in dispositione generationis suae in evangelio deus posuit et divinae naturae fidem et numerum canoni praestaturos...

»Omnibus enim nobis qui deum Christum credimus plenitudo fidei dies domini est et lex vitae apostolici forma praecepti est... Mihi certe servo domini consideranti haec unus hic sensus est, quoniam qui non amat Christum anathema maranata.»

doctrinas imputadas de antiguo a Prisciliano; yo no he acertado a encontrar sino el ascetismo más rígido, un gran desdén hacia la sabiduría profana y cierto singular estudio en evitar la acusación de *maniqueísmo*,[269] acaso por ser la que con más frecuencia se fulminaba contra él. En el *Tractatus Genesis* reprueba con igual energía a los filósofos que enseñan la eternidad del mundo, a los idólatras que divinizan los cuerpos celestes y les otorgan potestad sobre los destinos del género humano, y a los sectarios pesimistas que suponen la creación obra de un espíritu maligno, a quien cargan la responsabilidad de sus propias acciones, torpes e ilícitas. En el *Tractatus Exodi* formula enérgicamente su ideal ascético: *castificación (sic) de la carne terrenal y del espíritu*, y expone la doctrina del beneficio de Cristo, prefigurado en el símbolo pascual de la Ley Antigua.[270]

---

269 «Videns ergo futura haereticorum dogmata et diversa ingenia disputandum, quod alii amant non factum sed perpetuum fuisse mundum et ideo cuius non sit initium futurum semper aeternum, alii sibimet in voluptatibus blandientes, dum omne quod peccant non sibi sed malitiae diaboli volunt imputare vel saeculi... sic mundi per haec accusantes naturam, propter quod hoc malum iudicant, nihil in his quae apparent deum fecisse confirmant, et corporalibus concupiscentiis delectantes facturam corporis sui adsignantes diabolo, putant se nescire quae faciunt et quae in corporibus suis peccant divinae dispositionis sollicitudine non teneri... alii solem et lunam luminaria ad ministerium hominum constituta aestimantes, deos principatibus mundi aelementorum tribuunt potestatem... Sed hii omnes, dilectissimi fratres, ignorantiae tenebris involuti dubios evertunt, et consentientes ad perditionis suae pericia deducunt... Propter quod vos hortor et moneo, ut qui baptizati in Christo Christum induistis, reiectis saeculi tenebris tamquam in die honeste ambuletis, et sicut apostolus ait, nemo vos depraedetur secundum philosophiam mundi et non secundum Christum; sapientia enim huius mundi stultitia est apud Deum, et quae videntur mortalia sunt, nam quae non videntur aeterna» (*Tractatus Genesis* 63-65).

270 «Ut per legis umbram reformati in spiritu et desecandae carnis operibus inbuti, sollemnia paschae caelestis intremus et excitati ex morte, Christo pro nobis ex inmortalitate moriente, intellegamus quod factus pro nobis omnia, dum in oblationes suas dies menses formas pecorum, animalium naturas, differentias arborum, fructus terrenorum seminum poscit, non quae sunt aelementorum aut terrena desiderat, sed omnia sua esse demonstrans, castificationem terrenae carnis et spiritus, propter quod et ipse pro nobis passus in carne est, in triunfum peccati operantis exposcit et per omnium rerum natura totum se loquens, non tam coli vult mundi instituta quam distrui... Quamvis enim divini gratia sacramenti paschalis mysterii opus dirigens et testamenti veteris lege praemissa velut futurum salutis nostrae iter construens, venientis in novam lucem passuri dei constituat ingressum et in praeparationem paschalis diei occidi agnum postulet, loquens Christum hocque pascha Domini, illud Christi inmolatio nuncupetur ac satis a se diversum sit pecus terrae et

Acaso en las fórmulas de su cristología pueda encontrarse algún resabio de panteísmo místico, análogo al que en tiempos más modernos profesó Miguel Servet; pero debe advertirse que en tiempo de Prisciliano no estaba fijada aún la terminología teológica con el rigor y precisión con que lo ha sido después por obra de los escolásticos, y podrían pasar por audacias de doctrina, en los escritores de los primeros siglos, las que son meras efusiones de piedad o, a lo sumo, leves impropiedades de expresión.

A este tratado, que es realmente una exhortación espiritual en tiempo de Pascua, siguen otros dos sobre los *Salmos* primero y tercero. En uno y otro, Prisciliano prescinde casi enteramente del sentido literal, por atender al alegórico; y en uno y otro acentúa más y más el carácter *íntimo* de su cristianismo, basado en la renovación moral, en la purificación del alma para convertirla en templo digno de Cristo. Esta religión de la conciencia, avivada por la continua lección de las epístolas de san Pablo, le inspira frases enérgicas que, a pesar de su origen enteramente cristiano, recuerdan el estoicismo de Séneca en sus mejores momentos: «Somos templos de Dios, y Dios habita en nosotros: mayor y más terrible pena del pecado es tener a Dios por cotidiano testigo que por juez; y ¡cuán horrible será deber la muerte a quien reconocemos como autor de la vida!».[271]

---

deus gloriae, quoniam quidem hoc terrenum mortale deciduum et in usum formati saeculi praecepto animae viventis animatum est, Christus autem origo omnium totus in sese nec quod est aliud praesumens sine principio, sine fine, quem si per universa consideres, unum invenies in totis et facilius de eo sermo deficiet quam natura, quoniam quod semper est nec desistentis terminum in deo nec inchoare coepit exhordium, sed omne hoc pro nobis venturus in carnem vel passus in carne est...

»Qui enim haec intellegit (sic), confirmatus ad fidem et consepultus Christo in baptismum per mortem, absolutus diebus temporibus mensibus numerum dei meretur esse non saeculi, et ea quae vivunt terrena despiciens, ambulans in carne nec secundum carnem militans, pascha fit domini et regeneratus in novo testamento consimilatus corpori dei, ubi se in olochaustum obtulerit deo, tunc in eo quod patiebatur pascha suum Christum immolatum esse cognoscit...»

271 «Si Christum omnium scimus esse principium et hominem Christi agnoscamus habitaculum, dignum tali habitatori domicilium praeparemus quod non ambitionis saecularis error inclinet aut concupiscencia depravet aut avaritia decoloret, sed quod parennis vitae splendore ditatum et Christi dei templum et legis testamentum et salvatoris dignum invenietur habitaculum...

»Quod intellegentes scimus quoniam templum Dei sumus et Deus habitat in nobis; maior

El comentario al salmo tercero está incompleto: lo está también la primera de las pláticas de Prisciliano al pueblo; pero ni en ella, ni en la segunda, ni en la *Benedictio super fideles*, que es el último de los libros del códice de Würzbourg, encontramos nada que no hayamos visto hasta la saciedad en los tratados anteriores. La *Benedictio* es curiosa por su estilo oratorio y redundante y por cierta elevación metafísica; pero los principales conceptos y frases, aun los que pudieran parecer más atrevidos, están tomados de san Hilario, según costumbre.[272]

Tales son los opúsculos cuyo feliz descubrimiento debemos al doctor Jorge Schepss; pero hay otro libro de Prisciliano, conocido desde antiguo, que apenas había sido tomado en cuenta por los historiadores eclesiásticos y cuyo verdadero valor no era fácil apreciar antes del novísimo hallazgo. Con el título de *Priscilliani in Pauli Apostoli Epistulas (sic) Canones a Peregrino Episcopo emendati*, existe una compilación, de la cual se conocen gran número de códices porque en las antiguas Biblias españolas solían copiarse al frente de las epístolas de san Pablo, lo cual es un indicio verdaderamente singular del crédito y reputación que todavía lograban los trabajos escriturarios de Prisciliano siglos después de haber sido condenada su doctrina.

Otros diversos ejemplares ha consultado el doctor Schepss para reproducirlos; los más antiguos se remontan al siglo IX. En España tenemos tres del siglo X: dos en la ciudad de León (bibliotecas del cabildo y de la colegiata de

---

metus criminis est et evidentior poena peccati eundem cotidianum testem habere quam iudicem, illique debere mortem quem vitae intellegimus auctorem.»

272 Tal sucede, por ejemplo, con esta exposición del concepto de la Divinidad, que, leída aisladamente, hubiera podido hacer sospechar en Prisciliano una tendencia filosófica que, por otra parte, está ausente de todos sus escritos: «Tu enim es deus, qui cum omnibus originibus virtutum intra extraque et supereminens et internus et circumfusus et infusus in omnia unus deus crederis». Véase san Hilario (*De Trinitate* I 6): «Ut in eis cunctis originibus creaturarum deus intra extraque et supereminens et internus idest circumfusus et infusus in omnia nosceretur».

san Isidoro)[273] y otro en la Nacional de Madrid, procedente de la de Toledo.[274] Figuran también estos cánones en las Biblias llamadas *de Teodulfo*, preclaro obispo de Orleans y elegantísimo poeta, por quien la cultura de la España visigótica retoñó en la Francia carolingia.

Claro es que, siendo tan numerosos los códices de la Sagrada Escritura en que los cánones paulinos de Prisciliano se conservan, no habían podido ocultarse a las investigaciones de los eruditos del siglo pasado y del presente; y vemos, en efecto, que, con más o menos corrección y más o menos completos, los publicaron el padre Zaccaria en su *Bibliotheca Pistoriensis*,[275] y el cardenal Angelo Mai en el tomo IX de su *Spicilegium Romanum*.[276] Pero, aparte de los defectos materiales, que difícilmente podían evitarse en ediciones hechas sobre un solo códice, este texto no había sido comentado aún ni utilizado siquiera por los historiadores del priscilianismo.

Hay que advertir, ante todo, que el texto que poseemos no es el genuino de Prisciliano, sino otro refundido y expurgado en sentido ortodoxo por un obispo llamado *Peregrino*, que antepuso a estos *cánones* un breve y sustancioso proemio en que declara haber corregido las cosas que estaban escritas con

---

273 *Noticias bibliográficas* y *Catálogo de los códices de la santa iglesia catedral de León*, por Rodolfo Beer y J. Eloy Díaz Jiménez (León 1888), páginas 5-8. El códice de la catedral perteneció antes al convento de los santos Cosme y Damián, en el valle de Torío. El copista *Juan Diácono* se encomienda repetidas veces a las oraciones de los lectores. Los cánones de Prisciliano se leen desde el folio 231 en adelante. Según la suscripción final, esta Biblia fue escrita en el año 958 de la era visigótica, 920 de la era vulgar.

La Biblia de la colegiata de san Isidoro fue escrita, según en ella consta, a notario Sanctioni, presbytero, en el año 960: y por el primor caligráfico y por la belleza de las iluminaciones sobrepuja a todos los códices bíblicos existentes en España, según el autorizado testimonio de Rodolfo Beer, que los examinó casi todos.

274 El códice toledano fue ya descrito por el padre Burriel (Véase Arévalo, *Isidoriana* I 306), y más detalladamente lo ha sido por Gustavo Loewe (apud Hartel, *Bibliotheca Hispaniensis*, páginas 689-691). La parte del *Nuevo Testamento* fue coleccionada por Wordsworth en 1882.

275 *Augustae Taurinorum* (Turín 1752), páginas 67-77.

276 *Pars posterior* (1843), páginas 714 y siguientes.

pravo sentido y haber conservado únicamente las de buena doctrina, añadiendo algunas de su cosecha.[277]

Nada se sabe de este obispo Peregrino; pero acaso podría identificársele, como han propuesto el docto canónigo Ferreiro y otros escritores, con aquel monje Bacchiario que residía en Roma a principios del siglo V y que, para librarse de la nota o sospecha de priscilianismo que recaía en él por su patria gallega,[278] compuso una profesión de fe en que, hablando de sí mismo, se califica de peregrino: «*Peregrinus ego sum...*».

Resta, sin embargo, la dificultad de que Bacchiario no consta que fuese obispo, sino meramente monje; y, además, la calidad de peregrino o forastero es demasiado general para que pueda parecer verosímil que se convirtiera en nombre propio de nadie.

Pero más importante que poner en claro la personalidad del tal Peregrino sería averiguar qué género de enmiendas introdujo en los cánones de Prisciliano y cuáles fueron las cosas de prava doctrina que suprimió. Y aquí, desgraciadamente, nos falta todo medio de comparación, pues, una vez corregidos los cánones en sentido católico, desapareció la obra auténtica de Prisciliano, no siendo pequeña maravilla que el nombre de un heresiarca penado con el último suplicio se conservase por tantos siglos en la Iglesia española, y aun fuera de ella, nada menos que en preámbulos de los Sagrados Libros y alternando con el nombre de san Jerónimo.

Tales como están ahora estos *Cánones* (y Paret lo demuestra admirablemente en su tesis), constituyen un tratado de polémica antimaniquea, una impugnación, no por indirecta menos sistemática y enérgica, del dualismo oriental, de la oposición entre los dos principios y los dos Testamentos. Prisciliano no emplea

---

277 *Pröemium Peregrini Episcopi in Epistulas Pauli Apostoli.*
     «Prologum subter adiectum sive canones qui subsecuntur nemo putet ab Hieronymo factos, sed potius a Prisciliano sciat esse conscriptos. Et quia erant ibi plurima valde necessaria, correctis bis quae pravo sensu posita fuerant, alia, ut erant utiliter ordinata, prout oportebat intelligi iuxta sensum fidei catolicae exemplavi. Quod probare poterit qui vel illud opus quod ipse iuxta sensum suum male in aliquibus est interpretatus discusserit, vel hoc quod sanae doctrinae redditum est sagaci mente perlegerit.»

278 «Suspectos nos, quantum vides, facit non sermo, sed regio; et qui de fide non erubescimus, de provincia confundimur... Nos patriam etsi secundum carnem novimus, sed nunc iam non novimus; et desiderantes Abrahae filii fieri, terram nostram cognationemque reliquimus» (*España sagrada*, tomo 15, apéndices, página 476).

nunca argumentos propios: no habla jamás en su propio nombre, excepto en el preámbulo, sino que se vale tan solo de textos de las Epístolas del Apóstol de las Gentes, hábilmente eslabonados para que de ellos resulte un cuerpo de enseñanza teológica que no es otra que la doctrina de la justificación mediante el beneficio de Cristo, fundamento de la vida cristiana en Él y por Él.

Pero ¿cuál es la parte de Prisciliano, cuál la de Peregrino en estos *Cánones*? El problema es por ahora insoluble y lo será siempre si la casualidad no nos proporciona algún ejemplo de los primitivos *Cánones* de Prisciliano, descubrimiento cuya esperanza no debemos perder del todo, puesto que está tan reciente el todavía más inesperado de sus opúsculos. Entre tanto, conviene usar con parsimonia de este texto en las cuestiones priscilianistas, pero no prescindir de él, porque tiene un carácter de unidad de pensamiento que hace inverosímil la idea de una refundición total, en que lo negro se hubiese vuelto blanco por virtud de Bacchiario, de Peregrino o de quien fuese. En todo este trabajo se ve la huella de un espíritu teológico algo estrecho, pero firme, consecuente y sistemático. Además, en el segundo proemio de los *Cánones*, Prisciliano hace alarde de la misma aversión a las especulaciones filosóficas que en sus opúsculos auténticos manifiesta, y el estilo y las ideas de este trozo son enteramente suyos.[279]

---

279 Véanse los principales pasajes de este curioso documento.

Prologus Priscilliani in Canones Epistolarum Pauli Apostoli.

«Postulaveras enim, ut contra haereticorum versutam fallaciam firmissimum aliquod propugnaculum in divinis scripturis sagaci indagine reperirem, quod non tam prolixum vel fastidiosum esset quam concinnum ac venustum existeret, per quod velocius eorum prosterneretur inpudentia qui obiectu sibi verissima testimonia in suum pravissimum sersum ea interpretari nituntur aut certe neget haec esse scripta. Ideoque contra eos tale aliquid excogitandum esse dicis, quod non versuta oratoris eloquentia turgescat vel lubricis dialecticae syllogismis involvatur... sed tale sit vis, quod mera veritate effulgeat atque mira constet scripturarum auctoritate. Illa vero vitari debere quae sunt spirituali et innocuae fidei Christianae contraria atque inimica, quippe quae mundi existens sapientia ab Apostolo sit stultitia nuncupata.

»Haec te saepissime audiens et alia his similia mihi scribente, e re mihi visum est ipsas scripturas in medio positas, idest quatuordecim epistulas beatissimi Pauli apostoli in earum textu sensus testimoniorum distinguere ipsisque testimoniis numeros ordinare, quosque numeros unicuique epistularum ab uno incipiens usque in finem quantitatis suae modum sequaciter atramento supernotare. Praeterea ex ipsis testimoniis quaedam verba decerpens, Canones iisdem concinnavi, ipsorum testimoniorum constantes. Quibus Canonibus epistularum titulos et ipsorum testimoniorum numeros subter adnotavi, ut ubi vel quotum

En el próximo artículo,[280] último de esta serie, apuntaremos las consecuencias que se deducen del árido y prolijo trabajo que venimos haciendo.

IX. El origenismo. Los dos Avitos

Cuando infestaba a Galicia el priscilianismo, dos presbíteros bracarenses, llamados los dos *Avitos*, salieron de España, el uno para Jerusalén, el otro para Roma. Adoptó el segundo las opiniones de Mario Victorino (filósofo platónico y orador, convertido en tiempo de Juliano y autor de una impugnación de los maniqueos y de un libro *De Trinitate*), que abandonó muy luego para seguir las de Orígenes, cuyos libros[281] y doctrina trajo de Oriente el otro Avito. Vueltos a España, impugnaron vigorosamente el priscilianismo, enseñando sana doctrina sobre la Trinidad, el origen del mal y la creación *ex nihilo*. Con esto y el buen uso que hacían de las Escrituras, convirtieron a muchos gnósticos, que solo se mostraron reacios en cuanto a la creación de la nada.

Por desgracia, los libros del grande Orígenes, que eran el principal texto de los Avitos, contenían algunos yerros o (si creemos a los apologistas de aquel presbítero alejandrino) opiniones que fácilmente pudieran torcerse en mal sentido. No es éste lugar oportuno para entrar de nuevo en cuestión tan debatida. Adviértase solo que los errores de Orígenes (dado que los cometiera) nunca nacieron de un propósito dogmático, sino de la oscuridad que en los primeros siglos de la Iglesia reinaba sobre puntos no definidos todavía.

Los dos origenistas españoles profesaron la teoría platónica de las ideas, pero en sentido menos ortodoxo que Orígenes, afirmando que *en la mente de Dios estaban realmente* (factae) todas las cosas antes de aparecer en el mundo externo. A este *realismo* extremado unieron concepciones panteístas, como

---

quaeres testimonium, per eundem Canonem cui haec subdita sunt facillime reperias. Ipsi autem Canones proprios habent numeros mineo descriptos, idest in quatuordecim epistulas Canones nonaginta; quosque numeros in omnem textum Scripturae convenientibus sibi testimoniis supernotatos invenies, nulli videlicet, unde unicuique Canoni pauca verba necessaria esse videntur...

»Hoc enim me elaborasse volo intelligas, quo fideliter continentiam scripturarum palam facerem, nulli existens inimicus et ut errantium velocius, sicut postulasti, corrigerentur mentes.»

280 Nota del editor. Este último artículo no se publicó y, probablemente, ni lo escribió Menéndez y Pelayo.

281 Principalmente el *Peri-archon* y los comentarios a la Escritura.

la de afirmar que era uno el principio y la sustancia de los ángeles, príncipes, potestades, almas y demonios, a pesar de lo cual suponían una larga jerarquía angélica, fundada en la diferencia de méritos. Del todo platónica era su doctrina acerca del mundo, que consideraban como lugar de expiación para las almas que habían pecado en existencias anteriores. Combatieron asimismo la eternidad de las penas, llegando a afirmar que no había otro infierno que el de la propia conciencia y que el mismo demonio podría finalmente salvarse *quoad substantiam*, porque la sustancia era buena, una vez consumida por el fuego la parte *accidental* y maléfica. Admitían una serie de redenciones para los ángeles, arcángeles y demás espíritus superiores antes de la redención humana, no sin advertir que Cristo había tomado la *forma* de cada una de las jerarquías que iba a rescatar. Tenían por incorruptibles, animados y racionales los cuerpos celestes.

Extendióse rápidamente la nueva herejía en las comarcas dominadas por el priscilianismo; pero de sus progresos no tenemos noticia sino en una carta de Orosio, *bracarense*,[282] lo mismo que los Avitos (según la opinión más plausible). El cual salió de España llevado, como él dice, por invisible fuerza (*occulta quadam vi actus*) para visitar a san Agustín en Hipona, y le presentó su *Commonitorium* o *consulta* sobre los errores de priscilianistas y origenistas, en el cual refiere todo lo dicho y protesta de la verdad. (*Est veritas Christi in me.*) Corría el año de 415 cuando Orosio ordenó este escrito, que fue contestado por san Agustín en el tratado que impropiamente llaman *Contra Priscillianistas et Origenistas*. De la doctrina de Prisciliano apenas dice nada, refiriéndose a lo que había escrito en sus obras contra los maniqueos. Hácese cargo de los que negaban la creación *ex nihilo*, fundados en que la voluntad de Dios era *aliquid*: sofisma fácil de disolver, como san Agustín lo hizo, mediante la distinción entre el *fiat creator* y la *materia subiecta*, entre el poder *activo* y la nada *pasiva*. Con argumentos de autoridad y de razón defiende luego la eternidad de las penas, clara y manifiesta en la Escritura (*ignis aeternus*) y correspondiente a la intrínseca malicia del pecado como ofensa al bien sumo y trastorno de la universal armonía. Ni puede tenerse por única pena, como aseveraban nuestros origenistas y repiten algunos modernos, el tormento de la conciencia, que tanto llega a oscurecerse y debilitarse en muchos hombres.

---

282 Su patria gallega está comprobada por una epístola de san Braulio a san Fructuoso de Braga.

En cuanto a la teoría de las *ideas*, san Agustín está felicísimo. También él era platónico, pero niega que en Dios estén las cosas ya hechas (*res factae*), sino los tipos, *formas* o *razones* de todas las cosas (*rationes rerum omnium*), a la manera que en la mente del artífice está la idea de la casa que va edificar, sin que esté la casa misma. Quizá sería ésta, en el fondo, la doctrina de los Avitos; pero como no acertaban a expresarla con la lucidez y rigor científico que el prelado hiponense, podía inducir a graves yerros y hasta a negar la creación y la individualidad de los seres, que fuera de la mente divina tendrían solo una existencia *aparente*.

Del África pasó Orosio a Tierra santa para consultar a san Jerónimo sobre el origen del alma racional. Devorábale el anhelo de saber y no le arredraban largos y trabajosos viajes para satisfacerle. Allí habitó en la gruta de Belén *a los pies de san Jerónimo*, como dice él mismo, creciendo en sabiduría y en *temor de Dios*; y aunque *ignorado, extranjero y pobre*, tuvo parte en el concilio reunido en la santa Hierosolyma contra los errores de Pelagio. Por este tiempo fueron encontrados los restos del protomártir san Esteban, de cuya invención escribió en griego un breve relato el presbítero Luciano. Tradújolo al latín un Avito bracarense que entonces moraba en Jerusalén, distinto de los dos Avitos herejes, como demostraron claramente Dalmases y el padre Flórez. El Avito traductor del opúsculo de las reliquias de san Esteban no conocía aún en 409 el libro *De principiis*, de Orígenes, puesto que en dicho año se lo envió san Jerónimo con una carta en que mostraba los errores introducidos en dicho tratado, contra la voluntad y parecer de Orígenes, por los que se llamaban discípulos suyos.

Desde los tiempos de Orosio no se vuelve a hablar de *origenismo* en nuestra Península. Ni sabemos que en la época romana se desarrollasen más herejías que las antedichas, dado que Vigilancio, a quien refutó san Jerónimo, no nació en Calahorra, sino en la Galia aquitánica, como es notorio[283] aunque también lo es que predicó sin fruto sus errores en tierra de Barcelona.[284]

---

283 Véase el *Commonitorium* de Orosio y la carta de san Agustín, ya citados; Dalmases y Ros, *Disertación histórica por la patria de Paulo Orosio* (Barcelona 1702), páginas 157-179; Flórez, *España sagrada*, tomo 15, *Iglesia de Braga*, páginas 306-328; Morner, *De Orosii vita* (1844).

284 Véase el párrafo siguiente.

X. Polémica teológica en la España romana. Impugnaciones de diversas herejías

Incompleto sería el cuadro religioso que de esta época (en la cual incluyo el laborioso período de transición a la monarquía visigoda) he presentado si no diese alguna noticia de las refutaciones de varias herejías por teólogos ibéricos; nueva y fehaciente demostración del esplendor literario de aquella edad, olvidada o desconocida. Servirános además de consuelo, mostrando que nunca enfrente del error, propagado dentro o fuera de casa, dejó la Iglesia española de armar invictos campeones y lanzarlos al combate.

El primero de esta gloriosa serie de controversistas fue san Gregorio Bético, obispo de Ilíberis,[285] que escribió un elegante tratado, *De fide seude Trinitate*, contra los arrianos y macedonianos, según refiere san Jerónimo (*De Viris Illustribus*, cap. 105). Más que dudosa es la identidad de esta obra con los siete libros *De Trinitate*, que a nombre de Gregorio publicó en 1575 el docto humanista portugués Aquiles Estaço y que más bien parecen obra de Faustino,

---

285 J. Willmart (Dom A.), de la Orden de san Benito, *La tradición de los opúsculos dogmáticos de Foebadius, Gregorius Illiberitanus, Faustinus (Sitzungsberichte der Kais. Akademie der Wissenschaften in Wien. Philos. Histor. Klasse*, tomo 159 fasc. 1 Viena, Alfredo Hölder, 1908, 8.º, 34, páginas).

Son los prolegómenos a una nueva edición de los tres opúsculos contra los arrianos de Febadio, de Gregorio de Ilíberis y de Faustino.

Del escrito de Febadio parece que no existe más que un manuscrito, el mismo que sirvió para la *editio princeps* de Teodoro de Baeza (1570). En cambio, hay una serie entera de manuscritos del tratado de Gregorio de Ilíberis. Este opúsculo da lugar a un problema muy complicado: no solo se le ha atribuido a cuatro autores diferentes, sino que existen dos recensiones de él. El libro *De fide* de Faustino se atribuye también en los manuscritos a diferentes autores, pero la composición por Faustino no sufre duda.

Revue Bénédictine, n.º 3.º de julio de 1908:

Dom André Willmart, *La tradition des opuscules dogmatiques de Foebadius, Gregorius Illiberitanus, Faustinus* (*Sitzungsberichte* de la Academia de Viena, tomo 159, Viena, A. Hölder, 1908):

La cuestión de autenticidad no estaba clara respecto del tratado *De fide* de Gregorio de Ilíberis. A Dom Willmart corresponde el mérito de haberla resuelto, gracias sobre todo a su brillante discurso sobre los *Tractatus Origenis*. Ha reivindicado, además, para el autor del *De fide* diversas fórmulas emparentadas con ésta, especialmente la *Fides romanorum*. Algunos lamentarán que la Academia no haya juzgado oportuno reunir en un solo volumen todos los opúsculos del obispo de Ilíberis, cuya autenticidad resulta precisamente de la

presbítero luciferiano, dedicada por él a la reina Flaccila, mujer de Teodosio, y

---

comparación; entre tanto, el *De fide* podrá bastar. Su futuro editor ha distinguido claramente dos recensiones y formado la historia de los testimonios de cada una: en cuanto
a la primera, estos testimonios se remontan a un antepasado del siglo VI; en cuanto al
segundo, a un trabajo de Rufino de los años 399 a 400» (D. G. Morin).

San Gregorio Iliberitano (siglo IV).

Revue Bénédictine, 4 de octubre de 1908. Art. de P. Lojay, *L'heritage de Grégoire d'Elvire*:
«En 1900, cuando acababan de publicarse los *Tractatus Origenis*, Dom Morin indicaba a
Gregorio de Ilíberis como su autor. Esta atribución fue tan controvertida que Dom Morin
se retractó. Veinte hipótesis se sucedieron. En 1906, Dom Willmart, gracias a un favorable
descubrimiento, demostraba la exactitud de la proposición de Dom Morin.

»Todo lo que sabemos de la carrera de Gregorio, obispo de Ilíberis (Granada), pertenece a
la segunda mitad del siglo IV. Después de 537 se levanta contra el vicio Osio de Córdoba,
firmante de la blasfemia de Syrmio, y hace eco a las quejas de Hilario de Poitiers. En 362,
el sínodo de Alejandría intenta un acuerdo, al cual se opone el fogoso Lucifer de Cagliari.
Gregorio se pone del lado de Lucifer y se convierte después de su muerte (370-371) en
jefe de los rigoristas. En 383, los presbíteros luciferianos Faustino y Marcelino dirigen a los
emperadores una petición: el *Libellus Precum*. Es una apología de Gregorio y un acto de
acusación contra Osio. Teodosio le responde al año siguiente por un rescripto favorable.
En 392, san Jerónimo redacta una noticia sobre Gregorio, de que después de esta fecha
no tenemos noticia alguna.

»(Copia de la noticia de san Jerónimo.) En su brevedad esta noticia es preciosa. Gregorio
vive todavía: *hodieque superesse dicitur*. Es muy viejo: *usque ad extremam senectutem*,
lo que debe entenderse con alguna libertad. Ha escrito dos especies de obras: *Tractatus
mediocri sermone* y *De fide elegantem librum*.

»Estos términos deben pesarse. En la lengua literaria de san Jerónimo, *elegans* designa
una obra adornada con todos los recursos de la retórica tradicional... A esta obra escrita
se oponen los *Tractatus mediocri sermone*... En la época de san Jerónimo no había más
que dos especies de estilo, el que se ajustaba a las reglas y tomaba los adornos de la
retórica y el que expresaba el pensamiento sin afectación, y en que, por decirlo así la
retórica era inconsciente. Este último es el que san Jerónimo llama *mediocris*. *Tractatus*
puede tener varios sentidos. Pero se emplea, sobre todo, a propósito de comentarios
bíblicos... San Jerónimo le emplea para designar sus propias exposiciones de los *Salmos*.
El *tractatus* no excluye, en ocasiones, la elegancia y la pulcritud de estilo. Pero este

nombre conviene, sobre todo, a las exposiciones familiares de la Escritura, medio impro-
visadas, donde el predicador sigue el hilo del texto sin pretensiones de elocuencia ni de
profundidad... juntando *mediocri sermone* a *tractatus*, san Jerónimo no deja ninguna duda
sobre la naturaleza de los comentarios de Gregorio de Ilíberis.

»Esta noticia es un excelente punto de partida. Dom Willmart no ha tenido gran trabajo en
encontrar el *De fide*. Ha tenido el mérito de identificar dos series de *tractatus*. Estas investigaciones, admirablemente conducidas, resuelven el enigma de los *Tractatus Origenis*.»
(Véase A. Willmart, *Les «Tractatus» sur le Cantique atribués a Grégorie d'Elvire*, en el
Bulletin de littérat. éclés. de Toulouse, 1906.)

En la *Bibliotheca anecdotorum*, de G. Heine (1848), se publicaron cinco *Tractatus* de
Gregorio de Ilíberis sobre el Cántico de los Cánticos (*Explicit explanatio Gregorii Eliberitani
episcopi in Cantica Canticorum*).

No hay ninguna razón para dudar de esta atribución. Estamos en país de España. Los tres
manuscritos que han servido a Heine para su edición son de la Península: un manuscrito
de san Vicente de Roda, en la provincia de Huesca; otro de Barcelona y otro de Oporto.
Sabemos el contenido de los dos primeros: colocan los *Tractatus* en un medio enteramente
español, con san Isidoro de Sevilla, Justo de Toledo, Iñigo de Urgel, y compilaciones de
extractos de san Gregorio el Magno, que se encuentran en otros manuscritos españoles.

Apringio, en el siglo VI, explota la tercera homilía; san Isidoro de Sevilla, en el siglo VII, saca de la primera su definición del *Cántico de los Cánticos*; el primer tractatus fue utilizado en 785 por Eterio de Osma y san Beato de Liébana, que le insertan en gran parte al fin de su libro *Adversus Elipandum*.

«Hemos perdido muchos comentarios occidentales de este poema. Pero al lado de Aponio, cuya nacionalidad es incierta, nos queda Justo de Urgel. Y estos *Tractatus* forman el primero en fecha de los comentarios conocidos, conservados o perdidos, que el Occidente latino haya consagrado al Cántico. De la misma suerte la exégesis aplicada por los Ticonios y los Primasios al *Apocalipsis* pasa a España con muchos otros productos africanos. Este gusto por las sutilezas exegéticas y los libros menos sencillos de la Biblia se encuentra en otros países, pero es característico de la patria de Prisciliano.»

«Pues bien: los *Tractatus* sobre el *Cántico* y los *Tractatus Origenis* tienen el mismo autor. Dom Willmart ha acumulado las comparaciones. Algunas deben ser sacrificadas, porque no prueban nada, pero quedan otras que son concluyentes.»

«Las expresiones favoritas no dan una prueba absoluta, y tomadas separadamente no tienen ningún valor. Pero reunidas en buen número, constituyen una verosimilitud. No daré ninguna importancia a ciertos giros que la escuela había hecho vulgares; ciertas fórmulas de argumentación, ciertas llamadas de atención, pertenecen al tono familiar del discurso. Dom Morin ha notado estos giros de esta clase en san Jerónimo y algunos hacen pensar en la predicación enteramente sencilla de Cesáreo de Arlés. Las palabras de razonamiento y las articulaciones de la frase, cuando son numerosas, tienen un poco más valor.»

«Pero lo que parece tener más fuerza son las comparaciones que suponen los mismos matices del pensamiento, la misma progresión intelectual, preocupaciones idénticas. (Cita varios ejemplos de interpretación simbólica, idénticos o muy análogos en los *Tractatus Origenis* y en los *Tractatus in Canticis*.)»

«Una de las ideas más extrañas del autor de los *Tractatus Origenis* es que la Iglesia es primero y realmente "la carne de Cristo, la humanidad por él asumida y santificada, antes de encontrarse extendida y multiplicada en los fieles". Ha tomado al pie de la letra una imagen de san Pablo: *Vos estis Corpus Christi et membra de membro* (1 Cor 12, 17). Dice a su vez: "la Iglesia es la carne de Cristo". Llega a trastocar los términos y a decir: "Cristo es el cuerpo perfecto de la Iglesia entera: *Ipse est corpus integrum totius Ecclesiae*". En el comentairio del *Cántico* encontramos la misma idea en los términos siguientes: "Ecclesia enim, ut apostolus definivit, caro Christi est... Cui tunc osculum ad osculum fide et caritate impressum est, quando duo in una carne coniuncti sunt: id est veritas et pax sibi invicem mutuis complexibus adhaeserunt, dicente David: *Veritas et pax complexae sunt se: Veritas*, inquit, *de terra orta est*, id est, caro Christi de matre virgine nata, cuius origo terrena est. *Pax de caelo prospexit*, id est, verbum Dei, qui dixit: *Ego sum pax*, et de quo dixit apostolus: *Qui est pax nostra"*».

Este trozo, tejido casi únicamente de palabras bíblicas, es de los más curiosos cuando se le traduce en lenguaje ordinario. El Verbo de Dios ha descendido del cielo a la tierra. Ha tomado cuerpo en el seno de una Virgen. Este cuerpo carnal es, al mismo tiempo, la Iglesia. La unión del Verbo y de un cuerpo humano es la unión misma de Cristo con su Iglesia: es el beso místico por el cual se unen en una sola carne, la carne de Cristo que es la Iglesia. Y esta carne, es decir, la Iglesia, es la que el predicador nos muestra un poco más lejos introducida en el cielo por el Cristo glorioso. «Quis etenim nesciat illuc (in coelestis regni secretum) Christum Ecclesiam suam id est carnem suam, introduxisse, unde sine carne descenderat, id est, in aditum coelorum.»

Esta teología estaba en germen en las aserciones de los *Tractatus*. La primera homilía sobre el Cántico nos la hace conocer en toda su sutileza.

«Las concordancias de pensamiento y de exposición son a la vez tan numerosas y tan libres, que no se ve a un plagiario o a un rapsodista que se condena a un trabajo más penoso que la composición original.»

«Hay una contraprueba necesaria. Las concordancias entre los *Tractatus in Canticis* y los *Tractatus Origenis* no probarían la identidad de autor si se encontrasen iguales en un tercer tomo históricamente definido. Este tercer tomo daría el nombre del autor real de las tres obras o el nombre del autor explotado en los *Tractatus*. Esta hipótesis se encuentra apartada por el método mismo que sigue el autor de los *Tractatus*. No se jacta de ninguna especie de originalidad. Se sabe cómo ha saqueado a Novaciano. Ha copiado también a otros, a Minucio Félix, Tertuliano, Sin Hilario de Poitiers, Lucifer de Cagliari, y se ignora a través de qué adaptaciones latinas, Orígenes e Hipólito. Hay muchas fuentes. No hay una tercera única que sirva de intermediaria.»

«Dom Morin presenta una lista de los símbolos bíblicos expuestos por el *Tractator*. Estos datos pueden servir de punto de partida para investigaciones en otros autores. Poco a poco se determinarán todos los puntos de contacto entre el *Tractator*, sus orígenes y sus derivaciones.»

«A la comparación de los desarrollos y de las fórmulas en las dos series de *Tractatus* hay que añadir el empleo de un texto común y muy especial de la Biblia latina... Los textos se encuentran deformados por combinación o contaminación. (Véase Willmart, que dice: "Los *Tractatus*, antiguos y nuevos, representan una versión bíblica *sui generis*, a medio camino, por decirlo así, entre el texto africano y los textos llamados europeos, muy digno de ser examinado con tanto cuidado como aquéllos, verdaderamente menos originales, de

Prisciliano, Lucifer, san Hilario y san Ambrosio... El texto de la Escritura en que se apoyaban era ya bastante antiguo, o a lo menos había vivido bastante ya entre las manos del Tractador, ya antes de haber llegado a ellos, por haberse cargado de variantes y, sobre todo, de referencias intrabíblicas, determinando casos notables de conflación".»

«Restaría probar que los *Tractatus Origenis* nos transportan a un medio español como los *Tractatus in Canticis*.» El estado de los datos no lo permite todavía, pero pueden notarse algunos indicios.

«Encontramos, ante todo, que tuvieron los mismos lectores: san Beato de Liébana, san Isidoro de Sevilla.»

«La lengua da un pequeño número de expresiones más peculiares del latín de España: *miniatum, tabanus, pandus*.»

«Aunque los manuscritos de los T. Or. son de procedencia francesa (uno de H. Bertin, otro de Fleury sur Loire), presentan rastros de los hábitos particulares de ortografía propios de la escritura visigótica, en que se escribía *quum* y *quur* y en vez de *per* se usaba de una abreviatura análoga a la que en otras partes significa *pro*. Esto basta para establecer que el texto procedía de España.»

«La conclusión de Dom Willmart parece, pues, segura. Los *Tractatus Origenis* son del mismo autor que los *Tractatus in Canticis*, y las dos series de *Tractatus* son obra del obispo español Gregorio de Ilíberis, y no de Novaciano, a quien se los atribuía M. Jordán (*Die Theologie der neuendeckten Predigen Novatians, eine dogmengeschichtliche Untersuchung*, Leipzig 1902).»

«La comparación con un autor tan antiguo y tan fácil de conocer como Novaciano permite medir la diferencia de los tiempos y la cantidad de novedades que siglo y medio pueden producir.»

«Las fórmulas que expresan la relación del Verbo con el Padre tienen una precisión nicena que inútilmente se buscaría en Novaciano (*Filius Dei, Deus verus de Deo vero, unigenitus ab unigenito, verus Deus et verus Filius unigenitus, de ingenito natus*). La relación de las tres personas divinas estaba enunciada con brevedad, pero en conformidad con la ortodoxia de mitad del siglo IV. (*Nemo enim vincit qui Patrem et Filium et Spiritum Sanctum aequali potestate et indifferente virtute crediderit.*) La relación entre el Hijo y Dios es mucho más estrecha en el *Tractator* que en Novaciano. El *Tractator* afirma dondequiera la unidad de naturaleza. (*Natura Patris in Filio est.*) Donde habla Novaciano de unión moral, habla Gregorio de Elvira de unidad de naturaleza. Notemos, finalmente, que Novaciano emplea la voz *substantia*, Gregorio la palabra *naturaleza*: hasta la terminología es diferente. No hay huella de *subordinacionismo* en los *Tractatus*. Las voces que indican esta idea en Novaciano *subditus*, *subiectus* no se encuentran en los *Tractatus*. Esto tiene tanta más significación cuanto que el autor se ha inspirado en Novaciano, pero le ha copiado con una conciencia ilustrada por la teología de fines del siglo IV.»

«No es esto decir que Gregorio no tenga las vacilaciones e incertidumbres propias de su tiempo. El problema de la persona de Cristo no está todavía enteramente dilucidado por él. Hemos visto ya un desarrollo curioso, a la vez realista y místico sobre la carne de Cristo, que es al mismo tiempo la Iglesia. Se ha podido notar que en este pasaje intenta explicar la coexistencia de las dos naturalezas y la razón de la Encarnación, y que, sin embargo, de la naturaleza humana asumida por Cristo no menciona más que el cuerpo. Esta enseno a Gala Placidia, como se lee en el texto impreso por Estaço.[286]

ñanza es conforme a todo el conjunto de su predicación. Parece reducir al cuerpo toda la humanidad de Cristo. En un solo pasaje menciona el alma, y este último pasaje no es concluyente... Gregorio podía creer en la existencia de un alma material, poco diferente del cuerpo.»

«Gregorio de Elvira habla varias veces del Espíritu santo, pero como de un principio de acción (*verus est enim Deus et Sermo ipsius, id est Dei Filius, et unus Spiritus Sanctus, qui operatur omnia in omnibus*).»

«Jordán ha notado que si Gregorio dice *Spiritus Dei*, en ninguna parte afirma claramente que es Dios. Además le hace intervenir de una manera singular en la Encarnación. Dom Willmart nos advierte que la proposición *Spiritus Dei... venit ad virginem ut hominem sibi exinde in virginis utero plasmaret* es sabeliana, quiérase o no.»

«Los *Tractatus*, como es natural en un libro de fines del siglo IV, conocen la bajada de Cristo a los infiernos. De este misterio nada se dice en Novaciano.»

«El rigorismo de los *Tractatus* es conocido. Sirve para establecer su origen novaciano. Se explica ahora por la severidad y estrecho espíritu de la facción luciferiana. Gregorio excluye de su Iglesia enteramente santa a los pecadores porque Jesucristo dijo a san Pedro: *Pasce oves meas y no pasce haedos meos.*»

«El *Tractatus de fide* de Gregorio es seguramente el atribuido a Febadio de Agen, lo cual nada tiene de extraño porque Gregorio ha explotado el *Contra Arianos* de Febadio... Dom Willmart ha mostrado los puntos de contacto entre el *De fide* y los *Tractatus*. El *De fide*, exposición sistemática de doctrina, tiene más rigor y precisión, pero se encuentran en él los mismos símbolos exegéticos (el león, el arado, la red, el cordero, el águila, la piedra, la sabiduría, el brazo, el tesoro, la fuente de agua viva, el camino, la verdad, la vida, etc.)

»Las indicaciones del *De fide* son como un resumen y una concentración de los fragmentos esparcidos en los *Tractatus*... Otras semejanzas de fórmulas y de ideas se añaden a estas relaciones y completan la demostración.»

«Por fin, en una larga nota sabia, Dom Willmart indica como obra de Gregorio el *Libellus fidei* que va a continuación del *De fide*. Marca sus relaciones con la colección rufiniana de las homilías de san Gregorio Nacianceno, con el *De Trinitate* del Seudo-Atanasio, con el sermón 235 del apéndice agustiniano, con el *Tomus Damasi* de 380. Este *libellus*, que es simplemente un símbolo, es una pieza importante en la historia de los orígenes del *Quicumque vult.*»

«La noticia de san Jerónimo se encuentra, pues, documentada de una manera precisa. Gregorio de Elvira puede ahora reclamar, con el *De fide*, dos series de *Tractatus*, los *Tractatus in Canticis* o de *Epitalamio* y los *Tractatus Origenis*. El descubrimiento de Dom Willmart cierra el debate abierto hace ocho años.»

286 Nicolás Antonio (*Bibliotheca Vetus*, lib. 2, cap. 2) insiste en atribuir este libro a Gregorio. Niégalo con fortísimas razones el padre Flórez en el tomo 12 de la *España sagrada* tr. 37.

El Idacio emeritense, perseguidor de los priscilianistas, es diverso del autor de un tratadito, *Adversus Warimadum Arianum*, que se ee en el tomo IV de la *Bibliotheca Veterum Patrum*.[287] Redúcese a una exposición de los lugares difíciles de la Escritura acerca de la Trinidad, y el autor advierte que compuso esta obrilla en *Nápoles, ciudad de Campania*.

En Gennadio, *De scriptoribus ecclesiasticis* (cap. 14), hallamos esta noticia: «Audencio, obispo español, dirigió contra los maniqueos. sabelianos y arrianos, pero especialmente contra los fotinianos, que ahora llaman bonosiacos, un libro *De fide adversus omnes haereticos*, en el cual demostró ser el Hijo de Dios coeterno al Padre y no haber comenzado su divinidad cuando el Hombre-Jesús fue concebido por obra y gracia de Dios y nació de María Virgen».

Contra los arrianos lidió asimismo Potamio, obispo ulissiponense, amigo y secuaz de Osio, y acusado, como él, de prevaricación por los que amparaban el cisma de *Lucifero*. Queda una *Epistola Potamii ad Athanasium, ab Arianis impetitum, postquam in Concilio Ariminensi subscripserunt*, publicada la primera vez por el benedictino D'Achery.[288] La suscripción determina su fecha, posterior al 359. El estilo es retumbante, oscuro y de mal gusto; pero el autor se muestra razonable teólogo y docto en los sagrados Libros. El padre Maceda le ilustró ampliamente.

Carterio, uno de los prelados asistentes al concilio de Zaragoza, escribió, al decir de san Jerónimo,[289] un tratado contra Helvidio y Joviniano, que negaban la perpetua virginidad de Nuestra Señora. Sabemos de Carterio (por testimonio de san Braulio en carta a san Fructuoso) que era gallego y que alcanzó larga vida con fama de santidad y erudición: *laudatae senectutis et sanctae eruditionis pontificem*. Por una carta de san Jerónimo[290] escrita hacia el año 400 y dirigida al patricio Oceano, consta que por entonces estaba Carterio en Roma y que los priscilianistas le tenían por indigno del sacerdocio, porque antes de su ordenación había sido casado dos veces, contraviniendo al texto de san Pablo: *Unius uxoris virum*. A lo cual contesta san Jerónimo que el primer matrimonio

---

287 Ed. de París.

288 *Spicilegium*, etc., tomo 3 (París 1723), página 299; Flórez, *España sagrada*, tomo 14, páginas 386-389; Maceda, *Hosius*, páginas 383 y siguientes.

289 *Contra Helvidium*.

290 Epístola 82 *ad Oceanum*.

de Carterio había sido antes de recibir el bautismo y, por lo tanto, no debía contarse.[291]

Mucho más esclarecido en la historia del cristianismo y en la de las letras es el nombre del papa san Dámaso, gloria de España, como lo demostró Pérez Bayer. Reunió este Pontífice contra diversos herejes cinco concilios. El primero rechazó la fórmula de Rímini y las doctrinas de Auxencio, obispo de Milán, que había caído en el arrianismo; el segundo, las de Sabelio, Eunomio, Audeo, Fotino y Apolinar, que volvió a ser anatematizado en el tercero; el cuarto confirmó la decisión del sínodo de Antioquía respecto a los apolinaristas, y el último y segundo de los ecuménicos, llamado *Constantinopolitano* (famosísimo a par del de Nicea), túvose en 381 contra la herejía de Macedonio, que negaba la divinidad del Espíritu santo.[292] Si un español había redactado el símbolo niceno, que

---

291 «Nunquam, fili Oceane, fore putabam ut indulgentia Principis calumniam sustineret reorum, et de carceribus exeuntes, post sordes se vestigia catenarum dolerent alios relaxatos... Carterius Hispaniae Episcopus, homo aetate vetus et sacerdotio, unam antequam baptizaretur, alteram post lavacrum, priore mortua, duxit uxorem et arbitraris eum contra Apostoli fecisse sententiam», etc., etc.

292 Véase en la edición de las obras de san Dámaso anotada por Antonio Martín Merenda (Roma 1754) el *Exemplum Synodi habitae Romae Episcoporum XCIII ex rescripto imperiali.* Esta carta sinódica fue dirigida a los obispos católicos de Oriente por san Dámaso y demás obispos de Italia y Francia, congregados en Roma de orden del emperador para tratar de la causa de Auxencio y hacer una profesión de fe católica. La conservó en versión griega Teodoreto.
Siguen dos fragmentos, que Mansi y otros colectores de concilios y también el analista Pagi, continuador de Baronio, juzgan pertenecer a una misma epístola sinódica escrita el año 377. Pero Merenda opina que fueron entresacados de dos cartas distintas, una del 374 y otra del 376, y presentadas en esta forma por el diácono Doroteo en el sínodo congregado en Antioquía por Melesio en el año 379, 14 del pontificado de san Dámaso, en cuyas actas aparecen intercaladas. (*Expositio fidei in synodo Romana sub Damaso papa editae et transmissae in Orientem.*)
Siguen en la colección de Merenda: *Epistola III. Damasi Papae urbis Romae ad Paulinum Episcopum Antiochenae civitatis. Epistola IV. Confessio fidei catholicae, quam papa Damasus misit ad Paulinum Antiochenum Episcopum.*
Merencia separó, también con autoridad de antiguos códices, estas dos piezas que Holstenio, Quesnel y otros habían considerado como una sola. La profesión de fe fue hecha en el concilio IV, congregado en Roma en 380, por causa de la herejía de los secuaces de Macedonio. Ésta es epístola sinódica y la anterior puramente familiar.
La epístola 5.ª, dirigida a los obispos de Macedonia antes de la celebración del sínodo

afirmó la consustancialidad del Hijo, a otro español fue debida la celebración del sínodo que definió la consustancialidad del Espíritu santo. Osio y Dámaso son las dos grandes figuras de nuestra primitiva historia eclesiástica.

No muy lejano de ellos brilla san Paciano, obispo de Barcelona, entre cuyas obras, por dicha conservadas, hay tres epístolas contra Novaciano y Semproniano, [293] su discípulo. Novaciano, antipapa del siglo III, había sostenido el error de los *rebautizantes*, condenaba las segundas nupcias y el admitir a penitencia a quien pecara después del bautismo si no volvía a recibir este sacramento. Con su *Paraenesis*, o exhortación *a la penitencia*, y con el *Sermón a los fieles y catecúmenos acerca del bautismo* (obras en verdad ingeniosas y elegantes), se opuso san Paciano a los progresos de tal herejía; pero la atacó más de propósito en las cartas citadas, contestación a dos tratados de Semproniano, uno *De Catholico nomine*, esto es, *Cur Catholici ita vocarentur*, y otro *De venia poenitentiae sive de reparatione post lapsum.*[294]

Se ha perdido la obra que Olimpio, a quien dicen sucesor de Paciano en la sede barcinonense, escribió *contra los negadores del libre albedrío* (*Qui naturam et non arbitrium in culpam vocant*, capítulo III) *y los que suponían el mal eterno.*[295] San Agustín (*Contra Iulianum*) cita con grande encomio esta refutación del fatalismo maniqueo, llamando a Olimpio varón gloriosísimo en la Iglesia y en Cristo. Es seguro que el tratado del obispo barcelonés se dirigía en modo especial contra los priscilianistas, única rama maniquea que llegó a extenderse en España.

Dulce es ahora traer a la memoria el nombre de Prudencio, *poeta lírico el más inspirado que vio el mundo latino después de Horacio y antes de Dante.*[296] Pero no he de recordar aquí los maravillosos himnos en que celebró los triunfos

---

Constantinopolitano, se refiere a la condenación y deposición de Máximo Cynico y también la 6.ª La 7.ª, que es una sinódica a los obispos de Oriente, trata de la condenación de Timoteo, discípulo de Apolinar. Véase también Masdéu, *Historia crítica*, tomo 8.

293 *Paciani quae extant opera, nimirum Paraenesis. Epistolae ac de Baptismo* (Valencia 1780), con traducción castellana y un erudito discurso preliminar de don Vicente Noguera y Ramón.

294 Parece que fue anterior y que se le ha confundido con Lampio, verdadero sucesor de san Paciano. Olimpio ocupó aquella sede poco después de san Severo, por los años 316.

295 Véase Gennadio, *De Scrip. eccles.*, cap. 23.

296 Villemain.

de confesores y de mártires, a la manera que Píndaro había ensalzado a los triunfadores en el estadio y en la cuadriga, ni he de hacer memoria de su poema contra Símmaco, rico de altas y soberanas bellezas de pensamiento y de expresión, que admira encontrar en autor tan olvidado, ni de la *Psycomaquia*, que, aparte de su interés filosófico, coloca a Prudencio entre los padres del arte alegórico, sino de otros dos poemas teológicos, la *Apoteosis* y la *Hamartigenia*, que son formales refutaciones de sistemas heréticos.

En cuatro partes puede considerarse dividida la *Apoteosis*. Enderézasela primera (V. 1-178) contra los patripasianos, que, no admitiendo distinción entre las Personas de la Trinidad, atribuían la crucifixión al Padre. Del vigor con que está escrita esta parte del poema, sin que la argumentación teológica dañe ni entorpezca al valiente numen de Prudencio, da muestra este pasaje, en que expone la unión de las dos naturalezas en Cristo.

> Pura [divinitas] serena, micans, liquido praelibera motu
> subdita nec cuiquam, dominatrix utpote rerum;
> cui non principium de tempore, sed super omne
> tempus, et ante diem maiestas cum Patre summo,
> immo animus Patris, et ratio, et via consiliorum
> quae non facta manu, nec voce creata iubentis,
> protulit imperium, Patrio ructata profundo.
> ...
> His affecta caro est hominis, quem foemina praegnans
> enixa est sub lege uteri, sine lege mariti.
> Ille famem patitur, fel potat, et haurit acetum:
> ille pavet mortis faciem, tremit ille dolorem.
> Dicite, sacrilegi Doctores, qui Patre summo
> desertum iacuisse thronum contenditis illo
> tempore, quo fragiles Deus est illapsus in artus:
> Ergo Pater passus? Quid non malus audeat error?
> Ille puellari conceptus sanguine crevit?
> Ipse verecundae distendit virginis alvum?[297]

---

297 *Marco Aurelii Prudenti Clementii Opera omnia*, tomo 1, edición de Arévalo, páginas 410 y 411.

(V. 87)

La segunda división del poema defiende el dogma de la Trinidad contra los sabelianos o unionistas y comienza en el verso:

Cede prophanator Christi, iam cede, Sabelli...
(V. 178)

Pocas, páginas adelante se tropieza con esta feliz expresión, aplicada a la dialéctica de Aristóteles:

Texit Aristoteles torta vertigine nervos...
(V. 202.)

Contra los judíos se dirige la tercera parte (V. 321-552), y es la que tiene más color poético, aunque no nos interesa derechamente ahora. Pero séame lícito recordar los breves y enérgicos rasgos en que describe el poeta celtíbero la propagación del cristianismo y la ruina de las antiguas supersticiones:

Audiit adventum Domini, quem solis iberi
vesper habet, roseus et quem novus excipit ortus.
Laxavit Scythicas verbo penetrante pruinas
vox evangelica, hyrcanas quoque fervida brumas
solvit, ut exutus glaciel iam mollior amnis
Caucassea de cote fluat Rhodopeius Hebrus.
Mansuevere getae feritasque cruenta Geloni...
Libatura sacros Christi de sanguine potus...
Delphica damnatis tacuerunt sortibus antra,
non tripodas cortina regit, non spumat anhelus
lata sibyllinis fanaticus edita libris.
Perdidit insanos mendax Dodona vapores,
mortua iam mutae lugent oracula Cumae.
Nec responsa refert Libycis in syrtibus Ammon:
Ipsa suis Christum capitolia Romula moerent

> principibus lucere Deum, destructaque templa
> imperio cecidisse ducum: iam purpura supplex
> sternitur Aeneadae rectoris ad atria Christi,
> vexillumque crucis summus dominator adorat!
> (V. 424.)

El que en medio de una árida discusión teológica encontraba tales acentos, no era poeta de escuela, como ha osado decir Comparetti, sino el primero de los poetas cristianos de Occidente, como afirma Villemain; el que *a veces emula a Lucrecio*, en concepto de Ozanam; el *Horacio cristiano*, como decían los sabios del Renacimiento; aquél de quien Vives afirmó que *tenía cosas iguales a los antiguos y algunas también en que los vencía*.

Tiene por objeto la cuarta parte de la *Apoteosis* combatir el error de los ebionitas, marcionitas, arrianos y de todo hereje que niega la divinidad del Verbo. ¡Y quién creyera que ni aun en estas arduas y dogmáticas materias pierde el poeta sus condiciones de tal y no solo muestra grandeza, sino hasta amenidad y gracia, como en estos versos!:

> Estne Deus cuius cunas veneratus Eous
> lancibus auratis regalia fercula supplex,
> virginis ad gremium pannis puerilibus offert!
> Quis tam pennatus, rapidoque simillimus Austro
> nuncius Aurorae populos, atque ultima Bactra
> attigit, illuxisse diem, lactantibus horis,
> qua tener innupto penderet ab ubere Christus?
> (V. 608.)

Mientras ilustres doctores griegos, como Sinesio, tropezaban en el panteísmo y tenían el alma por partícula de la divina esencia; mientras otros la juzgaban corpórea, aunque de materia sutilísima, Prudencio evita diestramente ambos escollos en poco más de un verso:

> Sed speculum Deitatis homo est. In corpore discas
> rem non corpoream...

(V. 834.)

Así argumenta contra el panteísmo:

Absurde fertur [anima] Deus, aut pars esse Dei, quae
divinum summumque bonum de fonte perenni
nunc bibit obsequio, nunc culpa, aut crimine perdit,
et modo supplicium recipit, modo libera calcat.
(V. 884.)

Sobre el origen de las almas, objeto de duda para san Agustín, no duda Prudencio, sino que, desde luego, combate la idea de los que las suponían derivadas de Adam por generación, de igual suerte que la doctrina *emanatista*. Su explicación de la manera como el pecado original se transmite, confórmase estrictamente a la ortodoxia:

Quae quamvis infusa [anima] novum
  penetret nova semper
figmentum, vetus illa tamen de crimine avorum
ducitur: illuto quoniam concreta veterno est.
(V. 921.)

En la última sección de la *Apoteosis* se impugna al *doketismo* de los maniqueos:

Aerium Manichaeus ait sine corpore vero
pervolitasse Deum, mendax phantasma, cavamque
corporis effigiem, nil contrectabile habentem.
(V. 957.)

Contra el *dualismo* de Marción y de la mayor parte de los *gnósticos* escribió Prudencio el poema de la *Hamartigenia* o *Del origen del pecado*. Enfrente del error que separa y distingue el Dios de Moisés del del Evangelio, afirma nuestro poeta que el Hijo es la *forma* del Padre, entendiendo por *forma* el *logos* o *verbo*, a la manera de algunos peripatéticos. Para Prudencio, la forma es inseparable de la esencia:

> Forma Patris veri verus stat Filius, ac se
> unum rite probat, dum formam servat eamdem.
> (V. 51.)

La *forma* no implica solo similitud, sino identidad de existencia. Desarrolla Prudencio esta gallarda concepción y pasa luego al origen del mal por el pecado del ángel y del hombre, haciendo una hermosa pintura del trastorno introducido en el mundo de la naturaleza y en el del espíritu. Acaba esta larga descripción con versos que parecen imitados de un célebre pasaje de las *Geórgicas*:

> Felix qui indultis potuit mediocriter uti
> muneribus, parcumque modum servare fruendi!
> Quem locuples mundi species et amoena venustas,
> et nitidis fallens circumflua copia rebus
> non capit, ut puerum, nec inepto addicit amori.
> (V. 330.)

Con expresivas imágenes muestra el absurdo de suponer un principio malo, sustancial y eterno:

> Nil luteum, de fonte fluit, nec turbidus humor
> nascitur, aut primae violatur origine venae:
> sed dum liventes liquor incorruptus arenas
> praelambit, putrefacta inter contagia sordet.
> (V. 354.)

El libre albedrío queda enérgicamente defendido en este poema, que cierra el teólogo aragonés con una ferviente plegaria a Cristo, en que con humildad pide no los goces de la gloria, de que se considera indigno, sino las llamas del purgatorio:

Oh Dee cunctiparens, animae dator, oh Dee Christe,
cuius ab ore Deus subsistit Spiritus unus:
te moderante regor, te vitam principe duco...
... ... quam flebilis hora
clauserit hos orbes, et conclamata iacebit
materies, oculisque suis mens nuda fruetur...
... ... non poseo beata
in regione domum: sint illic casta virorum
agmina, pulvereum quae dedignantia censum,
divitias petiere tuas: sit flore perenni
candida virginitas...
At mihi tartarei satis est, si nulla ministri
occurrat facies...
Lux immensa alios, et tempora vincta coronis
glorificent: me poema levis clementer adurat.
(V. 931.)

Literariamente, la *Hamartigenia* vale aún más que la *Apoteosis*; pero el estudio de entrambos libros bajo tal aspecto, así como en la relación filosófica, quédese para el día en que pueda yo publicarlos traducidos e ilustrados, juntamente con las demás inspiraciones de Prudencio.

Aquí conviene hacerse cargo de las acusaciones de heterodoxia que alguna vez se han dirigido al poeta cesaraugustano. Han supuesto Pedro Bayle y otros que Prudencio, al calificar el alma de *líquida* y llamarla *elemento* (en el himno 10 del *Cathemerinon*, en el libro II *Contra Simmaco* y en otras partes) la tenía por material y perecedera. Fúndase interpretación tan fuera de camino en estos versos:

Humus excipit arida corpus,
animae rapit aura liquorem.
(Cath. X, V. 11.)

Pero ¿quién no ve que el *alma líquida* y el *aura* que la lleva son expresiones figuradas en boca del poeta, que en el mismo himno dice:

> Sed dum resolubile corpus
> revocas, Deus, atque reformas,
> quanam regione iubebis
> animam requiescere puram?
> (Cath. X, V. 149)

y que en la *Apoteosis* distinguía, como vimos, *in corpore rem non corpoream*? ¿Cómo pudo decir Bayle, sino arrastrado por su amor a la paradoja, que la doctrina de nuestro poeta en este lugar difería poco de la de Lucrecio cuando afirma:

> Nec sic interimit mors res, ut materiai
> corpora confaciat, sed coetum dissupat ollis:
> inde aliis aliud coniungit, et efficit, omnes
> res ita convortant formas, mutentque colores...?
> (Luc. II, V. 1001.)

En cuanto a la palabra *elemento*, ¿cómo dudar que Prudencio la aplica a todo principio, no solo a los materiales, de la misma suerte que Lactancio en el libro III, capítulo 6 de sus *Instituciones divinas: Ex his duobus constamus elementis quorum alterum luce praeditum est, alterum tenebris*, donde claramente se ve que alude a la unión del principio racional y de la materia? ¿No dijo Cicerón en las *Cuestiones académicas* que la voz *elementa* era sinónima de *initia* y traducciones las dos del ἀρΧαι griego?

Tampoco puede creerse con Juan Le Clerc que Prudencio se incline al error de los maniqueos en cuanto a la absoluta prohibición de las carnes, pues aunque diga en el himno III del *Cathemerinon*:

> Absit enim procul illa fames,
> caedibus ut pecudum libeat
> sanguineas lacerare dapes.

> Sint fera gentibus indomitis
> prandia de nece quadrupedum;
> (Cath. III, 58.)

deduciremos que recomienda como mayor perfección la abstinencia practicada por innumerables cristianos de aquellos siglos, pero no otra cosa.

De impía han tachado algunos la oración final de la *Hamartigenia* que transcribí antes. Creyeron que allí solicitaba nuestro poeta el fuego del infierno y no el del purgatorio, lo cual no fuera petición humilde, como dijo Bayle, sino impía y desesperada, semejante a la de Felipe Strozzi, que antes de matarse pedía al Señor que pusiese su alma con la de Catón de Útica y otros antiguos suicidas. Entre esto y el *Moriatur anima mea morte philosophorum*, atribuido en las escuelas a Averroes, hay poca diferencia. Pero como Prudencio no habla del *Tártaro*, sino del purgatorio, desaparece toda dificultad y solo hemos de ver en sus palabras la expresión modesta del espíritu que no se juzga digno de entrar en la celeste morada sin pasar antes por las llamas que le purifiquen. Si algún exceso hay en esto, será exceso de devoción o de *libertad poética*.

Así calificó el cardenal Belarmino la singular doctrina de Prudencio en el himno V del *Cathemerinon*, donde dice que en la noche del sábado de Pascua los condenados mismos se regocijan y sienten algún alivio en sus tormentos:

> Marcent suppliciis Tartara mitibus
> exultatque sui carceris otio
> umbrarum populus, liber ab ignibus...
> (Cath. V, V. 133.)

Esta opinión, hoy insostenible, no era rara en tiempos de Prudencio, y san Agustín (*De Civitate Dei*, lib. 21, cap. 24) no se atreve a rechazarla, pues, aunque las penas sean eternas (dice), puede consentir Dios que en algunos momentos se hagan menos agudas y llegue cierta especie de misericordia y consuelo a las regiones infernales. El *Índice expurgatorio* de Roma del año 1607 ordena que al margen de esos versos prudencianos se ponga la nota *Caute legendi*.

Si algunos han tenido por sospechosos conceptos y frases de Prudencio, otros han tomado el partido de los herejes que él atacaba, y Pedro Bayle le acusa de contestar a los maniqueos con una petición de principio. ¿Por qué no impide Dios el mal?, preguntaban aquéllos: quien no impide el mal es causa de él. Y Prudencio no contesta, como Bayle supone, *porque el hombre peca libremente, sino porque el hombre fue creado libre para que mereciese premio*. Y como es más digno de la Providencia crear seres libres que fatales, la contestación de Prudencio ni es *petitio principii* ni tan fácil de resolver como el escéptico de Amsterdam imagina.[298]

Al combatir a los maniqueos, marcionistas, patripasianos, etc., no es dudoso que Prudencio tenía en mientes a los priscilianistas, que *comulgaban* (como diría un discípulo de Krause) en las mismas opiniones que estos herejes. Sin embargo, en la *Hamartigenia* solo nombra a Marción, y en la *Apoteosis*, a Sabelio, por lo cual no le he colocado entre los adversarios *directos* del priscilianismo.

Contra el francés Vigilancio, que negaba la intercesión de los santos, la veneración a las reliquias de los mártires, etc., y predicó estas doctrinas en el país de los vectones (o, como otros leen, *vascones*), arevacos, celtíberos y laletanos, levantóse Ripario, presbítero de Barcelona, que dio a san Jerónimo noticias de los errores de aquel heresiarca, a las cuales contestó el santo en una epístola rogándole que le enviase, a mayor abundamiento, los escritos de Vigilancio. Así lo hizo *Ripario* y con él otro presbítero, *Desiderio*, y de tales datos se valió san Jerónimo en su duro y sangriento *Apologeticon adversus Vigilantium*. No se conservan las cartas de Ripario y Desiderio ni sabemos que esta herejía tuviese muchos prosélitos en España.[299]

No me atrevo a incluir entre los controversistas españoles a Filastrio, obispo de Brescia, autor de un conocido *Catálogo de herejías*, por más que Ulghelli en la *Italia sacra*, y con él otros extranjeros, le den por coterráneo nuestro.

---

298 Véanse, en vindicación de Prudencio, los capítulos 15-20 de la excelente *Prudentina* del padre Arévalo, que antecede a lat edición de Roma 1788, que es la que siempre sigo.

299 Véase acerca de Vigilancio y sus impugnadores la preciosa disertación del cancelario de Cervera, don Ramón Lázaro de Dou, *De tribuendo cultu. SS. martyrum reliquiis, in Vigilantium et recentiores haereticos... Accessit praevia de Vigilantii patria, vita et haeresibus dissertatio*. Cerveriae 1767, typ. Acad.
Y la *España sagrada*, tomo 29, n.º 200.

Contra los pelagianos esgrimió Orosio su valiente pluma en la apología *De arbitrii libertate*, aunque algunos, entre ellos Jansenio, han dudado que esta obra le pertenezca.[300]

Evidente parece que el monje Bacchiario, autor de dos opúsculos muy notables uno *De reparatione lapsi* y otro que pudiéramos titular *Confessio fidei*, no era inglés ni irlandés, sino español y gallego, como demostraron Francisco Flori, canónigo de Aquilea, y el padre Flórez.[301] Salió Bacchiario de su patria en peregrinación a Roma; y como allí le tuviesen por sospechoso de priscilianismo, escribió la referida *Confesión de fe*, en que, tras de quejarse de los que le infaman por su patria (*Suspectos nos facit non sermo, sed regio: qui de fide non erubescimus, de provincia confundimur*), manifiesta su sentir católico en punto a la Trinidad, encarnación, resurrección de la carne, alma racional, origen del pecado, matrimonio, uso de las carnes, ayuno, etc., oponiendo siempre sus doctrinas a las de los priscilianistas, aunque sin nombrarlos, y copiando a veces hasta en las palabras la *Regula fidei* del concilio Toledano, como fácilmente observará el curioso que los coteje. También rechaza los errores de Helvidio y Joviniano. El señor Ferreiro opina que Bacchiario es el peregrino citado por Zaccaria, pues en alguna parte dice nuestro monje: *Peregrinus ego sum*.

---

300 Defiende bien su autenticidad Juan Garner, *Dissert. VI de Scriptoribus adversus hæresim pelagianam*, cap. 3.

301 La primera edición de la *Confessio fidei* fue hecha en Milán por Muratori (1698). La segunda, por Flori en Roma (1748). La tercera, por el padre Flórez en el tomo 15 de la *España sagrada* (apéndices), juntamente con el *De reparatione lapsi*, que anda en la *Bibliotheca Veterum Patrum*.

Capítulo III. Herejías de la época visigoda

I. El arrianismo entre los vándalos: persecuciones. II. Atisbos de nestorianismo. Carta de Vital y Constancio. III. El *maniqueísmo* en Galicia y Extremadura. Pacencio. IV. Reliquias del priscilianismo. Cartas de Montano y Vigilio. V. El arrianismo entre los suevos. Su conversión por san Martín Dumiense (560). VI. El arrianismo entre los visigodos hasta Leovigildo. VII. El arrianismo en tiempo de Leovigildo. Postrera lucha. VIII. Escritos apócrifos. Materialismo de un obispo. IX. Abjuran los visigodos el arrianismo. Tercer concilio Toledano. Tentativas heterodoxas y reacción de Witerico. X. Herejía de los acéfalos. XI. Los concilios de Toledo en sus relaciones con la Santa sede. XII. De la polémica teológica en la España visigoda. XIII. Política heterodoxa de Witiza. Fin del imperio visigodo.

I. El arrianismo entre los vándalos. Persecuciones

Cuando la mano del Señor, para castigar las abominaciones del mundo romano, lanzó sobre él un enjambre de bárbaros venidos de los bosques de Germania, de las orillas del Volga, del Tanais y del Borístenes, era grande la confusión religiosa de los pueblos invadidos. Las fantasías gnósticas habían cedido el puesto a otras enseñanzas de carácter más dialéctico que teosófico, fundadas casi todas en una base antitrinitaria. Descollaba entre los demás el arrianismo, doctrina que, por parecer fácil y clara, encontró cierta acogida en Occidente y contagió antes o después a la mayor parte de las tribus bárbaras.

El misterio de la Trinidad y el de la Encarnación, aun mirados de lejos y con los ojos de la pobre razón humana, son concepciones tan altas sublimes, que sin ellas se perdería la clave del mundo de las ideas, cortándose toda relación entre Dios y el mundo, entre el hombre y Dios. El Dios unitario de la *gnosis* o del socinianismo ha de estar o identificado con la creación, panteísmo absurdo al cual resiste la conciencia y el sentido íntimo, proclamando enérgicamente la personalidad humana o independiente y apartado del espíritu y de la materia, lejos del mundo nuestro y sus dolores, como los dioses de Epicuro y de Lucrecio. La creación no se explica en estos sistemas: la esencia de Dios permanece inactiva: esa unidad, sin distinción de personas, sin variedad y unidad a la vez, ni crea ni se pone en contacto con lo creado. Por eso los *gnósticos* establecen una serie de emanaciones entre el Creador y la criatura, y lo mismo hacen los cabalistas. Al contrario, ¡cuánta luz derrama sobre las oscuridades del pensamiento el concepto del Dios uno y trino, en el cual sin menoscabo de la infinita unidad de esencia, el Padre crea por medio de su Logos o Verbo e infunde el *Pneuma* o Espíritu santo a lo creado. En vez de la unidad fría y muerta teremos la unidad palpitante y viva, ese espíritu de Dios que corre sobre las aguas, el Verbo de Dios que se hace carne y luce en las tinieblas, aunque las tinieblas no le comprendieron. ¡Hermoso dogma, resplandeciente de verdad y de vida! Dios, que desciende al hombre por un acto de entrañable amor y une e cielo y la tierra en firme e indisoluble lazo, elevando a Dios la humanidad redimida y convirtiéndose en tipo y modelo de la misma humanidad, cuya carne vistió y de cuyos dolores participara.

Estos misterios no se explican porque son misterios, y si se explicasen dejarían de serlo. Tiene límites la razón humana que ella misma reconoce a cada paso; pero la luz del misterio es tal, que ilumina hasta las últimas consecuencias y por ellas subyuga el entendimiento. Mas con frecuencia el hombre, perdida la fe y cegada la mente por el demonio de la soberbia, aspira a dar explicaciones de lo infinito, y con loca temeridad niega lo que su razón no alcanza, cual si fuese su razón la ley y medida de lo absoluto.

Arrio cuidó de distinguir su negación antitrinitaria de las de Valentino, Manes, Hierax y Sabelio; a pesar de lo cual copia más de una vez a los *gnósticos*, y sobre todo a los neoplatónicos alejandrinos. La generación eterna del Verbo pareció contradictoria al mezquino sentido común de Arrio, sin reparar que en la esencia divina forzosamente hubo desde la eternidad plenitud de ser y de existir, porque suponerla en algún momento incompleta sería negar el ser infinito. Arrio, hábil disputador, erudito teólogo, no mostraba gran fuerza de raciocinio en sus argumentos. Cuentan que preguntaba a las mujeres: ¿Habéis tenido hijos antes de parir? Pues tampoco Dios.

Hiciéronle los ortodoxos el argumento antedicho, y para esquivarle negó Arrio la divinidad del Verbo, a quien llamaba, sin embargo, Hijo de Dios. Objetáronle que el Hijo es de la sustancia del Padre, y, por tanto, Dios, y replicó Arrio, con un distingo bastante pobre, que el Verbo era no *homousios* o consustancial al Padre, sino *homoiousios* o semejante. Y, sin embargo, expreso estaba en las Escrituras: *Ego et Pater unum sumus*; y Arrio, que lo explicaba por la semejanza, nunca pudo decir qué semejanza era ésta ni en qué se distinguía de la completa identidad. El Verbo arriano no es Dios, pero tampoco hombre; es un ser intermedio, una especie de *Demiurgo* que Dios formó para que realizara en el mundo sus ideas de creación y redención.[302]

Encerrado el arrianismo en este círculo vicioso,[303] tenía, no obstante, condiciones para dominar las multitudes, porque rebajaba el dogma al nivel de la inteligencia común; y por eso resistió terca y vigorosamente a los esfuerzos de Osio y san Atanasio, a los anatemas de Nicea y de Sardis y a los primeros

---

302 Alzog. Arrianismo. Doctrina.

San Atanasio (Orat. 2 contra Arian., n.º 24 ad finem; n.º 25, 28, 29).

Según san Atanasio, se encontraba en Arrio y los suyos esta proposición: «Queriendo Dios producir la naturaleza creada, vio que su mano era demasiado pura y su acto inmediato demasiado divino para esta creación; por tanto, produjo desde luego un Ser único, a quien llamó su Hijo, su Palabra, y el cual, llegando a ser mediador entre Dios y el mundo, debía crear todas las cosas». Según esta doctrina, contraria a las expresiones de la Escritura, contradictoria consigo misma, puesto que, al paso que pretende que el acto creador es incompatible con la idea de un Dios absoluto, admite también que Dios produce una criatura y aún le concede a esta criatura un poder creador; según esta doctrina, decimos, Arrio confundió en su razón la creación divina con la procreación humana, pensó que existía contradicción en la misteriosa doctrina de la Iglesia sobre la Trinidad y creyó, por último, que la divinidad de Cristo no podía subsistir en la unidad de Dios (tomo 2, página 39).

«El espíritu humano se había fatigado y agotado en las locuras de los *gnósticos* durante los dos últimos siglos. Arrio apeló a la razón pura, desconocida y violada por ellos; pero, exaltando la razón humana, se extravió en una nueva vía» (tomo 2, página 40).

303

Véase sobre el arrianismo la obra de Moelher, Atanasio el Magno y la Iglesia de su tiempo en lid con el arrianismo (Maguncia 1827).[b]

---

b *Revue des Questions historiques*, 1.º de julio de 1910: «Un point qui ni peut manquer de frapper quand on étude l'histoire des invasions germaniques, c'est qu'à la exception des Francs, toutes les populations qui y ont pris part ont commencé leur conversion au christianisme en embrassant l'arianisme. M, Hans von Schubert voit dans cert arianisme des Germains une sorte de précurseur du lutheranisme, un christianisme strictement biblique, qui aurait créé chez ses adherents une moralité supérieure a celle du catholicisme, et développé chez eux la tendance au particularisme» (*Das älteste germamische Christentum oder das sogenante Arianismus der Germanen*, Tübingen, J. C. B. Mohr, 1909). «Ces conclusions ont été vigoureusement combattues par M. Ulrich Stutz dans une série d'articles de l'International Wochenschrift», de 11, 18 y 23 de diciembre de 1909, que han sido tirados aparte (Germanismus und Arianismus).

edictos de Constantino.[304] Y, para desdicha mayor, los emperadores teólogos de la decadencia se pusieron del lado de Arrio, Aecio. Acacio y Eunomio; y de los arrianos nacieron los macedonianos, que admitían la divinidad del Hijo, pero negaban la del Espíritu santo.

El más triste resultado de la intrusión de los emperadores en la Iglesia fue el imperfecto cristianismo ensenado a las razas bárbaras. Sus misioneros fueron arrianos por la mayor parte. Ignórase el tiempo en que penetró el cristianismo entre los vándalos. Los godos fueron catequizados por Ulfilas, que hizo una versión de la Biblia en su lengua. Así se encontraron los bárbaros, gracias a Valente y otros emperadores de escuela, convertidos en herejes sin saberlo. Haeretici sunt sed non scientes, dice Salviano de Marsella (*De gubernatione Dei*): *errant, sed bono animo errant.* Y aun llega a dudar el mismo doctor si aquellos inocentes serán castigados por tal yerro en el día del juicio: *Nullus potest scire nisi iudex.* Almas nuevas, dispuestas a recibir cualquiera enseñanza que las levantase un poco de su antigua idolatría, debieron de rendirse fácilmente a un sistema que evitaba a su rudo entendimiento las espinas teológicas de la consustancialidad, y en Cristo les hacía ver nada más que un profeta.

Los primeros hijos del Norte que descendieron a España, los vándalos, suevos, alanos y silingos, que en el año de 409, acaudillados por Gunderico, Atace y Hermerico, hicieron en nuestra Península aquella espantosa devastación y matanza, seguida de hambre y general peste de que habla el *Cronicón* de Idacio, estaban lejos le profesar la misma religión. Los vándalos y alanos seguían en parte el cristianismo, en parte la antigua idolatría, al paso que los suevos eran todos idólatras. Ocuparon éstos la Gallecia, infestada por los priscilianistas; extendiéronse los alanos por el territorio de Lusitania y de la Cartaginense, y los vándalos por el de la Bética, que desolaron con ferocidad increíble. La raza hispanorromana, el pueblo católico, fue víctima de aquellas hordas, que habiendo abrazado ha poco el arrianismo, unieron a su natural sanguinario el fanatismo de secta, tremendo en ánimos incultos. La historia de esta persecución, que comenzó en España y siguió en Mauritania, escrita fue por Víctor Vitense, obispo africano.[305]

---

304 Véase el cap. 1.

305 *Historia persecutionis Vandalicae in Africa, cum notis Theodorici Ruinart* (París 1694). Véase además san Isidoro, *Vandalorum historia*, y por incidencia otros.

Genserico o Giserico, uno de los caudillos bárbaros más famosos, fue, según nota san Isidoro, el primer rey vándalo que abrazó el arrianismo.[306] Según refiere Víctor, suscitó persecución contra los católicos españoles y degolló a una hermosa y nobilísima doncella que no quería ser rebautizada conforme al rito arriano. En 427 Genserico pasó el Estrecho y, conquistada el África por traición del conde Bonifacio, exacerbó sus rigores contra la Iglesia, obteniendo entonces la palma del martirio, junto con muchos africanos, los españoles Arcadio, Probo, Eutiquio, Pascasio y Paulo. Honorato Antonino, obispo de Constantina, escribió, para alentarlos en la persecución, una admirable y elocuentísima carta:[307] «Aliéntate, alma fiel (decía a Arcadio); regocíjate, confesor de la Divinidad, en los agravios que padeces por Cristo, como se regocijaban los apóstoles en los azotes y cadenas. Mira postrado el dragón bajo tu planta vencedora... Levanta los ojos al cielo: mira el ejército de los mártires, que tejen de sus mismos laureles la corona de tu victoria... Mira cuán breve es tu dolor y cuán larga la eternidad del premio... Mujer era la madre de los Macabeos; mas, por verse con la fuerte ayuda de Dios, tuvo valor para asistir, inmóvil columna, al martirio de sus siete hijos y animarlos ella misma a la muerte. De ellos se privó con fortaleza y ahora los ve radiantes a su lado, con coronas que no les caerán de las sienes eternamente... Dios es quien te formó en las entrañas de tu madre; Dios quien creó tu espíritu, como todas las demás cosas de este mundo; Dios quien te adornó con la razón y el entendimiento. ¿Podrás negarle el martirio que te pide? ¿Te atreverás a resistir con daño propio al ansia que tiene de glorificarte?... La tierra, el Sol, la Luna, las estrellas, las hechuras más hermosas de este mundo, todas han de acabar; tú solo puedes vivir eternamente... ¡Qué delicia cuando veas con tu alma a Jesucristo y sepas que lo has de ver algún día con tu misma carne!». Si hemos de estar a la carta de Antonino, más era persecución patripasiana que arriana la de Genserico. En lo que más exhorta a perseverar a Arcadio es en la confesión del Verbo encarnado, y por eso dice: «El Padre, el Hijo y el Espíritu santo son un Dios solo; pero el Hijo encarnó, y no el Espíritu santo ni el Padre. Así en nosotros, aunque el alma sea una y el entendimiento esté en ella, y sea ella misma, una cosa obra el alma y otra el entendimiento; y la vida es propia del alma, y el conocer, propio del entendimiento, a la manera que en

---

306 *Qui ex Catholico effectus Apostata in Arianam haeresim primus effertur transiisse.*
307 Traducción de Masdéu. (Ilustración 11 del tomo 11 de su *Historia crítica de España.*)

un mismo rayo del Sol hay calor y luz, aunque no pueden separarse, el calor es el que calienta y la luz la que ilumina, y el calentar es propio del calor y no de la luz, y el alumbrar, propio de la luz y no del calor... Cuando uno tañe la cítara, tres cosas concurren a formar el sonido: el arte, la mano y la cuerda. El arte dicta, la mano tañe y la cuerda suena, y con ser tres cosas que concurren a un mismo efecto, la cuerda sola es la que da el sonido. Así el Padre, el Hijo y el Espíritu santo cooperaron en la Encarnación; pero solo encarnó el Hijo». ¡Así discurría un obispo africano del siglo V! Mientras los cronistas del poder y de la fuerza vayan registrando invasiones y conquistas, recojamos nosotros esos olvidados testimonios del saber y constancia de la vencida raza latina.

La persecución vandálica fue violenta; pero en España, poco duradera. Aquellos bárbaros abandonaron la Bética por invadir el África y solo conservaron en nuestro mar las islas Baleares. El rey Hunerico desterró en 484 a todos los obispos católicos, entre ellos los de Mallorca, Menorca e Ibiza, que eran Elías, Macario y Opilio. Otros de los perseguidos fue Maracino, que firma como desterrado por la fe católica en las actas del segundo concilio Toledano. Los vecinos de Taves, ciudad de África, por no admitir un obispo hereje, se embarcaron con sus hijos y mujeres para España. No sabemos que esta primera tempestad arriana produjese una sola apostasía. Tampoco es seguro afirmar que fuese perseguido por causa religiosa nuestro poeta Draconcio, autor del *Hexaemeron* u *Obra de los seis días*. Solo consta que estuvo encarcelado por orden del rey Guntherico, antecesor de Genserico y no arriano todavía.

II. Atisbos de nestorianismo. Carta de vital y Constancio

No estaba solo en la persecución vandálica el peligro para los cristianos de la Bética y Cartaginense. Por los años de 439, dos presbíteros españoles, Vital y Constancio (otros leen Tonancio), decían en una carta a san Capreolo, obispo de Cartago: «Algunos hay aquí que sostienen Deum innascibilem esse. En su opinión, nació de María Virgen el hombre y luego Dios habitó en él. Nosotros, humildes siervos suyos, resistimos tal afirmación por parecernos contraria a las Sagradas Escrituras. Rogámoste que ilustres nuestra pequeñez enseñándonos lo que en este punto tiene por verdad la Iglesia católica».[308] Modesta era la súplica de Vital y Constancio, y acompañábanla oportunos textos de la Biblia, indicio seguro de la buena instrucción dogmática de los autores. Así es que san Capreolo, recibida la carta por medio de Numiniano, apresuróse a responderles en la epístola *De una vera Dei et hominis persona contra recens damnatam haeresim Nestorii.*[309]

El error de las dos personas en Cristo era resabio de las sectas gnósticas, que distinguían el eón, logos o verbo del hombre Jesús. En España podía haber nacido del priscilianismo; pero quien diera nombre y nueva forma a aquella herejía en las regiones orientales había sido el patriarca de Constantinopla Nestorio. La diferencia de naturalezas le indujo a suponer diferencia de personas, para él, Cristo, nacido de María, fue solo un hombre al cual se unió la divinidad como el vestido al cuerpo. Por eso llamaba a la Virgen no teotocos, es decir, Madre de Dios, sino antropotocos, madre del hombre. Fundábase el error de Nestorio en una confusión manifiesta de los términos persona y naturaleza. En las mismas cosas creadas (dice nuestro fray Alfonso de Castro)[310] puede verse la diferencia. Es el hombre una sola persona y recibe con todo eso denominaciones varias, según la diversidad de naturalezas, y es mortal respecto al cuerpo, inmortal por lo que hace al alma. De la misma suerte (si licet parvis componere magna), Cristo, en unidad de persona, reúne las dos naturalezas, divina y humana.[311]

---

308 «Quia sunt hic quidam qui dicunt non debere dici Deum natum; nam et haec est fides eorum, hominem purum natum fuisse de Maria Virgine, et post haec Deum habitasse in eo. Quorum nos, humiles servi tui..., resistimus affirmationem... Exoramus ut informetis parvitatem nostram in his, quod rectum habet fides catholica...» (*Bibliotheca Veterum Patrum*, tomo 7, fol. 5, edición lugdunense).

309 Véase en el tomo 7 de la *Bibliotheca Veterum Patrum*

310 *De haeresibus*, lib. 4, tít. Christus, página 136 del tomo 1, edición de 1773 (*Opera Alphonsi a Castro Zamorensis*).

311 Nestorianismo. Alzog, II, 77.

«Ya sea que la humanidad hubiese sido enteramente absorbida en la divinidad de Cristo, según la opinión de Eutiques, o ya no estuviesen originariamente unidas en él las dos naturalezas, según Nestorio, en uno y otro caso, los cristianos veían desvanecerse la virtud, humana y divina a la vez, de la obra de Jesucristo, necesaria para la redención perfecta y real de los hombres.»

«Según Nestorio, ya no era la Encarnación otra cosa más que una mera inhabitación del

Contra la herejía de Nestorio se levantaron san Cirilo de Alejandría, en el libro *De recta fide ad Theodosium*,[312] y más tarde el papa Gelasio en el *De duabus naturis in una persona*. En cambio, se dejó seducir el gran Teodoreto. El concilio Efesino, reunido en 431, anatematizó a los que llamaban a Cristo teóforo, el que lleva a Dios, y fijó en términos precisos la acepción del católico vocablo teotocos: «No porque la naturaleza divina tomase principio de la Virgen ni porque fuese necesario que el Verbo naciera segunda vez, lo cual sería vana y ridícula creencia, puesto que el Logos es anterior a todos los siglos y coeterno con el Padre, sino porque para nuestra salvación unió a sí la naturaleza humana y procedió de mujer. No nació primero de María el Cristo-hombre y luego habitó en él el Verbo, sino que en las mismas virginales entrañas se hizo carne».[313]

Condenado Nestorio y depuesto, no murió la doctrina de aquel heresiarca. Refugiáronse sus sectarios en Persia y Mesopotamia, extendiéndose luego hasta la India, en cuyas regiones existen hoy mismo o han existido, aunque en pequeño número, hasta tiempos muy recientes, con el nombre de cristianos de

---

Logos en Cristo, y el Verbo eterno no se había hecho hombre. Las explicaciones que más adelante dio Nestorio pusieron su error todavía más descubierto. No veía en Cristo más que dos personas colocadas la una al lado de la otra, unidas exterior y moralmente, mientras que los padres ortodoxos alejandrinos sostenían una unidad física y hablaban de la naturaleza del Logos hecho carne, de tal manera que los atributos de las dos naturalezas humana y divina podían ser recíprocamente conmutados (communicatio idiomatum seu proprietatum).»

312 San Cirilo contra los nestorianos.
«Parece como que Dios suscitó a Cirilo para sostener la verdad contra el nestorianismo, así como Atanasio y Agustín la habían defendido contra el arrianismo y el pelagianismo. El patriarca decía a los monjes: "Vosotros llamáis madre a la que concibe y engendra según el orden de la naturaleza; no madre del cuerpo, sino del hombre entero, que se compone de cuerpo y alma, aunque solo el cuerpo y no el alma del hijo se haya formado de la sustancia de la madre; así pues, decid de Cristo. Habiendo tomado naturaleza humana el Verbo, eternamente engendrado por el Padre, ha sido engendrado por María según la carne'.»

313 «Non quia divina ipsius natura de Sacra Virgine sumpsit exordium, nec propter seipsam opus habuit secundo nasci post illam nativitatem quam habebat ex patre (est enim ineptum et stultum hoc dicere, quod is qui ante omnia saecula est et cumsempiternus patri, secundae generationis eguerit), sed quia propter nostram salutem naturam sibi copulavit humanam, et processit ex muliere. Nec enim primum natus est homo communis de Sancta Virgine et tunc demum inhabitavit in eo Verbum, sed in ipsa vulva atque utero virginali secum carnem coniunxit» (*Summa Conciliorum* de Carranza, edición de 1570, fol. 134 V).

santo Tomás. En 1599 se reunieron muchos de ellos a la Iglesia latina, conservando la comunión bajo las dos especies y el matrimonio de los sacerdotes. Los del Asia otomana permanecen separados de latinos y griegos, aunque unidos a los jacobitas y otras sectas, con dos patriarcas propios. No hay herejía de más larga duración en los anales de la Iglesia.

Tornemos a España. Carecían Vital y Constancio de toda noticia del concilio Efesino y de la herejía de Nestorio cuando dirigieron su consulta a san Capreolo, por lo cual merecen, doble alabanza su celo y clara inteligencia de las cuestiones teológicas. El obispo de Cartago, en la respuesta, les informa de lo acaecido en Oriente, les exhorta a perseverar en la fe y combatir toda prevaricación y reúne los pasajes del *Testamento Nuevo* que confirman la unidad de personas en Cristo.

En el siglo VIII veremos retoñar la doctrina nestoriana con el nombre de adopcionismo y, amparada por Félix de Urgel y Elipando de Toledo, poner en grave conflicto la Iglesia española.

III. El maniqueísmo en Galicia y Extremadura. Pacencio

Poco después del suceso referido apareció en Galicia, sujeta entonces a la doble calamidad de suevos y priscilianistas, un maniqueo llamado Pacencio o Pascencio, romano de nación, que hizo algunos prosélitos, lo cual no era ciertamente difícil, habiendo tantos partidarios del dualismo en las regiones occidentales de la Península. Llegó la nueva de tal predicación a oídos de santo Toribio de Astorga y de Idacio, quienes en 448 hicieron formar proceso a los nuevos herejes. Pacencio se refugió en Lusitania; pero Antonino, obispo de Mérida, le desterró de aquella provincia, informado de la condenación anterior por las actas que le remitieron Idacio y Toribio. Al *Cronicón* de Idacio debemos la noticia de este suceso.[314] Pacencio debía de ser de los maniqueos que en Roma juzgó san León, y de quienes habla en la carta a Toribio.

---

314 «In Asturicensi urbe Gallaeciae quidam ante aliquot annos latentes Manichaei gestis Episcopalibus, deteguntur, quae ab Idatio et Turibio Episcopis, qui eos audierant, ad Antoninum Emeritensem Episcopum directa sunt... Pascentium quemdam urbis Romae, qui de Asturica diffugerat, Manichaeum, Antonius Episcopus Emeritae comprehendit, auditumque etiam de provincia Lusitaniae facit expelli» (tomo 4 de la *España sagrada*).

IV. Reliquias de priscilianismo. Cartas de Montano y Vigilio

A este incidente, de escasa importancia, enlazábase un como retoñar de priscilianismo. Queda hecha memoria en el anterior capítulo de los esfuerzos de santo Toribio, que dieron por resultado la celebración de dos concilios provinciales. Engañosa fue, según advierte Idacio, la sumisión de muchos obispos gallegos en el sínodo que llaman de Aquis Caelenis. Todavía por los años de 525 o 30 enderezó Montano, obispo de Toledo, sendas cartas al monje Toribio y a los fieles del territorio de Palencia, previniéndoles contra la detestable y torpe secta de Prisciliano y repitiendo los anatemas de san León. Dedúcese de las palabras del metropolitano que el gnosticismo había echado grandes raíces en tierra palentina: *Praeterea perditissimam Priscillianistarum sectam tam actis quam nomine a vobis praecipue novimus honorari.* Pero mucho trabajaba en desarraigarla Toribio (distinto del de Astorga), y por eso Montano no dudó en darle el glorioso título de restaurador del culto divino en aquella provincia: *iure etenim auctorem te divini cultus in hac praesertim provincia nominabo. Putasne quanta tibi apud Deum maneat merces cuius sollertia vel instinctu, et idololatriae error abscessit, et Priscillianistarum detestabilis ac pudibunda secta contaburt.*[315]

En 538, consulado de Volusiano y Juan, dirigió el papa Vigilio una epístola a Profuturo, obispo de Braga, que le había consultado sobre diversos puntos de dogma y disciplina, cuales eran el uso de la partícula *filioque*, que algunos suprimían en el *Gloria Patri*; la abstinencia de carnes, enseñada por los priscilianistas;[316] el bautismo de los arrianos y el tiempo de celebración de la Pascua.[317]

Los últimos decretos contra el priscilianismo, los del concilio Bracarense, quedan registrados en lugar oportuno, y solo apuntamos aquí estas noticias

---

315 Véase estas cartas en el tomo 1 de los padres toledanos, en el 5 de Flórez o en Ambrosii Morales *Opuscula Historica...* (tomo 3, Madrid 1793). Las cartas de Montano están desde la páginas 82-89, entre los *Excerpta* del códice Vigilano y del Emilianense.

316 «Ac primum de his quos Priscillianae haeresis indicasti vitiis inquinari, sancta et conventi religione catholicae detestatione iudicas arguendos, qui ita, se sub abstinentiae simulatae praetextu, ab escis videntur carnium submovere, ut hoc execrationis potius animo quam devotionis, probantur efficere» (*Collectio Canonum*, edición de la Biblioteca Real, página 154).

317 En el tomo 3 de la *Colección de Concilios* de Catalani está la carta de Vigilio, más completa que en la edición de Aguirre. En éste falta el pasaje relativo a la *trina mersion* en el bautismo. Algunos no la practicaban en Galicia.

para no romper el hilo cronológico ni suprimir ninguno de los elementos de heterodoxia en este período.

V. El arrianismo entre los suevos. Su conversión por san Martín Dumiense (560)

Singular espectáculo vamos a presenciar en este capítulo. Una nación idólatra que pasa al cristianismo, y de aquí a la herejía, y vuelve a la ortodoxia, en términos de extinguirse totalmente el error antiguo, y todo esto en menos de ciento cincuenta años. ¡Lástima que tengamos tan pocas noticias de este prodigioso acaecimiento! Pero la monarquía sueva ha sido casi olvidada por nuestros historiadores, atentos solo al esplendor de la visigoda.

Cuando los suevos posaron su planta en Galicia[318] eran gentiles. Así permanecieron hasta la época de Rechiario, que reinó desde 448 a 456 y que antes de casarse con una hija del godo Teodoredo recibió el bautismo; *catholicus factus*, dice san Isidoro.[319] Siguióle en la conversión su pueblo; pero no les duró mucho el catolicismo, que debían de tener mal aprendido, dado que en tiempo de Remismundo vino a Galicia, como enviado del rey godo Teodorico, un cierto Ayax, de nación gálata y de religión arriano, con lo cual bastó para que todos los suevos, comenzando por el rey, aceptasen, con la misma facilidad que el antiguo, el nuevo dogma, impuesto quizá por Teodorico como condición para el matrimonio de su hija con Remismundo.[320] Aconteció esta apostasía en la era 502; de Cristo, 464.[321]

---

318 *Suevorum Historia* (tomo 6 de la *España sagrada*, página 504).

319 El reino suevo abrazaba, además de Galicia, Asturias, las actuales provincias portuguesas de Tras os Montes y Entre Douro e Minho, buena parte del reino de León y de Castilla la Vieja.

320 «Huius tempore Aiax, natione Galata, effectus Apostata Arianus inter Suevos Regis sui auxilio, hostis catholicae fidei et divinae Trinitatis emergit. De Gallicana Gothorum regione hoc pestiferum virus afferens, et totam gentem Suevorum lethalis perfidiae tabe inficiens» (S. Isidori *Chronicon*).

321 Suevos. Eurico.
«Entre los primeros conquistadores de España, vándalos, alanos y suevos, fueron estos últimos desde luego católicos; mas se hicieron arrianos cuando su rey Remismundo se casó con la hija del visigodo Teodorico (464). Devastaron las ciudades del mismo modo que las iglesias, pasaron a degüello a los sacerdotes y a los obispos católicos, muchos de los cuales, como Pancraciano de Braga y Potamio, llenaron de gloria la Iglesia española

Duró el arrianismo entre los suevos noventa y seis años, con escasa diferencia, hasta el reinado de Charrarico, según refiere san Gregorio Turonense, o hasta el de Teodomiro, conforme a la crónica de san Isidoro. De esta manera narra el Turonense aquella conversión prodigiosa.[322] Tiene su relato cierto sabor de piadosa leyenda, que perdería traducido en el árido estilo de nuestra historia:

No alcanza mi lengua a decir tan extrañas virtudes. Estaba gravemente enfermo el hijo de Charrarico, rey de Galicia..., y en aquella región había gran peste de leprosos. El rey, con todos sus vasallos, [323] seguía la fétida secta arriana. Pero, viendo a su hijo en el último peligro, habló a los suyos de esta suerte: "Aquel Martín de las Galias que dicen que resplandeció en virtudes, ¿de qué religión era? ¿Sabéislo?" y fuéle respondido: "Gobernó en la fe católica su grey, afirmando y creyendo la igualdad de sustancias y omnipotencia entre Padre, Hijo y Espíritu santo, y por eso hoy está en los cielos y vela sin cesar por su pueblo". Repuso el monarca: "Si verdad es lo que decís, vayan hasta su templo mis fieles amigos, levando muchos dones, y si alcanzan la curación de mi hijo, aprenderé la fe católica y seguiréla". Envió, pues, al sepulcro del santo tanta cantidad de oro y de plata como pesaba el cuerpo de su hijo, pero quedaba en el pecho del rey amor a la antigua secta, y por eso no logró la merced que pedía. Y, volviendo los enviados, le contaron las maravillas que presenciaron en la tumba del beato Martín y dijeron: "No sabemos por qué no ha sanado tu hijo". Pero él, entendiendo que no sanaría hasta que confesase la divinidad del Verbo, labró un templo en honor de san Martín, y exclamó: Si merezco recibir las reliquias de este santo varón, creeré cuanto predican los sacerdotes. Y tornó a enviar a sus criados con grandes ofrendas, para que pidiesen las reliquias. Ofreciéronselas, según costumbre; pero ellos replicaron: "Dadnos licencia para ponerlas aquí y tomarlas mañana". Y,

---

con su valor heroico. No fue luego menos deplorable la suerte de la Iglesia católica bajo el rey visigodo Eurico (476). Según refiere Sidonio Apollinario, obispo de Clermont, desterró Eurico un gran número de obispos y prohibió nuevas elecciones. Quedaron así muchas iglesias, tanto en España como en las Galias, huérfanas de pastores y se hundieron entre sus propias ruinas; creció la yerba alrededor de los santuarios y hasta en los altares habitaban las fieras entre los escombros de los templos derruidos» (Alzog, II, 185).

322   *De miraculis Sancti Martini Turonensis*, cap. 11, lib. 1 en la edición del Turonense hecha por Ruinart (París 1699).

323   Entiéndase solo de los suevos. Los hispanorromanos eran o católicos o priscilianistas.

tendiendo sobre el sepulcro un manto de seda, en él colocaron las reliquias, después de besarlas, diciendo: "Si hallamos gracia cerca del santo patrono, pesarán mañana doble y serán puestas para bendición, besadas por fe". Velaron toda aquella noche y a la mañana volvieron a pesarlas, y fue tanta la gracia del santo, que subieron cuanto pudo demostrar la balanza. Levantadas con gran triunfo las reliquias, llegaron las voces de los que cantaban a oídos de los encarcelados de la ciudad, y, admirando lo suave de aquellos sones, preguntaban a los guardas cuál fuese la ocasión de tanto júbilo. Ellos dijeron: "Llevan a Galicia las reliquias de san Martín, y por eso son los himnos". Lloraban los presos invocando a san Martín para que los librase de la cárcel. Aterráronse y huyeron, impelidos por fuerza sobrenatural, los guardas; rompiéronse las cadenas, y aquella multitud salió libre de las prisiones para besar las santas reliquias y dar gracias a san Martín, que se dignó salvarlos... Y, viendo este prodigio, los que llevaban las reliquias alegráronse mucho en su corazón y dijeron: "Ahora conocemos que se digna el santo obispo mostrarse benévolo con nosotros pecadores". Y entre acciones de gracias, navegando con viento próspero, so el amparo celeste, mansas las ondas, reposados los vientos, pendientes las velas, tranquilo el mar, aportaron felizmente a Galicia. El hijo del rey, milagrosamente y del todo sano, salió a recibir aquel tesoro... Entonces llegó también de lejanas regiones, movido por divina inspiración, un sacerdote llamado Martín... El rey, con todos los de su casa, confesó la unidad de Padre, Hijo y Espíritu santo y recibió el crisma. El pueblo quedó libre de la lepra hasta el día de hoy y todos los enfermos fueron salvos... Y aquel pueblo arde ahora tanto en el amor de Cristo, que todos irían gozosos al martirio si llegasen tiempos de persecución.

Tal es la hermosa tradición que en el siglo VI explicaba el súbito tornar de los suevos al catolicismo. La historia, por boca de san Isidoro, nos dice mucho menos. El rey converso no fue Charrarico, sino Teudemiro, y el catequista, san Martín Dumiense o Bracarense, gloria de nuestra Iglesia, aunque nacido en Pannonia y educado en Oriente. El mismo escribió:

> Pannoniis genitus, transcendens aequora vasta
> Galliciae in gremium divinis nutibus actus.

El padre Flórez procuró resolver la contradicción admitiendo dos conversiones: una del rey y su corte, en tiempo de Charrarico, y otra de todo el pueblo en el reinado de Teudemiro, merced a las exhortaciones de san Martín, el húngaro.[324] Sin embargo, expreso está el texto de san Isidoro, que alude a una sola conversión: *Multis deinde Suevorum regibus in Ariana haeresi permanentibus, tandem regni potestatem Theudemirus suscepit. Qui confestim, Arianae impietatis errore destructo, Suevos catholicae fidei reddidit, innitente Martino Monasterii Dumiensis Episcopo, fide et scientia claro: cuius studio et pax Ecclesiae ampliata est et multa in Ecclesiasticis disciplinis Gallaeciae regionibus instituta.*

San Martín Dumiense fue el apóstol de Galicia. No solo convirtió a los arrianos, y es de suponer que lidiase con los priscilianistas, sino que atajó las supersticiones del vulgo en el curiosísimo tratado *De correctione rusticorum.*[325] Era docto en letras griegas y en humana filosofía: tradujo y ordenó las sentencias de los padres egipcios y compuso buen número de tratados morales (*Formula Vitae Honestae*, *De moribus*, *Pro repellenda iactantia*, *Exhortatio humilitatis*, *De ira*, etc.), tejidos en su mayor parte de conceptos y sentencias de Séneca.[326] Es el más antiguo de los senequistas de la península Ibérica.

En honra de su apostólico celo cantó el trevisano Venancio Fortunato:

> Martino servata novo, Gallicia plaude,
>   sortis apostolicae vir tuus iste fuit.
> Qui virtute Petrum, praebet tibi dogmate Paulum,
>   hinc Iacobi tribuens, inde Ioannis opem.
> Pannoniae, ut perhibent veniens e parte Quirinis,
>   est magis effectus Galli-Sueva salus.

Fundó san Martín cerca de Braga el monasterio Dumiense; y tanto adelantó la conversión de los suevos, que en el concilio Bracarense, ya citado, no fue necesario pronunciar nuevo anatema contra el arrianismo, limitándose los padres a

---

324 *España sagrada*, tomo 15 fol 111 y siguientes.

325 Véase el capítulo siguiente.

326 La mejor edición de la obra de san Martín Bracarense es la que forma parte del tomo 15 de la *España sagrada*.

leer la decretal de Vigilio y extractar de ella su canon 5, en que mandan administrar el bautismo en el nombre del Padre, del Hijo y del Espíritu santo.

¡Tan completa había sido la abjuración de los bárbaros establecidos en Galicia! Triunfo natural de la cultura de los hispanorromanos, que al cabo constituían la parte mayor y más ilustrada de la población, sobre todo en aquella comarca, donde habían nacido el priscilianismo y sus impugnadores (indicios todos de gran movimiento intelectual), donde habían escrito los Orosios, Bacchiarios, Avitos, Idacios y Toribios, dignos predecesores de san Martín. También los suevos, con el candoroso anhelo del neófito, quisieron acercarse a aquella luz, y viose al rey Miro, con insaciable sed de sabiduría, correr a los manantiales de la ciencia moral y pedir al obispo bracarense las enseñanzas y consuelos del antiguo saber.[327]

Cuando la usurpación de Andeca y las armas de Leovigildo dieron al traste con el pequeño reino galaico, la fusión romano-sueva estaba casi terminada. El catolicismo, la ciencia clásico-eclesiástica y el gigante espíritu latino iban a alcanzar muy pronto nueva y más disputada victoria. Conviene fijarnos en el arrianismo visigodo.

VI. El arrianismo entre los visigodos hasta Leovigildo

Cuando Ataúlfo llegó en 416 a Barcelona, los visigodos que le seguían profesaban únicamente el arrianismo aprendido de Ulfilas. Pero menos bárbaros que los restantes invasores o distraídos en conquistas y alianzas que los apartaban de la persecución religiosa, ni trataron de imponer sus dogmas al pueblo vencido ni siguieron el cruento ejemplar de los vándalos.[328] Mientras en Andalucía derramábase la sangre a torrentes, y los obispos, firmes en los mayores trabajos a la guarda y defensa de su grey (como escribió san Agustín),

---

327 «Non ignoro, clementissime Rex, flagrantissimam animi tui sitim sapientiae insatiabiliter poculis inhiare, eaque te ardenter quibus moralis scientiae rivuli manant, fluenta requirere.» (Prólogo de la *Formula Vitae Honestae*, de san Martín.)

328 Contra la supuesta barbarie de los godos hay un curioso texto de san Jerónimo (epístola 106) cuando en su gruta de Belén recibió una carta en que los dos godos Sunnia y Fretella le consultaban sobre las discordancias entre las tradiciones latinas y las grecoalejandrinas: «Quis hoc crederet ut barbara getarum lingua hebraicam quaereret veritatem, et dormitantibus, immo contendentibus graecis, ipsa Germania Spiritus Sancti eloquia scrutaretur?» (Opp. I 641). Alzog, II 184.

solo abandonaban sus iglesias cuando los fieles habían desaparecido, unos alejándose de la patria, otros muertos en la persecución, quién consumido en los sitios de las ciudades, quién prisionero y cautivo, los de Cataluña y la Galia Narbonense disfrutaron de relativa libertad en los reinados del mismo Ataúlfo, de Sigerico, Walia, Teodoredo, Turismundo y Teodorico, todos los cuales trabajaron activamente en la constitución del nuevo imperio. Al fin, Eurico vio reunida bajo su cetro, además de la *Galia Aquitánica*, toda nuestra Península, excepto la Gallecia y tierras confinantes, donde se mantuvieron por cien años más los suevos. Eurico, el primero de los legisladores de su raza, no se acordó de los vencidos sino para perseguirlos. En Aquitania mató, encarceló y desterró a muchos clérigos y sacerdotes.

Moderó estos rigores su sucesor Alarico, que llegó a honrar con altos cargos a muchos de la gente romana e hizo compilar para su uso el código llamado *Breviario de Aniano*. Leyes hubo desde entonces para los dos pueblos, pero leyes diversas: una para el bárbaro vencedor, otra para el siervo latino. Algún alivio traía, sin embargo, tal estado de cosas, en cotejo con la absoluta anarquía que siguió a las primeras invasiones.

La moderación de Alarico no fue parte a impedir que otro caudillo bárbaro, el franco Clovis o Clodoveo, convertido poco antes al cristianismo, emprendiese, so pretexto de religión, despojarle de lo que poseían los godos en las Galias. Alarico desterró a dos obispos, Volusiano de Tours y Quintiano de Rodez, por sospechosos de inteligencia con los francos. Clodoveo juró arrojar de la Aquitania a los herejes, y, a pesar de los esfuerzos conciliatorios del rey de Italia Teodorico, la guerra fue declarada y vencido y muerto Alarico en Vouglé, cerca de Poitiers.

Tras el breve reinado de Gesaleico y la regencia de Teodorico ocupó el trono Amalarico, cuyo matrimonio con Clotilde, hija de Clodoveo, fue nueva semilla de discordia y de males para el reino visigodo. La esposa era católica, y Amalarico se obstinó en contrariarla, prohibiéndole el culto y hasta maltratándola de obra y de palabra. Según tradición de los franceses, la ofendida reina envió a sus cuatro hermanos, Childeberto, Clotario, Clodomiro y Thierry, un lienzo teñido en su propia sangre, como indicio de los golpes, heridas y afrentas que había recibido de su consorte. Childeberto, rey de París, y Clotario, de Soissons, se movieron para ayudarla o dejarla vengada, y derrotaron, no se sabe dónde, a

Amalarico, que fue muerto en la batalla, según refiere Procopio, o traspasado de una lanzada cuando iba a refugiarse en cierta iglesia, si creemos al Turonense, o degollado en Narbona por sus propios soldados, conforme narra san Isidoro. Childeberto volvió a París con su hermana y un rico botín, en que entraba por mucho la plata de las iglesias.

Dos guerras desdichadas habían puesto la potencia visigoda muy cerca del abismo. Las ciudades de la Narbonense abrían las puertas a los francos como a católicos y libertadores. La fuerte mano de Teudis contuvo aquella disgregación, y ni él, ni Teudiselo, ni Agila, ni Atanagildo, el que llamó a España los griegos imperiales y de quien san Isidoro dice: *Fidem Catholicam occulte tenuit, et Christianis valde benevolus fuit*,[329] cometieron acto alguno de hostilidad contra la fe española.

Hasta el año 570, en que entró a reinar Leovigildo, no hubo, pues, otro conato de persecución arriana que la de Eurico, limitada a Aquitania según todas las noticias que de ella tenemos. Ni impidieron aquellos monarcas la celebración de numerosos concilios provinciales, cuales fueron el Agatense (de Agde), el Tarraconense, el Ilerdense, el Valentino, el Gerundense y el Toledano II. Nunca se distinguieron los visigodos por el fanatismo y eran además en pequeño número para contrastar las creencias unánimes de la población sometida, que poco a poco les iba imponiendo sus costumbres y hasta su lengua.

VII. El arrianismo en tiempo de Leovigildo. Postrera lucha

Leovigildo era hombre de altos pensamientos y de voluntad firme, pero se encontró en las peores condiciones que podían ofrecerse a monarca o caudillo alguno de su raza. Por una parte aspiraba a la unidad, y logróla en lo territorial con la conquista del reino suevo y la sumisión de los vascones. Pero bien entendió que la unidad política no podía nacer del pueblo conquistador, que, como todo pueblo bárbaro, significaba desunión, individualismo llevado al extremo. Por eso, la organización que Leovigildo dio a su poderoso Estado era calcada en la organización romana, y a la larga debía traer la asimilación de las dos razas. El imperio, a la manera de Diocleciano o de Constantino, fue el ideal que tiró a reproducir Leovigildo en las pompas de su corte, en la jerarquía

---

329 Algunos suponen intercaladas en el *Chronicon* estas palabras, que faltan en muchos manuscritos.

palaciega, en el manto de púrpura y la corona, en ese título de Flavio con que fue su hijo Recaredo el primero en adornarse y que con tanta diligencia conservaron sus sucesores. Título, a la verdad, bien extraño por la reminiscencia clásica y suficiente a indicar que los bárbaros, lejos de destruir la civilización antigua, como suponen los que quisieron abrir una zanja entre el mundo romano y el nuestro, fueron vencidos, subyugados y modificados por aquella civilización, que los deslumbraba aun en su lamentable decadencia. El imperio, última expresión del mundo clásico, era institución arbitraria y hasta absurda; pero había cumplido un decreto providencial extendiendo la unidad de civilización a los fines del mundo entonces conocido y dando por boca del tirano y fratricida Caracalla la unidad de derechos y deberes, el derecho universal de ciudadanía. Otra unidad más íntima iba labrando al mismo tiempo el cristianismo. Las dos tendencias se encontraron en tiempo de Constantino: el imperio abrazó al cristianismo como natural aliado. Juliano quiso separarlos y fue vencido. Teodosio puso su espada al servicio de la Iglesia y acabó con el paganismo.[330] Poco después murió el imperio porque su idea era más grande que él; pero el espíritu clásico, va regenerado por el influjo cristiano, ese espíritu de ley, de unidad de civilización, continúa viviendo en la oscuridad de los tiempos medios e informa en los pueblos del Mediodía toda civilización, que en lo grande y esencial es civilización romana por el derecho como por la ciencia y el arte, no germánica, ni bárbara, ni caballeresca, como un tiempo fue moda imaginársela. Por eso los dos Renacimientos, el del siglo XIII y el del XV, fueron hechos naturalísimos y que no vinieron a torcer, sino a ayudar el curso de las ideas. Y, en realidad, a la idea del Renacimiento sirvieron, cada cual a su modo, todos los grandes hombres de la Edad media, desde el ostrogodo Teodorico hasta Carlomagno, desde

---

330 Ley de Teodosio el Grande contra los arrianos (380). *Cod. Theodosiano* XVI 1, 2.
«Cunctos populos quos clementiae nostrae regit, temperamentum, in tali volumus religione versari, quam divinum Petrum apostolum tradidisse Romanis religio usque nunc ab ipso insinuata declarat, quamque pontificem Damasum sequi declarat, et Petrum Alexandriae episcopum, virum apostolicae sanctitatis: hoc est ut secundum apostolicam disciplinam evangelicamque doctrinam Patris et Filii et Spiritus Sancti unam Deitatem sub parili maiestate et sub pia Trinitate credamus. Hanc legem sequentes christianorum catholicorum nomen iubemus amplecti; reliquos vero dementes vesanosque iudicantes, haeretici dogmatis infamiam sustinere nec conciliabula eorum ecclesiarum nomen accipere, divina primum vindicta, post etiam motus nostri, quem ex coelesti arbitrio sumpserimus, ultione plectendos.»

san Isidoro, que recopiló la ciencia antigua, hasta santo Tomás, que trató de cristianizar a Aristóteles; desde Gregorio VII hasta Alfonso el Sabio. Nunca ha habido soluciones de continuidad en la historia.

Leovigildo, puesta su mira en la unidad política, y quién sabe si en la social y de razas, tropezó con un obstáculo invencible: la diversidad religiosa. Trató de vencerla desde el punto de vista arriano, tuvo que erigirse en campeón del menor número, del elemento bárbaro e inculto, de la idea de retroceso, y no solo se vio derrotado, lo cual era de suponer, sino que contempló penetrar en su propio palacio, entre su familia, el germen de duda y discordia, que muy pronto engendró la rebelión abierta. Y en tal extremo, Leovigildo, que no era tirano, ni opresor, ni fanático, antes tenía más grandeza de alma que todos los príncipes de su gente, viose impelido a sanguinarios atropellos, que andando los siglos, y olvidadas las condiciones sociales de cada época, han hecho execrable su memoria, respetada siempre por san Isidoro y demás escritores cercanos a aquella angustiosa lucha, que indirectamente y de rechazo produjo la abjuración de Recaredo y la unidad religiosa de la Península. La historia de este postrer conflicto ha sido escrita muchas veces y solo brevemente vamos a repetirla.

Hermenegildo, primogénito de Leovigildo y asociado por él a la corona, casó con Ingunda, princesa católica, hija de nuestra Brunechilda y del rey Sigeberto. Los matrimonios franceses eran siempre ocasionados a divisiones y calamidades. Ingunda padeció los mismos ultrajes que Clotilde, aunque no del marido, sino de la reina Gosuinda, su madrastra, arriana fervorosa, que ponía grande empeño en rebautizar a su nuera, y llegó a golpearla y pisotearla, según escribe, quizá con exageración, el Turonense. Tales atropellos tuvieron resultado en todo diverso del que Gosuinda imaginaba, dado que no solo persistió Ingunda en la fe, sino que movió a abrazarla a su marido, dócil asimismo a las exhortaciones y enseñanzas del gran prelado de Sevilla san Leandro, hijo de Severiano, de la provincia Cartaginense.

Supo con dolor Leovigildo la conversión de su hijo, que en el bautismo había tomado el nombre de Juan, para no conservar, ni aun en esto, el sello de su bárbaro linaje. Mandóle a llamar y no compareció, antes levantóse en armas contra su padre, ayudado por los griegos bizantinos que moraban en la Cartaginense y por los suevos de Galicia. A tal acto de rebelión y tiranía (así lo llama el

Biclarense)[331] contestó en 583 Leovigildo reuniendo sus gentes y cercando a Sevilla, corte de su hijo. Duró el sitio hasta el año siguiente; en él murió el rey de los suevos, Miro, que había venido en ayuda de Hermenegildo;[332] desertaron de su campo los imperiales, y al cabo, Leovigildo, molestando a los cercados desde Itálica, cuyos muros había vuelto a levantar, rindió la ciudad, parte por hambre, parte por hierro, parte torciendo el curso del Betis.[333] Entregáronsele las demás ciudades y presidios que seguían la voz de Hermenegildo y finalmente la misma Córdoba, donde aquel príncipe se había refugiado. Allí mismo (como dice el abad de Valclara, a quien con preferencia sigo por español y coetáneo) o en Osset (como quiere san Gregorio de Tours), y fiado en la palabra de su hermano Recaredo, púsose Hermenegildo en manos de su padre, que le envió desterrado a Valencia. Ni allí se aquietó su ánimo; antes indújole a levantarse de nuevo en sediciosa guerra, amparado por los hispanorromanos y bizantinos, hasta que, vencido por su padre en Mérida y encerrado en Tarragona, lavó en 585 todas sus culpas, recibiendo de manos de Sisberto la palma del martirio por negarse a comulgar con un obispo arriano. Hermenegildus in urbe Tarraconensi a Sisberto interficitur, nota secamente el Biclarense, que narró con imparcialidad digna de un verdadero católico esta guerra, por ambas partes escandalosa. Pero en lo que hace a Hermenegildo, el martirio sufrido por la confesión de la fe borró su primitivo desacato, y el pueblo hispanorromano comenzó a venerar de muy antiguo la memoria de aquel príncipe godo que había abrazado generosamente la causa de los oprimidos contra los opresores, siquiera fuesen éstos de su raza y familia. Esta veneración fue confirmada por los pontífices. Sixto V extendió a todas las iglesias de España la fiesta de san Hermenegildo, que se celebra el

---

331 «Leovigildus Rex exercitum ad expugnandum tyrannum filium colligit... Leovigildus Rex civitatem Hispalensem congregato exercitu obsidet, et rebellem filium gravi obsidione concludit» (*Chronicon* del Biclarense, tomo 6 de la *España sagrada*, página 383).

332 «Anno primo Mauricii Imperatoris, qui est Leovigildi regis XV an. Leovigildus Rex civitatem Hispalensem congregato exercitu obsidet, et rebellem filium gravi obsidione concludit; in cuius solatio Miro Suevorum Rex ad expugnandam Hispalim advenit, ibique diem clausit extremum...» (Biclarense).

333 «Interea Leovigildus Rex supradictam civitatem nunc fame, nunc ferro, nunc Baetis conclusione, omnino conturbat... Leovigildus muros Ithalicae antiquae civitatis restaurat: quae res maximum impedimentum Hispalensi populo exhibuit» (*Bielarense*, ut supra).

14 de abril.[334] Es singular que san Isidoro solo se acuerde del rey de Sevilla para decir en son de elogio que Leovigildo sometió a su hijo, que tiranizaba el imperio. (*Filium imperiis suis tyrannizantem, obsessum superavit.*) ¡Tan poco preocupados y fanáticos eran los doctores de aquella Iglesia nuestra, que ni aun en provecho de la verdad consentían el más leve apartamiento de las leyes morales!

Ingunda pasó fugitiva a la costa africana, donde murió, y su hijo Amalarico fue conducido por los servidores del padre a Constantinopla, donde imperaba Mauricio, aliado que fuera de Hermenegildo. La rebelión de éste dio ocasión a Leovigildo para dos guerras felices: la de los suevos, cuya dominación destruyó del todo, y la de los francos, cuyo rey Gontrán padeció por tierra y mar sendas derrotas.

Dura fue la persecución de Leovigildo contra los católicos. Hemos de reconocer, sin embargo, que había buscado, aunque erradamente, una conciliación semejante al Interim que en el siglo XVI promulgó el césar Carlos V para sus estados de Alemania. Siempre han sido inútiles, cuando no de funestos resultados, estas tentativas de concordia teológica de parte de príncipes seculares. El año 580 reunió Leovigildo en Toledo un conciliábulo de obispos arrianos, que introdujeron algunas modificaciones en la secta para que pareciese aceptable a los ojos de los católicos, ordenando que no se rebautizase a los que viniesen a su secta, sino que se les purificase (así decían) por la imposición de manos y la comunión. A la antigua fórmula de glorificación que ellos usaban sin copulativas: *Gloria Patri, Filio, Spiritui Sancto,*[335] para excluir la igualdad entre las personas divinas sustituyeron otra, también errónea, que se les antojó no tan malsonante: *Gloria Patri per Filium in Spiritu Sancto.* Redactóse una profesión de fe en consonancia con esta fórmula arriana y macedoniana y obstinóse Leovigildo en imponerla a todos sus vasallos, de grado o por fuerza. Resistieron heroicamente los hispanorromanos; arrojados fueron de sus sillas los más egregios obispos de aquella edad: san Leandro, de Sevilla, que buscó asilo en

---

334 Además del Biclarense, véanse sobre el martirio de Hermenegildo: san Gregorio el Magno en el, lib. 3 de sus *Diálogos*, cap. 31; el Turolense en los lib. 5 y 6 de su *Historia eclesiástica* y en los Milagros, etc., lib. 3, cap. 12, y por incidencia otros. Todos estos sucesos, así como los referidos en el párrafo anterior, son de los más conocidos de nuestra historia, y por eso no hago hincapié en ellos.

335 Véase carta de Vigilio a Profuturo.

Constantinopla; san Fulgencio, de Écija: Liciniano, de Cartagena; Fronimio, de Agde, en el Languedoc: Mausona, finalmente, el más célebre de los prelados emeritenses. Su biógrafo, el diácono Paulo, [336] refiere por extenso lo acaecido a aquel varón santísimo. Negóse a suscribir la Formula fidei del conciliábulo toledano; no se intimidó por terrores y amenazas, y cuando Leovigildo envió a Mérida un obispo herético e intruso, llamado Sunna, no dudó en aceptar con él una controversia pública en la iglesia de santa Eulalia. Era Sunna, según lo describe *Paulo Emeritense, homo funestus, vultu teterrimus, cuius erat frons torva, truces oculi, aspectus odibilis, motus horrendus, eratque mente sinister, moribus pravus, lingua mendax, verbis obscoenus, forinsecus turgidus, intrinsecus vacuus, extrorsus elatus, introrsus inanis, foris inflatus, interius cunctis virtutibus evacuatus, utrobique deformis, de bonis indignus, de pessimis opulentus, delictis obnoxius, perpetuae morti nimis ultroneus*; en suma, un verdadero retrato de Lucifer. Antes de entrar en la pelea oró Mausona por tres días y tres noches ante el altar de la Virgen emeritense y, fortificado con celestiales consuelos, descendió al atrio, donde estaba congregado el pueblo católico, de una parte, y de otra, Sunna con los arrianos. Comenzó la disputa (discusión que diríamos ahora), *ingens verborum certamen*, que dice Paulo, y Mausona, portento de elocuencia y de doctrina, redujo fácilmente al silencio a su adversario. Corría de los labios del obispo de Mérida una oración más dulce que la miel: *Nam tantam gratiam, in eius labiis eo die Dominus conferre dignatus est, ut nunquam eum quisquam viderit prius tam claro eloquio facundum... licet semper docuerit ore eloquentissimo.* Entonces, como dice la Escritura y repite Paulo, viéronlo los justos y alegráronse, y toda iniquidad selló su boca, porque el Señor había cerrado la boca de los que hablaban iniquidades. Y mientras los arrianos enmudecían, postráronse los católicos y alzaron al Señor sus voces de júbilo, cantando: *Quis similis in Diis, Domine? Quis similis tibi, et non est secundum opera tua?* Tras de cuyo triunfo entraron en la basílica, bendiciendo a la virgen Eulalia, que había ensalzado a sus servidores y reducido a la nada a sus enemigos. (*Quae in sublime erexerat famulos, et ad nihilum suos redegerat inimicos.*)

El espíritu malo (dice Paulo) movió a Leovigildo a llamar a Mausona a Toledo y pedirle la túnica de santa Eulalia. A lo cual contestó enérgicamente el obispo:

---

336 *Vitae Patrum Emeritensium*, en el tomo 13 de la *España sagrada*, páginas 335 y siguientes, cap. 10-15.

Compertum tibi sit quia cor meum sordibus Arianae superstitionis nunquam maculabo: tam perverso dogmate mentem meam nunquam inquinabo: tunicam Dominae meae Eulaliae sacrilegis haereticorum manibus polluendam, vel etiam summis digitis pertractandam, nunquam tradam. En vano mandó Leovigildo gente a Mérida para buscar la túnica en el tesoro de la iglesia: la túnica no apareció porque Mausona la llevaba oculta sobre su propio cuerpo. Amenazóle el rey con el destierro, y él replicó: «Si sabes algún lugar donde no esté Dios, envíame allá». (*Et ideo obsecro te ut si nosti regionem aliquam, ubi Deus non est, illic me exilio tradi iubeas.*) Montáronle en un corcel indómito para que le hiciese pedazos, y el bruto se amansó al sentir su peso. Leovigildo, espantado por tal prodigio, le permitió retirarse a un monasterio, y aún es fama que tres años después consintió que volviese a su sede amonestado el rey en sueños por una voz que le decía: *Redde servum meum.* Todas éstas y otras hermosas tradiciones están consignadas en el *Leyendario* de *Paulo Emeritense*, y aunque no sea forzoso tenerlas por artículos de fe, proceden al cabo de un autor del siglo VIII,[337] y nos dan idea viva y fiel de aquella lid postrera y desesperada entre las dos religiones y los dos pueblos. Gran consuelo es poder asistir en espíritu a esa especie de desafío teológico en el atrio de la romana Mérida.

Leovigildo apenas derramó más sangre cristiana que la de su hijo. Acúsale el Turonense de haber atormentado a un sacerdote, cuyo nombre no expresa. Enriqueció el erario con la confiscación de las rentas de las iglesias, y pareciéndole bien tal sistema de hacienda le aplicó no solo a los católicos, sino también a sus vasallos arrianos.

La Iglesia española se mantuvo inmoble en medio de tal borrasca. Solo un obispo apostató: Vincencio de Zaragoza.[338] Pero no lo llevaron en calma sus correligionarios, puesto que Severo, obispo de Málaga, a quien en el párrafo siguiente veremos combatir, unido con Liciniano, las opiniones materialistas de otro obispo, escribió contra el cesaraugustano un libro hoy perdido, en que gravemente le reprendía por haber prevaricado en la hora de la tribulación.[339]

---

337 Sin embargo, acaba su historia en Renovato, prelado del siglo VII.

338 «Vincentium Caesaraugustanum de Episcopo Apostatam factum et tanquam e caelo in infernum proiectum» (*San Isidori Chronicon*, era 606).

339 «Edidit libellum unum adversus Vincentium...» (san Isidoro, *De Viris Illustribus*).

La grandeza misma de la resistencia, el remordimiento quizá de la muerte de Hermenegildo, trajeron al rey visigodo a mejor entendimiento en los últimos días de su vida. Murió en 587, católico ya y arrepentido de sus errores, como afirma el Turonense y parece confirmarlo la prestísima abjuración públca de su hijo y sucesor Recaredo. De la conversión del padre nada dicen nuestros historiadores. Riego fecundo fue de todas suertes para nuestra Iglesia e de la sangre de Hermenegildo.

VIII. Escritos apócrifos. Materialismo de un obispo

La fe se acrisolaba con la persecución, pero el pueblo cristiano veíase expuesto a otro peligro mayor por la ligereza o credulidad de algunos de sus prelados. Los errores de dos de ellos, aunque el nombre de uno solo, han llegado a nuestra noticia en las áureas cartas de Liciniano, que son de los más curiosos monumentos de la ciencia española de aquellos días. Liciniano, obispo de Carthago Spartaria, o sea Cartagena, y no de la Cartago de África, como algunos han supuesto,[340] fue uno de los desterrados por Leovigildo, y es fama que murió trágicamente en Constatinopla envenenado por sus émulos.[341] De las obras de este ilustre varón solo tenemos tres epístolas, la segunda y tercera interesan a nuestro propósito.

Enderezada fue la segunda a Vincencio, obispo de Ibiza, que había admitido por auténtica una carta a nombre de Cristo, que se suponía caída del cielo. Esta ficción no es única en la historia de la Iglesia: pertenece al mismo género de apócrifos que la carta del Redentor a Abgaro de Edesa o la de la Virgen a los ciudadanos de Mesina. Sectas gnósticas hubo que fundaban sus imaginaciones en documentos emanados de tan alto origen y caídos a la tierra por especial providencia. El autor de la carta que se esparció en Ibiza no debía de ser gnóstico, sino judío o cristiano algo judaizante y farisaico, puesto que exageraba el precepto de descanso en el domingo, extendiéndose aun a las cosas necesarias para la preparación del alimento y vedando el ponerse en camino ni hacer obra alguna liberal en tales días. Con razón exclama el obispo de Cartagena: «¡Ojalá que el pueblo cristiano, ya que no frecuentara la iglesia en ese día, hiciera algo

---

340 «Licinianus Carthaginis Spartariae Episcopus...», dice expresamente san Isidoro, único escritor antiguo que habla de él.

341 «Veneno, ut ferunt, extinctus ab aemulis» (san Isidoro, *De scriptoribus ecclesiasticis*).

de provecho y no danzase!». La tal carta, que se decía en Roma sobre el altar de san Pedro, fue recitada desde el púlpito por el obispo para que llegara a conocimiento de todos los fieles. Liciniano reprende la necia facilidad de Vincencio en recibir aquel escrito, donde ni se encontraba locución elegante ni doctrina sana.[342]

De trascendencia mucho mayor es la epístola tercera, *in qua ostenditur Angelos et animas rationales esse spiritus sive totius corporis expertes*,[343] dirigida al diácono Epifanio, y suscrita por Liciniano y Severo, obispo malacitano. Otro obispo, cuyo nombre tuvieron la cortesía o reverencia de omitir los impugnadores, negaba la espiritualidad del alma racional y de los ángeles, aseverando que todo, fuera de Dios, era corpóreo. La afirmación materialista apenas podía ir más allá, y los que la consideran como el término de la ciencia novísima pueden contar en el triste catálogo de sus predecesores a un anónimo obispo español del siglo VI. La cuestión no era entonces tan clara como hoy; aunque todos los padres de la Iglesia griega y latina convinieron en la espiritualidad e inmortalidad del alma, no ha de dudarse que algunos se habían explicado con cierta oscuridad y falta de precisión científica, que para el error podían ofrecer no solo pretextos, sino armas. Tertuliano y Arnobio se extraviaron en esta cuestión;[344] pero cuando otros hablan de la materia del alma, ha de entenderse siempre de una materia sutilísima y diversa de la corpórea. Fuera de que el alma no es para ellos el principio racional que llaman pneuma, sino el principio vital apellidado *psyche.*

Al error del ignorado obispo oponen el de Cartagena y el de Málaga dos especies de argumentos, unos de autoridad y otros de razón. Me fijaré especialmente en los segundos. Todo cuerpo vivo, dice Liciniano, consta de tres elementos: es absurdo decir que la sustancia del alma esté compuesta de ninguno de ellos. Si el alma es imagen de Dios, no puede ser cuerpo. *El alma* (decían los materialistas de entonces) es corpórea porque está contenida en algún lugar. Y Liciniano y Severo dan esta admirable respuesta: «Rogámoste que nos digas

---

342 Véase la carta de Liciniano en el tomo 5, ap. 4, página 425 de la *España sagrada*, y lo especial de ella en el apéndice de este capítulo.

343 Véase en Flórez, tomo 5, ap. 4, página 421, y en nuestro ap.[a]

---

a Nota del editor. Ni ésta ni la carta a la que alude la nota anterior se insertaron en el apéndice.

344 Tertuliano afirma resueltamente la corporeidad del alma (*De anima*).

en qué lugar puede estar contenida el alma. Si la contiene el cuerpo, de mejor calidad es el cuerpo continente que el alma contenida. Es absurdo decir que el cuerpo supera en excelencia al alma; luego el alma es la que contiene y el cuerpo lo contenido. Si el alma rige y vivifica el cuerpo, tiene que contenerle. Y no está limitada por el cuerpo que contiene, a la manera del odre lleno de agua... Está toda interior, toda exteriormente, tanto en la parte mayor del cuerpo como en la menor. Si tocas con el dedo una extremidad del cuerpo, toda el alma siente. Y siendo cinco los sentidos corporales, ella no está dividida en los sentidos; toda oye, toda ve, toda huele, toda toca, toda gusta, y cuando mueve el cuerpo de su lugar, ella no es movida. Y por eso distinguimos bien tres naturalezas: la de Dios, que ni está en tiempo ni en lugar; la del espíritu racional, que está en tiempo, mas no en lugar; la de la materia, que está en lugar y en tiempo. Pero acaso se replicará: "El alma no puede existir fuera del cuerpo: su cantidad está limitada por la de éste". "Según eso (prosigue Liciniano), será cada cual más sabio según fuere más alto y desarrollado de miembros, y vemos que sucede lo contrario, porque la cantidad del alma no se mide por la del cuerpo. Si el alma es de magnitud del cuerpo, ¿cómo, siendo tan pequeña, encierra tan grandes ideas? ¿Cómo podemos contener en la mente las imágenes de ciudades, de montes, de ríos, de todas las cosas creadas del cielo y de la tierra? ¿Qué espacio hay bastante grande para el alma, cuando ella abarca y compendia tantos espacios? Pero, como no es cuerpo, contiene de un modo no local (*inlocaliter*) todos los lugares. Si un vaso está contenido en otro vaso, el menor será el de dentro; el mayor, el de fuera. ¿Cómo, pues, el alma, que tantas grandezas encierra, ha de ser menor que el cuerpo? Por eso afirmamos que el alma tiene alguna cualidad, pero no cantidad; y Dios, ni cantidad ni cualidad. Como el alma no es igual a Dios, tiene cualidad; como no es cuerpo, carece de cantidad. Y creemos con la santa fe católica, que Dios, ser incorpóreo, hizo unas cosas incorpóreas y otras materiales y sujetó lo irracional a lo racional, lo no inteligente a lo inteligible, lo injusto a lo justo, lo malo a lo bueno, lo mortal a lo inmortal"».

¿Puede presentarse en el siglo VI una página de psicología comparable a la que acabo de traducir fidelísimamente y a la letra? Tal era la doctrina antropológica profesada por los padres que antonomásticamente llamamos toledanos y de la escuela de Sevilla. ¿Dónde estaban las fuentes de esas doctrinas? Liciniano y Severo las declaran: Primero en san Agustín, que había definido el alma sustancia dotada de razón y dispuesta para gobernar el cuerpo; segundo, y con más claridad, en el obispo Mamerto Claudiano, varón docto, que en su libro *De incorporalitate animae* asentó que el alma es la vida del cuerpo y que su ser sustancial es el raciocinio. Pero éstos no eran más que gérmenes; la constitución de la doctrina se debe a Liciniano y a Severo, como se les debe esa demostración clara y perentoria de la unidad y subjetividad de las sensaciones y esa división admirable de los seres según las categorías de lugar y tiempo, de cualidad y cantidad, como se les debe finalmente la gran concepción espiritualista del alma continente y no contenida del cuerpo, especie de atmósfera racional en que el cuerpo vive y que dirige al cuerpo. Esa idea, conservada por los doctores españoles, pasa a los escolásticos de la Edad media, y santo Tomás vuelve a formularla, si bien con sujeción al criterio peripatético, según el cual el alma es la ENTELECHIA primera de un cuerpo físico que tiene la vida en potencia, o, como dijo el Doctor de Aquino, es el acto o la forma sustancial del cuerpo, idea en el fondo exacta, pero más expuesta a desacertadas interpretaciones que la de Liciniano, conforme casi a la de Platón en el *Primer Alcibíades*.[345] Pero conste que para santo Tomás es un axioma la no localización del alma, como lo era para Liciniano, y que uno y otro consideran el espíritu como causa de todos los fenómenos y principio de la vida. El cartesianismo vino a romper esta armonía dividiendo en dos el ser humano y extremando la oposición de materia y espíritu, que formaron ya dos reinos opuestos. Necesario fue excogitar sistemas para explicar sus relaciones, y surgieron las teorías que localizan el alma en el cerebro o en alguna de sus partes, con absoluto olvido y desconocimiento de las propiedades del espíritu. Como lógica consecuencia vino el materialismo, suprimiendo ese incómodo huésped, que, con ser inmaterial, estaba sometido a las condiciones de la materia, y vino la que llaman filosofía positiva, afirmando la existencia de dos órdenes de fenómenos paralelos, pero sin reconocer ni negar la existencia de sustancias a qué referirlos. Y hoy es el día en que para evitar las lógicas consecuencias de la denominada ciencia modesta, con ser la más orgullosa, a la vez que pobre y rastrera, que ha engendrado el pensamiento humano, hay que desandar el camino y retroceder a nuestro buen Liciniano y ver con él la sustancia anímica continente y no contenida, forma sustancial del cuerpo, el principio y base de todas nuestras modificaciones. ¡Cuándo nos con-

---

345 Αὐτό γε τό τοῦ σώματος ἄρΧον ὡμολογήσαμεν ἄνθρωπον ειναι...

venceremos de que hay algo, y aun mucho, que estudiar en la ciencia española hasta de las épocas más oscuras!

Mostróse Liciniano en su réplica profundo escriturario, juntando y exponiendo los textos de los sagrados libros relativos al alma racional, y obtuvo en éste como en los demás puntos señalada victoria sobre el ignoto patriarca de los materialistas españoles.

IX. Abjuran los visigodos el arrianismo. Tercer Concilio Toledano. Tentativas heterodoxas y reacción de Witerico

Claramente se vio desde los primeros días del gobierno de Recaredo la mutación radical que iba a hacerse en las condiciones religiosas del pueblo visigodo. El catolicismo contaba ya innumerables prosélitos entre las gentes de Palacio, como lo fue aquel embajador Agilan, convertido en Francia por el Turolense. El mismo Recaredo debía de estar ya muy inclinado a la verdadera fe en vida de su padre, y si éste murió católico, como parece creíble, y de seguro con el amargo torcedor del suplicio de Hermenegildo, natural es que estas circunstancias viniesen en ayuda de las exhortaciones del catequista san Leandro para decidir el ánimo de Recaredo, iluminado al fin por los resplandores de la gracia. Antes de recibir el bautismo (que fue a los diez meses de reinado) había asistido a largas controversias de obispos católicos con arrianos, para que en ningún caso pudiera tacharse su conversión de violenta y precipitada. La abjuración del rey llevaba consigo la de todo su pueblo, y para darle mayor solemnidad convocóse el tercer concilio Toledano en 589 (era 627). A este sínodo nacional asistieron sesenta y tres obispos y seis vicarios de las cinco provincias españolas (Tarraconense, Cartaginense, Bética, Lusitania y Galicia) y de la Narbonense. Presidió el venerable Mausona, emeritense, uno de los prelados que más habían influido en la resolución del monarca. Abrióse el concilio el día 4 de mayo, y Recaredo habló a los padres de esta manera: «No creo que ignoraréis, reverendísimos sacerdotes, que os he convocado para restablecer la disciplina eclesiástica; y ya que en los últimos tiempos la herejía que amenazaba a la Iglesia católica no permitió celebrar sínodos, Dios, a quien plugo que apartásemos este tropiezo, nos avisa y amonesta para que reparemos los cánones y costumbres eclesiásticas. Sírvaos de júbilo y alegría ver que, por favor de Dios, vuelve con gloria nuestra la disciplina a sus antiguos términos. Pero antes os aconsejo y exhorto a que os preparéis con ayunos, vigilias y oraciones, para que el orden canónico, perdido por el transcurso de los tiempos y puesto en olvido por nuestra edad, tome a manifestarse por merced divina a vuestros ojos».[346]

Al oír hablar de tal suerte a un rey antes hereje, prorrumpieron los padres en acciones de gracias a Dios y aclamaciones a Recaredo. Y, observando un ayuno de tres días, tornaron a juntarse el 7 de mayo. Recaredo, después de hacer oración con los obispos, dirigióles nuevo razonamiento, de este tenor: «No creemos que se oculta a vuestra santidad por cuánto tiempo ha dominado el error de los arrianos en España y que, no muchos días después de la muerte de nuestro padre, nos hemos unido en la fe católica, de lo cual habréis recibido gran gozo. Y por esto, venerandos padres, os hemos congregado en sínodo para que deis gracias a Dios por las nuevas ovejas que entran en el redil de Cristo. Cuanto teníamos que deciros de la fe y esperanza que abrazamos, escrito está en el volumen que os presento. Sea leído delante de vosotros y examinado en juicio conciliar, para que brille en todo tiempo nuestra gloria, iluminada por el testimonio de la fe».[347]

Leyó en alta voz un notario la profesión de fe en que Recaredo declaraba seguir la doctrina de los cuatro concilios generales, Niceno, Constantinopolitano,

---

346 «Non incognitum reor esse vobis, reverendissimi Sacerdotes, quod propter instaurandam disciplinae ecclesiasticae formam, ad nostrae vos serenitatis praesentiam evocaverim, et quia decursis retro temporibus haeresis inminens in tota Ecclesia catholica agere synodica negotia denegavit, Deus cui placuit per nos eiusdem haeresis obicem depellere, admonuit instituta de more ecclesiastica reparare. Ergo sit vobis iucunditatis, sit gaudii quod mos canonicus prospectu Dei per nostram gloriam ad paternos reducitur terminos. Prius admoneo pariter et exhortor, ieiuniis vos et vigiliis atque orationibus operam dare, ut ordo canonicus, quem a sacerdotalibus sensibus detraxerat longa ac diuturna oblivio quam aetas nostra se nescire fatetur, divino dono vobis rursum patefiat» (Aguirre, *Collectio*, etc., tomo 2).

347 «Non credimus vestram latere sanctitatem, quanto tempore in errore Arianorum laborasset Hispania et non multos post decessum genitoris nostri dies, quibus nos nostra beatitudo fidei catholicae cognovit esse sociatos, credimus generaliter magnum et aeternum gaudium vos habuisse; et ideo, venerandi Patres, ad hanc vos peragendam congregari decrevimus Synodum, ut de omnibus nuper advenientibus ad Christum, ipsi aeternas Deo gratias deferatis. Quidquid vero verbis apud sacerdotium vestrum nobis agendum erat de fide atque spe vestra, quam gessimus, in hoc tomo, conscripta atque allegata, nota facimus. Relegatur ergo in medio vestri, et in iudicio synodali examinatur, per omne successivum tempus gloria nostra, eiusdem fidei testimonio, declarata clarescat.»

Efesino y Calcedonense, y reprobar los errores de Arrio, Macedonio, Nestorio, Eutiques y demás heresiarcas condenados hasta entonces por la Iglesia. Aprobáronla los padres con fervientes acciones de gracias a Dios Padre, Hijo y Espíritu santo, que se había dignado conceder a su Iglesia paz y unión, haciendo de todo un solo rebaño y un pastor solo por medio del apostólico Recaredo, que maravillosamente glorificó a Dios en la tierra, y en pos del rey abjuró la reina Badda y declararon los obispos y clérigos arrianos allí presentes que, siguiendo a su gloriosísimo monarca, anatematizaban de todo corazón la antigua herejía. El concilio pronunció las condenaciones siguientes:

Todo el que persista en conservar la fe y comunión arriana o no la rechace de todo corazón sea anatema.

»Todo el que negare que el Hijo de Dios y Señor nuestro, Jesucristo, es eterno y consustancial al Padre y engendrado de la paterna sustancia sin principio sea anatema.

»Todo el que no creyere en el Espíritu santo o negare que procede del Padre y del Hijo y es coeterno y consustancial al Hijo y al Padre, sea anatema.

»Todo el que no hace distinción de personas entre Padre, Hijo y Espíritu santo o, por el contrario, no reconoce unidad de sustancia en Dios, sea anatema.

»Quien aseverare que el Hijo y el Espíritu santo son inferiores en grados de divinidad al Padre o que son criaturas, sea anatema.

»Quien diga que el Hijo de Dios ignora lo que sabe el Padre, sea anatema.

»Quien suponga principio en el Hijo o en el Espíritu santo, sea anatema.

»Quien se atreva a proferir que el Hijo de Dios, según la divinidad, es visible o pasible, sea anatema.

»Quien no creyere que el Espíritu santo es Dios verdadero y omnipotente como el Padre y el Hijo, sea anatema.

»Todo el que siguiere otra fe y comunión que la que tiene la Iglesia Universal y definieron los concilios Niceno, Constantinopolitano, Efesino y Calcedonense, sea anatema.

»Todo el que separa y disgrega en honor, gloria o divinidad al Padre, al Hijo y al Espíritu santo, sea anatema.

»Todo el que no dijere: "Gloria al Padre, y al Hijo, y al Espíritu santo", sea anatema.

»Quien juzgue buena la sacrílega obra de rebautizar o la practique, sea anatema.

»El que no rechazare y condenare de todo corazón el conciliábulo de Rímini, sea anatema.

»Sean, pues, condenadas en el cielo y en la tierra todas las cosas que la Iglesia romana condena y sean admitidas en la tierra y en el cielo todas las que ella admite; reinando nuestro Señor Jesucristo, a quien con el Padre y el Espíritu santo sea dada honra y gloria por todos los siglos de los siglos. Amén.

Suscrita por todos la profesión de fe, los obispos conversos fueron admitidos a las posteriores deliberaciones del concilio, que versaron casi todas sobre cuestiones de disciplina. Aquí solo conviene hacer mérito del canon 2, que manda recitar el símbolo en la misa; del 5, que prohíbe a los clérigos arrianos convertidos la cohabitación con sus mujeres; del 9, a tenor del cual las iglesias arrianas y sus bienes debían aplicarse al obispo de cuya silla eran parroquias, y del 16, que encarga a sacerdotes, jueces y señores la total extirpación del culto idolátrico, que había retoñado en gran parte de España, y sobre todo en Galicia, o, como otros leen, en la Galia (Narbonense). En el capítulo siguiente veremos lo que significa este retorno a la idolatría, y haré mérito de otros dos cánones que se enlazan con éste y le explican.

Ocho fueron los obispos arrianos que firmaron la abjuración con Recaredo. Todos tienen nombres godos, ni un solo hispanorromano entre ellos. Llamábanse Ugno, Murila, Ubiligisculo, Sumila, Gardingo, Becilla, Argiovito y Froisclo, y ocupaban las sedes de Barcelona, Palencia, Valencia, Viseo, Tuy, Lugo, Oporto y Tortosa. Cinco de ellos eran intrusos, puesto que había obispos católicos de aquellas diócesis y firman también en el concilio. El cual respetó los honores de todos, conservando, por bien de paz, su título a los arrianos hasta que vacasen nuevas iglesias.

Confirmó Recaredo los decretos del concilio, y cerróse éste con una homilía de san Leandro, trozo de elocuencia digno de san Juan Crisóstomo y correspondiente a la magnitud y gravedad del acontecimiento que celebraba.[348] «La

---

[348] *Collectio Canonum Ecclesiae Hispanae*, edición de la Biblioteca Real, página 359. Alguno ha manifestado dudas sobre la autenticidad de este precioso documento, pero por afán de negar y sin ninguna sospecha plausible.

El cardenal Baronio escribe a propósito de esta homilía: *Stylo inculto, veluti rudi rastro vertit auri fodinam… simplici enim et impolito stylo (ut saeculi huius barbari silvescentis conditio ferebat) sed divina scientia valde referto et sapientia mirifice exornato, instar*

novedad misma de la presente fiesta (decía el metropolitano de Sevilla) indica que es la más solemne de todas. Nueva es la conversión de tantas gentes, y si en las demás festividades que la Iglesia celebra nos regocijamos por los bienes ya adquiridos, aquí por el tesoro inestimable que acabamos de recoger. Nuevos pueblos han nacido de repente para la Iglesia; los que antes nos atribulaban con su dureza, ahora nos consuelan con su fe. Ocasión de nuestro gozo actual fue la calamidad pasada. Gemíamos cuando nos oprimían y afrentaban pero aquellos gemidos lograron que los que antes eran peso para nuestros hombros se hayan trocado por su conversión en corona nuestra... Extiéndese la Iglesia católica por todo el mundo; constitúyese por la sociedad de todas las gentes... A ella pueden aplicarse las palabras divinas: *Multae filiae congregaverunt divitias, tu vero supergressa es universas...* Alégrate y regocíjate, Iglesia de Dios; alégrate y levántate, formando un solo cuerpo con Cristo; vístete de fortaleza, llénate de júbilo, porque tus tristezas se han convertido en gozo, y en paños de alegría tus hábitos de dolor. Con tus peligros medras, con la persecución creces, y es tu Esposo tan clemente, que nunca permite que seas depredada sin que te restituya con creces la presa y conquiste para ti tus propios enemigos... No llores, no te aflijas porque temporalmente se apartaron de ti algunos que hoy recobras con grande aumento. Ten esperanza y fe robusta, y verás cumplido lo que fue promesa. Puesto que dice la verdad evangélica: *Oportebat Christum mori pro gente, et non tantum pro gente, sed ut filios Dei qui erant dispersi, congregaret in unum...* Sabiendo la Iglesia, por los vaticinios de los profetas, por los oráculos evangélicos, por los documentos apostólicos, cuán dulce sea la caridad, cuán deleitable la unión, nada predica sino la concordia de las gentes, por nada suspira sino por la unidad de los pueblos, nada siembra sino bienes de paz y caridad. Regocíjate, pues, en el Señor, porque has logrado tu deseo y produces los frutos que por tanto tiempo, entre gemido y oración, concebiste; y después de hielos, de lluvias, de nieves, contemplas en dulce primavera los campos cubiertos de flores y pendientes de la vid los racimos... Lo que dijo el Señor: Otras ovejas tengo que no son de este redil, y conviene que entren en él

---

arboris, licet cortice durioris tamen pomorum pendulorum foecunditate pulcherrimae. Pero (con paz de Baronio) lo inculto en la oración de san Leandro no es el estilo, sino el lenguaje, ni puede llamarse bárbaro al siglo VII, y menos en España.

Mariana refundió esta homilía, conservando los pensamientos, pero haciendo más clásica y elegante la frase. Puede verse en su *Historia latina*, y también en la castellana.

para que haya una grey sola y un solo Pastor, ya lo veis cumplido. ¿Cómo dudar que todo el mundo habrá de convertirse a Cristo y entrar en una sola Iglesia? *Praedicabitur hoc Evangelium regni in universo orbe, in testimonium omnibus gentibus...* La caridad juntará a los que separó la discordia de lenguas... No habrá parte alguna del orbe ni gente bárbara a donde no llegue la luz de Cristo... ¡Un solo corazón, un alma sola!... De un hombre precedió todo el linaje humano, para que pensase lo mismo y amase y siguiese la unidad... De esta Iglesia vaticinaba el profeta diciendo: Mi casa se llamará casa de oración para todas las gentes y será edificada en los postreros días la casa del Señor en la cumbre de los montes, y se levantará sobre los collados, y vendrán a ella muchos pueblos, y dirán: Venid, subamos al monte del Señor y a la casa del Dios de Jacob. El monte es Cristo, la casa del Dios de Jacob es su Iglesia: allí se congregarán todos los pueblos. Y por eso torna a decir Isaías: Levántate, ilumina a Jerusalén, porque viene tu luz, y la gloria del Señor ha brillado para ti; y acudirán las gentes a tu lumbre, y los pueblos, al resplandor de tu Oriente. Dirige la vista en derredor y mira: todos ésos están congregados y vinieron a ti, y los hijos de los peregrinos edificarán tus muros, y sus reyes te servirán de ministros...»

Fuerza me es acortar esta sublime efusión, este canto de triunfo de la Iglesia española, más triste es aún para mí tener que agregar, en desaliñado estilo crítico, algunas reflexiones de ésas que llaman de filosofía de la historia sobre el maravilloso suceso de la conversión de los visigodos. ¿Qué palabras, y más las mías, no han de parecer débiles y pálidas después de las palabras de san Leandro, que por tan alta manera supo interpretar el espíritu universal humano y civilizador del cristianismo?

Bajo el aspecto religioso no hay para qué encarecer la importancia de la abjuración de Recaredo. Cierto que los visigodos no eran españoles, que su herejía había penetrado poco o nada en la población indígena; pero, al cabo, establecidos se hallaban en la Península, eran un peligro para la fe católica, a lo menos como perseguidores, y una rémora para la unidad, esa unidad de creencias tan profundamente encomiada por san Leandro. Logróse esta unidad en el tercer concilio Toledano, al tiempo que la gente hispanorromana estaba del todo concorde y extinguido ya casi el priscilianismo gallego. Solo faltaba la sumisión de aquellos invasores, que, por rudeza e impericia, habían abrazado una doctrina destructora del principio fundamental del catolicismo: la acción inmediata y continua de Dios en el mundo, la divinidad personal y viva, el Padre creador, el Verbo encarnado. Con rebajar al nivel humano la figura de Cristo, rompíase esta unión y enlace, y el mundo y Dios volvían a quedar aislados y la creación y la redención eran obra de una criatura, de un demiurgo. Tan pobre doctrina debió vacilar en el ánimo de los mismos visigodos al encontrase frente a frente con la hermosa *Regula fidei* de la Iglesia española. Y ésta triunfó porque Dios y la verdad estaban con ella; y victoria fue que nos aseguró por largos siglos, hasta el desdichado en que vivimos, el inestimable tesoro de la unidad religiosa, no quebrantada por Elipando ni por Hostegesis, ni por los secuaces del panteísmo oriental en el siglo XII, ni por los albigenses y valdenses, ni por Pedro de Osma, ni por el protestantismo del siglo XVI, que puso en conmoción a Europa; ni por los alumbrados y molinosistas, ni por el jansenismo, ni por la impiedad de la centuria pasada, porque todas estas sectas y manifestaciones heréticas vinieron a estrellarse en el diamantino muro levantado por los concilios toledanos. Algunos, muy pocos españoles, pudieron extraviarse; la raza española no apostató nunca. Quiso Dios que por nuestro suelo apareciesen, tarde o temprano, todas las herejías, para que en ninguna manera pudiera atribuirse a aislamiento o intolerancia esa unidad preciosa, sostenida con titánicos esfuerzos en todas edades contra el espíritu del error. Y hoy, por misericordia divina, puede escribirse esta historia mostrando que todas las heterodoxias pasaron, pero que la verdad permanece, y a su lado está el mayor número de españoles, como los mismos adversarios confiesan. Y si pasaron los errores antiguos, así acontecerá con los que hoy deslumbran, y volveremos a tener un solo corazón y una alma sola, y la unidad, que hoy no está muerta, sino oprimida, tornará a imponerse, traída por la unánime voluntad de un gran pueblo, ante el cual nada significaba la escasa grey de impíos e indiferentes. No era esa oposición negativa e impotente, incapaz de nada grande ni fecundo, propia de tiempos y caracteres degenerados, la que encontraron Liciniano, Fulgencio, Mausona y Leandro; era la positiva contradicción de una raza joven y fanática, fuerte de voluntad, no maleada en cuerpo ni en espíritu; y esa raza tenía el poder exclusivo, el mando de los ejércitos, la administración de justicia; podía aplicar, y aplicaba, la ley del conquistador a los vencidos, y, sin embargo, triunfaron de ella, la convirtieron, la civilizaron, la españolizaron, en una palabra. Y ¿cómo se verificaron estos milagros? No por coacción ni fuerza de armas, puesto que la intentona de Hermenegildo fue aislada, y quizá tan política como religiosa, sino con la caridad, con la persuasión, con la ciencia.

¿Cuáles fueron las consecuencias políticas y sociales del grande acto de Recaredo? Antes había en la Península dos pueblos rivales, recelosos siempre el uno del otro, separados en religión, en costumbres, en lengua, condenados a ser el uno víctima y el otro verdugo, regidos por leyes especiales y contradictorias. Semejante estado de cosas se oponía de todo en todo al progreso de la cultura; una de las razas debía ceder a la otra, y Recaredo tuvo valor para sacrificar, si sacrificio fue y no bautismo y regeneración, la suya; y él, monarca godo, cabeza de un imperio militar, vástago de Alarico, el que vertió sobre Roma la copa de las iras del Señor, vino a doblar la frente, para levantarla con inmensa gloria, ante aquellos obispos, nietos de los vencidos por las hordas visigodas, esclavos suyos, pero grandes por la luz del entendimiento y por el brío incontrastable de la fe. Apenas estuvieron unidos godos y españoles por el culto, comenzó rápidamente la fusión, y, paso tras paso, olvidaron los primeros su habla teutónica para adoptar las dulces y sonoras modulaciones del habla latina; y tras de Recadero vino Recesvinto para abolir la ley de razas que prohibía los matrimonios mixtos, y hubo reyes bárbaros casados con romanas y reyes bárbaros que escribieron en la lengua de Virgilio.

La organización del Estado, hasta entonces ruda, selvática y grosera, como de gente nacida y criada en los bosques, modificóse en contacto con la admirable ordenación de los concilios. Así, insensiblemente, por el natural predominio de la ilustración sobre la rudeza, comenzaron éstos a entender en negocios civiles, con uno u otro carácter, con una u otra forma. Los males del sistema electivo se aminoraron en lo posible; disminuyóse la prepotencia militar; fue cercado de presidios y defensas, al par que de cortapisas que alejasen toda arbitrariedad, el trono; moderóse (porque extinguirlo fuera imposible) todo elemento de opresión y de desorden, y hasta se suavizó el rigor de las leyes penales. Por tal influjo, el *Fuero* Juzgo vino a exceder a todos los códigos bárbaros, y no fue bárbaro más que en parte: en lo que nuestros obispos no podían destruir, so pena de aniquilar la raza visigoda.

Dicen que los concilios usurparon atribuciones que no les concernían. ¿Quién sostendrá semejante absurdo? ¿De qué parte estaba el saber y de qué parte la ignorancia? ¿A quién había de ceder la Iglesia el cargo de educar y dirigir a sus nuevos hijos? ¿Acaso a los Witericos, Chindasvintos o Ervigios, que escalaban el trono con el asesinato de su antecesor o con algún torpe ardid para privarle de la corona? ¡Mucho hubiera adelantado la humanidad bajo tales príncipes! La tutela de los concilios vino no impuesta ni amañada, sino traída por ley providencial y solicitada por los mismos reyes visigodos.

No todo el pueblo arriano consintió en la abjuración, por desgracia suya y de aquella monarquía. Hubo, aparte de algunos obispos intrusos, un elemento guerrero, hostil e intratable, que ni se ajustó a la civilización hispanorromana, por él no comprendida, ni oyó las enseñanzas de la Iglesia; antes la persiguió siempre que pudo, en conjuras o levantamientos contra los monarcas que ella amparaba. Esta oposición militar y herética, representada primero por Witerico, aparece más o menos embozada en la usurpación de Chindasvinto, en la guerra de Hilderico y Paulo contra Wamba, y sobre todo en Witiza y en sus hijos, o quienesquiera que fuesen los traidores que abrieron a los árabes las puertas del Estrecho. Lograron, por cierto, su inicua venganza, mas para quedar anulados como nación en justo castigo de tanta perfidia. La raza que se levantó para recobrar palmo a palmo el suelo nativo era hispanorromana; los buenos visigodos se habían mezclado del todo con ella. En cuanto a la estirpe de los nobles que vendieran su patria, Dios la hizo desaparecer en el océano de la historia.

Tornemos a Recaredo, el cual había participado su conversión a san Gregorio el Magno, que ocupaba entonces la silla de san Pedro. A la carta del rey visigodo, acompañada, como en ofrenda, de un cáliz de oro y piedras preciosas, contestó el papa en 591 remitiéndole varias reliquias y una discreta epístola, para Recaredo honrosísima: «Apenas puedo explicar con palabras (decía) cuánto me consuelan tu vida y acciones. Nuevo milagro ha acontecido en nuestros días; por obra tuya, todo el pueblo de los godos ha pasado de la herejía arriana a la verdad de la fe. Bien puedo exclamar con el profeta: Esta mudanza procede de la diestra del Excelso... ¿Qué podré decir yo en el día del juicio, cuando me presente con las manos vacías, y tú conduciendo a una legión de fieles que por ti han entrado en la gracia de Jesucristo?». Previénele después contra la vanagloria, le recomienda la pureza del alma y de cuerpo y la clemencia y buen gobierno con los súbditos.[349] Recaredo siguió en buena correspondencia con el pontífice y envió más tarde trescientas vestiduras de limosna para los pobres de san Pedro.

Hizo quemar en Toledo los libros arrianos, acto que censuran mucho los librepensadores modernos. Por mi parte, no me siento muy tentado a llorar pérdidas quizá imaginarias. ¿Qué libros habían de tener los bárbaros visigodos? Algunos ejemplares de la Biblia ulfilana, monumento filológico de importancia, mas no para la civilización española. ¿No es más sensible para nosotros la falta de tantas obras de Justo, de Apringio, de Liciniano y otros doctores católicos y españoles de aquella fecha? Nadie los quemó y, sin embargo, se perdieron. Pocos debían de ser los libros arrianos, cuando tan de raíz desapareció hasta su memoria. Es más: ni un solo nombre de escritor visigodo conocemos anterior a Bulgarano o a Sisebuto. ¿Quién escribiría toda esa inmensa biblioteca devorada por las hogueras del fanatismo? De las obras de los priscilianistas y de otros herejes tenemos, por el contrario, largas noticias. ¿Hemos de medir el criterio de Recaredo, que tendía a dar unidad social a su pueblo, por el de un arqueólogo o paleógrafo descontentadizo de nuestros días?

Fáltanos dar noticia de las tentativas arrianas durante el reinado del hijo de Leovigildo. En 587, Sunna, obispo intruso de Mérida, como referimos en el capítulo anterior, conjuróse con Segga, Witerico y otros nobles y gobernadores de ciudades de los que decíamos haber llevado a mal la conversión del rey y de su pueblo.[350] Era el principal intento de los conjurados asesinar a Mausona

---

349   S. Gregorii Magni opera omnia ad manuscriptos codices emendata et illustrata, studio et labore Monachorum ordinis S. Benedicti e Congregatione S. Mauri (Lutetiae Parisiorum 1705), lib. 1, epístola 43, y, lib. 7, epístola 26.
   La carta de Recaredo a san Gregorio fue publicada la primera vez en 1700 por Baluzio (Miscellaneorum libri..., tomo 5).
   Así estas epístolas como otra más breve y un fragmento pueden leerse en los apéndices al tomo 10 de Masdéu (ilustraciones 6 y 7).

350   «Anno VI Mauricii qui est Recaredi secundus annus, quidam ex Arianis Sunna Episcopus et Segga cum quibusdam, tyrannidem assumere cupientes deteguntur...» (Chronicon del Biclarense).
   «Sunna namque Gothicus Episcopus... irritatus a Diabolo, quibusdam Gothis nobilibus genere, opibusque perquam ditissimis, e quibus etiam nonnulli in quibusdam civitatibus comites a Rege fuerant constituti, consilio diabolico persuasit, eosque de Catholicorum agmine... separavit» (Pauli, De vita Patrum Emeritensium, cap. 17 y 18). Paulo cuenta

y al duque Claudio, que tenía la gobernación de Mérida y era hispanorromano; *Romanis parentibus progenitus*, dice Paulo. Witerico fue el encargado de dar el golpe a Mausona y a Claudio en el atrio de la iglesia de Mérida; pero, por más esfuerzos que hizo, no logró sacar de la vaina el acero, como si estuviese sujeto con férreos clavos, y, arrepentido de su crimen, echóse a los pies de Mausona y le descubrió toda la trampa. Merced a esta revelación pudo evitarse un nuevo peligro. Sunna y sus parciales determinaron acabar con Mausona, Claudio y demás católicos emeritenses, acometiéndolos al volver de una procesión que hacían en tiempo de Pascua desde la ciudad a la basílica de santa Eulalia, extramuros. Escondieron las espadas en carros de trigo y determinaron no dejar con vida hombres ni mujeres, viejos ni niños. Frustróse el ardid, y Claudio, avisado por Witerico, cayó sobre los asesinos, prendiendo a muchos y pasando a cuchillo a los que resistieron. A Sunna se le ofreció el perdón si se hacía católico; pero él, con tenacidad digna de mejor causa, juró morir en defensa de la religión aprendida desde sus primeros años. Los jueces de Recaredo no quisieron darle la aureola del martirio y le desterraron a Mauritania. Segga fue enviado a Galicia después de cortarle las manos. Witerico quedó libre, y Wacrila, que se había refugiado con su mujer e hijos en la basílica de santa Eulalia, fue adscrito como siervo a la misma iglesia, sentencia que revocó Mausona, poniéndole en libertad y restituyéndole sus bienes, sin otra condición previa que la de correr un corto trecho, en señal de obediencia y vasallaje, delante del caballo del diácono Redempto.[351] Otros cómplices de Sunna padecieron destierro y confiscación de haciendas.

Por el mismo tiempo se levantaron en la Galia Narbonense un obispo arriano llamado Athaloco y dos comites: Granista y Wildigerno. El ejército de Recaredo sofocó la rebelión, y Athaloco, que odiaba de muerte a los católicos, murió en un arrebato de cólera.

Nueva conjuración formaron en 588 contra Recaredo su madrastra Gosuinda, verdugo de Ingunda, y el obispo Uldila. Entrambos fingíanse conversos y profa-

largamente esta conjuración, y en su narración está fundada la del texto.
351 Véase *Paulo Emeritense*, cap. 19.

naban en secreto la hostia consagrada. Descubriólo el rey y desterró a Uldila. Gosuinda murió al poco tiempo.[352]

Triunfaba Recaredo de todos sus enemigos interiores y exteriores. Su brazo en la guerra, el duque Claudio, destrozó en Carcasona a los francos, acaudillados por el rey Gontrán, infundiéndoles terror para largos días. El mismo éxito que las conspiraciones pasadas tuvo la del duque y cubiculario Argimundo, que fue mutilado de una mano, decalvado y paseado en un asno por las calles de Toledo el año 589.

La debilidad de Liuva, hijo y sucesor de Recaredo, estuvo a punto de comprometer la obra de su padre. A los dos años del nuevo reinado, Witerico, el sicario de Mérida, esta vez afortunado, le cortó la cabeza y la mano derecha. Vinieron en pos seis años de reacción arriana, en que aquel príncipe acabó por hacerse odioso a sus súbditos godos y españoles, que le dieron de puñaladas en un convite. No tenemos noticia más particular de estos sucesos. En el año de Cristo 610 subió al trono Gundemaro.

X. Herejía de los acéfalos

En el concilio Hispalense II, presidido por san Isidoro en 619, año noveno del reinado de Sisebuto, presentóse un obispo de nación siria, que negaba la distinción de las dos naturalezas en Cristo y afirmaba que la divinidad había realmente padecido. En un error semejante habían caído los monofisitas y eutiquianos por huir del nestorianismo; pero los acéfalos, así llamados, según san Isidoro, por no saberse quién fue su cabeza o corifeo o por negar la impasibilidad del Padre (como otros suponen), se distinguieron de ellos en creer pasible a la divinidad.[353] Los padres del concilio de Sevilla refutaron esta herejía en los términos siguientes (canon 13): «Contra estas blasfemias conviene que

---

352 «Anno VII Mauricii qui est Recaredi tertius annus. Uldila Episcopus cum Gosuinta regina insidiantes, Recaredo manifestantur, et Fidei catholicae communionem qua sub specie christiana quasi sumentes proiiciunt, publicantur. Quod malum in cognitionem hominum deductum, Uldila exilio condemnatur, Gosuinta vero... vitae tunc terminum dedit» (*Chronicon* del Biclarense).

353 Acéfalos. Llamóse así la secta de los monofisitas por haberse separado de sus jefes o cabezas, Pedro Mongo, patriarca de Alejandría; Pedro el Batanero y Acacio de Constantinopla, los cuales habían suscrito el henóticon del emperador Zenón (Alzog, II 88).

mostremos la doble naturaleza de Cristo y que solo padeció en cuanto hombre, para que ninguno torne a caer en este error ni se aparte de la verdad católica. Confesamos que nuestro Señor Jesucristo, nacido eternamente del Padre, temporalmente de las entrañas de la gloriosa Virgen María, tuvo en una sola persona dos naturalezas: la divina, engendrada antes de todos los siglos; la humana, producida en tiempo. Esta distinción de las dos naturalezas se deduce: primero, de las palabras de la Ley; después, de los profetas, de los *Evangelios* y de los escritos apostólicos. Primero: por aquellas palabras del *Éxodo* (cap. 23): He aquí que envío a mi ángel, que irá delante de ti..., porque mi nombre está en él. Aquí se demuestra la naturaleza divina. Y aquello del *Génesis* (cap. 22): En tu generación serán benditas todas las gentes, esto es, en la carne de Cristo, que desciende de la estirpe de Abraham. Aquí se demuestra la naturaleza humana. Segundo: en los *Salmos* muestra David las dos naturalezas en la persona de Cristo: la divina en el salmo 100: *Ex utero ante Luciferum genui te*; la humana en el 80: *Homo factus est si ea*. La divina en el 44: *Eructavit cor meum verbum bonum*; la humana en el mismo: *Speciosus forma prae filiis hominum...* Tercero: Isaías afirma en la sola y misma persona de Cristo las dos naturalezas; la divina, cuando escribe: *Nunquid qui alios parere facio, ipse non pariam?*; la humana: *Ecce virgo in utero concipiet et pariet filium*. La divina: *Rorate caeli desuper, et nubes pluant iustum*; la humana: *Aperiatur terra et germinet Salvatorem, Parvulus natus est nobis*. En el Evangelio se afirma también la naturaleza divina de Cristo: *Ego et pater unum sumus...*, y *Ego sum via, veritas et vita*, y la humana: *Pater maior me est, Tristis est anima mea usque ad mortem*. Que la humanidad y no la divinidad padeció, muéstranlo aquellas palabras de Jacob: *Lavabit in vino stolam suam et in sanguine uvae pallium suum*. "¿Qué quieren decir este manto y estola sino la carne de Cristo, decorada con la sangre de su pasión?"»

Convencido el obispo sirio por estos argumentos, irrefragables para quien admita la autoridad de la Escritura (y los que la niegan, nunca entran en estas cuestiones), abjuró su error con gran regocijo de los prelados béticos. Pero no murió con él aquella herejía ni mucho menos el nombre, puesto que doscientos años después reaparecen en la Andalucía mozárabe unos sectarios llamados acéfalos y casianos, que fueron condenados, como a su tiempo narraremos, en el concilio cordobés de 839.

XI. Los concilios de Toledo en sus relaciones con la Santa sede

Breve será este párrafo, enderezado tan solo a poner en su punto la honra de la Iglesia española de aquel período contra los que la acusan de levantisca y mal avenida con la supremacía del pontífice. Argumento fue éste favorito de los jansenistas, y que hoy mismo sirve a críticos desalumbrados o ignorantes para juzgar poco menos que cismáticos y precursores de la Reforma a nuestros venerables prelados del siglo VII.

Pocas fueron las herejías condenadas por los sínodos toledanos a partir del cuarto. Celebróse éste en 633, imperante Sisenando, y sus setenta y cinco cánones ordenaron y redujeron a unidad la disciplina, no sin excomulgar en el 17 a quien no admita como sagrado el Apocalipsis[354] y decidir en el 59 y siguientes la conducta que había de seguirse con los judaizantes. Las atropelladas conversiones impuestas por decreto de Sisebuto, altamente reprobado en este concilio (*Sicut enim homo propria arbitrii voluntate serpenti obediens periit, sic, vocante se gratia Dei, propriae mentis conversione quisque credendo salvatur*), habían dado ocasión a muchas reincidencias y apostasías, que procuraron evitar los padres toledanos ordenando de una parte, que a nadie se obligase por fuerza a creer (*Nemini ad credendum vim inferre*), y por otra, que los conversos, aun por violencia y necesidad, no blasfemasen de la fe que habían recibido en el bautismo.[355] Del canon 59 se deduce que muchos de esos falsos cristianos conservaban la circuncisión y otras ceremonias judaicas, y manda el concilio que, si reinciden, sus siervos sean puestos en libertad y sus hijos separados de los padres,[356] sin que pueda pararles perjuicio en honra ni haciendas (canon 61) la prevaricación de sus engendradores, porque escrito está: Filius non portabit iniquitatem patris. El 62 prohíbe el trato y comunicación

---

354 «Apocalysim librum multorum Conciliorum auctoritas et synodica sanctorum praesulum Romanorum decreta Ioannis Evangelistae esse praescribunt et inter divinos libros recipiendum constituerunt. Et quia plurimi sunt qui eius auctoritatem non recipiunt, eumque in Ecclesia Dei praedicare contemnunt, si quis eum deinceps aut non receperit, aut a Pascha usque ad Pentecostem Missarum tempore in Ecclesia non praedicaverit, excommunicationis sententiam habebit» (canon 16).

355 «Ne nomen Domini blasphemetur, et fides quam susceperunt contemptibilis habeatur...»

356 «Iudaei qui ad fidem christianam promoti abominandos circumcisionis et alios iudaicos usus exercuerint, pontificali auctoritate corrigantur... Eos autem quos circumciderunt, si filii eorum sint, a parentum consortio separentur; si servi, libertati... tradantur.»

del judío converso con el infiel para quitar ocasiones de recaída. El 64 priva al judaizante de ser testigo en causa alguna, y el 66, de tener siervos cristianos. Tales providencias eran las únicas que podían atajar, a lo menos en parte, los desastrosos efectos de la intolerancia de Sisebuto. Escándalo era la conversión simulada, pero escándalo mayor la apostasía pública.

En la era 676, año 638 y segundo del reinado de Chintila, congregóse en Toledo el concilio VI y leyó con dolor una carta del papa Honorio, remitida por el diácono Turnino, en la cual se exhortaba a nuestros obispos a ser más fuertes y animosos en la defensa de la fe, y aun se les llamaba, con grave ofensa, *canes muti non valentes latrare*. En respuesta a las injustas acusaciones que hacía, mal informado, el pontífice, redactaron los padres nueva profesión de fe, en que condenaban todas las herejías y con especialidad las de Nestario y los patriaasianos.[357] San Braulio, en nombre de los padres allí congregados, dirigió además a Honorio una grave y bien escrita carta, que muestra a la par el profundo respeto de nuestra Iglesia a la romana y la energía, mezclada de cristiana humildad, con que rechazaba toda calificación injusta.

Cumple bien vuestra santidad (decía el obispo de Zaragoza) el deber de mirar con vigilante solicitud por todas las iglesias y confundir con la divina palabra a los que profanan la túnica del Señor, a los nefandos prevaricadores y desertores execrables... Esto mismo pensaba nuestro rey Chintila, y por eso nos congregamos en concilio, donde recibimos vuestras letras... Divino consejo fue, sin duda, que en tan apartadas tierras el celo de la casa de Dios inflamase a la vez al pontífice y al rey... Por lo cual damos gracias al rey de los cielos y bendecimos su nombre con todo linaje de alabanzas. ¿Qué cosa puede haber mayor ni más conveniente a la salvación humana que obedecer a los preceptos divinos y tornar a la vía de salvación a los extraviados? Ni a vuestra corona ha de ser infructuosa la exhortación que nos dirigís de ser más fuertes en la defensa de la fe y encendernos más en el fuego del Espíritu santo. No estábamos tan dormidos ni olvidados de

---

357 «Quod ex tribus personis divinis solum Filium fatemur ad redemptionem humani generis propter culparum debita, quae per inobedientiam Adae originaliter et nostro libero arbitrio contraximus resolvenda, a secreto Patris arcanoque prodiisse, et humanitatem sine peccato de Sancta Virgine asumpsisse, ut idem Filius Dei Patris esset Filius hominis, Deus perfectus et homo perfectus... in duabus naturis una persona, ne quaternitas Trinitati accederet, si in Christo gemina persona esset» (Aguirre, tomo 2).

la divina gracia... Si alguna tolerancia tuvimos con los que no podíamos someter a disciplina rígida, fue para amansarlos con cristiana dulzura y vencerlos con largas y asiduas predicaciones. No creemos que sea daño dilatar la victoria para asegurarla más. Y aunque nada de lo que vuestra santidad dice en represión nuestra nos concierne, mucho menos aquel texto de Ezequiel o de Isaías: *Canes muti non valentes latrare*, porque, atentos nosotros a la custodia de la grey del Señor, vigilamos día y noche, mordiendo a los lobos y aterrando a los ladrones, porque no duerme ni dormita en nosotros el Espíritu que vela por Israel. En tiempo oportuno hemos dado decretos contra los prevaricadores; nunca interrumpimos el oficio de la predicación; y para que vuestra santidad se convenza de ello, remitimos las actas de este sínodo y de los pasados. Por tanto, beatísimo señor y venerable papa, con la veneración que debemos a la Silla apostólica, protestamos de nuestra buena conciencia y fe no simulada. No creemos que la funesta mentira de algún falsario encuentre por más tiempo cabida en vuestro ánimo ni que la serpiente marque su huella en la piedra de san Pedro, sobre la cual Cristo estableció su Iglesia... Rogámoste finalmente, ¡oh tú, el primero y más excelente de los obispos!, que cuando dirijas al Señor tus preces por toda la Iglesia te dignes interceder por nosotros para que con el aroma del incienso y de la mirra sean purificadas nuestras almas de pecado, pues harto sabemos que ningún hombre pasa este mar sin peligro.[358]

¿Hay nada de cismático ni de rebelde en esta carta? ¿No reconocen san Braulio y los demás obispos la supremacía de Roma? ¿No someten a su examen las actas de los concilios? ¿No repiten que el obispo de Roma es el primero de los obispos que a la Cátedra de san Pedro está confiada la vigilancia de todas las iglesias? (*Cathedrae vestrae a Deo vobis collatae... cum sancta sollicitudine omnium Ecclesiarum.*) Pero la Sede romana había sido mal informada, y a los nuestros pertenecía disipar el error y defenderse, como lo hicieron con no menor brío que modestia. Las condescendencias y tolerancias a que aluden

---

358 He compendiado un poco esta carta. El original latino, con las demás epístolas de san Braulio, fue publicado por el padre Risco en los apéndices al tomo 30 de la *España sagrada*, páginas 318-396.

344

se refieren exclusivamente a los judíos relapsos, cuya retractación en el mismo concilio ha sido publicada por el padre Fita[359] con excelentes comentarios.

Los siguientes no ofrecen (a Dios gracias) directo interés para nuestra historia, y Recesvinto pudo decir en 653 a los padres del sínodo octavo que toda la herejía había sido extirpada, fuera de la perfidia judaica, es decir, la apostasía de los judaizantes, contra la cual se renovaron los cánones del tiempo de Sisenando. Fuerza nos es, por consiguiente, acudir a la época de Ervigio y hacer mérito de una gravísima controversia, al parecer, con Roma, de cuya noticia sacó lastimoso partido el espíritu cismático y jansenista, hoy relegado a la historia, aunque sus efectos quedan.

El caso, tal como anda en muchos libros, pudiera reducirse a estos términos: Los padres del decimocuarto concilio Toledano redactaron contra la herejía de los apolinaristas una fórmula en que el papa tachó varias expresiones de sabor no muy católico.[360] La Iglesia española, en vez de someterse, juntó concilio nacional, que tornó a aprobar aquella fórmula y la defensa que de ella había escrito san Julián, metropolitano de Toledo, con expresiones injuriosas a la Cabeza de la Iglesia, acusada por él de vergonzosa ignorancia. Es más: los obispos españoles se declararon abiertamente en cisma, anunciando que persistirían en su opinión aunque el papa se apartase de la que tenían por sana doctrina. Y por una contradicción palmaria, Roma aceptó la profesión de fe de los toledanos y se satisfizo con sus explicaciones. De donde lógicamente se deduce o que el papa Benedicto había errado gravemente en una cuestión de dogma o que san Julián y toda la Iglesia española que aprobó sus escritos cayeron en herejía nada menos que sobre el misterio de la Santísima trinidad. Entrambas son consecuencias inadmisibles: la primera, por injuriosa a la Santa

---

359 Honorio y san Braulio de Zaragoza, colección de artículos en la revista madrileña *La ciudad de Dios*, años 1870 y 1871.

360 El papa Honorio I (625-638) y los monoteletas.
Nat. Alex., Historia Eccles. saec. VII dissert. 2, De Honori damnatione in synodo VI œcum. (tomo 10, páginas 410-438).
«Concludamus itaque Honorium a sexta synodo damnatum non fuisse ut haereticum, sed ut haerescos et haereticorum fautorem, utque reum negligentiae in illis coercendis: et iuste fuisse damnatum, quia eadem culpa erroris fautores ac auctores ipsi tenentur. Honorius cum Sergio, Cyro et Monothelitis loquutus est (eorumque voces usurpavit), sed mente catholica, et sensu ab eorum errore penitus alieno: siquidem absolute duas voluntates Christi non negavit, sed voluntates pugnantes, ut supra ostendimus.»

sede; la segunda, por comprometer gravemente el buen nombre de la iglesia española en su edad de oro. Pero como la verdad histórica jamás está en pugna con el catolicismo, esta historia, que quiere serlo de veras, puede y debe quitar esa piedra de escándalo y poner la verdad en su punto. Los sucesos pasaron de la manera que voy a referir.

Siendo papa Agatón, y Constantino Pogonato emperador, celebróse el concilio Constantinopolitano, sexto de los ecuménicos, contra la herejía de los monotelitas o apolinaristas, que negaban la distinción de dos voluntades, correspondientes a las dos naturalezas, en Cristo. León II, sucesor de Agatón, envió a los obispos de España las actas de este sínodo para que las viesen y aceptasen. Y con las actas venían sendas epístolas para Quírico, metropolitano de Toledo; para el conde Simplicio y para los prelados españoles en general.[361] Llegaron las letras pontificias a España en el invierno de 683, cuando acababa de disolverse el concilio XIII Toledano, y era muy difícil, a causa de las nieves que interceptaban los caminos, reunir a los padres. Pero san Julián, sucesor de Quírico, no juzgó conveniente dilatar la respuesta, y, sin perjuicio de lo que el sínodo acordara, dirigió por su parte al pontífice un escrito apologético conformándose a las decisiones constantinopolitanas.[362] En noviembre del año 684, san Julián reunió concilio de los prelados de la Cartaginense, con asistencia de vicarios de las otras cinco metropolitanas. Anatematizóse la herejía de Apolinar y fue confirmado en todas sus partes el *Apologético* de san Julián, mandando que tuviese la misma fuerza que las epístolas decretales (canon 11).

Entre tanto, el *Apologético* había llegado a Roma, y el papa, que a la sazón era Benedicto II, no lo condenó, como suponen, ni de tal condenación se encuentra rastro, sino que de palabra advirtió al mensajero de Julián que eran duras y podían tomarse en mal sentido varias expresiones del *Apologético*, sobre todo estas dos: *La Voluntad engendró a la Voluntad, como la Sabiduría a la Sabiduría* (*De voluntate a voluntate genita, sicut sapientia de sapientia*); en

---

361 El cardenal Baronio (tomo 8) negó la autenticidad de estas epístolas; pero sus argumentos hacen poca fuerza, y de todas suertes nada influyen en la cuestión principal, pues consta por las actas conciliares que León II consultó en una u otra forma a nuestras iglesias.

362 Este *Apologético* se ha perdido, pero hace referencia a él el concilio XIV de Toledo (canon 4): «Placuit proinde illo tunc tempore apologeticae responsionis nostrae...», etc., y lo confirma Félix en la *Vida de san Julián*.

Cristo hay tres sustancias; y juzgó conveniente que el metropolitano de Toledo las explicara y defendiese, como pudiera, con testimonios de la Escritura y santos padres (*Quibus munirentur et solida fierent*). Todo lo cual consta expresamente por las actas del concilio XV.[363] El papa no definió ni condenó nada; pidió solamente explicaciones, y éstas no en un documento público o privado, sino de palabra. San Julián las dio en un nuevo *Apologético*, contra el cual se levantaron sus émulos, que son los que él tacha de ignorancia. Para reducirlos al silencio y dar mayor autoridad a su respuesta cuidó de que se reuniera en 688 un concilio nacional de sesenta y un obispos, que tiene el número XV entre los de Toledo. Los padres allí congregados decidieron ser proposición católica la de afirmar que la voluntad engendró la voluntad, y la sabiduría la sabiduría, puesto que san Agustín la usaba, y en nada difería de estas otras: la esencia engendró a la esencia, la mónada a la mónada, la sustancia a la sustancia, la luz a la luz, dado que con ninguna de estas frases se quiere decir que en Dios haya dos sustancias, dos esencias, dos voluntades ni dos sabidurías, sino que la sustancia, la esencia, la voluntad y la sabiduría residen por igual en las tres personas, que proceden entre sí por generación espiritual. De esta suerte, el Padre (voluntad) engendró al Hijo (voluntad), sin distinguirse por eso la voluntad del Padre de la del Hijo. En cuanto a las tres sustancias de Cristo, dicen que son el cuerpo, el alma y la divinidad, pues aunque en la naturaleza humana vayan comprendidos el cuerpo y el alma, conviene expresarlo con claridad para alejarse del error de los apolinaristas, que niegan a Cristo el alma, o de los *gnósticos* y maniqueos, que suponen fantástico su cuerpo. Citan los toledanos, en apoyo de su opinión, textos de la Escritura y de san Cirilo, san Agustín, san Ambrosio, san Fulgencio y san Isidoro. Y terminan diciendo: *Iam vero si post haec, et ab ipsis dogmatibus Patrum, quibus haec prolata sunt, in quocumque dissentiant, non iam cum illis est amplius contendendum, sed per maiorum directo calle inhaerentes vestigiis, erit per divinum iudicium amatoribus veritatis responsio nostra sublimis; etiamsi ab ignorantibus aemulis censeatur indocilis.* (Si después de esto y de las sentencias de los padres, en que la nuestra se funda, siguen disintiendo algunos, no discutiremos más con ellos, sino que seguiremos el camino de nuestros mayores, seguros de merecer el aplauso de los amantes de la verdad, aunque

---

363 «Pro quibus muniendis... Benedictus papa monuerat... quae tamen non in scripis suis annotare curavit, sed homini nostro verbo renotanda iniunxit» (canon 9).

los ignorantes nos llamen indóciles.) Claro es que los émulos ignorantes no eran el papa ni sus consejeros, pues éstos no discutieron nada ni se habían opuesto al parecer de los toledanos, sino que pedían explicaciones. Y es lo cierto que no solo se contentaron con ellas, sino que recibieron con entusiasmo el *Apologético*, y mandó el papa que le leyesen todos (cosa inverosímil, tratándose de un escrito en que le llamasen ignorante), y se lo envió al emperador de Oriente, que exclamó: *Laus tua, Deus, in fines terrae...*[364] Es más, Benedicto II dio las gracias a Julián y a los padres toledanos por aquel escrito docto y pío. ¿Cabe en lo posible que las alusiones injuriosas se refieran al papa?[365]

En el concilio XVI de Toledo, celebrado en 693, después de la muerte de san Julián, tornó a ratificarse la doctrina de éste, incluyéndola en la profesión de fe.[366]

XII. De la polémica teológica en la España visigoda

Antes de llegar al menoscabo y total ruina de este imperio conviene detenernos algo más en la contemplación de su gloria literaria, aunque sea bajo un aspecto parcial y reducido, pues solo hemos de tratar de la controversia teoló-

---

364 «Quod Roma digne et pie recipiens, cunctis legendum indixit, atque Imperator acclamando: Laus tua, Deus, in fines terrae, lectum saepius notum fecit. Qui et rescriptum Domino Iuliano... cum gratiarum actione et cum honore remisit» (El arzobispo don Rodrigo, lib. 3, cap. 14). Confirma lo mismo el Pacense, autoridad casi contemporánea.

365 Mariana atribuye la dureza de las frases de san Julián al ardor de la polémica. Pérez Bayer (notas a N. Antonio, *Bibliotheca Vetus*) le defiende, como yo lo he hecho. Los jansenistas embrollaron ésta y otras cuestiones, como veremos en su día. (Véase el *Apologético* en el tomo 2 de los padres toledanos, páginas 76-87.)

366 San Julián.
Romania, tomo 36, octubre de 1907. Artículo de P. Mayer sobre los manuscritos franceses de Cambridge, IV, Gowville and Cains College.
Fragmento de un diálogo entre el obispo Julián y su discípulo. Poema en francés de Inglaterra (Véase Romania, tomo 29, páginas 21-27), es una traducción muy libre del *Prognosticon* de san Julián de Toledo.
La principal libertad que el poeta inglés se ha tomado es poner en diálogo entre maestro y discípulo lo que en el original es un tratado didáctico seguido. La forma de diálogo parece sugerida por el Lucidario.
El autor simplifica los datos que le proporciona su modelo. En ciertos lugares abrevia, en otros desarrolla, y parece haber consultado alguna otra fuente, además del *Prognosticon*. Hay otros dos manuscritos en Oxford y en el Museo Británico.

gica.[367] No es vasta la materia: aquel saber maravilloso de la Iglesia española en los siglos VI y VII tuvo ocasión de ejercitarse en largas impugnaciones de doctrinas y tendencias heterodoxas; pero las obras de polémicas desaparecieron casi siempre con las circunstancias que las motivaron. Por eso, con ser grande el número de monumentos que restan de nuestra ciencia de aquella edad, el de libros antiheréticos es relativamente pequeño.

Ya hemos hablado de la carta de Vital y Constancio contra el nestorianismo, de las dos de Montano que dicen algo del priscilianismo, del libro de Severo contra Vincencio de Zaragoza y de los dos opúsculos de Liciniano. Tampoco olvidamos el *De correctione rusticorum*, de san Martín Dumiense, que ha de ser ampliamente estudiado en el capítulo que sigue. El mismo prelado bracarense dirigió al obispo Bonifacio una epístola defendiendo el rito de la trina mersión en el bautismo contra los que le juzgaban superstición arriana. Esta apología está escrita con gran calor: llega a acusar de sabelianos y antitrinitarios a los que practicaban la simple mersión.[368] Apoya san Martín su sentencia en la decretal del papa Vigilio a Profuturo, en su lugar recordada.

Eutropio, abad del monasterio Servitano y obispo de Valencia, una de las lumbreras del tercer concilio Toledano, merece recuerdo por su libro contra los impugnadores de la vida monástica (*De districtione monachorum*), enderezado a Pedro, obispo ercavicense, y por su carta a Liciniano acerca de la confirmación y los puntos a ella relativos que andaban en controversia. Estos dos opúsculos se han perdido, pero los cita san Isidoro.[369] Por el mismo autor consta que Liciniano sostuvo larga correspondencia con Eutropio.

---

367 Seminarios.

«Desde el siglo VI había también abiertos en España diversos seminarios, creados a ruego de piadosos obispos por decretos sinodales; los había en Francia y en Alemania establecidos por misioneros ingleses» (Alzog, II 237).

«Chrodegango de Metz (760), para dar una dirección mejor a los estudios y a la práctica de los eclesiásticos de su diócesis, los reunió, a ejemplo de san Agustín y según los reglamentos del concilio IV de Toledo, y los sujetó a las reglas y a las formas de una vida puramente canónica» (ibíd.).

«Vivían, en general, los monjes sujetos a la regla de san Benito, modificada sabiamente, según las nuevas circunstancias, por san Columbano, san Isidoro, obispo de Sevilla; Fructuoso, obispo de Braga, y san Bonifacio (Alzog, II 240).

368 Véase esta epístola en la *España sagrada*, tomo 15, páginas 422-425.

369 *De Viris Illustribus*, cap. 45 de la edición de los padres toledanos.

También san Isidoro, en los capítulos 33 y 34 de su curioso libro *De Viris Illustribus*, ha conservado memoria de Justiniano, prelado valentino, hermano de Elpidio, Justo y Nebridio, todos obispos y escritores; familia semejante a la de Severiano. Escribió nuestro obispo un libro de respuestas a cinco cuestiones que le había dirigido un tal Rústico; la primera, acerca del Espíritu santo; la segunda, contra los bonosianos, que llamaban a Cristo hijo adoptivo y no propio del Padre; la tercera, que no es lícito reiterar el bautismo, como pretendían los donatistas; la cuarta, sobre la distinción entre el bautismo de Juan y el de Jesús; la quinta, acerca de la invisibilidad del Padre y del Hijo. Floreció Justiniano en tiempo de Teudis y asistió al concilio de Valencia del año 546.

A todos éstos oscureció san Leandro de Sevilla,[370] el catequista de Hermenegildo y Recaredo, el alma de la conversión de los godos en 589. Escribió san Leandro, durante su destierro en Constantinopla, dos libros contra los arrianos: uno más extenso, otro breve, y en que comenzaba por exponer las palabras de los adversarios para refutarlas luego. Entrambos eran riquísimos de erudición escrituraria y compuestos en vehemente estilo, según nos informa san Isidoro, porque hoy no se conservan, como no se conserva ninguna de las refutaciones del arrianismo, a pesar de no haber sido quemadas como los famosos libros toledanos. ¿Por qué se llora tanto la pérdida de los unos y nadie se acuerda de los otros? Y cuenta que los de san Leandro debían de tener mérito grande, a juzgar por su homilía. Tampoco parece la epístola De baptismo, en que consultó a san Gregorio Magno sobre el rito de una o trina mersión. El papa, conformándose al sentir de Leandro, contestó que podía practicarse uno u otro rito, según la tradición de cada provincia, puesto que los dos eran católicos, aunque la Iglesia occidental había elegido el de la inmersión trina. Pero como éste era el practicado por los arrianos, que con él querían indicar distinción de grados entre las personas divinas, aconséjale que prefiera el de la simple inmersión. Así vino a confirmarlo el cuarto concilio de Toledo. En defensa del rito de la Iglesia griega, que era también el de la española en este

---

370 No digo ni he querido decir nada de la ridícula genealogía que entronca a los españoles Leandro, Fulgencio, Isidoro y Florentino con la familia real de los godos. Excusado es advertir que de tal especie no hay rastro en escritores contemporáneos de aquellos santos, antes pugna con todos los datos conocidos. ¡Como si su gloria no resplandeciera bastante sin genealogías ni entronques nobiliarios, hechos para adular a nuestros reyes! Vanitas vanitatum... N. Antonio se burló ya de esto.

punto, escribió Juan, patriarca de Constantinopla, un tratado, De sacramento baptismatis, dedicado a san Leandro. Se ha perdido, pero le cita san Isidoro. La carta de san Gregorio, escrita con alto espíritu de tolerancia, distinto del de san Martín Dumiense, es la 43 en las ediciones de sus obras, donde pueden leerse otras varias dirigidas a Leandro.[371]

Su hermano san Isidoro, el gran doctor de las Españas, de quien basta el nombre, entendimiento el más sintético, universal y prodigioso de su siglo, dio cabida en el enciclopédico tratado de las *Etimologías* a la historia de las manifestaciones heréticas, discurriendo en los capítulos 3, 4 y 5 del libro 8 de la herejía y

---

371 En los primeros tiempos, fue práctica de la Iglesia española el sumergir tres veces en agua a los catecúmenos. Pero cuando se introdujo el arrianismo, como sus secuaces daban a entender con la trina inmersión diversidad y desigualdad de naturalezas entre el Padre, el Hijo y el Espíritu santo, los obispos católicos fueron adoptando poco a poco el rito de la única inmersión, que san Gregorio el Magno aprobó en consideración a estos motivos, como se deduce de la epístola 41, lib. 1, a san Leandro: De trina mersione baptismalis, nil responderi verius potest quam quod ipsi sensistis, quod in una fide nil officit Sanctae Ecclesiae consuetudo diversa. Nos autem quod tertio mergimus, triduanae sepulturae sacramenta signamus; ut dum tertio infans ab aquis educitur, resurrectio triduani temporis exprimatur; quod si quis forte etiam pro summae trinitatis veneratione existimet fieri, neque ad hoc aliquid obsistit baptizando semel in aquis mergere; quia dum in tribus personis una substantia est, reprehensibile esse nullatenus potest, infantem in baptismate vel ter, vel semel inmergere, quando et in tribus mersionibus personarunn trinitas, et in una potest divinitatis singularitas designari. Sed quia nunc hucusque ab haereticis infans in baptisimate tertio mergebatur, fiendum apud vos esse non censeo; ne dum mersiones numerant, divinitatem dividant; dumnque quod faciebant, faciunt, se morem vestrum vicisse glorientur.

A pesar de este dictamen de san Gregorio, algunos obispos conservaron la trina inmersión, hasta que la prohibió el concilio IV de Toledo (633, reinado de Sisenando) para evitar apariencias de cisma y escándalo en el pueblo (canon 6): De Baptismi autem sacramento propter quod in Hispaniis quidam sacerdotes trinam, quidam simplam mersionem faciunt, a nonnullis schisma esse conspicitur et unitas fidei scindi videtur; nam duas partes diverso et quasi contrario modo agunt, alii alios non baptizatos esse contendunt...

Citan el pasaje de san Gregorio el Magno, y añaden: Quia de utroque sacramento quod fit in sancto baptismo a tanto viro reddita sit ratio, quod utrumque rectum, utrumque irreprehensibile in sancta Dei ecclesia habeatur, propter vitandum autem schismatis scandalum vel haeretici dogmatis usum simplam teneamus baptismi mersionem, ne videantur apud nos qui tertio mergunt haereticorum approbare assertionem, dum sequuntur et morem, et ne forte cuiquam sit dubium huius simpli Ministerium sacramenti videat in eo mortem et

del cisma, de las herejías de los judíos y de las de los cristianos. Su catálogo está fundado en los de Filastro de Brescia y san Agustín, con pocas adiciones. Pero consta, por testimonio de san Braulio, que Isidoro escribió un libro especial, *De haeresibus*, en que recogió brevemente cuantas noticias andaban esparcidas. Falta en las ediciones y códices hasta hoy examinados. Los dos libros *De fide catholica* no van dirigidos contra los herejes, sino contra los judíos.

Ni las cuarenta y cuatro epístolas de san Braulio ni las *Sentencias* de Tajón, a quien pudiéramos llamar maestro de ellas y padre de este género de enseñanza teológica, mejor que a Pedro Lombardo, pertenecen propiamente a este catálogo.[372] Más relación tiene con él la carta de Aurasio, presbítero, contra el judaizante Froya o Froga, que había levantado una sinagoga en Toledo y favorecía abiertamente a los de su parcialidad valido de su poder y riquezas. La invectiva de Aurasio se conserva en un códice de la biblioteca toledana. También hay noticia de Froya en la carta de Tajón a Quírico.

Ha perecido el libro *De Trinitate* que san Eugenio de Toledo escribió para que circulara en las partes de Libia y de Oriente, según testifica san Ildefonso.

---

resurrectionem Christi significari; nam in aquis mersio quasi in infernum descensio est, et rursus ab aquis emersio resurrectio est. Item videant in eo unitatem Divinitatis et Trinitatem personarum ostendi, unitatem dum simul mergimus, Trinitatem dum in nomine Patris et Filii et Spiritus Sancti baptizamus.

Es cierto, sin embargo, que la práctica de la única inmersión no había parecido bien a san Martín Bracarense, pareciéndole que por huir del contagio de los arrianos podía caerse en la apariencia del error sabeliano o antitrinitario: Per hoc dum quasi vicinitas fugitur ariana, sabelliana ignorantibus subrepet pestis; quae dum sub uno nomine unam solummodo retinet tinctionem, eundem Patrem, dicit esse quam Filium, eundem quam Filium et Spiritum Sanctum dicit esse, et quam Patrem; et dum nullam distinctionem trium Personarum in sacramento Baptismi monstrat, trium vocabulorum unam sacrilegus contingit esse personam... Numquid quia Ariani Psalmum, Apostolum, Evangelia et alia multa ita ut catholici celebrant nos errorum vicinitatem fugiendo, haec sumus omnia relicturi? Absit, quia illi ex nobis, ut scriptum est, exeuntes, praeter minorationem Deitatis Filii Dei et Spiritus Sancti, cetera ita penes se retinent sicut nos (carta al obispo Bonifacio, De Trina Mersione: *España sagrada*, tomo 15, páginas 423-426).

Desde el siglo VIII, cuando cesó todo peligro de arrianismo, la Iglesia española volvió al rito general de la trina inmersión. (Véase Villanueva, *Viaje literario*, tomo 5, páginas 13-17.)

372 Eminente servicio prestó a nuestras letras el padre Risco publicando las obras de san Braulio y Tajón en los tomos 30 y 31 de la *España sagrada* (Iglesia de Zaragoza).

Probablemente era libro de polémica, y abrazaría la refutación de todos los errores hasta entonces nacidos sobre el dogma de la Trinidad.

Conservamos por fortuna el tratado de san Ildefonso *De virginitate S. Mariae* contra tres infieles, premiado de excelente y singular manera por la divina Señora, según una hermosa, antigua y bien cimentada tradición toledana, que refiere el biógrafo de Ildefonso, Cixila.[373] Los tres infieles por san Ildefonso refutados no eran españoles ni contemporáneos suyos: noticia equivocada que procede del arzobispo don Rodrigo[374] y repitió don Alonso en la *Estoria d'Espanna*. Helvidio y Joviniano fueron herejes muy conocidos del tiempo de san Jerónimo, que escribió contra ellos más de un tratado. El tercer infiel es un judío, que aparece allí como en representación de su secta. No hemos de creer, sin embargo, que mera devoción o anhelo de declamar pusiese la pluma en la mano a san Ildefonso para defender un dogma que no tenía contradictores en la España visigoda. El calor mismo con que el libro está compuesto acusa no un ejercicio retórico, sino una controversia actual y viva. Bastaba que hubiese judíos y judaizantes en España para que éstos prorrumpiesen, como siempre, en blasfemias contra la virginidad de Nuestra Señora. Y es más que probable que Helvidio y Joviniano tuviesen asimismo algunos partidarios, y a esto aludiría, aunque equivocando los nombres, el texto de don Rodrigo. Joviniano negaba la virginidad en el parto, Helvidio después del parto, y la negación del judío era rotunda. Contra cada uno de estos sacrilegios enderezó una serie de capítulos san Ildefonso. La impugnación del error del judío es la más extensa y animada, porque en él se incluían virtualmente las negaciones de Helvidio y Joviniano. Probada la divinidad de Cristo contra el hebreo, deduce lógica y naturalmente el dogma de la virginidad de María, puesto que en la Madre del Verbo encarnado no pudo caber antes ni después del parto impureza, según aquello de Isaías: *Ecce virgo in utero concipiet et pariet filium*. Explica en su recto sentido los dos únicos textos del Evangelio en que hacían hincapié Helvidio y Joviniano y han hecho después los impíos modernos: el *Ecce mater tua et fratres tui* y el *Non cognovit eam Joseph, donec peperit filium suum*, mostrando ser hebraísmo común y notorio el llamar hermanos a los parientes de consanguinidad y aña-

---

373 Véase en el tomo 15 de Flórez, *España sagrada*, desde la página 504.

374 «Huius tempore cum Helvidius et Pelagius, e Gallis venientes plerasque partes Hispaniae infecissent...» (*De rebus Hispaniae*, lib. 11).

diendo que el donec no significa propia ni forzosamente término. El libro está escrito con fervor y hasta con elocuencia,[375] aunque afeado por rasgos de mal gusto y por el abuso de la sinonimia. Quírico, obispo de Barcelona, escribió dos cartas felicitando a san Ildefonso por tal obra y encareciendo su mérito. Consérvanse juntamente con las respuestas del santo. También debe tenerse por opúsculo polémico el *De proprietate personarum Patris et Filii et Spiritus Sancti*, atribuido a san Ildefonso, y hoy perdido.[376] Pasan generalmente por apócrifos, y Juan Bautista Poza lo confirma, trece sermones acerca de la Virgen, que corren a nombre del santo prelado de Toledo.[377]

san Julián, además de sus dos *Apologéticos* (en el párrafo anterior recordados), formó extractos de los seis libros de san Agustín contra el pelagiano Julián.

Finalmente, alguna memoria se debe al rey Sisebuto, católico fervoroso, que para convertir a los monarcas longobardos Adualicaldo y Teodelinda les dirigió una carta, en que refuta el arrianismo y prueba la igualdad de las personas divinas con textos de la Sagrada Escritura y teológicas razones.[378]

XIII. Política heterodoxa de Witiza. Fin del imperio visigodo

Las calamidades, de igual suerte que las grandezas históricas, se condensan siempre en uno a en pocos personajes, tipos de maldad o de heroísmo. Tal acontece con Witiza, penúltimo rey de los godos, cifra y compendio de las miserias y aberraciones morales de una edad tristísima. Y quizá no mereciera del todo esta execración y odio, pero la voz unánime de los siglos le acusa de tirano y opresor de su pueblo, de lujurioso y cismático, y es lo cierto que en su

---

375 Puede verse, con las demás obras de san Ildefonso, en el tomo 1 de la *Colección de padres toledanos*, del cardenal Lorenzana. También están allí las cartas de Quírico y san Ildefonso.

376 El falso *Cronicón*, de Julián Pérez (obra de Román de la Higuera), llama Teudio y Hellado a los herejes que atacaron, en tiempo de san Ildefonso, la virginidad de Nuestra Señora. Excuso advertir que esos dos personajes son dos entes de razón, inventados para explicar el texto del arzobispo don Rodrigo.

377 Véase N. Antonio.

378 Flórez, *España sagrada*, tomo 7, páginas 318 y siguientes.

reinado, mejor que en el breve de su sucesor Roderico, se consumó la decadencia y ruina de un florentísimo imperio.[379]

Aparécenos Witiza envuelto en oscura penumbra, correspondiente a esa especie de mito de la impiedad y del desenfreno. Hay un Witiza histórico, del que casi nada podemos afirmar, porque los documentos faltan. La autoridad más cercana a su tiempo, la de Isidoro Pacense, nos le muestra como príncipe justo, benigno y liberal, que repara los agravios e injusticias de su padre Égica y echa al fuego los documentos falsificados en pro del erario. Pero no ha de olvidarse que estas buenas noticias se refieren a los primeros años del rey, y nadie extrañará, por tanto, que a partir del *Chronicon Moissiacense*, escrito en el siglo IX, la figura de Witiza comience a alterarse. Según el extranjero autor de

---

379 El doctísimo padre Tailhan, primero en una larga carta que me ha dirigido, y que no reproduzco por los elogios con que en ella me honra, liberal en demasía, luego en una serie de estudios sobre la pérdida de España, que está publicando en la *Revue des Questions historiques*, emprende la *Defensa del rey Witiza*, tomando bajo su amparo la antigua paradoja de Mayans y rechazando toda autoridad que no sea la del Pacense. Si es regla de buena crítica encariñarse con un *Chronicon* solo, y no ver otra fuente histórica en el mundo, yo confesaré que el padre Tailhan tiene razón, y que Witiza fue un rey admirable. Pero entonces ¿de dónde sacaron el *Chronicon Moissiacense* y el *Chronicon* de Alfonso el Magno, lo que cuentan de sus tropelías y lujurias? ¿Cómo nació esta leyenda? ¿Quién tuvo interés en infamar a Witiza? Mientras no se aclare, yo no puedo ni debo rechazar la autoridad de documentos del siglo IX, fundados indudablemente en otros todavía más antiguos. El Pacense es un gran libro, pero no está en el Pacense toda la historia de España. Ne quid nimis. Además, el argumento que se saca del Pacense es negativo, y los argumentos negativos no hacen prueba plena. En suma, yo no creo en el Witiza cismático que creó el arzobispo don Rodrigo, pero creo en el Witiza concubinario y polígamo, semejante al caballo y al mulo, de que nos dan razón el Moissiacense y Alfonso el Magno. No es capricho ni voluntariedad mía; es la diferencia que va de una crónica del siglo IX a otra del siglo XIII.

El apasionamiento del padre Tailhan por su texto favorito le hace mirar con desdén todo lo que no consta en las breves y descarnadas, páginas del anónimo de Córdoba. Así v. gr. nos tacha a Dozy y a mí de haber sostenido que los judíos ayudaron la conquista musulmana. ¿Y cómo no habíamos de decirlo, si consta en los historiadores árabes?

El padre Tailhan no quiere admitir nada de lo que se dice de la depravación moral de los visigodos en los últimos tiempos. Supongamos que tenga razón. ¿Cabe en lo humano que un pueblo tan perfecto, tan ejemplar, tan cristiano, sea conquistado en cuatro días por un puñado de bárbaros ayudados por esos magnates y esos obispos tan impecables y tan egregios?

esa crónica, Witiza (y esto es creíble) mantuvo un verdadero serrallo de concubinas, y, pasando de la práctica a la teoría, sancionó en una ley la poligamia, extendiéndola a todos sus vasallos, legos y eclesiásticos. Y si del Moissiacense pasamos al *Cronicón* (interpolado, aunque esta interpolación no sea de Pelayo) de Sebastián de Salamanca, Witiza se convierte en *homo probrosus et moribus llagitiosus*, semejante al caballo y al mulo, y no solo incide en pública y escandalosa poligamia, sino que llega a disolver los concilios e impedir la ejecución de los cánones, cayendo así rey y sacerdotes en olvido y menosprecio de la ley del Señor.[380] Algo más dice el Silense, pero la leyenda de Witiza no aparece del todo formada hasta el siglo XIII en las obras del Tudense y del arzobispo don Rodrigo, fundamento en esta parte de la *Crónica general*. Witiza no es solo abominable tirano, sino rey cismático y rebelde, que ampara y favorece a los judíos, reúne un conciliábulo en Toledo, promulga escandalosos decretos de disciplina y a las represiones del papa contesta separando su reino de la comunión romana y prohibiendo, por edicto, que nadie reconociese la autoridad del pontífice. Witiza ultraja a la Iglesia con la escandalosa intrusión de su pariente Opas en la silla toledana, que tenía Sinderedo; asesina a Fávila, duque de Cantabria, y hace sacar los ojos a Teodofredo; derriba los muros de las ciudades y convierte las armas en arados, no por amor a las artes de la paz, como ha querido decir algún amante de la paradoja, sino para impedir o provocar sublevaciones contra su tiránico dominio.[381]

De todas estas circunstancias puede y debe dudarse mucho. Pase lo del amparo a los judíos quizá por tolerancia y generosidad del monarca; pero tolerancia fatal, como veremos luego. Tampoco es increíble el allanamiento de las fortalezas por la razón dicha. Que se entregara Witiza a bárbaros rigores con sus súbditos, probablemente rebeldes, nada tiene de extraño, pues otro tanto hacían todos los reyes godos, aun los que pasan por mejores. El nepotismo manifiesto en la sacrílega elección de Opas tampoco sorprende en aquellos

---

380 «Cum uxoribus et concubinis plurimis se inquinavit: et ne adversus eum censura ecclesiastica consurgeret, Concilia dissolvit, Canones obseravit, Episcopis, Presbyteris et Diaconibus uxores habere praecepit...» (*España sagrada*, tomo 13, página 477, *Chronicon Sebastiani*).

381 Pueden verse casi todos estos hechos (porque algunos se añadieron en el siglo XVI) en Lucas de Tuy, *Chronicon*, era 733, y en don Rodrigo, *Rerum in Hispania gestarum*, lib. 3, cap. 15 y 16.

tiempos desdichados. Pero el conciliábulo toledano y el cisma son hechos de tal gravedad y naturaleza que es imposible admitirlos si no se presentan testimonios anteriores al siglo XIII. Sabemos que Witiza celebró un concilio (el XVIII de los toledanos), cuyas actas no parecen, pero ¿quién afirmará que en él se establecieron cánones contra el buen orden y disciplina de la Iglesia? El arzobispo don Rodrigo, con ser de los acusadores de Witiza, dice expresamente lo contrario. Y la separación de Roma, aunque afirmada por el Tudense, no es suceso que hubieran dejado en olvido los cronistas anteriores por espacio de cuatro siglos. Son, por tanto, más que dudosas estas narraciones, y Mayans pudo hacer con sólidos fundamentos, la *Defensa del rey Witiza*.

Pero todas las generaciones pecadoras necesitan descargar sus crímenes en la frente de alguien, y Witiza, que fue, sin género de duda, licencioso y cruel, aunque no autorizara por decreto el concubinato y la poligamia, es para los historiadores de la Reconquista, más que un nombre, el tipo de la degradación moral de la gente visigoda. Rodrigo fue solo la víctima expiatoria.

¿Cómo vino a tierra aquella poderosa monarquía? Cuestión es ésta que hemos de tocar, siquiera por incidencia. Para quien ve en el *iustitia elevat gentes: miseros autem facit populos peccatum* la fórmula de la ley moral de la historia, y con san Agustín, Orosio, Salviano, fray José de Sigüenza, Bossuet y todos los providencialistas, partidarios de la única verdadera filosofía de la historia, considera el pecado original, cual fuente del desorden en el universo; el pecado individual, como causa de toda desdicha humana; el pecado social, como explicación del menoscabo y ruina de los Estados, no puede menos de señalar la heterodoxia y el olvido de la ley moral como causas primeras y decisivas de la caída del imperio visigodo. Veamos cómo influyeron estas causas.

Error sería creer que las dos razas, goda e hispanorromana, estaban fundidas al tiempo de la catástrofe del Guadalete. La unión había adelantado mucho con Recaredo, no poco con Recesvinto, pero distaba de ser completa. Cierto que hablaban ya todos la misma lengua y los matrimonios mixtos eran cada día más frecuentes; mas otras diferencias íntimas y radicales los separaban aún. Y no dudo colocar entre ellas la diferencia religiosa. No importa que hubiesen desaparecido, a lo menos de nombre, los arrianos y que Recesvinto diera por extinguida toda doctrina herética. La conversión de los visigodos fue demasiado súbita, demasiado oficial, digámoslo así, para que en todos fuese sincera. No porque conservasen mucho apego al culto antiguo; antes creo que, pasados los momentos de conspiración y lucha, más o menos abierta, en el reinado de Recaredo, todos o casi todos abandonaron de derecho y de hecho el arrianismo; pero muchos (duele decirlo) no para hacerse católicos, sino indiferentes, o a lo menos malos católicos prácticos, odiadores de la Iglesia y de todas sus instituciones. Lo que entre los visigodos podemos llamar pueblo, el clero mismo, abrazaron en su mayor número, con fe no fingida, la nueva y salvadora doctrina; pero esa aristocracia militar, que quitaba y ponía reyes, era muy poco católica, lo repito. Desde Witerico hasta Witiza los ejemplos sobran. En vano trataron los concilios de reprimir a esa facción orgullosa, irritada por el encumbramiento rápido de la población indígena. Solo hubieran podido lograrlo elevando al trono un hispanolatino, pero no se atrevieron a tanto, quizá por evitar mayores males. De hecho, los mismos reyes visigodos entendieron serles preciso el apoyo de la Iglesia contra aquellos osados magnates, que los alzaban y podían derribarlos, y vemos a Sisenando, a Chindasvinto, a Ervigio, apoyarse en las decisiones conciliares para dar alguna estabilidad a su poder, muchas veces usurpado, y asegurar a sus hijos o parientes la sucesión de la corona. Los concilios en interés del orden, pasaron por algunos hechos consumados, cuyas resultas era imposible atajar;[382] pero las rebeliones no cesaban, y lo que llamaríamos el militarismo o pretorianismo encontró su último y adecuado representante en Witiza. Witiza es para nosotros el símbolo de la aristocracia visigoda, no arriana ni católica, sino escéptica, enemiga de la Iglesia porque ésta moderaba la potestad real y se oponía a sus desmanes.[383] La nobleza goda era relajadísima en costumbres: la crueldad y la lascivia manchan a cada paso las hojas de su historia. El adulterio y el repudio eran frecuentísimos, y el contagio se comunicó a la clerecía por haber entrado en ella individuos de estirpe gótica. Los prelados de Galicia esquilmaban sus iglesias, según resulta del canon 4 del concilio VII. El VIII, en sus cánones 4, 5 y 6, tuvo que refrenar la incontinencia de obispos, presbíteros

---

382 Véanse en prueba los cán. 11 y 12 del VI concilio.

383 Otro elemento de desorden fueron los griegos bizantinos que Atanigildo trajo, y que se mantuvieron en la Cartaginense hasta tiempos de Suintila. Los pocos que después quedaron aparecen siempre como tumultuosos y rebeldes. Griego era Ervigio, el que llegó a destronar a Wamba.

y diáconos. Ni aun así se atajó el mal, y fue preciso declarar siervos[384] a los hijos de uniones sacrílegas.

Potamio, metropolitano de Braga, vino ante el concilio X a confesarse reo de una impureza. La simonía rayaba en escándalo: vendíanse las cosas sagradas por vil precio (canon 8 del concilio XI). Los reyes ponían obispos donde no había diócesis: Wamba eligió uno para Aquis y el concilio XII le depuso; Witiza colocó dos mitras en la cabeza de su hijo o hermano Opas, y Toledo obedeció simultáneamente a dos obispos. A punto lastimoso llegaron las discordias entre los ministros del santuario: clérigo hubo que por satisfacer rencores personales apagó las lámparas, desnudó los altares e hizo suspender los oficios.[385] ¡Hasta el pecado nefando, la sodomía, tuvo que ser anatematizada en clérigos y laicos por el canon 3 del concilio XVI!

Tristeza causa la lectura de las últimas actas. Y no porque aquellos padres se permitiesen ninguna laxitud ni dejasen de velar por la disciplina; antes observamos, en contraposición a esos desórdenes, prodigios de virtud y de austeridad en obispos, monjes y abades; frutos de caridad y de doctrina en copia grande y bendita por Dios. Pero averigüemos los nombres de los santos y de los malvados, de los sabios y de los prevaricadores. Los unos se llaman Isidoro, Braulio, Tajón, Eugenio, Ildefonso,[386] Julián..., todos españoles, todos latinos, menos el último, descendiente de judíos. Entre los visigodos, ¿qué encontramos? Un Sisberto, que conspira alevosamente contra su rey Ervigio; un Sinderedo, un Opas. Obsérvese bien: ninguno de esos nombres es romano.

Error infantil y que mueve a risa es el de la pretendida virginidad de los bárbaros. Quizá en sus nativos bosques fueran inocentes; pero así que cayeron sobre el Mediodía y vieron y palparon la decadente civilización imperial, entróles desmedido y aun infernal anhelo de tesoros y de placeres. Gozaron de todo con la imprevisión y abandono del salvaje, y sus liviandades fueron crueles y feroces, como las del soldado que entra en una ciudad tomada por asalto. La depravación bárbara siempre fue peor que la culta y artística. Ese mismo individualismo o exceso de personalismo que las razas del Norte traían los indujo a frecuentes

---

384 Véase canon 10 del concilio IX.
385 Canon 7 del concilio XIII.
386 El nombre de Ildephonso pudiera parecer godo; pero los de sus padres, Esteban y Lucía, no permiten dudar de su abolengo latino.

y escandalosas rebeliones, a discordias intestinas y, lo que es peor, a traiciones, a perjurios contra su pueblo y raza, porque no abrigaban esas grandes ideas de patria y de ciudad, propias de helenos y latinos. Por eso la nobleza visigoda, acaudillada por los hijos de Witiza y por el arzobispo don Opas, vende la tierra a los musulmanes, deserta en el Guadalete, y Teudomiro, tras breve resistencia, se rinde a deshonroso pacto con Abdalassis.

Grandes culpas tenía que purgar la raza visigoda. No era la menor su absoluta incapacidad para constituir un régimen estable ni una civilización. Y, sin embargo, ¡cuánta grandeza en ese período! Pero la ciencia y el arte, los cánones y las leyes, son glorias de la Iglesia, gloria española. Los visigodos nada han dejado, ni una piedra, ni un libro, ni un recuerdo, si quitamos las cartas de Sisebuto y Bulgoranos, escritas quizás por obispos españoles y puestas a nombre de aquellos altos personajes. Desengañémonos: la civilización peninsular es romana de pies a cabeza, con algo de semitismo; nada tenemos de teutónicos, a Dios gracias. Lo que los godos nos trajeron se redujo a algunas leyes bárbaras y que pugnan con el resto de nuestros códigos y a esa indisciplina y desorden que dio al traste con el imperio que ellos establecieron.

Bien sé que no estaban exentos del contagio los hispanorromanos, puesto que Dios nunca envía las grandes calamidades sino cuando toda carne ha errado su camino. Pero los que hasta el último momento habían lidiado contra la corrupción en los concilios, levantáronse de su caída con aliento nuevo. Eulogio, Álvaro, Samsón, *Spera-in-Deo*, dieron inmarcesible gloria a la escuela cordobesa; mártires y confesores probaron su fe y el recio temple de su alma bajo la tiranía musulmana; y, entre tanto, los astures, los cántabros, los vascones y los de la Marca Hispánica comenzaron por diversos puntos una resistencia heroica e insensata, que amparada por Dios, de quien vienen todas las grandes inspiraciones, nos limpió de la escoria goda, borró la indiferencia de razas y trájonos a reconquistar el suelo y a constituir una sola gente. El Pelagio que acometió tal empresa, lleva nombre romano; entre sus sucesores los hay godos: Fafilla, Froyla, prueba de la unión que trajo el peligro. Muy pronto el goticismo desaparece, perdido del todo en el pueblo asturiano, en el navarro, en el catalán o en el mozárabe. La ley de Recesvinto estaba cumplida. Lo que no se había hecho en tiempos de bonanza, obligó a hacerlo la tempestad desatada. Ya no hubo godos y latinos, sino cristianos y musulmanes, y entre éstos no pocos apóstatas. Averiguado está que la invasión de los árabes fue inicuamente patrocinada por los judíos que habitaban en España. Ellos les abrieron las puertas de las principales ciudades. Porque eran numerosos y ricos, y ya en tiempos de Égica habían conspirado, poniendo en grave peligro la seguridad del reino. El concilio XVII los castigó con harta dureza, reduciéndolos a esclavitud (canon 3); pero Witiza los favoreció otra vez, y a tal patrocinio, respondieron conjurándose con todos los descontentos. La población indígena hubiera podido resistir al puñado de árabes que pasó el Estrecho; pero Witiza los había desarmado, las torres estaban por tierra, y las lanzas, convertidas en rastrillos. No recuerda la historia conquista más rápida que aquélla. Ayudábanla a porfía godos y judíos, descontentos políticos, venganzas personales y odios religiosos.

Quid leges sine moribus vanae proficiunt? ¿Cómo había de vivir una sociedad herida de muerte por la irreligión y el escándalo, aunque fuesen buenas sus leyes y la administrasen varones prudentes? ¿Qué esperar de un pueblo en que era común la infidelidad en los contratos y en las palabras, como declara con dolor el concilio XVII en su canon 6? Agréguese a todo esto el veneno de las artes mágicas, señoras de toda conciencia real o plebeya. Y no se olvide aquel último signo de desesperación y abatimiento: el suicidio, anatematizado en el canon 4 del concilio XVI.[387]

No alcanzan los vicios de la monarquía electiva, ni aun la falta de unidad en las razas, a explicar la conquista arábiga. Forzoso es buscar una raíz más honda y repetir con el sagrado autor de los *Proverbios: Iustitia elevat gentes: miseros autem facit populos peccatum.*[388]

---

387 El padre Tailhan, a pesar de su amor a los visigodos, confiesa que el suicidio era desconocido entre nosotros hasta que los bárbaros vinieron.

388 Séame lícito protestar con toda la energía de mi alma contra los siguientes absurdos de Rousselot en su libro de *Les Mystiques Espagnols*: «No parece que los visigodos tenían inclinación seria al estudio; la protección concedida por algunos de sus reyes a los trabajos de Braulio, obispo de Zaragoza, y de Isidoro, de Sevilla, es un hecho aislado y sin consecuencia. España, al tiempo de su caída, no estaba al nivel de Francia; en vano se buscaría

Capítulo IV. Artes mágicas y de adivinación. Astrología, prácticas supersticiosas en los períodos romano y visigótico

allí no digamos un Scoto Erígena, sino un Alcuino. La ignorancia reinaba dondequiera... En Francia, la inmensa personalidad de Carlomagno concedió gran libertad a los hombres y, por consiguiente, a la razón. De aquí resultó un impulso favorable al desarrollo de la inteligencia, de que España no ofrece el más leve indicio en tiempo de los godos».

¡Qué lindamente se dice aquí todo lo contrario de la verdad! Ni Francia ni nación alguna de Occidente estaban a la altura de España en la época visigoda. No porque los visigodos fueran ilustrados, sino porque lo eran los españoles. El señor Rousselot parece ignorar del todo nuestra historia y olvida que la raza más numerosa e ilustrada era la hispanorromana; la raza de Liciniano, de quien aprendieron los escolásticos franceses la doctrina del alma continente y no contenida; la raza de san Leandro, de san Isidoro, de san Braulio, de Tajón, el maestro de las Sentencias y maestro y predecesor de los Pedros Lombardos y demás organizadores de la teología escolástica; la raza de san Eugenio, de san Ildefonso, de san Julián... ¿Y hay valor para decir que en tiempo de estos hombres reinaba en España la barbarie? ¿Qué se sabía en Francia entonces? ¿Dónde están los grandes escritores franceses del siglo VII? Búsquelos Rousselot, que yo no los veo. Cite una serie de nombres como los que podemos presentar nosotros, todos de ese siglo, y veremos. Pero ¿cómo los ha de presentar, si no los hay? Pues no digamos nada del Renacimiento de Carlomagno. ¿Querrá hacernos creer Rousselot que Alcuino vale más que san Isidoro, a quien copia y extracta malamente? ¿Querrá persuadirnos que fue francés Scoto Erígena? ¿No sabe que éste fue refutado por un español, Prudencio Galindo? ¿Ignora la parte que en ese Renacimiento cupo al español Claudio de Turín, al español Teodulfo, al español Félix? Pero ¿cómo ha de saberlo, si cree que Félix fue anterior a la conversión de Recaredo?

Con escritores tan ligeros, inútil es discutir. ¿Cuándo cesará en los franceses ese odio ciego a las cosas de España y ese sistemático anhelo de denigrarnos, hasta con mala fe y menoscabo de los fueros de la verdad? Excepciones honrosas hay, sin embargo. A las aberraciones de Rousselot me place oponer esta frase de Hauréau, el docto historiador de la escolástica, en su monografía acerca de nuestro Teodulfo: «La España cristiana era, a mediados del siglo VIII, una de las regiones más civilizadas del mundo antiguo. Como Italia, como las Galias, había tenido bárbaros; pero en circunstancias menos funestas» (*Singularités historiques et littéraires*).

¿No ha recorrido siquiera el señor Rousselot la Memoria de su paisano el abate Bouret sobre *La escuela de Sevilla en tiempo de los visigodos*? Pero inútil es insistir en esto, cuando podemos convencer al autor de Los místicos con un *argumento ad hominem*. Después de haber dicho que la ignorancia reinaba dondequiera, añade: «Sin embargo, los godos habían conseguido un altísimo grado de civilización». ¿En qué quedamos?

Acerca de los asuntos tratados en este capítulo derraman bastante luz las obras de Dahm y la de Helfferich sobre el arrianismo visigodo y la heterodoxia española: *Geschichte des Westgotischen Arianismus* (Berlín 1860).

I. Preliminares. La magia entre los antiguos, y especialmente en Grecia y Roma. II. Prácticas supersticiosas de los aborígenes y alienígenas peninsulares. Vestigios conservados hasta nuestros tiempos. III. Viaje de Apolonio de Tiana a la Bética. Pasajes de escritores hispanolatinos concernientes a las artes mágicas. IV. *Actas de los santos Luciano y Marciano*. Supersticiones anatematizadas en el concilio Iliberitano. Esfuerzos de Teodosio contra la magia. V. Las supersticiones en Galicia bajo la dominación de los suevos. Tratado *De correctione rusticorum* de san Martín Dumiense. VI. Artes mágicas y de adivinación entre los visigodos.

I. Preliminares. La magia entre los antiguos, y especialmente en Grecia y Roma

Hora es, para cerrar este primer libro, de dirigir nuestra atención a otro elemento de desorden religioso no exclusivo de ninguna época o nación, sino eterna calamidad de todas. ¿Pertenecen a la historia que voy escribiendo las artes goéticas, las divinatorias y todo su cortejo de supersticiones y terrores? ¿Tienen alguna importancia o realidad intrínseca tales prácticas para que puedan convertirse en objeto de seria indagación?

Que las artes demoníacas existen como perpetuo tentador de la voluntad humana es indudable. En cuanto a lo real y positivo de sus efectos, la cuestión varía. Teóricamente no podemos negarla. Históricamente no en todos casos, puesto que leemos en los sagrados libros los prodigios verificados por los magos de Faraón y la evocación del alma de Samuel por la pitonisa de Endor. Pero, fuera de estos hechos indiscutibles y de algún otro que parece comprobado en términos que no dejan lugar a duda, hay que guardarse mucho de la nimia credulidad en esta parte. Dios puede (por altos fines) consentir a las potencias del abismo algún trastorno, más aparente que real, de las leyes naturales, como aconteció en Egipto; puede en circunstancias solemnísimas, como las que antecedieron a la pérdida de Saúl, hacer que los muertos respondan a la interrogación de los vivos. Todo cabe en la suma Omnipotencia. Pero sería necio y pueril suponer en el príncipe del infierno una como obligación de satisfacer a las vanas preguntas de cualquier iluso u ocioso a quien se le antoje llamarle con palabras de conjuro o ridículos procedimientos de *mediums* y encantadores. El demonio nunca ha tenido fama de mentecato. Hartos medios posee, y de funesto resultado, para extraviar la flaqueza humana sin que le sea necesario valerse de todo ese aparato de comedia fantástica. Aparte de que fuera hasta sacrílego e inductivo al *maniqueísmo* suponer esa acción constante del espíritu malo que esclaviza al hombre por prestigios y maravillas, consintiendo Dios semejante tiranía.

A Dios gracias, en la historia que voy a referir de las artes mágicas y supersticiosas en España, muy pocas veces o ninguna encontraremos esos graves casos de que algunos se dan por testigos presenciales. Meras preocupaciones de una parte y mala fe de otra será lo que hallemos.

Pero que tales artes son heréticas y prohibidas por toda ley divina y humana, resulta de su simple enumeración. Invocar al demonio con uno u otro fin, en una u otra manera, constituye un verdadero acto de apostasía, aunque el demonio no conteste, como suele suceder. El error astrológico, por lo que ata el libre albedrío a los influjos planetarios, es fatalismo puro, y del mismo o semejante yerro adolecen todos los medios divinatorios. Finalmente, las supersticiones de cualquier linaje se oponen tanto a la verdadera creencia como las tinieblas a la luz. Por eso, cuantos autores han tratado de magos y nigromantes los consideran *ipso facto* herejes, y fray Alfonso de Castro, en el tratado *De iusta haereticorum punitione* (lib. 1, cap. 13, 14, 15 y 16), decláralos sujetos a las mismas penas espirituales y temporales, haciendo solo alguna excepción en favor de los sortilegios y augures que no mezclan en sus prácticas invocaciones al diablo. Realmente, la superstición no es herejía formal, *pero sapit haeresim*, y entra, por tanto, en los lindes de la heterodoxia.

Nada hay a primera vista más extenso ni embrollado que el estudio de la magia y de la astrología en su relación histórica. Pero, si advertimos que esas artes son casi las mismas en todas las razas y épocas, fácil será reducirlas a tres principios capitales, fuentes de toda aberración humana. Tales son, a mi entender, el panteísmo naturalista, el *maniqueísmo* o dualismo y el fatalismo. Nace del primero esa legión de espíritus y emanaciones que vive y palpita en la creación entera, engendrando risueñas imágenes o nocturnos terrores. Hijos son del endiosamiento del principio del mal los procedimientos teúrgicos, los cultos demoníacos, las sanguinarias o lúbricas artes goéticas, los pactos, la brujería, el sábado. Proceden de la negación o desconocimiento de la libertad humana la astrología, los augurios, los sortilegios y maleficios, cuantos medios ha pretendido poseer el hombre para conocer lo futuro y las leyes que, según él, esclavizaban el libre ejercicio de su actividad. De una de las tres raíces dichas arranca toda superstición ilícita. Añádase a esto la ignorancia (no disipada aún del todo) sobre el modo de ser y obrar de ciertos agentes o fuerzas naturales. Por de contado, aquí tratamos solo de la magia negra o goética, no de la blanca o natural, que era una especie de física recreativa, semejante solo a la *nigromancia* por el misterio en que solía envolver sus operaciones. La famosa estatua de Memnon pasa por una de las más señaladas obras de esta magia entre los antiguos.

Dejado aparte todo esto, nada sería más fácil que ostentar erudición prestada discurriendo acerca de la magia de egipcios y caldeos, donde la adivinación, la astrología y la teurgia constituían verdaderas ciencias agregadas al culto, y en manos siempre de colegios o castas sacerdotales. A mí, que no soy egiptólogo, bástame ir al capítulo 7 del *Éxodo*, donde todos hemos leído: Llamó el Faraón a sus sabios y hechiceros, los cuales, por medio de encantamientos y palabras arcanas, hicieron algunas cosas semejantes a las que Moisés había hecho. (*Vocavit autem Pharao sapientes et maleficos et fecerunt etiam ipsi per incantationes Aegyptiacas et arcana, quaedam, similiter.*) La magia entre los egipcios llegó a tomar un carácter zoolátrico y semifetiquista. La astrología dio en absurdos que se tocan con los de nuestros priscilianistas. Cada uno de los astros tenía influjo sobre diversas partes del cuerpo, las cuales no bajaban de treinta.[389] En los tiempos alejandrinos se modificaron estas doctrinas por el contacto de las griegas, y el libro *De mysteriis Aegyptiorum*, atribuido a Jámblico, nos da cumplida idea de aquella teurgia, en que el principal conjuro eran las palabras arcanas.

Astrología y ciencia caldea o asiria son palabras casi sinónimas, a lo menos para los griegos. Al saber, no del todo vano, de los caldeos, debió la astronomía positivos adelantos; pero creció so el amparo de tales estudios la desoladora concepción fatalista. «Al decir de los caldeos (escribe Diodoro de Sicilia) los astros imperan soberanamente en el bueno o mal destino de los hombres. Los fenómenos celestes son señales de felicidad o desdicha para las naciones.» «Los caldeos (dice en otra parte) se dedican a la ciencia adivinatoria, anuncian lo futuro, hacen purificaciones, sacrificios y encantos. Interpretan el vuelo de los

---

389 Véase Orígenes, *Contra Celso*, lib. 8, y, de los modernos, Lepsius, *Todtenburich der Aegyter*, citado por Maury en *La Magie et l'Astrologie dans l'Antiquité et au Moyen Age.*

pájaros, los sueños y los prodigios; examinan las entrañas de las víctimas... Su ciencia se transmite de padres a hijos.» En el libro de Daniel aparecen asimismo los caldeos como adivinos, magos, arúspices e intérpretes de sueños; modos de adivinación idénticos a los usados en Roma. Pero en lo que más descollaba la ciencia asiria era en la formación del horóscopo o tema genetlíaco de cada individuo según la posición de los astros en el punto de su nacimiento.

La magia, que entre los caldeas había nacido del sabeísmo, fue entre los persas hija del dualismo mazdeísta, y se desarrolló tanto, que el nombre de magos o sacerdotes vino a equivaler al de hechicero. Los medios de adivinación en Persia practicados eran más numerosos que los de Babilonia. El libro atribuido a Osthanes mencionaba la hidromancia, las esferas mágicas, la aeromancia, la astrología, la *necromancia* y el uso de linternas y segures, de superficies tersas y lucientes. (*Ut narravit Osthanes, dice Plinio, species eius plures sunt, namque et aqua et sphaeres, et aere, et stellis, et lucernis ac pelvibus, securibusque et multis aliis modis divina promittit: praeterea umbrarum, inferorumque colloquia.*) La catoptromancia, ciencia de los speculariós, adivinación por medio de espejos mágicos, procedía también de Persia, según Varrón, citado por san Agustín (*De Civitate Dei*, lib. 7), y era una variedad de la lecanomancia, o arte de evocar las imágenes en una copa, en un escudo, en la hoja de una espada o en una vasija llena de agua.[390]

En cambio, la adivinación por varas de sauce era propia y característica de los escitas, según leemos en el libro 4 de Herodoto: «No faltan a los escitas adivinos en gran número, cuya manera de presagiar por medio de varas de sauce explicaré aquí. Traen al lugar donde quieren hacer la ceremonia grandes haces de mimbres, y dejándolos en tierra los desatan; van después tomando una a una y dejando sucesivamente las varillas, y al mismo tiempo están vaticinando; y sin cesar de murmurar, vuelven a juntarlas y a componer sus haces, este género de adivinación es heredado de sus abuelos».

«Los que llaman Enarees pretenden que la diosa Venus los hace adivinos y vaticinan con la corteza interior del tilo, haciendo tres varas de cada membra-

---

390 Cap. Fossey, *La Magie assyrienne, étude suivie de textes magiques traduits et commentés* (París, Leroux, 1902), 8.º, 474 páginas, fasc. 15 de la Bibliothèque de l'École des Hautes Études, section des sciences religieuses.

El autor se propone continuar y ampliar los trabajos de Lenormant publicados en 1874 y 1875.

nilla, arrollándolas a sus dedos y adivinando mientras las van desenvolviendo.»[391] Los escitas daban gran crédito a sus augures; pero cuando erraban las predicciones, solían quemarlos vivos.

De los celtas de Galia y Germania trata Julio César en los capítulos 5 y 6 de su libro 8, pero sin advertir nada que concierna a las artes mágicas, como no sea la existencia del colegio sacerdotal de druidas[392] entre los galos y no entre los germanos. Algo más expreso anda Tácito en el opúsculo *De situ, moribus, populisque Germaniae*, y lo que dice conviene del todo con la noticia que de los escitas da Herodoto: «Consagran los germanos (escribe el historiador latino) muchas selvas y bosques, y con los nombres de los dioses apellidan aquellos lugares secretos que miran con veneración. Observan, como los que más, los agüeros y suertes; pero las suertes son sin artificio. Cortan de algún árbol frutal una varilla, la cual, partida en pedazos y puesta en cada uno cierta señal, echan, sin mirar, sobre una vestidura blanca, y luego el sacerdote de la ciudad, si es que se trata de negocio público, o el padre de familias, si es de cosa particular, después de hacer oración a los dioses, alzando los ojos al cielo, toma tres palillos, de cada vez uno, y hace la interpretación según las señas que antes habían puesto. Y si las suertes son contrarias, no tratan más aquel día del negocio, y si son favorables, procuran aún certificarse por agüeros; y también saben adivinar por el vuelo y canto de las aves. Mas es particular de esta nación observar las señales de adivinanza que para resolverse toman de los caballos. Éstos se sustentan a costa del pueblo en las mismas selvas y bosques sagrados; son blancos y que no han servido en ninguna obra humana; y cuando llevan el carro sagrado, los acompañan el sacerdote y el rey o príncipe de la ciudad y consideran atentamente sus relinchos y bufidos. Y a ningún agüero dan tanto crédito como a éste, no solamente el pueblo, pero también los nobles y grandes y los sacerdotes, los cuales se tienen por ministros de los dioses, y a los caballos por sabedores de la voluntad de ellos».[393] Poco más que esto es lo que de las supersticiones de los galos, germanos y britanos escriben los antiguos. Pero siendo el culto de los celtas naturalista y enseñando los druidas astronomía, como Julio César afirma, no podía faltarles la superstición astrológica; y como creían en la metempsicosis

391 Traducción del padre Bartolomé Pou (Madrid 1846), tomo 1, página 337.
392 Atribúyeles pericia en las artes adivinatorias Cicerón (*De divinatione*).
393 Traducción de Alamos Barrientos.

(según autoridad del mismo), debían de ser más que medianamente inclinados a la *nigromancia* y a las evocaciones. Las costumbres que aún subsisten nos dan razón de otras prácticas no mencionadas por los clásicos. Así como se conservó, aun después de predicado el cristianismo, la veneración céltica a las fuentes sagradas, duró con ella la hidromancia. En varios puntos de las dos Bretañas, sobre todo en la fuente de Saint-Elian, condado de Denbigh, se practicó, hasta tiempos relativamente modernos, la adivinación por agujas o alfileres lanzados al agua. En Escocia se conservaron largo tiempo hechizos y conjuros para facilitar el parto.[394] La cueva llamada en Irlanda Purgatorio de san Patricio, era, a no dudarlo, un *necyomanteion* antiguamente destinado a la evocación de las almas de los muertos.[395]

Había en las Galias hechiceros llamados *tempestarii*, porque provocaban el trueno y el granizo; arúspices e intérpretes de sueños. A las divinidades célticas destronadas por la fe sucedió en tierras del Norte un tropel de Gnomos, Silfos, Kobolds, Trolls, Ondinas, Niks: encantadores, duendes, trasgos, genios del mar, de los ríos, de las fuentes y de las montañas. Estos restos de antiguas mitologías han resistido tenazmente, como las dos festividades solsticiales, y la verbena, y el trébol de cuatro hojas: reminiscencias del sagrado muérdago.

Pero dejemos pueblos bárbaros, de que solo por referencia puedo hablar, y vengamos a los griegos y latinos, de quienes procede nuestra civilización. La magia, así en Grecia como en Roma, fue de dos especies: una oficial, pública y asociada al culto; otra popular, heterodoxa y hasta penada por las leyes. Expresión brillante de la primera y centro de la vida política de los helenos fueron los oráculos, cuya historia no nos incumbe, porque han tenido poca o ninguna parte en las supersticiones de los pueblos cristianos, y menos de los de la península Ibérica. El arte augural, menos importante y respetado que entre los latinos, dominó en tiempos anteriores a la consolidación y política influencia de los oráculos. Recordemos en la *Ilíada* aquel adivino Calcas, que revela las causas de la peste enviada por Febo a los aqueos: Calcas, el que en Aulide había anunciado la voluntad de los dioses respecto al sacrificio de Ifigenia. La observación de los sueños aparece en el libro 2 del mismo poema, si el trozo no es uno de los intercalados. Y ya en tiempo del padre Homero debía de reinar

---

394 J. Graham Dalvell, *The darker superstitions of Scotland*.
395 Wright, *S. Patrick's Purgatory* (Londres 1844).

el escepticismo en cuanto a adivinaciones, conforme lo indica aquella sublime respuesta de Héctor: El mejor agüero es pelear por su tierra. Pero la ley del fatum es para los héroes homéricos inflexible: en el libro 19, Xanto, uno de los divinos caballos de Aquiles, habla inspirado por Juno y predice al hijo de Peleo su temprana y próxima muerte. «Entonces Aquiles, el de los pies ligeros, replicó a Xanto: ¿Por qué me vaticinas la muerte? Nada te importa; bien sé que es hado mío perecer lejos de mi dulce padre y de mi madre; pero no cesaré hasta que los troyanos se hayan saciado de pelea.»

En la *Odisea*, poema de tiempo y civilización muy distintos, las artes divinatorias y mágicas son más respetadas. Telémaco ve en el libro 2 dos águilas enviadas por Zeus, y toma de su vuelo auspicios favorables. El tipo de la farmaceutria, de la hechicera, no conocido por el autor de la *Ilíada*, es en la *Odisea* Circe, cuya vara mágica tiene el poder transmutatorio y convierte en puercos a los compañeros de Ulises, atraídos por su canto:

Carminibus Circe socios mutavit Ulyssi,

y por el dulce sabor del vino Pramnio y de los manjares amasados con queso, harina y miel; pero no al mañoso itacense, que resistió los hechizos con la hierba moly que le había dado Mercurio. Circe es una encantadora, risueña y apacible, como la fantasía de los griegos podía imaginarla; no una bruja hórrida y repugnante, como las de *Macbeth*. Ulises parece un bárbaro cuando acomete, espada en mano, a aquella diosa euplócama, que acaba por enamorarse perdidamente de él y regalarle en su maravilloso palacio. Todo es de suave color en la *Odisea*, menos la *necromancia* o evocación de los muertos en el canto 11, que tiene el carácter de una verdadera goetia. Ulises va a la tierra de los cimmerios, abre un hoyo, lo llena con la sangre de las víctimas, hace tres libaciones y empiezan a acudir las almas del Erebo, sedientas de aquella negra sangre. Ulises les prohíbe acercarse hasta que se levanta la sombra del ciego Tiresias, adivino tebano, que le predice su vuelta a Ítaca y otros sucesos. En el libro 20, los amantes de Penélope son aterrados por un funesto agüero, y Teoclimeno les anuncia la muerte.

Los ritos órficos, los misterios de Eleusis y Samotracia, entraron por parte no pequeña en la difusión de los procedimientos teúrgicos, unidos a las expiaciones y purificaciones. Una noble y hermosa poesía hierática, de la cual ni vestigios auténticos quedan, debía de enlazarse con las ceremonias a que Epiménides el cretense y otros justos del paganismo debieron su fama. La leyenda de Epiménides, el que hacia la olimpíada 56 purificó a Atenas, profanada por el crimen de Cylon, es de suyo singularísima. Aquel taumaturgo era alimentado por las ninfas y podía dejar el cuerpo y volver a él cuando le viniera en talante. Lo mismo se refiere de Hermótimo de Clazomene.

Los presagios astrológicos en relación con la agricultura, los días fastos y nefastos y otras supersticiones ocupan buen lugar en Las obras y los días, de Hesíodo, que llega a señalar las lunas propicias al matrimonio y aquellas otras en que las Furias desencadenadas recorren la tierra. No olvida la adivinación por el vuelo de los pájaros, pero concede poca o ninguna atención a las artes transmutatorias y goéticas.

Nuevos y hermosos tipos de vates, profetisas y taumaturgos lanzó a la escena el ingenio de los trágicos atenienses. Esquilo encarnó la *manteia, doble vista* o espíritu profético, en la troyana Casandra, hermosa figura levantada entre el cielo y la tierra para anunciar los males que van a caer sobre Agamenón y la casa real de Micenas. Inspiración sacerdotal palpita en la terrible poesía de las Euménides, inmortales vengadoras del crimen y ejemplar de tantas otras representaciones fantásticas de todo país y tiempo. Ni falta en los Persas una *necromancia*: la sombra de Darío, que se presenta al conjuro de los ancianos de Susa para oír de labios de Atossa el desastre de Jerjes y pronunciar graves y tristes sentencias sobre la fortuna y la instabilidad de las cosas humanas.

El ciego Tiresias, sabedor de todas las cosas del cielo y de la tierra, reaparece en el Edipo tirano, de Sófocles, y ve menospreciada su ciencia por el obcecado rey de Tebas, que, herido a su vez por inaudita desgracia, conviértese (en el Edipo en Colona) en vate, en profeta, en objeto sagrado, que anuncia futuras victorias y prosperidades a la tierra donde descansen sus cenizas. ¡Alta y peregrina idea de los griegos suponer inseparables el poder divinatorio y esas grandes calamidades con que los dioses oprimen al que por desvanecimiento o soberbia se alejó de la serenidad, de la templanza, de la *sophrosyne*! El que es ejemplo vivo de la cólera celeste debe anunciar sus decretos a los mortales.

Dulces son de recordar estas cosas clásicas. Indefinible horror producen en la *Electra* el sueño de Clitemnestra, presagio de la venganza de Orestes, simbolizado en aquella serpiente que devora el seno de la homicida mujer de Agamenón. Y elemento mágico y sobrenatural de otra índole es en las *Traquinianas* la túnica del centauro Neso.

Eurípides usa y abusa de todos los prestigios. Su tipo de encantadora es Medea, distinta de Circe en lo vengativa y celosa. La pasión vence en ella a la hechicería, al revés de lo que acontece en la imitación de nuestro Séneca, inspirada en esta parte por los *Metamorfóseos* ovidianos.

Un sabio español del siglo XVII, Pedro de Valencia, en su *Discurso* (inédito) sobre las brujas y cosas tocantes a magia, encontraba analogía grande entre el sábado y las nocturnas fiestas de *Las bacantes*, como se describen en la singular y terrorífica tragedia de Eurípides que lleva ese título. La narración que de cierta bacanal hace el Nuncio, parece que nos transporta al aquelarre de Zugarramurdi. Solo falta el macho cabrío; pero ni aun éste se echaba de menos en las sabasias o fiestas de Baco Sabasio, degenerada secuela de las bacanales y verdadero origen del sábado hasta en el nombre.

El culto orgiástico y hondamente naturalista de Dionisio, las abominaciones y nocturnos terrores del Citheron, tardaron, de igual suerte que el rito fenicio de Adonis y otras superticiones orientales en aclimatarse en Grecia, y nunca perdieron su carácter misterioso, arcano y solo a medias tolerado por los legisladores. De esta suerte venían a enlazarse con otra superstición oculta y sombría, practicada especialmente por las mujeres de Tesalia, el culto de Hécate triforme, invocada de noche en los trivios con ceremonias extrañas y capaces de poner espanto en el corazón más arrojado. Orígenes, o quienquiera que sea el autor del *Philosophoumena*, nos ha conservado la fórmula de conjuro. «Ven, infernal, terrestre y celeste (triforme) Bombón, diosa de los trivios, guiadora de la luz, reina de la noche, enemiga del Sol, amiga y compañera de las tinieblas; tú que te alegras con el ladrido de los perros y con la sangre derramada y andas errante en la oscuridad cerca de los sepulcros, sedienta de sangre, terror de los mortales, Gorfón, Mormón, Luna de mil formas, ampara mi sacrificio.» De una manera semejante invocaban al demonio las brujas castellanas del siglo XV, si hemos de estar al testimonio de la incomparable Celestina.

En un maravilloso idilio de Teócrito, el segundo en orden, intitulado *Pharmaceutria*, contémplase una escena de encantamientos a la moderna.

Simeta, joven siracusana, quiere hechizar a Delfis, que se aleja; prepara un filtro, ciñe la copa con vellón de oveja, invoca a la

> reina de la noche y las estrellas,
> Hécate, que en los trivios escondidos
> do resuenan del perro los ladridos,
> negra sanguaza en los sepulcros huellas.
> Da a mis hechizos fuerza poderosa,
> cual diste a los de Circe o de Medea,
> como a los de la rubia Perimea.
> ¡Brille pura tu faz, nocturna diosa!

Tras esta plegaria, echa harina y sal en el fuego, quema una rama de laurel, hace derretir una figura de cera, da vueltas al rombo mágico y llama al ave Jingx para que torne a Delfis a sus brazos:

> Como el laurel se abrasará mi amante,
> derretiráse como blanda cera:
> cual gira sin cesar la rauda esfera,
> vueltas dará a mi casa el inconstante.
> Conduce, ¡oh Jingx!, aquel varón a casa...

La composición de los filtros amorosos con el hipómanes de Arcadia y el pelo arrancado de la frente del potro era una de las principales ocupaciones de las hechiceras tésalas, que poseían además la virtud de atraer las Empusas, monstruos de pies de asno, a que más de una vez se refiere Filóstrato en la *Vida de Apolonio* de Tiana.

Otro poder más singular aún, el de las transformaciones, poseían las brujas de Tesalia. Tal nos lo muestra la célebre novela de Luciano, *Lucio o El asno*, especie de parodia de las *Metamorfosis* de Lucio de Patrás. La huéspeda del héroe de Luciano, después de desnudarse y echar en una linterna dos granos de incienso, coge una redoma, se unta de pies a cabeza, conviértese en cuervo y echa a volar; lo mismo que las brujas alavesas castigadas en el auto de

Logroño. Lucio quiere imitarla, pero equivoca el ungüento y se transforma en asno, de cuyo estado sale, tras muchas aventuras, comiendo unas rosas.

En tiempo de Luciano, las artes mágicas estaban en su período de mayor delirio y tristes efectos. Conforme se iban debilitando las creencias antiguas, crecía el amor a las prácticas supersticiosas y extranjeras. Poco o nada se creía en el poder de los oráculos, que callaban de tiempo atrás, según advirtió Plutarco; pero se consultaba con veneración el necyomanteion o antro de Trofonio, cuyos misterios eran pura *goetia*. Los antiguos adivinos, los Calcas y Tiresias, habían cedido el campo a los matemáticos caldeos, a los que decían la buenaventura y formaban el horóscopo, a los hechiceros de Asiria peregrinos, como aquél que suministraba a la Simeta de Teócrito jugos letales con que enviar al Orco el ánima de cualquier persona aborrecida; a los magos, discípulos de Osthanes, que veían lo futuro en el agua o en un espejo y trazaban en la pared horríficas figuras encendidas de súbito en la llama siniestra del betún y del asfalto (véase *Philosoph.*); a los *orpheotelestes*, doctos en purificaciones y exorcismos; a los psichagogos o evocadores de espíritus; a los pitones o ventrílocuos; a los *goetas*, que invocaban a los dioses infernales con penetrantes aullidos; a los ophiogenas, que encantaban las serpientes:

Frigidus in pratis cantando rumpitur anguis;

a los seudo-profetas, semejantes a aquel Alejandro, cuyas trapacerías narró Luciano; a todo lo sobrenatural, inaudito y fuera de razón, que puede trastornar el cerebro de una sociedad enferma y perdida. Los encantadores conseguíanlo todo: mover de su lugar las mieses, atraer o conjurar la lluvia y el granizo, hacerse invisibles; ¿qué más?: traer la Luna del cielo a la tierra:

Carmina de coelo possunt deducere lunam...

que a tales extremos había llegado el culto de Hécate. El que quiera encontrar noticias de éstas y otras estupendas prácticas recorra las amenísimas obras del satírico de Samosata, que de fijo le colmará las medidas. No hay superstición moderna a que no corresponda otra antigua. Si en España ha habido zahoríes que bajo siete estados de la tierra descubran el tesoro, lo mismo hacía Alejandro el seudomantis. Y entre los cuentos de Philopseudes, ¿cómo olvidar el de aquel egipcio, Pancrates, que tenía a su mandar una legión de espíritus y convertía, con palabras de conjuro, las piedras y los leños en criados que dócilmente le servían en todos los menesteres de su casa? ¿Qué es esto sino los espíritus familiares con que más de una vez hemos de tropezar en el curso de esta puntual historia?

Sobre este conjunto de supersticiones populares se alzó una magia filosófica y erudita, que rechazaba el nombre de goetia y se decía teurgia, y fueron sus hierophantes los neoplatónicos alejandrinos, sucesores de los neopitagóricos al modo de Apolonio Tianense. Fundamento del sistema teúrgico de Plotino, Porfirio, Proclo y Marino, fue la creencia en una serie de demonios, buenos unos y otros malos, intermedios entre Dios y el hombre, los cuales podían ser atraídos o aplacados con purificaciones, conjuros y ritos mágicos. La demonología platónica se asimiló lo que quedaba de los misterios egipcios y órficos, mezclados con reminiscencias de cultos orientales. Entonces brotaron esas portentosas biografías de Pitágoras, que convirtieron al antiguo filósofo italiota en taumaturgo, dotado de ubicuidad, intérprete de sueños, que llega a presentarse con un muslo de oro en los juegos olímpicos. Aquellos ilusos de Alejandría no comprendían al pensador sino entre los oropeles de la teurgia. Plotino se jactaba de tener un dios en figura de dragón por familiar suyo,[396] al paso que los sacerdotes egipcios tenían solo un demonio. Porfirio evocaba a Eros y a Anteros, y las estatuas de estos diosecillos bajaban de su pedestal a abrazarle. Un tal Anthuso inventó la adivinación por las nubes. Ammonio tenía un asno muy erudito y amante de la poesía, tanto que dejaba el pienso por oír hexámetros. Otro teurgo alejandrino había logrado por artes diabólicas tener una voz tan fuerte como la de mil hombres... ¡Y estas cosas las escriben Proclo, Marino, Damascio; hombres, en lo demás, de seso, y personajes importantes en la historia de la filosofía! ¡Pobre entendimiento humano!

Las artes sobrenaturales siguieron en Roma los mismos pasos que en Grecia. Hubo una adivinación, parte esencial del culto, religiosa y política a la vez, en la cual pueden distinguirse dos partes: una indígena, el arte augural; otra aprendida de los etruscos, la haruspicina. Recuérdese la leyenda de Accio Nevio,

---

396 Nada he dicho del demonio socrático porque no era, a mi modo de ver, creencia supersticiosa de Sócrates, sino modo de hablar figurativo y simbólico.

que hiende la piedra con la navaja; la compra de los libros sibilinos hecha por Tarquino el Soberbio. La prepotente influencia etrusca, representada en estos mitos, explica el rápido desarrollo y la importancia que lograron las artes de adivinación en el pueblo latino. Ni un momento se apartan ya de su historia: lo que en Grecia fueron los oráculos, serán en Roma los augures, organizados en colegio sacerdotal; no se emprenderá ninguna guerra sin tomar los auspicios; el mal éxito de toda empresa será atribuido a algún olvido o sacrilegio, como el del cónsul Claudio Pulcher, vencido por los cartagineses; la superstición producirá espantosas hazañas, como la consagración de los tres Decios a los dioses infernales, el arrojarse de Curcio a la sima abierta en medio del Foro. Además de estos sacrificios expiatorios, dondequiera vemos en la historia de Tito Livio prodigios singulares, lluvias de sangre, mutaciones de sexo, estatuas que sudan o que blanden la lanza. Infundían terror grande los eclipses y los cometas. La adivinación por el sueño es hoy mismo frecuentísima en Roma. A todo acto de la vida se enlazaban prácticas y terrores fatalistas.

El contacto con extrañas civilizaciones trajo a Roma nuevos y perniciosos ritos. Muéstralo bien el Senatus-consulto contra las bacanales venidas de Etruria y Campania con un carácter de sociedad secreta, lúbrica y feroz que no habían tenido en Grecia, a lo menos en igual grado. El culto de Hécate se propagó también, sin duda, por sus analogías con el de la antigua diosa itálica Mana-Geneta. Pronto aparecieron los astrólogos o matemáticos caldeos, unas veces tolerados, otras prohibidos y vistos siempre con terror mezclado de curiosidad por grandes y pequeños. Y en pos de los astrólogos aparecieron los chirománticos o adivinadores por las rayas de las manos, superstición de origen egipcio. La antigua creencia de los romanos en lemures y larvas les hizo aceptar de buen grado la *necromancia*, y las hechiceras tésalas fueron identificadas con las lamias, semejantes en todo a las modernas brujas.

En la literatura romana puede seguirse la historia de todas estas aberraciones. El augur Marco Tulio, en su discretísimo diálogo *De divinatione*, muéstrase del todo escéptico, cual si quisiera parafrasear la célebre sentencia de Catón el Antiguo: No sé qué dos augures puedan mirarse sin reírse. Y esta incredulidad debía de ser general; pero al mismo paso que las creencias nacionales, en otro tiempo vida y salvación de Roma, amenguaban, crecía la ponzoñosa y extranjera planta de las artes mágicas, de cuyos progresos son fieles cronistas los poetas de la era de Augusto.

La *pharmaceutria* o hechicera de Virgilio (égloga 8) manda a su criada ceñir el altar de vendas y traer incienso y verbenas; ofrece a la diosa cintas de tres colores; pasea tres veces en torno al altar la efigie de su amado; esparce la salsa mola, quema la rama de laurel, entierra en el umbral las prendas de Dafnis y confecciona un filtro con hierbas venenosas del Ponto. No ha de verse en todo esto una mera imitación de Teócrito, puesto que los ritos son casi diversos en el poeta mantuano y en el de Siracusa.

El tipo de la hechicera romana, de la lamia atormentadora de niños, es la *Canidia* del Venusino (épodos 5 y 17). Para sus maleficios usa el mismo arsenal que las farmaceutrias y venéficas hasta aquí conocidos: ramas de ciprés, plumas de búho, sangre de rana, hierbas de Joldos y de Iberia, dientes de perro. Ella misma se jacta de su pericia mágica:

> ¿De alguna planta la virtud ignoro?
> ¿No conozco las hierbas más extrañas
> que en sus quiebras esconden las montañas?
> (Trad. de Burgos.)

El objeto de todo este aparato y del infanticidio descrito por Horacio era el de siempre: atraer a un amante perjuro:

> A mi seno traeránte
> nuevas y desusadas confecciones;
> ni de mí libraránte
> de los Marsos las mágicas canciones.

Canidia es personaje histórico. Según los antiguos escoliastas, se llamaba Gratidia, era perfumista en Nápoles y hacía filtros amorosos. Horacio, por particulares resentimientos, repitió en el *Ebodon* los cuentos que acerca de ella corrían, y en la donosísima sátira 8 del libro I, *Olim truncus erat*, presentóla, en compañía de Sagana, buscando por la noche huesos en el cementerio Esquilino y abriendo con las uñas un hoyo para llenarlo con sangre de una cordera negra y hacer la *necromancia* o evocación de los manes. Pero las invocaciones a Tesífone y a Hécate no surtieron efecto, y un Príapo que estaba colocado en aquellos jardines castigó a las brujas de la manera que recordará todo el que haya leído aquella sátira.

De todas estas invectivas hizo Horacio retractación burlesca en el época 17, confesando el saber de Canidia, la fuerza de sus encantos (*Libros carminum valentium*), de su mágico rombo, o imágenes de cera, y quejándose del estado en que sus hechizos le habían puesto. El tono de burlas de todas estas composiciones induce a sospechar que Canidia, más que de infanticida, tenía de medianera de amorosos tratos. Entre ella y la heroína de Fernando de Rojas hay parentesco indudable.

A otro género de supersticiones menos infames y repugnantes era inclinada la hermosa Delia de Tibulo. Cuando las matronas rendíanse dóciles a la voluntad de cualquier agorero o venéfica, no es de extrañar que una pobre liberta pecase algo de supersticiosa, y Tibulo debía de serlo también o fingirlo para darle gusto, dado que en la elegía 2 del primer libro, dícele del cantar mágico que ha aprendido de la sabia hechicera, que tuerce el curso del torrente y hasta el de las estrellas, evoca las sombras y torna a hundirlas con libaciones de leche:

> Habla, y el Sirio estivo arroja nieve;
> habla, y el cielo airado se serena:
> sola robó a Medea el arte aleve.
> De Proserpina el can sola encadena.
> (Trad. de Pérez del Camino.)

Tibulo practicaba ritos mágicos. En la elegía 5 leemos:

> Cuando de acerbo mal presa te viste,
> mi ruego te salvó. De azufre puro
> tres veces por mi afán lustrada fuiste;
> mientras cantó la maga su conjuro,
> tres ofrecí a los dioses pan sagrado...

Y en la 3:

> Tres veces en las suertes mi destino
> consultó, tres feliz le halló el infante...

El número ternario era sagrado entre los antiguos:

> Numero Deus impari gaudet,
> dijo el poeta.

En la cuestión de artes mágicas, todos los eróticos, pintores fieles de las costumbres de su tiempo, están conformes. Propercio escribe en la elegía 28 del segundo libro (V. 34):

> Deficiunt magico torti sub carmine rhombi;
> et tacet extincto laurus adusta foco:
> Et iam Luna negat toties descendere caelo:
> nigraque funestum concinit omen avis.

Ovidio, aun dejados aparte los extensos relatos de las *Metamorfosis*,[397] abunda en alusiones del mismo género. La vieja Dipsas de la elegía 8 de los Amores (lib. 1, V. 9) hacía los siguientes portentos:

> Cum voluit, toto glomerantur nubila caelo:
> cum voluit, puro fulget in orbe dies.
> Sanguine, si qua fides, stillantia sidera vidi;
> purpureus lunae sanguine vultus erat.
> Hanc ego nocturnas vivam volitare per umbras
> suspicor, et pluma corpus anile tegi.
> Suspicor, et fama est: Oculis quoque pupula duplex
> fulminat, et gemino lumen ab orbe venit.
> Evocat antiquis proavos atavosque sepulcris;
> et solidam longo carmine findit humum.

---

397 Véase, sobre todo, el episodio de Medea.

Cualquier autor latino que abriésemos nos daría el mismo resultado. No hay para qué apurar la materia cuando ya lo hicieron otros, y especialmente Leopardi,[398] que asimismo discurrió en capítulos separados de la adivinación por el estornudo, de los sueños, de los terrores nocturnos y de las supersticiones enlazadas con la hora del mediodía.

Creían los romanos en apariciones y fantasmas. Plinio el Joven (epístola 27, lib. 7) y Tácito (lib. 11, cap. 20 de los *Anales*) hablan, con pasmosa seguridad, de aquella mujer de sobrehumana estatura (*ultra modum humanum*) que se apareció bajo los pórticos de Adrumeto a Curcio Rufo, pobre y oscuro a la sazón, y le dijo: *Tu es Rufe, qui in hanc provinciam pro consule ve*nies. Lo cual, a pie de la letra, se cumplió, como advierten ambos escritores.

Ninguna de estas supersticiones dejó de tener incrédulos y contradictores. Petronio, en unos versos célebres, explicó por modo natural los sueños, negando que fuesen enviados por Júpiter:

Somnia quae mentes ludunt volitantibus umbris
non delubra Deum, nec aethere Numina mittunt
sed sibi quisque facit...

Plinio llamó a la magia *inestabilem, irritam, inanem, habentem tamen quasdam veritatis umbras, sed in his veneficas artes pollere, non magicas* (lib. 30 de la *Historia Natural*).

La historia de la astrología y de la ciencia de los caldeos está íntimamente enlazada con la del imperio romano. Livia interroga a Scribonio sobre el destino del hijo que llevaba encinta. Theógenes formó el horóscopo de Octavio. A pesar de esto, en 721, durante el triunvirato, fueron desterrados los astrólogos, y más tarde Augusto, por consejo de Mecenas, hizo quemar sobre dos mil libros divinatorios (*fatidici libri*) griegos y latinos. Nadie ignora los terrores que en Caprea asediaron el espíritu de Tiberio y la manera como probó la ciencia de su astrólogo Trasilo, al par que hizo despeñar a otros de aquellas rocas. Tiberio había aprendido en Rodas el arte de los caldeos, propio amaestramiento de tiranos. Un estrellero predijo a Agripina el parricidio de Nerón, y ella contestó: Reine él y muera yo. La casa de Sabina Popea estaba llena de astrólogos y adivinos.

---

398 *Saggio sopra gli errori popolari degli antichi...* Quinta impressione (Florencia 1850).

Didio Juliano se valía de la asteroscopia y de los espejos mágicos. Muchos se daban a la adivinación para saber cuándo morirían aquellos emperadores, que ordinariamente eran uno peor que otro.

Fácilmente pudiéramos alargar esta reseña histórica de las artes mágicas sin más que acudir a nuestras lecturas y reminiscencias clásicas. Los satíricos, especialmente Juvenal, nos dirían el poder de los astrólogos, y más en ánimos femeniles. Consultando a Petronio, tropezaríamos con la universal creencia en el poder de las ligaduras y de los encantos. Y finalmente, Apuleyo, ya en su propia *Apología*, ya en *El asno de oro*, sería para nosotros el último y más completo y fehaciente testimonio de las aberraciones del mundo antiguo en punto a hechicería y transformaciones.[399] La deleitosa novela del retórico africano es un cúmulo de prodigios. Véase, sobre todo, en el libro III la descripción de las mágicas operaciones de Pánfila, mujer de Milón.

Apuleyo, como filósofo neoplatónico, era dado a la teurgia, y de él habla san Agustín en *La ciudad de Dios*, donde largamente discurre de las artes mágicas (lib. 18), atribuyéndolas en parte a influjo demoníaco, aunque otros padres, entre ellos Tertuliano (*De anima*), Arnobio (*Adversus gentes*, lib. 1), san Cipriano (*De idolorum vanitate*), Orígenes y el mismo Lactancio no dudan en calificar la magia de griegos y latinos de *fallacia, ludus, fraus*, y negar que tenga algo de sólido y verdadero. *Ars magica*, dice Orígenes, *non mihi videtur alicuius rei subsistentis vocabulum*.[400]

Las artes vedadas se convirtieron en última arma defensiva del moribundo politeísmo. El vulgo de los campos (*pagani*) se aferró a sus oscuros ritos, y la filosofía, representada por los alejandrinos, apoyóse en la teurgia, que distinguía cuidadosamente de la goetia. Los cristianos negaban, y con razón, tales distinciones. Vinieron los edictos imperiales en ayuda de nuestros controversistas, y más adelante veremos la parte que nuestro Teodosio tomó en esta cruzada.[401]

---

399 Véase mi tesis *La novela entre los latinos* (Ed. Nac. Orig. Nov., vol. 4, página 201).

400 Apud Theophilum Alexandrinum (trad. latina de san Jerónimo).

401 Sobre la lucha entre el cristianismo y la magia, véase (aunque escrito en sentido heterodoxo y racionalista) el cap. 6 del erudito y desordenado libro de Alfredo Maury, del Instituto de Francia, *La Magie et l'Astrologie dans l'Antiquité et au Moyen-Age ou Etude sur les superstitions paiennes qui se sont perpétués jusqu'à nos jours* (París, 4.ª edición, 1877).

Portugal. Pero conviene advertir que algunas tienden a desaparecer y otras pertenecen ya a la historia, no por el progreso de las luces, que diría algún inocente, sino por la acción viva y enérgica de la fe cristiana, que es la verdadera luz.

Existe en nuestra Montaña la creencia en brujas, pero cada día es menor. La bruja montañesa en nada difiere de las de otros tiempos y países, sobre todo de las vascongadas y riojanas del siglo XVII. Pero aquí conviene dejar la palabra al peregrino ingenio que en dos libros de oro ha descrito las costumbres de la región cantábrica. «La bruja montañesa (dice mi buen amigo don José María de Pereda) no es la hechicera, ni la encantadora, ni la adivina; se cree también en estos tres fenómenos, pero no se les odia; al contrario, se les respeta y se les consulta, porque, aunque también son familiares del demonio, con frecuencia son benéficas sus artes; dan la salud a un enfermo,[405] descubren tesoros ocultos[406] y dicen dónde ha ido a parar una res extraviada o un bolsillo robado. La bruja no da más que disgustos: chupa la sangre a las jóvenes, muerde a sus aborrecidos por las noches, hace mal de ojo a los niños, da maldao a las embarazadas, atiza los incendios, provoca las tronadas, agosta las mieses y enciende la guerra en las familias. Que montada en una escoba va por los aires al aquelarre los sábados a medianoche es la leyenda aceptada para todas las brujas. Las de la Montaña tienen su punto de reunión en Cernécula, pueblo de la provincia de Burgos. Allí se juntan todas las congregadas, alrededor de un espino, bajo la presidencia del diablo en figura de macho cabrío. El vehículo de que se sirve para el viaje es también una escoba; la fuerza misteriosa que la empuja se compone de dos elementos: una untura negra como la pez, que guarda bajo las losas del llar de la cocina, y se da sobre las carnes, y unas palabras que dice después de darse la untura. La receta de ésta es el secreto infernal de la bruja; las palabras que pronuncia son las siguientes:

Sin Dios y sin santa María,
¡por la chimenea arriba!

Redúcese el congreso de Cernécula a mucho baileteo alrededor del espino, a algunos excesos amorosos del presidente, que por cierto no le acreditan de

---

405 Saludadores.
406 Zahoríes o cosa semejante.

persona de gusto, y, sobre todo, a la exposición de necesidades, cuenta y razón de los hechos y consultas del conclave al cornudo dueño y señor... Si a un labrador se le suelta una noche el ganado en el establo y se acornea, es porque la bruja se ha metido entre las reses, por lo cual al día siguiente llena de cruces pintadas los pesebres; si un perro aúlla junto al cementerio, es la bruja que llama a la sepultura a cierta persona del barrio; si vuela una lechuza alrededor del campanario, es la bruja que va a sorber el aceite de la lámpara o a fulminar sobre el pueblo alguna maldición.»[407]

A esta descripción, trazada por un sagacísimo observador, conviene añadir estas otras noticias, dadas por el excelente escritor montañés que se oculta con el nombre de Juan García: «Más a menudo da asilo (la suposición cántabra) al misterioso y maléfico ser en el tronco carcomido de un ciprés secular. Como todas las criaturas de su ralea, la bruja escoge para sus maleficios las horas sombrías y calladas de la noche. Su agresión más marcada, su venganza favorita, consisten en sacar del lecho a la mujer de quien está sentida o de quien tomó inquina y exponerla desnuda a la intemperie en uno de los ejidos del lugar. Para evitar contingencias semejantes, la montañesa precavida, si tiene razón o sospecha de temer asalto nocturno, no se acuesta sin poner bajo su cama una buena ristra de ajos».[408]

Fuera de esto se cree en la Montaña en los mengues o espíritus familiares, en el poder de los saludadores y en el mal de ojo, contra el cual son preservativo los azabaches pendientes del cuello, como en Roma (donde esta superstición está más arraigada que en parte alguna) los cuernecillos de marfil. Y en verdad que, si se me preguntara por el origen probable de todas estas creencias, no dudaría en aseverar que era latino. De celticismo hay aquí pocos rastros, como no sea el de la verbena, que se coge o cogía la mañana de san Juan cual antídoto contra la mordedura de la culebra o cualquier dañino reptil. La Cantabria se romanizó mucho, y aun hay indicios para sospechar que la primitiva población fue casi exterminada.

No tanto en Asturias, donde las supersticiones son más exóticas y lejanas del molde clásico, aunque bellas y características. Subsiste por de contado la

---

407 *Tipos y paisajes*, segunda serie de *Escenas montañesas*.

408 *La Montañesa* (Véase *La Tertulia*, de Santander, n.º 3, 1876). La bruja montañesa usa la figura de cera, lo mismo que Canidia o cualquiera otra hechicera clásica.

creencia en brujas y en el mal de ojo, pero se conocen además los siguientes personajes, casi todos de origen céltico: los nuberos, rectores y agentes de las tronadas, que corresponden a los *tempestarii* de las Galias, citados por san Agobardo y por las Capitulares de Carlomagno; la hueste o buena *xente*, procesión nocturna de almas en pena, común a todos los pueblos del Norte; los moros encantados, que guardan tesoros, tradición asimismo germánica; el cuélebre o serpiente voladora, encargada de la misma custodia (este mito puede ser clásico y se asemeja al del dragón de Jolcos o al del huerto de las Hespérides); las xanas, ninfas de las fuentes, malignas y traidoras, que roban y encantan niños. Si yo fuera tan sistemático por la derivación clásica como los celtistas por la suya, asentaría de buen grado el parentesco de estas xanas con las ninfas que robaron al niño Hylas, *Hylas puer*, como se lee en la *Argonáutica* de Valerio Flaco y en otros poemas antiguos; pero no quiero abusar de las similitudes, y doy de barato a los partidarios de orígenes septentrionales la filiación de nuestras xanas de las ondinas de Germania y de cualquiera otra concepción fantástica que bien les pareciere.

Los que en el resto de España se conocen con el nombre de saludadores, llámanse en Asturias ensalmadores, y su ocupación es curar con palabras de conjuro y raras ceremonias ciertas dolencias de hombres y bestias. En un entremés compuesto a mediados del siglo XVII por el donoso poeta bable don Antonio González Reguera (Antón de la Mari-Reguera), el ensalmador aparece con otro carácter y pretensiones más subidas, y llega a conjurar el alma de una difunta que anda en figura de estornino:

> Isi estornin fatal que tanto grita,
> ie l'alma de to madre Malgarita,
> que ñon terná descanso nin folgura
> en Purgatorio ni ena sepoltura,
> si el sábanu en que fora sepultada
> non s'apodrez hasta que quede en nada.

Sigue una larguísima receta burlesca, en que entran el unto de oso, los pelos del zorro, dos hojas del breviario del cura, etc., y añade:

Y diréis: «Estornin de la estorneya
los figos deixa o dexa le pelleya:
si yes l'alma quiciás d'algún difunto,
márchate de aquí al punto...
Vete pal' Purgatorio, y si non quieres,
de mim rezos y mises non esperes.
¿Serás acasu en estornin tornado
l'alma d'un aforcado,
o la güestia que vien del otro mundo
y sal de los llumales del profundo?...
Al decir esto fáite cuatro cruces;
y encendiendo dos lluces...
Pondránsete los pelos respingados,
abullidos oirás, verás ñublados,
un sudor frío moyará to frente,
pero aquisi estornin impertinente
non tornará a gridar nin comer figos,
y deixaránte en paz los enemigos».[409]

Como se ve, estamos en plena evocación nigromántica, no para atraer, sino para ahuyentar espíritus; y esa alma transmigrada al estornino es uno de los pocos rastros de la metempsicosis céltica en nuestras comarcas septentrionales.

La bruja asturiana no difiere en sus maleficios de la montañesa. En una preciosa composición bable, *El niño enfermo*, anónima, pero generalmente atribuida al docto arqueólogo señor Caveda, leemos:

¿Si lu agüeyará
la vieya Rosenda
del otru llugar?
Desque allá na cuerra

---

409 *Colección de poesías en dialecto asturiano...* (Oviedo, Imprenta de don Benito González, 1837, en 4.º). Coordinó los materiales de este curioso volumen y escribió su excelente prólogo el señor Caveda.

lu diera en besar,
pequeñin y apocu
morriéndose va.
Dalgún maleficiu
la maldita l fai;
que diz q'á Sevilla
los sábados va,
y q'anda de noche
por todu el llugar,
chupando los ñeños
que gordos están.[410]

En Galicia se atribuye a las brujas, allí llamadas meigas chuchonas, la tisis, y a los espíritus malignos (que en la Montaña decimos *mengues*), las enfermedades nerviosas. Tiénese por remedio contra los maleficios el aspirar a medianoche el olor de la ruda o recibir a la misma hora las seis olas en el mar de la Lanzada, como los vascos franceses en el mar de Biarritz. A esta costumbre aludía en el siglo XV Juan Rodríguez del Padrón.

Los nuberos o *tempestarii* asturianos reciben en Galicia el nombre de nubeiros; la hueste apellídase estadía en unas partes, compañía en otras, y dícese que anuncia la muerte de aquéllos en cuyas heredades aparece. Las supersticiones enlazadas con el final tránsito del hombre son en Galicia extrañas y numerosas. Tiénese por funesto recibir la última mirada de los moribundos; no se cierran de golpe las portelas para no lastimar a las almas que allí purgan sus pecados, ni yendo de romería a san Andrés de Teixido se mata ningún reptil que se halle en el camino, por creerse que las almas de los muertos van en aquella forma a cumplir su romaxe, que no cumplieron de vivos.[411] Cuéntase, por último,

---

410 *Colección de poesías en dialecto asturiano*, página 234.
411 Supersticiones.
  Maciñeira y Pardo (Federico), *El santuario de san Andrés de Teixido*, 8.º (Ferrol 1907).
  «El expolio arqueológico de los alrededores, y especialmente las supervivencias de viejas formas de la religiosidad pagana, denuncian la antigüedad de un remotísimo culto, del cual varios ritos, creencias y supersticiones desfiguradas, inexplicadas o francamente cristianizadas perduran a despecho de los años transcurridos...»
  Vestigios de los cultos de las piedras, de las aguas y de los árboles.

que queda maleficiado quien ve a un amigo cuando lo llevan al cementerio, pues el difunto le echa el aire para atraerlo. Líbrase de este pernicioso influjo la persona que ten o aire, especialmente si es mujer, yendo al cementerio a medianoche en compañía de tres Marías. Colócanse éstas en torno al sepulcro y conjuran a la difunta para que vuelva a la maleficiada el aire que le quitó, mientras ella, echada de bruces sobre la tierra, aspira con fuerza para trocar en vital el aliento maléfico.

Si necesitara probanza nueva el origen céltico de todos estos ritos, anticristianos y anticlásicos, encontraríamosla en su analogía con las supersticiones bretonas descritas por Brizeux en sus poemas. Así lo ha notado antes que yo, y con buen acuerdo, el historiador de Galicia señor Murguía, a quien en esta parte sigo, teniéndole por fidedigno y conocedor de los usos de su país.[412] La romaxe de los muertos gallegos equivale al Pardon de los bretones.

No sabemos, ni en parte alguna consta (antes puede sospecharse lo contrario), que entre nuestros celtas hubiese sacerdotes análogos a los druidas de las Galias. Pero el culto que llaman druídico arraigó profundamente en Galicia, y de él son monumentos los altares naturales, dólmenes, túmulos (en gallego mámoas o medorras), menhires y piedras vacilantes. Estas últimas servían para la adivinación, en la cual fueron insignes los gallegos y sus vecinos los lusitanos, a lo que se deduce del texto de Estrabón que citaré luego.

Entre los antiguos galaicos, calificados de ateístas por el mismo geógrafo, los bosques sirvieron de templos, las rocas de altares; el panteísmo céltico divinizó las aguas y los montes. Justino refiere que nunca tocaba el arado el Pico Sacro (*Mons sacer*), situado no lejos de Compostela. Los únicos santuarios que Galicia conoció fuera del druidismo debieron de ser templos de Cabyres, situados en ásperas cumbres, como aquel de Lemnos, al cual se refiere este fragmento del trágico latino Accio, que lo tradujo (según podemos conjeturar) de Esquilo:

> Lemnia praesto
> littora rara et celsa CABYRUM
> delubra tenes, mysteria queis

---

412 *Historia de Galicia* (tomo 1 y 2, Lugo, por Soto Freire). Esta obra permanece, desdichadamente, incompleta.

> pristina cartis concepta sacris
> nocturno aditu occulta coluntur
> silvestribus sepibus densa.

Murguía admite y defiende la existencia en Galicia de un cabirismo semejante al de Samotracia y al de los antiguos islandeses.[413] Aquel misterioso culto del fuego, enlazado con la adoración sidérica y una trinidad naturalista, culto antiquísimo entre los pelasgos, hubo de ser la primitiva religión de nuestros iberos, absorbida luego por el avasallador dominio del panteísmo celta.

Gracias a la tormenta priscilianista tenemos algunos cánones de concilios y un tratado de san Martín Dumiense que nos dan cierta luz sobre las supersticiones gallegas. Más adelante utilizaré estos documentos. Pasemos ahora de Galicia a Lusitania, cuyos moradores, según Estrabón, eran muy dados a los sacrificios y predecían lo futuro por la observación de las entrañas de las víctimas o palpando las venas de los costados.[414]

Reminiscencias del culto druídico a las encinas y robles sagrados quedan en algunas partes de Portugal. Cerca de la villa de Alcarrede, en un sitio llamado *Entre Cabezas*, hay un *carvalho* (roble), y al pie de él una cisterna o depósito de aguas pluviales, que los vecinos del pueblo recogen para diversos usos, naturales unos y otros supersticiosos, entre ellos para preservarse de las brujerías y para matar el piojo de las habas (*o piolho das fabas*) el sábado santo. «En este hecho, dice Teófilo Braga,[415] tenemos una muestra de la superstición germánica del roble Igdrassill y de la fuente de Urda.» No cabe dudar que muchas de las aguas minerales de la Península fueron ya veneradas como santas por los celtas y celtíberos. La tradición de las Mouras encantadas es en Portugal idéntica a las de Galicia y Asturias. Gil Vicente alude a la misma creencia:

> Eu tenho muitos thesouros
> que lhe poderao ser dados,

---

413 Véase Pictet, *Du culte des Cabyres chez les anciens Islandais* (Ginebra 1856); Toubin, *Essai sur les sanctuaires primitifs et sur le fétichisme en Europe* (París); Villamil y Castro, *Antigüedades prehistóricas y célticas de Galicia*, página 1.ª (Lugo 1873). Y varias monografías del mismo autor en el *Museo español de Antigüedades*.

414 Estrabón, lib. 3, 3 § 6 y 7.

415 *Epopeas da raça mosárabe*, página 56.

mas ficaram ENTERRADOS
d'elles do tempo dos mouros,
d'elles do tempo pasado...[416]

Esta leyenda, que no hemos de creer de origen arábigo, a pesar del nombre de *moros* (nacido quizá de un equívoco con la palabra celta *mahra* o *mahr*, que designa ciertos espíritus, y a veces el demonio íncubo), es de las más generalizadas en España. Encontróla en Extremadura Quintana, y con ser el poeta menos romántico que puede imaginarse, tomóla por asunto de un romance muy lindo, La fuente de la mora encantada, preferida por muchos a algunas de sus valientes y espléndidas odas.[417] La mora quintanesca se parece no poco a la maligna *xana* de Asturias.

La *erva fadada* de que se habla en el romance portugués de doña Ausenda:

A porta de dona Azenda
está uma erva fadada,
mulher que ponha a mao n'ella
logo se sente pejada,[418]

y en el asturiano de la Princesa Alexandra:

Hay una hierba en el campo
que se llama la borraja, etc.[419]

puede contarse con menos seguridad entre las primitivas supersticiones. Quizá entró en la Edad media con los poemas del ciclo bretón, en que se atribuye la desdicha de la reina Iseo a haber comido una azucena. También se atribuían virtudes eróticas a ciertas fuentes. En el romance portugués de *Dona Areira*,[420] recogido en Coímbra por Theófilo Braga, aparece esta creencia:

---

416 *Obras de Gil Vicente*, edición de Hamburgo, tomo 2, página 489.
417 *Obras inéditas* de Quintana (Madrid 1872), página 24.
418 *Romanceiro*, de Almeida Garret, tomo 2, página 181.
419 *Romances tradicionales de Asturias*, recogidos por Amador de los Ríos.
420 *Romanceiro geral*, de Theophilo Braga, n.º 33, página 87.

390

A cidade de Coimbra
tem uma fonte de agua clara;
as mozas que beben n'ella
logo se veem pejadas.

En cambio, la *fadada camisa*, que volveremos a encontrar en el *Poema de Alexandre*, es superstición lusitana, y prohibida por las constituciones del obispado de Evora, aunque también se encuentra en los poemas franceses, y de allí la tomó el nuestro.

En la isla de san Miguel, una de las Azores, subsiste la creencia en la *lycantropía*,**421** o transformación de hombres en lobos, encanto que se deshace por la efusión de sangre. Esta superstición es conocidísima en el Norte de Europa, y allí la colocó Cervantes en su *Persiles*.**422** Ni la bruja ni la hechicera de Portugal difieren mucho de las del resto de España; pero en las Azores hay variantes curiosas. Supónese que las brujas van a la India en una cáscara de huevo, y métense bajo el mar cuando canta el gallo. Theófilo Braga cita un documento de visita del vicario Simón da Costa Rebello en san Pedro de Ponta Delgada el 30 de marzo de 1696: «Hay en esta isla (dice el visitador) unas mujeres que llaman entreabiertas, las cuales, por arte diabólica, afirman que vienen las almas de la otra vida a ésta para atormentar a los enfermos...». ¿Quién no ve el enlace de estas supersticiones con la del aire de Galicia?**423**

---

421 «El último hijo de una serie no interrumpida de siete varones machos del mismo vientre es lobis-homen. No hay modo de eludir esta fatalidad que espera al recién nacido sino poniéndole en el bautismo el nombre de Bento y dándole por padrino su hermano mayor, el primero de los siete sucesivos... En noches y horas fatales, un poder mágico obliga a divagar al lycántropo», etc. (Véase Theophilo Braga, *Epopéas* etc., página 63).
En las Galias llamaban a estos lycántropos *Gerulfos* (*loup-garou* en francés moderno); en Inglaterra, *Wer-wolf*, en Germania, *Wargus*.

422 Utilizo para todo lo que se refiere a hechicerías portuguesas el libro de Theophilo Braga, *Epopéas* da raça mosárabe, que comete, sin embargo, un error fundamental, suponiendo de origen godo estas supersticiones, cuando los godos vinieron en pequeño número y su influencia puede decirse nula. Ni consta que los godos tuviesen esas creencias, más propias de galos y bretones.

423 ¿Había godos en España en tiempo de Estrabón? Y, sin embargo, Teófilo Braga atribuye a los godos el origen de esta costumbre. Es hasta donde puede llegar el entusiasmo germánico, que en un latino no tiene perdón de Dios.

Fácilmente podríamos alargar esta reseña de las creencias y prácticas supersticiosas que en España parecen anteriores a la predicación del cristianismo. Pero en realidad no encontraríamos sino repeticiones. En Andalucía, donde la raza ibera no se mezcló con los celtas, ha sido tal el paso y trasiego sucesivo de civilizaciones, que parece difícil separar lo que a cada una pertenece; y por de contado, apenas hay tradiciones indígenas ni antiguas en el cúmulo de decires y cuentos a que es tan propensa la fantasía de aquel pueblo. Al elemento clásico, que parece allí el dominante, se sobrepuso más o menos el semítico, y a éste el de los pueblos cristianos de la Edad media. De las creencias turdetanas, ni memoria queda.

En las comarcas celtibéricas, los ritos debieron de ser análogos a los de los celtas; pero las pocas supersticiones que hoy duran entre aragoneses y castellanos viejos tienen escaso color de antigüedad y no dan motivo a particulares observaciones. El culto celtibérico por excelencia, las hogueras de la noche de san Juan, cristiana transformación de la fiesta del solsticio de verano, siguen encendiéndose de un extremo a otro de la Península, como en tiempo de Estrabón. A la misma fiesta se enlazaban otros usos raros, hoy casi perdidos. Todavía en el siglo XVI las muchachas casaderas, con el cabello suelto y el pie en una vasija de agua clara y fría, esperaban atentas la primera voz que sonase, y que debía traerles el nombre de su futuro esposo. En la linda comedia de Cervantes *Pedro de Urdemalas* dice Benita:

> Tus alas, ¡oh noche!, extiende
> sobre cuantos te requiebran,
> y a su gusto justo atiende,
> pues dicen que te celebran
> hasta los moros de allende.
> Yo, por conseguir mi intento,
> los cabellos doy al viento,
> y el pie izquierdo a una bacía,
> llena de agua clara y fría,
> y el oído al aire atento.
> Eres, noche, tan sagrada,
> que hasta la voz que en ti suena

dicen que viene preñada
de alguna ventura buena.
(1.ª jornada.)

En Cataluña se conserva, o conservaba, aunque en términos más cristianos, una costumbre parecida, a juzgar por un romance de mi maestro Rubió y Ors:

Enceneu ninetas,
de Sans Joan los fochs,
perque Deu vos done
gentils amadors.[424]

¡Y cuántas cosas raras y singulares no acontecen en nuestros romances la mañana de san Juan!

Captiváronla los moros
la mañana de sant Juane...
La mañana de san Juan
salen a coger guirnaldas...
¡Quién hubiese tal ventura
sobre las aguas del mar,
como tuvo el conde Arnaldos
la mañana de san Juan...!
La mañana de san Juan,
cuando se cogen las yerbas...[425]

Y lo mismo en los cantos populares de Cataluña y Portugal:

Por manhan de Sam Joao,
manhan de doce alvorada...

---

424 *La nit de sant Joan* (Véase *Lo Gayter del Llobregat*, página 82).

425 En nota a este romance, advierte don Agustín Durán (*Romancero general*, etc., tomo 1, página 58) que «todavía en algunos pueblos las doncellas echan en un vaso de agua cristalina la clara de un huevo para obtener a medianoche la figura de un navío, que juzgan ha de formarse milagrosamente bajo la protección del santo».

Algunos rastros de antigua superstición pueden hallarse en los cuentos y consejos que repite nuestro pueblo; mas siempre habría que separar un gran número de importaciones orientales y occidentales de la Edad media. El poder de las encantadoras y de los hechizos vese manifiesto en el popularísimo relato de *La reina convertida en paloma*, que aprovechó el erudito Durán para su cuento de *Las tres toronjas.*[426] En otras narraciones se descubre influencia clásica. En Andalucía, en Cantabria y en otras partes se cuenta, aunque reducida y menoscabada, una fábula semejante a la *Psiquis* de Apuleyo. El cíclope de la mitología griega se ha convertido para nuestros montañeses en ojáncano, y los casos que se le atribuyen tienen hasta semejanza con los del *Polifemo* de la *Odisea*.

El nombre de *fada* en Castilla (escribe el eminente Milá y Fontanals), como en los demás pueblos célticos romanizados, proviene de *fatum* (pl. fata), tomado como singular femenino. Hay los refranes: *Quien malas fadas tiene en la cuna, las pierde tarde o nunca;*[427] *Acá y allá, malas fadas hay.* El Arcipreste de Hita (coplas 713 y 798) escribe:

> El día que vos nacistes,
> albas fadas vos fadaron...
> Que las malas fadas negras
> non se parten de mi...

Y Rodrigo Yáñez, en el poema de Alfonso XI (copla 879):

> A vos fadó malas fadas
> en tiempo que naciemos...

---

426 Las *rondallas* de Cataluña, que son, sin duda, las más ricas y variadas de la Península, han sido coleccionadas en parte por don F. Maspons y Labrós (*Lo Rondallayre*, etc.). El señor Valera ha parafraseado con maravilloso ingenio *El pájaro verde* y otros, procedentes también de las comarcas béticas. A Trueba se deben imitaciones y refundiciones, generalmente felices, de algunos de Castilla y Vizcaya. Teófilo Braga promete una colección de los portugueses. ¿Por qué algún escritor de nuestra Montaña no se anima a igual empresa?

427 Véase *Memorias de la Academia española*, tomo, lib. Rubió y Orts tiene un lindo romance catalán sobre el mismo asunto.

394

En este mismo sentido de Parcas o hados lo vemos en cuentos de otras naciones...[428]

El mismo señor Milá, en sus *Observaciones sobre la poesía popular*,[429] nos da estas noticias de supersticiones catalanas: «Dominaba ha poco... la supersticiosa y grosera creencia en las brujas, no del todo desarraigada en nuestros días, y aun hemos visto un cuadro de reciente fecha que se pintó para celebrar la salvación de un niño a quien, según costumbre, intentaban aquéllas llevarse por una ventana la noche de san Silvestre... Hubo también los hechiceros, que solo se distinguían de los curanderos o empíricos ordinarios en que adivinaban las enfermedades: los llamados saludadores o personas que habiendo nacido la noche de Navidad tenían, además de un signo impreso en el paladar, el privilegio de curar la hidrofobia; los que practicaban la magia blanca o negra, hombres de gran poderío, pero que acababan por empobrecerse; los fantasmas, que entre la niebla de la montaña se distinguían con los dos pies sobre sendos pinos, y finalmente los *follets* (duendes o trasgos)... Mas las hadas propiamente dichas, entes de sospechosa procedencia..., no se mientan absolutamente ni en los relatos serios ni siquiera en las *rondallas de la vora del foch*».

En estas rondallas, de que el mismo señor Milá publica algunas muestras y que luego ha reunido en colección riquísima el señor Maspons y Labrós, no faltan metamorfosis y encantamientos.

Háblase además en Cataluña (según testimonio del señor Milá) de castillos y ruinas habitados por espíritus, de lagos misteriosos, como el de Canigó, y del cazador errante, cuyos perros aúllan entre el mugir del viento, llamado por los payeses viento del cazador. Esta leyenda, que también se halla en Alemania y en Francia (y es explicada por algunos como símbolo astronómico), dio asunto a Burger para una leyenda.

Las *xanas* de Asturias aparecen en Cataluña con los diversos nombres de *donas d'aigua, alojas* (por suponerse que su bebida es agua aloja), *gojas* (esto es, jovenetas) y alguna vez *bruixas* o encantadas. Viven en perpetuos festines,

---

428 De la poesía heroico-popular castellana, página 380. Milá considera, y con buen fundamento de origen extranjero las fadas del poema de Alejandro.

429 *Observaciones sobre la poesía popular*, con muestras de romances catalanes inéditos (Barcelona 1853), página 175. Obra agotada y que es de esperar que se reimprima pronto con grandes aumentos.

disfrutan de juventud eterna, atraen y hechizan a los viandantes y cantan y danzan en las noches de Luna llena. Ocúltalas de la vista de los mortales un tejido de espesas mallas.

El señor Maspons,[430] que ha recogido curiosísimos pormenores sobre estas creencias (cada día menos vivas), se inclina a la derivación germánica. Yo creo que la clásica es muy sostenible y que todo puede explicarse por un fondo de tradiciones ibero, céltico-romanas, sin acudir a godos ni a francos.

En los cantos populares de Cataluña, como en los de Portugal, vive la superstición grecorromana de las sirenas:

> Despertéu, vos, vida mía,
> si voléu sentir cantar,
> sentiréu cant de sirena...

dice un romance recogido por Milá.[431]

> Chegae aquella janella,
> ouvi un doce cantar,
> ouvi cantar as sereias,
> no meio d'aquelle mar...

leemos en un canto de las islas Azores.[432]

Entre las creencias antiguas casi olvidadas en España debe contarse la de los duendes o trasgos, quienes, según el autor del Ente dilucidado (obra que en su lugar analizaremos), «no son ángeles buenos, ni ángeles malos, ni almas separadas de los cuerpos», sino unos espíritus familiares, semejantes a los lemures de los gentiles, conforme a la opinión de padre Feijoo. A todo el que haya seguido con paciencia el anterior relato no se le ocultará el origen céltico-romano de esta nueva aberración. Y más se convencerá de ello si sabe que en la Montaña es superstición añeja coger estos espíritus en forma de ujanos

---

430 *Tradicions del Vallés, ab notas comparativas...* (Barcelona 1876), páginas 77 y siguientes, donde apunta todo lo relativo a *las encantadas de Vallderros, las alojas del estany de Banyolas, las gojas de S. Jordi Desvalls, las encantadas de la singlera de Parets*, etc.

431 *Romancerillo catalán*, página 108.

432 Theophilo Braga, *Cantos do Archipelago Açorano*, página 273.

(gusanos), a las doce de la noche, bajo los helechos. El que posea uno de estos ujanos puede hacer todo linaje de hechicerías y vendar los ojos a cualquiera, menos al que tenga réspede (lengua) de culebra,[433] antídoto semejante a la hierba moly de Ulises.

Tampoco ha de ser muy moderna la creencia en *zahoríes*, aunque el nombre parezca arábigo, pues más fácil es que se truequen los nombres que las cosas. Lo cierto es que entre los griegos había zahoríes esto es, adivinos descubridores de tesoros, como Alejandro el *Pseudomantis*, personaje lucianesco. El *zahorí* español tenía la virtud de conocer el tesoro oculto bajo siete estados de tierra y debía esta maravillosa propiedad a haber nacido en Viernes santo. Antes del cristianismo sería otra cosa. Esta superstición duraba por los tiempos de Feijoo, que escribió un largo discurso para combatirla.

Hasta aquí lo que pudiéramos llamar historia conjetural (si estas dos palabras no riñen) de las creencias, prácticas y ritos españoles que por algún concepto pueden creerse anteriores a la predicación del Evangelio y que permanecieron después más o menos modificados. De historia positiva apenas hay otra cosa que las indicaciones de Estrabón sobre los lusitanos, y de Lampridio acerca de los vascones, y el llamar Silio Itálico a los gallegos *fibrarum et pennae divorumque sagaces*.

Fenicios, griegos, cartagineses y romanos introdujeron en nuestro suelo sus respectivas artes mágicas y divinatorias. Muchas inscripciones nos habían de augures y arúspices. Sin acudir a la colección de Hügner, en la antigua de Masdéu encontramos memoria de Marco Valerio, Pío Reburro, augur de la provincia Tarraconense; de Lucio Flaviano, arúspice,[434] y de Lucio Minucio, augur. A la sombra del culto romano entraron los egipcios y orientales. Las recientes excavaciones del cerro de los santos parece que han revelado la existencia de un templo de magos caldeos en aquel sitio[435] y de un hemeroscopio u observatorio diurno.

433 *Tipos y paisajes*, por don José María de Pereda, página 113.

434 *Historia crítica de España*, tomo 6 (Colección epigráfica), páginas 152 y 153, tomo 19, página 192.

435 Véase Fernández-Guerra (don Aureliano), Discurso leído ante la Academia de la Historia en la recepción de D. J. de la Rada y Delgado. El trabajo de mi dulce amigo el señor Fernández-Guerra es tan admirable, que fuera en mí vano atrevimiento y digno de censura el extractarle o compendiarle. Léalo íntegro mi lector y verá una de las mejores obras que

III. Viaje de Apolonio de Tiana a la Bética. Pasajes de escritores hispanolatinos concernientes a las artes mágicas

Bajo el imperio de Nerón, cuando el cristianismo comenzaba a extenderse en España, llegó a la Bética un singular personaje que, directa o indirectamente, debió de influir en el desarrollo de las artes mágicas. Era éste el famoso pitagórico Apolonio de Tiana, señalado tipo de las aspiraciones y dolencias morales de su época. Hanos transmitido su biografía el retórico Filóstrato, si de biografía hemos de calificar una manera de novela tejida de casos maravillosos y largas declamaciones. Fúndase en las memorias, quizá supuestas, de un asirio llamado Damis, compañero de Apolonio, especie de Sancho Panza de aquel caballero andante de la filosofía. Apolonio, según el relato de Filóstrato, era el dios Proteo, encarnado; tenía el poder de los exorcismos, resucitaba muertos, evocaba sombras, poseía la doble vista y la virtud de la adivinación. Emprendió largos viajes a la India, al Egipto, a Etiopía, para consultar a los bracmanes y a los *gymnosofistas*, cuyo poder taumatúrgico no iba en zaga al suyo. Allí veríais moverse las trípodes, llenarse por sí mismas las copas, hincharse la tierra como las olas del mar, etc. El libro de Filóstrato está lleno de monstruosidades: sátiros, pigmeos, empusas. Apolonio era, por lo demás, un santo varón, casto y sobrio, que practicaba rigurosamente la abstinencia pitagórica; pero tenía sus puntas de revolucionario, por lo cual le persiguieron Nerón y Domiciano, aunque esquivó la muerte con sus artes. En uno de sus continuos viajes llegó a Cádiz, pero el relato de Filóstrato es tan breve como lleno de absurdas patrañas. Dice que los habitantes de Gades eran griegos y que adoraban a la Vejez, a la Muerte, al Arte y a la Pobreza. Del clima afirma con verdad que es tan agradable como el del Ática en tiempo de los misterios. Pero ¿cómo hemos de darle crédito cuando refiere que los moradores de Hispola (sin duda, *Hispalis*) nunca habían presenciado juegos escénicos y tuvieron por demonio a un representante? Y esto en la Bética, en una región del todo romanizada. No sabemos a punto fijo que Apolonio hiciese en España prosélitos de su ciencia teúrgica. Tuvo, sí,

---

en castellano se han escrito en lo que va de siglo. Solo añadiré que, según opinión de don Aureliano, en las antigüedades de Yecla hay elementos caldeos, fenicios, griegos y egipcios, pero sobrepujando a todos el último, cual lo evidencia la estatua de Isis, el Canopo, el Fénix, etc.

largos coloquios con el gobernador de la Bética, pero con intentos políticos, según parece inferirse de Filóstrato. Pronto estalló la sublevación de Vindex.[436]

De los escritores hispanorromanos puede sacarse bastante luz para la historia de las ciencias ocultas, aunque no, con relación a nuestra Península. Fijémonos, ante todo, en la familia Annea. Séneca el filósofo trató de los agüeros en el libro II de las *Cuestiones naturales*, mostrándose partidario del fatalismo estoico. Como poeta, describió en la Medea, una de sus tragedias auténticas, los prestigios de la hechicería. Véase en el acto cuarto, verso 740, la invocación que principia:

> Vos precor, vulgus silentum, vosque ferales deos
> et chaos coecum atque opacam Ditis umbrosi domum.

Pero a quien llama principalmente la hechicera es a Hécate, sidus noctium:

> Pessimos induta vultus: fronte non una minax.

La maga de Séneca recorre los bosques ocultos con desnudo pie, congrega las lluvias, detiene la marea, hace que las medrosas Ursas se bañen en el Océano, que la tierra dé mieses en invierno y flores en estío, que las ondas del Fasis tornen a su fuente y el Istro detenga sus aguas. Al imperio de la voz de Medea huyen las nubes, se embravecen los vientos, para el Sol su carrera y descienden las estrellas dóciles al conjuro. Suena el precioso metal de Corinto: la hechicera hiere su brazo para acostumbrarse a la sangre, mueve Hécate su carro, y Medea le suplica que dé fuerza a sus venenosas confecciones para que la túnica nupcial abrase hasta las entrañas de Creusa.[437]

Séneca hace uso excesivo de los recursos augurales, aruspicinos y mágicos en todas las tragedias que corren a su nombre. En el acto tercero del Edipo, Creón describe prolijamente una *necromancia* verificada por el adivino Tiresias

---

436 Véase, lib. 5 de la *Vida de Apolonio*, edición Westerman (París 1849. Colección grecolatina de Didot). Pueden verse asimismo las notas que acompañan a la traducción francesa de Chassang (París 1862).

437 Véase *Medea*, act. 4.º, página 29, edición de Martín del Río (*Syntagma tregoediae latinae...*, Lutetiae Parisiorum 1620).

para conocer los hados de Edipo; ciento cincuenta versos tiene esta descripción indigesta y recargadísima de circunstancias y ornatos.

Algo, aunque menos, adolece de este vicio Lucano en la terrorífica escena que cierra el libro 6 de la *Farsalia*, desde el verso 420:

> Sextus erat, Magno proles indigna parente...

Sexto Pompeyo, la víspera de la batalla, va a consultar a una maga tésala llamada Erictho, que anima los cadáveres y les hace responder a las preguntas de los vivos. En una hórrida gruta, consagrada a los funéreos ritos, coloca la hechicera un muerto en lid reciente, inocula nueva sangre en sus venas, hace un formidable hechizo, en que se entran la espuma del perro, las vísceras del lince, la medula del ciervo mordido por la serpiente, los ojos del dragón, la serpiente voladora de Arabia, el echino que detiene las naves, la piel de la cerasta de Libia, la víbora guarda de las conchas en el mar Rojo. Y después, con una voz más potente que todos los conjuros, voz que tenía algo del ladrido del perro y del aullar del lobo, del silbido de la serpiente y del lamento de búho nocturno, del doliente ruido (*planctus*) de la ola sacudida en los peñascos y del fragor del trueno, dirige tremenda plegaria a las Euménides, al Caos, a la Estigia, a Perséfone y al infernal barquero. «No os pido (dice) un alma que esté oculta en el Tártaro y avezada va a las sombras, sino un recién muerto que aún duda y se detiene en los umbrales del Orco.»

> Parete precanti
> non in Tartareo latitantem poscimus antro,
> adsuetamque diu tenebris, modo luce fugata
> descendentem animam: primo pallentis hiatu
> haeret adhuc Orci
> (Fars., lib. 6, V. 724.)

Aparece de súbito una ligera sombra: es el alma del difunto, que resiste y no quiere volver a la vida porque

> extremum cui mortis munus iniquae

eripitur, non posse mori.

Erictho se enoja de la tardanza, azota el cadáver, amenaza a Tesifone, a Megera, a Plutón, con hacer entrar la luz en las regiones infernales. Entonces la sangre del muerto comienza a hervir; lidia por algunos momentos la vida con la muerte; al fin palpitan los miembros, vase levantando el cadáver, ábrense desmesuradamente sus ojos, y a la interrogación de la hechicera contesta prediciendo el desastre de Pompeyo, causa de dolor en el Elíseo para los Decios, Camilos, Curios y Escipiones, ocasión de alegría en los infiernos para Catilina, Mario, los Cetegos, Druso y aquellos tribunos tan enérgicamente caracterizados por el poeta:

Legibus immodicos, ausosque ingentia Grachos.

Dada la respuesta, el muerto quiere volver al reino de las sombras, y Erictho le quema vivo, condescendiendo a sus deseos: *Iam passa mori.*[438] De esta especie es lo maravilloso en la *Farsalia*, y no ha de negarse que infunde terror verdadero ese tránsito de la vida a la muerte, descrito con vivísimo colorido y sombría expresión por el vate cordobés. ¡Ésa era la religión del mundo imperial: augurios y terrores!

El gaditano Columela, que (como dice Leopardi) escribía de agricultura sin ser agricultor y estaba, por ende, libre de las preocupaciones de la gente del campo, exhorta (en el, lib. 1, cap. 8 de su elegantísima obra *De re rustica*) al labrador a no dar crédito a arúspices, brujas (sagas) y demás gentes que con vanas supersticiones los embaucan y hacen caer en inútiles gastos y quizás en delitos.[439]

Merece, finalmente, citarse, aparte de algún epigrama de Marcial, la declamación que con el título de *Sepulchrum incantatum* anda entre las atribuidas a Quintiliano.

---

438 *M. Annei Lucani Pharsalia...* (Lipsiae, Tauchnitz, 1834), páginas 128 y siguientes.

439 «Haruspices, sagasque, quae utraque genera, vana superstitione rudes animos ad impensas et deinceps ad flagitia compellunt, ne admiserit» (edición de 1595, *ex H. Commelini Typographia*).

IV. Actas de los santos Luciano y Marciano. Supersticiones anatematizadas en el Concilio Iliberitano. Esfuerzos de Teodosio contra la magia

Curiosas son y poco conocidas las actas del martirio de los santos Luciano y Marciano, que se supone padecieron en Vich durante la persecución de Decio. Habían sido, cuando gentiles, magos y encantadores, valiéndose de sus reprobadas artes y venenosos filtros para vencer la castidad de doncellas y casadas[440] y satisfacer personales venganzas. Encendiéronse en amores por una virgen cristiana honesta, temerosa de Dios y en quien no cabía impureza ni aun de pensamiento. En vano agotaron los recursos de su diabólica ciencia. La doncella se defendía con ayunos, vigilias y oraciones. Ellos, con execrables conjuros, invocaban a sus dioses o demonios; pero éstos les respondieron: «Cuando quisisteis derribar almas infieles y que no sabían del Dios que está en el cielo, fácil nos fue ayudaros; pero contra esta alma castísima, que guarda su virginidad para Jesucristo, nada podemos. Él, que murió en la cruz por la salva-

---

440 «Nam et magicis artibus maleficiis omnes coinquinabant adulteriis. Erant primi in subversione auctores, in magicis veneficiis subversores: ita ut omnes quaerentes voluptates suas perficere, vel quosdam nocere, ad eos concurrerent... Famula quaedam erat Dei casta et fidelis, nuptias contemnens, virginitatem custodiens, forma speciosa et anima tamen pulchrior, non aliud nisi Deum diligebat... Lucianus et Martianus hanc concupierunt; et cum non haberent quo genere cupiditatis suae impudicitiam obtinerent, conversi non aliter se nisi magicis daemonicis superantes hanc iudicaverunt et maleficiis obtinere. Cum ergo omnia artibus suis ostendissent, nihilque sibi prodesse viderent, conversi in furias, fremebant quod in nullo poterant praevalere. Illa vero serviens Deo, pernoctabat in vigiliis et oratione. At illi quamdam magicam facientes, affligebant suos ut eis responderent. Et daemones eis responderunt: "Quascumque animas non cognoscentes Deum qui est in caelo voluistis subvertere, invocantes nos, facillimum nobis fuit vobis praestare. Sed quia ad hanc castissimam animam certamen nobis est, multa quidem fecimus, sed nihil potuimus perficere adversus eam. Haec vero virginitatem illibatam servat Iesu Christo, Domino suo et Deo omnium, qui crucifixus est pro salute omnium: ipse eam custodit, et nos affligit. Ideo nihil contra eam facere possumus, nec in aliquo superare". Cum haec publice gererentur, stupore et timore percussi ceciderunt in faciem veluti mortui. Post paululum reversi ad se, facientes alia magica, a se daemones dimiserunt. Conquerebantur vero ad invicem dicentes, quoniam multum hic potest Iesus Christus crucifixus, qui omnium dominatur, et daemones et omnes artes nostras magicas et veneficia superat, ad ipsum ergo nos oportet converti... Sic statim codices suos puplice in media deferentes civitate igni tradiderunt» (*España sagrada*, tomo 28, página 240).

ción de todos, la defiende y nos aflige. Nunca lograremos vencerla». Aterráronse de tales palabras Luciano y Marciano y cayeron en tierra como muertos. Luego que volvieron en sí, decidieron abandonar a los demonios, que tan mal les habían servido: encendieron una hoguera en medio de la plaza y arrojaron a ella sus libros de *nigromancia*, haciendo después, en la iglesia, pública confesión de sus pecados. Su vida fue desde entonces una cadena de austeridades y penitencias. El procónsul Sabino los condenó a las llamas.

Nadie habrá dejado de advertir la semejanza de esta leyenda con la de san Cipriano de Antioquía y Justina, eternizada por Calderón en *El mágico prodigioso*.[441]

El padre Flórez y el doctor La Fuente admiten la tradición de Vich que hace hijos de aquella ciudad a Luciano y Marciano; pero el padre Villanueva (*Viaje literario*, tomo 6, página 113) la rechaza (y a mi ver con fundamento), apoyándose en el unánime testimonio de los antiguos martirologos, que ponen el tránsito de esos santos en Nicomedia o en África. Los de Vich solo alegan un *Flos Sanctorum* en lemosín, obra del siglo XIV, y una pastoral del obispo Berenguer Zaguardia en 1326, documentos uno y otro modernísimos. Lo cierto es que en la capilla de san Saturnino de Vich se conservan las reliquias de esos mártires, pero no que allí padeciesen.[442]

Vimos en el capítulo I que el concilio de Elvira, por su canon 6, apartaba de la comunión, aun en la hora de la muerte, al que con maleficios e invocaciones idolátricas causase la muerte de otro. Superstición pagana se nos antoja asimismo la de encender durante el día cirios en los cementerios, que aparece vedada en el canon 34 para que no sean perturbadas las almas de los santos.

---

441 Calderón se inspiró principalmente en el texto de Simeón *Metafrastes*, traducido al latín por Lipomano. Véase un estudio curioso sobre las fuentes del *Mágico*, publicado por mi amigo señor Morel Fatio al frente de su esmerada edición crítica de aquella comedia (Bonn 1877). Excuso advertir que repruebo enérgicamente las ideas antirreligiosas y antiespañolas que en aquel prólogo abundan, y hasta sus apreciaciones de crítica literaria.

442 Como resumen de las creencias populares en Vich acerca de estos santos puede verse el libro de fray Antonio de san Jerónimo, trinitario descalzo, Miscelánea de varias notas y observaciones sobre las más notables antigüedades de la ciudad de Vich, madre de los ínclitos mártires san Luciano y san Marciano, cuya vida, copiada a la letra de la que escribió el padre Vicente Domenec, la dirige, a mayor honor de dichos santos mártires y lustre de su patria, el padre fray ... (Vich, por Juan Daroca y Morea, 1786).

De los priscilianistas, de sus creencias astrológicas, de sus amuletos y de los anatemas del concilio de Zaragoza hemos dado larga razón en el capítulo 2.

Tristes efectos producía en aquella era la universal creencia en el poder de astrólogos y magos. Imperando Valente, formaron los caldeos horóscopo sobre quién debía sucederle en el imperio. El nombre por ellos adivinado comenzaba con estas letras: Theo; y Valente, para frustrar la predicción, dio cruda muerte a su secretario Teodoro y al español Honorio Teodosio, gobernador de África. Y, sin embargo, quiso la suerte que un hijo de Honorio llamado Teodosio, y por la historia el Grande, fuese asociado al imperio por Graciano, sobrino de Valente.

Y el césar español, cristiano fervoroso y enemigo de aquellas vanas artes, que habían ocasionado la ruina de su padre, mostróse inexorable con los saberes y ritos ocultos. En 20 de diciembre de 381 prohibió los sacrificios secretos y nocturnos.[443] En 25 de mayo de 385 conminó con el último suplicio a los sacrificadores y a los arúspices que predijeran por inspección de las entrañas o del hígado de las víctimas.[444] Enlazábanse estas prescripciones con un enérgico y consecuente plan de guerra contra el politeísmo, reducido ya a un conjunto de prácticas teúrgicas. En vano protestó el célebre y honrado sofista Libanio en su *Oratio pro templis.* Vinieron sucesivamente los rescriptos de 27 de febrero y 17 de junio de 391 y a la postre el de 8 de noviembre de 392 (ley 12, tít. 10, lib. 16 del *Cod. Theodosiano*), que veda hacer sacrificios, inmolar víctimas, ofrecer dones, encender fuego ante los lares, libar vino al Genio ni quemar incienso a los penates o coronar sus aras de flores, y declara reo laesae maiestatis al arúspice, al que pretende descubrir por medios ilícitos lo futuro o con maleficios atente contra la vida, salud o bienestar de otro.[445] [446]

---

443 *Cod. Theodosiano*, lib. 16, tít. 10 ley 7.

444 *Cod. Theodosiano*, lib. 16, tít. 10 ley 9.

445 Véase A. Maury, Lid del cristianismo con la magia, en su libro *La Magie et l'Astrologie*, etc.

446 Hijos de Constantino. Constante. Leyes contra la idolatría, 341.
Cod. Theodosiano 16, 10, 2 (a. 341): «Cesset superstitio, sacrificiorum aboleatur insania. Nam quicumque contra legum divi principis, parentis nostri et hanc nostrae mansuetudinis iussionem ausus fuerit sacrificia celebrare, competens in eum vindicta et praesens sententia exaratur». Véase *Cod. Theodosiano* 16, 10, 3 (a. 342).
Constancio, 353.
Cod. Theodosiano 16, 10, 4 (a. 353): «Placuit omnibus locis atque urbibus universis claudi protinus templa, et accessu vetitis omnibus, licentiam deliquendi perditis abnegari. Volumus etiam cunctos sacrificiis abstinere. Quod si quis aliquid forte huiusmodi perpe-

Por estas leyes vino a colocarse Teodosio entre los grandes bienhechores de la humanidad. El anhelo de destruir el culto pagano era como hereditario en su familia. Bien lo muestra su sobrina Serena, la que arrancó el collar de la estatua de Vesta y a quien tumultuaria e inicuamente asesinaron los romanos cuando las hordas de Alarico se acercaban a la Ciudad Eterna. También a aquella hermosa e insigne española, mujer de Stilicon, acusa el pagano Zósimo de haber administrado un filtro maléfico a su yerno Honorio.[447]

Los primitivos escritores cristianos españoles hablan más de una vez de la magia. Prudencio (lib. 1 Contra Simaco, V 89 y siguientes) atribuye su origen a Mercurio:

> Necnon thesalicae coctissimus ille magiae
> traditur extinctas sumptae moderamine virgae
> in lucem revocasse animas, cocythia lethi
> iura resignasse, sursum revolantibus umbris:
> ast alias damnasse, neci penitusque latenti
> inmersisse Chao...
> Murmure nam magico tenues excire figuras,
> atque sepulchrales scite incantare favillas,
> vita itidem spoliare alios, ars noxia novit.

El hijo de Maya era para Prudencio no un mito ni un demonio, sino un taumaturgo, una especie de Apolonio. En el himno que el poeta celtíbero dedicó al martirio de san Cipriano de Cartago, distinto del Cipriano de Antioquía, inmortalizado, siglos después, por otro vate español en *El mágico prodigioso*, figura el santo antes de su conversión como dado a las artes ilícitas:

> Unus erat iuvenum doctissimus artibus sinistris,
> fraude pudicitiam perfringere, nil sacrum putare:
> saepe etiam magicum cantamen inire per sepulchra.

---

traverit, gladio ultore sternatur».

Teodosio el Grande, 381. Contra los apóstatas.

Cod. Theodosiano 16, 7, 1: «His, qui ex christianis facti sunt, eripiatur facultas iusque testandi...». Véase 16, 10, 7.

447 Véase el curioso libro *Serena*, por don Adolfo de Castro (Cádiz 1869).

Orosio, siguiendo las huellas de san Agustín, anatematizó en más de un pasaje la magia y las supersticiones astrológicas.

V. Las supersticiones en Galicia bajo la dominación de los suevos. Tratado De correctione rusticorum, de san Martín Dumiense

Sabida es la persistencia de los antiguos y profanos ritos entre la gente de los campos y de las aldeas, por esto llamados paganos. A esta primera causa de idolatría y vanas observancias unióse en Galicia la dolencia priscilianista con sus resabios mágicos y astrológicos. Para atajar en aquel pueblo tan graves males, compuso san Martín Dumiense el libro *De correctione rusticorum*.[449] Consta este *Breve tratado* de dos partes: una en que se recuerdan los principales dogmas cristianos, y otra en que gravemente reprende el santo los ritos idolátricos de los campesinos gallegos. «Muchos demonios (escribe) de los expulsados del cielo presiden en el mar, en los ríos, en las fuentes o en las selvas y se hacen adorar de los ignorantes como dioses. A ellos hacen sacrificios: en el mar invocan a Neptuno; en los ríos, a las Lamias; en las fuentes, a las Ninfas; en las selvas, a Diana... Dan sus nombres a los días de la semana: día de Marte, de Mercurio, de Jove, de Venus, de Saturno...; pésimos nombres todos entre la gente griega...» «Y ¿qué diré de la superstición de aquellos que veneran a las polillas y a los ratones? Estas vanas idolatrías y sacrificios de la langosta, del ratón y de otras mil tribulaciones que Dios envía, hacéis pública u ocultamente y nunca cesáis en ellas...» «No acabáis de entender cuánto os engañan los demonios en esas observaciones y agüeros que esperáis. Como dice el sabio Salomón, *Divinationes et auguria vana sunt*... ¿Qué esperan esos infelices, atentos siempre al vuelo de las aves? ¿Qué es sino adoración diabólica el encender cirios a las piedras, a los árboles, a las fuentes o por los trivios y el observar las kalendas, y echar en el fuego la ofrenda sobre el tronco, o poner vino y pan en las fuentes?... ¿Qué es sino culto diabólico invocar las mujeres a Minerva cuando tejen su tela... o encantar las hierbas con maleficios, y conjurar

---

448 Ed. de Arévalo, *Peristeph.*, hym. 13, V. 21, página 1205.
449 Véase, tomo 15 de la *España sagrada*, página 425.

a los demonios con encantos?» «¿Dejasteis el signo de la cruz recibido en el bautismo y esperáis otras señales del diablo por adivinaciones y estornudos?»[450]

Duraban, pues, entre los gallegos del siglo VI las invocaciones a los númenes paganos en todos los actos de la vida, los sacrificios y ofrendas a las fuentes sagradas, el rito romano de las kalendas, el maleficio por hierbas, el culto céltico de las piedras y de los árboles, la veneración a los trivios, lugar predilecto para encantos y hechicerías por los adoradores de Hécate, el arte augural y dos nuevas supersticiones (entre otras muchas que san Martín no expresa): la adivinación por el estornudo y la ridícula observancia de los ratones y de las polillas, cuyos hartazgos a principios de año eran tenidos por de buen agüero y presagiaban abundancia en la casa visitada por tan incómodos huéspedes: *Ut quasi sicut in introitu anni saturetur laetus ex omnibus, ita et illi in toto anno contingit.* También censura san Martín que el año empiece por las kalendas de enero y no por las de abril, sin duda porque a las primeras se enlazaba la fiesta céltica del solsticio de invierno, apellidada en otras tierras fiesta de Joel. Entonces se echaba al fuego con diversas ceremonias un tronco, lo cual asimismo veda san Martín a sus diocesanos. Los nombres gentílicos de los días de la semana se conservan en toda España, menos en Portugal, donde se los designa a la manera

---

450 «Praeter haec autem multi daemones ex illis qui de coelo expulsi sunt, aut in mari, aut in fluminibus, aut in fontibus, aut in sylvis praesident, quod similiter homines ignorantes Dominum quasi Deos colunt et sacrificant illis: et in mari quidem Neptunum appellant, in fluminibus Lamias, in fontibus Nymphas, in sylvis Dianam... Nomina ipsa daemonicrum in singulos dies nominant, et appellant diem Martis et Mercurii et Iovis et Veneris et Saturni, qui... fuerunt homines pessimi in gente Graecorum... Iam quid de illo stultissimo errore cum dolore dicendum fas est, ut homo Christianus pro Deo mures et tineas veneratur... Ecce istas superstitiones vanas aut occulte aut palam facitis, nunquam cessatis ab istis, sacrificia vana de locusta, de mure et de multis aliis tribulationibus quas Deus iratus inmittit. Non intelligitis aperte quia qui mentiuntur vobis daemones, in istis observationibus vestris quas vane tenetis et in auguriis quae attenditis... Nam sicut dicit Sapientissimus Salomon: Divinationes et auguria vana sunt... Quia tamdiu infelices per avium voces daemonia suadunt..., etc. Nam ad petras, ad arbores, ad fontes et per trivia cereolum incendere cuid est aliud nisi cultura vulcanelia, et Kalendarum observare, mensas ornare, et fundere in foco super truncum frugem, et vinum et panem in fontem mittere? Quid est aliud nisi cultura diaboli mulieres in tela sua Minervam nominare?... Quid est aliud nisi cultura diaboli incantare herba, a maleficis et invocare nomina daemoniorum incantando?... Dimisistis signum crucis quod in baptismo accepistis et alia diaboli signa per avicellos et stornutos et per multa alia attenditis.»

eclesiástica: *prima feira, terza feira*, etc., lo cual no sería aventurado atribuir a influjo del obispo dumiense y de otros metropolitanos de Braga que siguieron sus huellas.

VI. Artes mágicas y de adivinación entre los visigodos

El concilio Narbonense, celebrado en 589, reinado de Recaredo, separa de la Iglesia y condena a una multa de seis onzas de oro al godo, romano, sirio, griego o judío que consulte a adivinos, caragios et sorticularios. Los siervos y criadas (*servi et ancillae*) debían ser además azotados en público. Las multas quedarían en favor de los pobres. En el canon siguiente (15) reprueba el mismo sínodo la pagana costumbre de celebrar el jueves (*diem Iovis*) y no trabajar en él, de lo cual todavía quedan vestigios. El que incurriese en tal pecado debía hacer penitencia por un año, y si era siervo o criada, incurría además en pena de azotes. Lo que acontecía en la Narbonense debía de suceder, con escasa diferencia, en el resto de los dominios visigodos.

Las Etimologías isidorianas, en su libro 8 y capítulo 9, contienen larga enumeración y noticia de las artes mágicas, aunque sin expresa relación a España. Para san Isidoro, Zoroastro fue el primer mago, y Demócrito perfeccionó el arte. Entre los asirios y caldeos floreció mucho, según testimonio de Lucano. Inventáronse después la aruspicina, los agüeros, los oráculos y la *necromancia*, vanidades nacidas todas de la tradición o enseñanza de los ángeles malos (*ex traditione angelorum malorum*). Cita san Isidoro el caso de los magos de Faraón, el de la pitonisa de Endor (aunque no admite que hubiera verdadera evocación del alma de Samuel, sino cierto fantasma, *phantasticam illusionem*, hecho por arte del demonio), habla de la Circe homérica, cita el verso de Virgilio:

Haec se carminibus promittit solvere mentes,

y el trozo de Prudencio contra Símaco en que se atribuye a Mercurio la invención de la *goetia*. Hace después san Isidoro la siguiente clasificación de las ciencias ocultas, puesta, sin duda, la mira en las aberraciones de su tiempo, sin olvidar las enseñanzas clásicas:

Magos o maléficos: conturban los elementos, trastornan las mentes humanas, y sin veneno, por la sola fuerza de los conjuros, causan la muerte. Usan también de sangre y de víctimas.

Nigromantes: aparentan resucitar los muertos e interrogarlos. Animan los cadáveres con la transfusión de sangre, mezclada de agua, porque los demonios aman mucho la sangre.

Hydromantes: evocan en el agua las sombras, imágenes o fantasmas de los demonios y de los muertos. Varrón dice que este género de adivinanza procede de los persas. A la misma clase se refieren la adivinación por la tierra (*geomantia*), por el aire (*aeromantia*), por el fuego (*pyromantia*).

Adivinos (*divini*): llamados así porque se fingen poseídos de la divinidad (*pleni a Deo*).

Encantadores: los que se valen de palabras y conjuros.

Ariolos: los que pronuncian nefandas preces ante las aras de los ídolos o hacen funestos sacrificios y aguardan la respuesta de los demonios.

Arúspices: así llamados, quasi horarum inspectores, porque señalan los días y horas en que ha de hacerse cada cosa. También examinan las entrañas de las víctimas.

Augures y también auspices: los que entienden el canto y el vuelo de las aves. Apellídanse estas observaciones auspicia, quasi avium auspicia y auguria, quasi avium garria.

Pythones: llamados así del Pitio Apolo, inventor de la adivinación.

Astrólogos: los que presagian por los astros (*in astris augurantur*).

Genetlíacos: porque consideran el día natal y someten a los doce signos el destino del hombre. El vulgo los llama matemáticos; antiguamente, magos. Esta ciencia fue permitida antes del Evangelio. (Dijo esto san Isidoro acordándose de los reyes magos.)

Horóscopos (sic): los que especulan la hora del nacimiento del hombre.

Sortílegos: los que con falsa apariencia de religión echan suertes invocando a los santos o abriendo cualquier libro de la Escritura. (Restos de las sortes homericae y virgilianae, tan comunes en la antigüedad.)

Salisatores: los que anuncian sucesos prósperos o tristes por la observación de cualquier miembro saliente o del movimiento de las arterias.

A todo lo cual deben agregarse las ligaduras mágicas empleadas para ciertas enfermedades, las invocaciones, los caracteres, etc.

Atribuye el sabio prelado hispalense la invención de los agüeros a los frigios; el arte de los *praestigiatores*, a Mercurio; la *aruspicina*, a los etruscos, que la aprendieron de un cierto Tages.[451] Todas estas artes son para san Isidoro vitandas y dignas de la execración de todo cristiano.

La tendencia didáctica de este pasaje, la falta de referencias contemporáneas y el estar fundado casi todo en reminiscencias griegas y romanas, sobre todo de nuestro Lucano, tan leído siempre en España, no permiten darle el nombre de documento histórico, sino de estudio erudito. Pero que muchas de aquellas supersticiones vivían más o menos oscuramente en el pueblo español y en el visigodo muéstranlo con repetidas prohibiciones, los concilios toledanos y el Fuero Juzgo.

El IV concilio (año 633), cuya alma fue el mismo san Isidoro, escribe en su canon 29: «Si algún obispo, presbítero o clérigo consulta a magos, arúspices, ariolos, augures, sortílegos o a cualquiera que profese artes ilícitas, sea depuesto de su dignidad y condenado a perpetua penitencia en un monasterio».

El concilio V, reunido en tiempo de Chintila (año 636), anatematiza en su canon 4 al que pretenda adivinar por medios ilícitos cuándo morirá el rey para sucederle en el trono.

Crecía, a par con la decadencia del imperio visigodo, el contagio de las artes mágicas; y Chindasvinto y su hijo Recesvinto trataron de cortarlo con severas prohibiciones. Las leyes 1, 3 y 4 del título 2, libro 6, del Fuero Juzgo hablan de los ariolos, arúspices y vaticinadores que predecían la muerte de los reyes; de los magos e incantatores, agentes de las tronadas (*tempestarii* o nuberos), asoladores de las mieses, invocadores y ministros del demonio; de los pulsadores o ligadores, cuyas ataduras se extendían a hombres y animales. Mataban, quitaban el habla (*obmutescere*) y podían esterilizar los frutos de la tierra. El hombre ingenuo que en tales prevaricaciones incurriese quedaba sujeto a la pérdida de bienes y servidumbre perpetua; el esclavo podía ser azotado, decal-

---

451 *Praeclarissimum opus divi Isidori Hispalensis Episcopi quod ethimologiarum intitulatur* (París 1499), fol. 42 V y 43. He consultado además la edición de Arévalo y un hermoso códice de la Ambrosiana de Milán, comprensivo solo de los diez primeros libros, y procedente de la abadía de san Columbano de Bovio.

410

vado, vendido en tierras ultramarinas (probablemente en Mauritania), atormentado de diversos modos (*diverso genere tormentorum*), puesto a la vergüenza (*ut alii corrigantur*) y encarcelado perpetuamente, de modo que no pudiera hacer daño a los vivos (*ne viventibus nocendi aditum habeant*). Imponíaseles además la pena del talión, en vidas o haciendas, si habían conspirado contra el bienestar del prójimo con malas artes.[452]

¡Y, sin embargo, Recesvinto, de quien algunas de estas leyes emanaron, sacrificaba a los demonios, es decir, se daba a las artes mágicas, si hemos de creer a Rodrigo Sánchez de Arévalo en su *Historia Hispanica: Fuit autem pessimus, nam sacrificabat daemonibus*! Ignoro de dónde tomó esta noticia el castellano de Santángelo.

Este culto de los demonios, estas artes mágicas, eran el sacrilegio de la idolatría, muy extendido en España y en las Galias, de que se había quejado el tercer concilio Toledano. En los tristes días de Ervigio llegó a su colmo el desorden y hubo de condenar el concilio XII de Toledo (681) a los adoradores de ídolos, encargando a sacerdotes y jueces que extirpasen tal escándalo. Excomunión y destierro para los ingenuos, azotes para los esclavos, son las penas que el canon impone.

La ley 3, título 2, libro 6, del Fuero Juzgo, dada por Ervigio, muéstranos bien toda la profundidad de aquella llaga. Jueces había que para investigar la verdad de los crímenes acudían a vaticinadores y arúspices. El legislador les impuso la pública pena de cincuenta azotes (*quinquagenis verberibus*).[453] ¡Cómo andaría la justicia, confiada a la decisión de adivinos y hechiceros!

Aun cabía mayor descenso; el concilio XVI renueva en su canon 1 la condenación de los adoradores de ídolos, veneradores de piedras, fuentes o árboles, de los que encendiesen antorchas y de los augures y encantadores (*cultores idolorum, veneratores lapidum, accensores facularum, excolentes sacra fontium vel arborum, auguratores quoque seu praecantatores*). El XVII, en su canon 5, manda deponer al sacerdote que para causar la muerte de otro diga misa de difuntos, superstición execrable y último delirio a que puede llegar el entendi-

---

452 Toda esta parte de las supersticiones visigodas fue tratada, de un modo que apenas deja lugar a emulación, por mi docto maestro don José A. de los Ríos en el tomo 1 de su *Historia crítica de la literatura española* y en los artículos sobre *Artes mágicas en el suelo ibérico*, insertos en la *Revista de España* de 19 de noviembre de 1870.

453 Cien azotes dice la traducción castellana.

miento torcido por voluntades perversas. Y en el canon 21 de los supletorios arroja de la Iglesia al clérigo que sea mago o encantador o haga los amuletos llamados *phylateria quae sunt magna obligamenta animarum*.

Como costumbres más o menos paganas, quedaban entre los godos, fuera de las artes mágicas, los epitalamios, que san Isidoro define: «Cantares de bodas entonados por los estudiantes en loor del novio y de la novia» (*carmina nubentium quae cantantur a scholasticis in honorem sponsi et sponsae*); los trenos, que eran obligado acompañamiento de los funerales (*similiter ut nunc, dice el mismo santo*); los juegos escénicos del teatro y del anfiteatro, con su antiguo carácter de superstición gentílica. San Isidoro, en el libro 18, capítulos 41 y 59, exhorta a los cristianos a abstenerse de ellos. Sisebuto, conforme se infiere de sus cartas, reprendió a Eusebio, obispo de Barcelona, por consentir representaciones profanas en su diócesis.

Pero de todos estos elementos letales, ninguno tan funesto como el de las artes mágicas, propias para enturbiar la conciencia, enervar la voluntad, henchir la mente de presagios y terrores, alimentar codicias, ambiciones y concupiscencias y borrar, finalmente, hasta la noción del propio albedrío. No sin razón se ha contado a estas supersticiones prácticas entre los hechos que aceleraron la ruina de la gente visigoda. Pueblo en que la voluntad flaquea, aunque el entendimiento y la mano estén firmes, es pueblo muerto. Y entre los visigodos, nadie se libró de la dolencia: ni rey, ni clero, ni jueces, ni pueblo.[454]

Otras supersticiones y abusos gentílicos duraban, además de la magia, entre los cristianos españoles. ¡Lástima grande que se haya perdido el libro intitulado *Cervus* o *Kerbos*, que escribió san Paciano de Barcelona contra la costumbre que tenían sus diocesanos de disfrazarse en las kalendas de enero con pieles de animales, y especialmente de ciervo, para correr de tal suerte las calles pidiendo estrenas o aguinaldos y cometer mil excesos y abominaciones! Parte de estas costumbres quedan, ya en las fiestas de principio de año, ya en las car-

---

454 El señor Navarro Villoslada, en la linda novela que, con el título de *Amaya o los vascos en el siglo VIII*, publicó en *La Ciencia Cristiana*, habla de una sociedad secreta de astrólogos vascos, enemigos jurados del cristianismo, al paso que muy tolerantes con las demás religiones. Tengo este hecho por ficción del novelista; a lo menos, en las fuentes por mí consultadas no hay memoria de tales asociaciones. Ni creo que la astrología llegara a organizarse entre nosotros como colegio sacerdotal o sociedad secreta, si prescindimos de los priscilianistas, que no penetraron en tierra eúskara.

nestolendas.[455] En cuanto a las estrenas, ¿quién desconoce su origen romano, aunque no sea más que por la elegía de Tibulo:

Martis romani festae venere Kalendae?

Hace notar san Paciano que, a despecho de sus pastorales exhortaciones, los barceloneses no dejaron de celebrar la *Hennula Cervula*, o fiesta del ciervo, al año siguiente y con el mismo ruido y escándalo que de costumbre.

Dícese que este mal uso, tal como él lo describe, duró hasta fines del siglo pasado en algunos puntos del Mediodía de Francia.

---

455 De este escrito habla san Jerónimo en el cap. 106 *De viris illustribis* y alude a él el mismo san Paciano al frente de su *Paraenesis*.

Libros a la carta

A la carta es un servicio especializado para

empresas,

librerías,

bibliotecas,

editoriales

y centros de enseñanza;

y permite confeccionar libros que, por su formato y concepción, sirven a los propósitos más específicos de estas instituciones.

Las empresas nos encargan ediciones personalizadas para marketing editorial o para regalos institucionales. Y los interesados solicitan, a título personal, ediciones antiguas, o no disponibles en el mercado; y las acompañan con notas y comentarios críticos.

Las ediciones tienen como apoyo un libro de estilo con todo tipo de referencias sobre los criterios de tratamiento tipográfico aplicados a nuestros libros que puede ser consultado en Linkgua-ediciones.com.

Linkgua edita por encargo diferentes versiones de una misma obra con distintos tratamientos ortotipográficos (actualizaciones de carácter divulgativo de un clásico, o versiones estrictamente fieles a la edición original de referencia).

Este servicio de ediciones a la carta le permitirá, si usted se dedica a la enseñanza, tener una forma de hacer pública su interpretación de un texto y, sobre una versión digitalizada «base», usted podrá introducir interpretaciones del texto fuente. Es un tópico que los profesores denuncien en clase los desmanes de una edición, o vayan comentando errores de interpretación de un texto y esta es una solución útil a esa necesidad del mundo académico.

Asimismo publicamos de manera sistemática, en un mismo catálogo, tesis doctorales y actas de congresos académicos, que son distribuidas a través de nuestra Web.

El servicio de «libros a la carta» funciona de dos formas.

1. Tenemos un fondo de libros digitalizados que usted puede personalizar en tiradas de al menos cinco ejemplares. Estas personalizaciones pueden ser de todo tipo: añadir notas de clase para uso de un grupo de estudiantes, introducir logos corporativos para uso con fines de marketing empresarial, etc. etc.

2. Buscamos libros descatalogados de otras editoriales y los reeditamos en tiradas cortas a petición de un cliente.

www.ingramcontent.com/pod-product-compliance
Lightning Source LLC
Chambersburg PA
CBHW030253100426
42812CB00002B/424